字说道家

顾 易 著

SPM 南方出版传媒·广东人民出版社

·广州·

图书在版编目（CIP）数据

字说道家 / 顾易著. -- 广州：广东人民出版社，2020.9
ISBN 978-7-218-14476-4

Ⅰ. ①字… Ⅱ. ①顾… Ⅲ. ①道家—哲学思想—研究
Ⅳ.①B223.05

中国版本图书馆CIP数据核字（2020）第173536号

ZISHUO DAOJIA

字说道家

顾易 著

出 版 人：肖风华

责任编辑：卢雪华 李尔王
责任技编：吴彦斌 周星奎
书籍设计：赵焜森 张雪烽
图片提供： www.fotoe.com

出版发行：广东人民出版社
地　　址：广州市海珠区新港西路204号2号楼（邮政编码：510300）
电　　话：（020）85716809（总编室）
传　　真：（020）85716872
网　　址：http://www.gdpph.com
印　　刷：广州市人杰彩印厂
开　　本：787mm×1092mm　1/16
印　　张：32.75
字　　数：430千
版　　次：2020年9月第1版
印　　次：2020年9月第1次印刷
定　　价：98.00元

序言

　　道家思想是中国传统文化的源头之一。鲁迅先生说过，中国文化的根柢全在道教。道家提倡的上善若水、抱朴守一、致虚守静、无为不争、守柔知常、慎终如始等主张，对中国文化产生了深远影响。历史上有儒家治世、道家养身、佛家修心或儒家入世、道家隐世、佛家出世的说法，它们构成彼此共存共荣的文化格局，长期以来塑造并支配着中华民族的精神生活。

　　道家思想对当代社会仍然有着重要的现实意义。环境污染、全球变暖已成为世界性问题，人们开始重视生态环境的保护，这与道家的自然观不谋而合；在医学保健上，道家主张的性命双修、清静少欲、固神守精等观念，几乎成为中医养生的重要原则；此外，道家的为而不争、少私寡利等思想，对今天在市场经济体制下建设精神家园有着极为重大的借鉴意义。

有人说，少年宜学儒，中年可入道，晚年或修佛。这话有几分道理：年轻人要积极进取，立志改造社会；中年人体会了生命的辛酸苦辣，知道有些事不可强求，要懂得适可而止、顺其自然；老年人看淡人生的得失成败，无欲无求，大悟彻悟。这种关于人生的三段论，随着年龄渐长，笔者对生命的体悟愈深，心有戚戚焉，也以为道家思想对修身养性大有益处。三年多来，笔者先后完成《儒字养性》《禅字修心》《字说道家》《汉字美学》《汉字心学》《字说对联》的写作，借助中国汉字这一文化基因，对中国传统文化进行思想挖掘，力求做到创造性继承和创新性转换，为当代人的心灵家园寻找归宿。当然，在写作的过程中，笔者不但体悟到了汉字的高深，也增长了新知识，更为重要的是自己的心灵得到了安顿。

《字说道家》较之前的系列在结构上作了一些调整：标题不求工整对仗，而求用意独到，有点睛之效；开篇部分，除了例行地对字形、字义的源起演变进行梳理外，突出从道家角度谈字的蕴意；正文结合拆字法，对字的意义进行阐释，力求做到有所发现，有所感悟，体现正能量；结尾的"道意汉字"，似道非道，道"道"相通，其理一也。

屈指算来，笔者醉心于汉字的研究与写作已六年有余。所思所得，触类旁通，一个庞大的汉字王国构想初见雏形。接下来的写作，将对《易经》进行解读，谓之《字说易经》；对从政的心得与体会进行梳理，谓之《字说为官》；对汉字的数量词进行归类与延伸，谓之《汉字说数》；从人体和诊治方法的汉字的描述，谓字《汉字医学》……随着学习研究的深化，"汉字说"系列丛书在不断延伸，也越来越庞大，汉字的研究与学习已经成为生活的一部分。

感谢吴小星、林成伟、刘进、童雯霞、吴蓉等同志协助搜集资料，打印文稿，付出了辛勤的劳动。

是为序。

2019年11月18日

于广州

目录

1

养形为基

养神为要

3

养心为核

养性为标

道家要旨

道 穷白首之心以循道

　　道家讲"道"，道在哪里呢？东郭子曾经问庄子，庄子回答："无所不在。"东郭子说："一定要说个具体的地方才可以。"庄子说："在蝼蚁中。"东郭子又问："为什么如此卑微呢？"庄子说："在杂草中。"东郭子又问："为什么更加卑微呢？"庄子回答说："在砖瓦中。"东郭子说："为什么越说越过分呢？"庄子说："在屎尿中。"东郭子觉得庄子越说越不像话，认为庄子的脑瓜大概出了问题。

　　其实，庄子说的"道"，存在于天地之间，在滚滚红尘之间，"道"是万事万物的本源，无处不在，影响着万物运行。"道"是如此普通，又那么高深，既非常遥远，又近在眼前。

　　道（dào），形声字。《说文·辵部》："道，所行道也。从辵从首。一达谓之道。"

道者，路也，供众生所遵行之方向。"道"通"导"（導），本义为引路，如"乘骐骥以驰骋兮，来吾道夫先路"（《楚辞·离骚》），"道民之门，在上之所先"（《管子·牧民》），后引申为讲解、说明、表达的意思，如"道之以政，齐之以刑，民免而无耻"（《论语·为政》），"知周乎万物而道济天下"（《周易·系辞上》）。

道，从首，首为人的头部。女人和雌兽的生殖道是阴道，其是胎儿分娩时必经的通道。而胎儿出生的规律是以头为先导、有一定方向的运行过程，从这个意义上说，"道"字可视为一幅生动逼真的胎儿分娩图。由此可见"道"乃天地之根，自然繁衍之根，契合了老子所说的"道生一，一生二，二生三，三生万物"。

与"道"字相关的成语有用于肯定的，如"安贫乐道""得道多助，失道寡助""经邦论道""津津乐道""传道授业""道德文章""志同道合""天道酬勤"；也有用于谴责的，如"横行霸道""惨无人道""豺狼当道""大逆不道"等。我们把大路称为大道，把小路称为"羊肠小道"，称善于学习的人是"外行看热闹，内行看门道"，把一种学说主张称为道，如"吾道一以贯之"，也把一些规律称为道，如医道、艺道、茶道、花道、书道等。"道"是比"术""器"高一个层次的东西，一个人要在某一领域有所建树，一定要深谙其道。

说到"道"，人们很自然地会联想到老子的《道德经》。"道"是老子哲学中的一个核心概念，这个"道"字在五千言的《道德经》一书中出现64次，分别讲到"道，可道，非常道""道之有义""惟道是从""道亦乐得""道法自

<table>
<tr><td>篆文</td><td>金文</td></tr>
<tr><td>篆文基本承续金文字形。</td><td>由 𢓊（行，四通的大路）、𩠐（首，表观察、思考、选择）、𣥂（止，行走）组合而成，表示在岔路口帮助迷路者领路。</td></tr>
</table>

3

然""道恒无为""尊道贵德""以道治国""道与善人"等。在老子看来，"道"大致有3种含义：一种是作为宇宙本源的"道"，即天道；一种是作为自然规律的"道"，即地道；还有一种就是作为人事之法则的"道"，即人道。这3种"道"是相互联系的，作为宇宙之本源的道，在天地万物产生之后，就体现为自然规律的"道"，而自然规律之"道"再落实到人的社会生活中，就表现为人事法则的"道"。老子在这里揭示了"道"既体现着形而上的终极意义，也体现着形而下的现实意义，涵盖着宇宙、自然和社会的全部道理及规则。他在《道德经》中说："有物混成，先天地生。寂兮寥兮，独立而不改，周行而不殆，可以为天下母。吾不知其名，强字之曰道，强为之名曰大。"老子把"道"作为宇宙的本源和规律。庄子也认为"道"是"自本自根，未有天地，自古以固存，神鬼神帝，生天生地"的宇宙本源。我们常把"道德""道理"连在一起说，道是指本源和规律，是行为方式，理是分析具体事物互相区别的质的概念，即具体事物的特殊性。中国是一个尊崇、"道"的国度。道家说，人在道中，而不知道之存在，好比鱼在水中，而不知水之存在一样。事实上，人生于土，归于尘，生死相依，哀乐相随。人活在世上，遵循一定的规律，效法一定的法则。这规律，是自然规律；这法则，是自然法则。人活着，合于一定的"道"，道，是天道、地道、人道，是自然之道。人不能胜于天，人只能仰仗于道。作为当代中华儿女，不仅应修道问道，还应行道守道，才能得道成道。

行道贵在"循"。"道"字从辶，行走的意思。"道"通"导"，即主导、引导。在宇宙万物中，有一个东西在起主导、引导的核心作用。这个东西是什么呢？科学家说不清楚，而早在2000多年前的老子却已经完整地回答了这个问题：维持宇宙万物达到和谐与平衡的能量源，那就是周而复始、永不停息、无处不在的"道"。所谓"道"，就是宇宙万物所必须遵循的一种规律。他认为"道"是宇宙天地产生的根源，是自

18世纪帛画，描绘隋炀帝杨广乘船航行于大运河。

然万物运行的规律。《淮南子》说："夫道者，覆天载地，廓四方，柝八极，高不可际，深不可测，包裹天地，禀授无形。原流泉浡，冲而徐盈；混混滑滑，浊而徐清。故植之而塞于天地，横之而弥于四海，施之无穷而无所朝夕。"其说认为道是自然界生生不息的生命和创造力的总源，也是人类社会发展的规律。"道"对人类生活起着决定性的作用，可以说"顺者则昌，逆者则亡"，古今中外，无不皆然。无论国家的军队，还是占山为王的草寇，在对外征伐之时，都高举"道"的旗帜，以"替天行道"作为口号。纵观历史，历代王朝的兴衰更替，无不与"道"的顺逆有关。凡是荒淫残暴、杀贤害民的无道昏君，必定灭亡。隋炀帝杨广就是一个明显的例子。

　　隋炀帝自弑父夺得皇位以后，独断横行，行事皆悖于自然之道。他梦见江南景色优美，便心血来潮下令开船下江南，征调

100多万民夫挖掘大运河。运河建成，他率由宫妃、王公贵族、文武官员、卫士等组成的20万人的庞大队伍乘船到江都游玩。此后每年如是。由此，百姓误农时耕作，食不果腹，只好遍地设网捕鱼捉禽兽，一时间倾家荡产、流离失所的难民不少。有大臣劝谏隋炀帝，他不但不听，而且当朝杖杀大臣。隋炀帝残害忠良，致使很多官员倒戈。在都城被攻破后，他只好自缢身亡，隋朝转瞬间就被葬送了。

我们处世也要循"道"。人世间，万物有道，无论是商海泛舟、官场帷幄，还是修身养性、居家友睦，皆有道法，循道而为，循律而动，则万事皆善，万物皆宜。

清代钱泳的《履园丛话》中有这样一个故事：当年，北京城有一个很出名的裁缝，他替人家做衣服很有意思。裁衣前，他先要仔细地看看人家的相貌，量量尺寸；接下来问人家的年龄，追问人家的性情；这还不够，如果他从询问中知道人家是举人，连什么时候中举都要打听得清清楚楚。人们都怪问其故。裁缝说："胖的人，腰要宽；瘦的人，腰要窄。"这算什么话呀？可是裁缝又慢慢地说："性子急的人或年纪小的人，衣服要短一点；性子慢的人或年纪大的人，衣服要长一点。"不管人们的反应，裁缝接着说："若是举人，年少中举，大都性情傲慢，走起路来挺胸凸肚，所以衣服要做得前面长，后面短。如果是年老中举，大都意气消沉，走起路来弯腰曲背，所以衣服要做得前面短，后面长。"

裁缝裁出的衣服都很合顾客之身，这是因为他通悟了人性之道。

求道贵在"真"。"道"字中含有一个"首"字，"首"既代表首领、尊者，也指思维、头脑、思想。"形而上者谓之道，形而下者谓之器"，我们的思维就是形而上的"道"。所

16世纪拉斐尔为梵蒂冈宫所绘的《雅典学院》壁画（局部）。壁画以柏拉图（左）和亚里士多德（右）为中心，以"自由七艺"为基础，展示了多位哲学家一同论道的场景。

谓"思想有多远，行动就有多远"，说的是人的思路决定了人的出路，决定了人的行动。"道"字从辵，形而下的"道"是指我们足下的道路、路线。因此，"道"体现了头脑和手脚的统一，无形之"道"和有形之"道"的结合，即知行合一。这也是先哲们的终极追求。《说卦传》认为："立天之道曰阴与阳，立地之道曰柔与刚，立人之道曰仁与义。"因此，得道、求道必须表里如一、始终如一、知行合一。亚里士多德可以说就是一个唯道是从、坚持真理的人。

亚里士多德从17岁师从柏拉图达20年之久。他对老师很崇敬，师徒二人也是很好的朋友。然而在追求真理的征程中，亚里士多德非常勇敢，坚决地指出老师的错误和缺点，在哲学思想的内容和方法上都同柏拉图存在着严重的分歧。于是有些人就指责他背叛了老师，亚里士多德却回敬："吾爱吾师，吾更爱真理！"

与"吾爱吾师，吾更爱真理"这句西方名言异曲同工的是唐代大文豪韩愈在《师说》中所述："弟子不必不如师，师不必贤于弟子，闻道有先后，术业有专攻，如是而已。"学生不必非要比老师差，老师也不一定事事都比学生好，学生要尊敬自己的老师，但是更要尊重客观规律，尊重真理。

守道贵在"中"。"道"字通"导"，"导"字下部为"寸"字，"寸"就是分寸，是把握好事物的"度"。世间万物相辅相成，相互制衡，事物的矛盾双方总是此消彼长、循环往复运行着。因此，要持中守节，这样，在为人处世中既防止不够火候，又防止偏激，走向极端，即所谓过犹不及。凡事若能做到适度，就是一个循道的"高人"。适度，是人生一大自控艺术，也是一种明智的生活态度。适度，是为了取得一种恰当的值，防止不好的东西从量变到质变。我们在生活中，既要有勇往直前的勇气和状态，也要在关键的节点上善于自控、节制，特别是在面对功名利禄、金钱美色的诱惑时，要果断"止步"。

春秋时期，鲁国的贤士柳下惠在城门借宿时，遇到一无家可归的女子。当夜寒风呼啸，大雪纷飞，柳下惠怕女子冻伤，

● 字说格言

◆ 道常无为而无不为。
　　　　　　　　——（春秋）老子

◆ 天之道，利而不害；圣人之道，为而不争。
　　　　　　　　——（春秋）老子

◆ 一时强弱在于力，千秋胜负在于理。
　　　　　　　　——曹禺

◆ 对真理的最大尊敬就是遵循真理。
　　　　　　　　——（美国）爱默生

◆ 诡计需要伪装，真理喜欢阳光。
　　　　　　　　——（英国）莎士比亚

◆ 田坎服水，道理服人。
　　　　　　　　——民谚

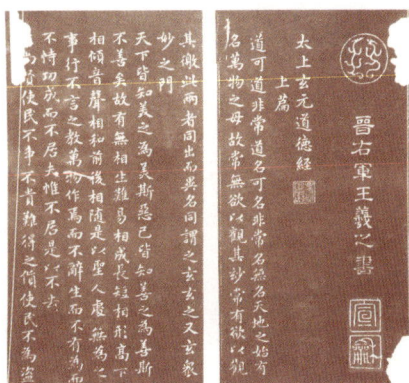

明代仿王羲之书《道德经》。

让她坐在自己的怀中取暖，用衣服裹住她抱着坐了一夜，没有
发生不正当的淫乱行为。这就是中国广为人知的"坐怀不乱"
的故事，柳下惠也因此被认为是遵守传统道德的典范。

修道贵在"一"。"道"字从首。首，一也。"一"表示
专一、守一。一个人只有专一做事，才能学有所成。荀子说：
"蚓无爪牙之利，筋骨之强，上食埃土，下饮黄泉，用心一
也。蟹六跪而二螯，非蛇鳝之穴无可寄托者，用心躁也。"许
多禀赋很好的人，往往由于心浮气躁而业无所成。而一些禀赋
不高的人，由于心静执着，心无旁骛，潜心于某一个领域，却
能成就一番事业。其秘诀在于"专一"。凡是用一辈子去做一
件事的人，无不做出水平来。专业是一种社会分工，专一则是
一种工作态度。

王献之七八岁的时候，就跟着父亲王羲之学习书法。有一
次，他向父亲讨教书法的窍门。王羲之指着院子里的18口大水
缸，郑重地说："写字的秘诀，就在这些水缸里面，你把这18口
缸的水写完就知道了。"王献之就这样坚持不懈地勤学苦练，终
于写干了18口缸的水，书法造诣不仅继承了父亲的修为，也开创
了一代新气象。

王羲之父子之所以能成为一代书法家，体悟书法之道，正是由于专一，不驰于空想，不骛于虚声，勤学苦练，潜心钻研。

成道贵在"守"。正所谓"创业容易守业难"，修道也是一样，入道容易成道难。要想有所成，就得有所坚守。有所坚守，必然有所放弃，两者互为因果，守得住才能放得下，放弃该放弃的，才能守住该守住的。守住不易，放弃亦难，好多应当拒绝的东西尽在日常生活中、平时工作里，稍不注意就容易"着了迷"，一"着了迷"就难解脱。有位哲人说过："时代的列车在拐弯处，常常会甩出一部分人。这部分人都是灵魂浮躁的人。"坚守要耐得住寂寞，耐得住清贫，耐得住讥讽，"不管风吹浪打，胜似闲庭信步"，便能"守"到人生的价值和事业的辉煌。

俗话说"各有各的道"，做人有"处世之道"，生活有"养生之道"，经商有"生财之道"，企业有"经营之道"，《庄子》甚至说"盗亦有道"。由此可见，"道"与人生的关系极为密切。然而，"道"在中国传统文化里面是不容易说清的概念，后人把它跟自身的精神需求对接起来，提炼为十六字箴言："天道酬勤、地道酬善、商道酬信、业道酬精。""天道酬勤"取典于《周易》卦辞"天行健，君子以自强不息"和《尚书》"天道酬勤"，昭示勤奋是成就人生的真谛。"地道酬善"出自《周易》卦辞"地势坤，君子以厚德载物"，寓意助人行善，逢凶化吉。"商道酬信"出自《论语》"民无信不立"，反映诚信经商，无往不利。"业道酬精"典出韩愈《进学解》"业精于勤，荒于嬉"，揭示要勤学苦练，术业方可精进。这十六字箴言是中国传统哲学的经典表达，得其神髓者，不仅可独善其身，也能兼济天下。

现代人应如何修道以"独善其身"呢？有人归纳出六个字：纳、容、忍、公、正、理。第一要"纳"，就是要有"海纳百川"的胸怀接纳我们每天遇到的任何事情、任何人；第二要"容"，就是要包容别人的错误，接受别人的批评，理解别人无意的阻碍；第三要"忍"，要忍受人生的艰辛、苦难，用坚忍不拔的毅力去克服，去战胜；第四要"公"，任何事情皆以国家利益、社会利益、团体利益为上，以公心、公道处世；第五要"正"，做任何事情要光明正大，符合公理正道；第六要"理"，要遵循公理，按照客观规律办事。

☯ 道意汉字 ☯

头为上道足为器，知行合一道本义。

问道容易修道难，唯求精进与专一。

道虽无形有节律，万事顺畅遁规律。

出道容易守道难，节制欲望勤努力。

法

用正义、公平之水去除邪恶

12

第二次世界大战结束后，战败国日本由于物资缺乏而实行粮食定量供应制，并制定《粮食统制法》以严惩黑市交易。许多民众为了保命，依然冒着被处罚的危险到黑市购买粮食，有些法官也如此。

但是，有一位东京地方法院名叫山口良忠的法官，他对劝他买黑市粮充饥的妻子说："虽然《粮食统制法》并非良法，只是国家在特殊情况下采取的权宜之计，但是一旦作为成文法，每个国民都应该绝对服从。我作为一名法官，几乎每天都要对违反《粮食统制法》的人做出有罪判决，如果自己阳奉阴违，岂不亵渎了法律的威严！我宁愿饿死，也绝不吃一粒从黑市买来的粮食。"

1947年10月11日，山口良忠饿死了。人们在他的日记中发现这样一段话："我对苏格拉底即使知道不是良法，但为了守法而果断服刑的精神甚为佩服。今天对于法治国家的国民来说，这种精神尤其需要。我虽然成不了苏格拉底，但是在《粮食统制法》下，仍欣然准备饿死，并要为与黑市斗争而死去，我每天的生活就是走向死神的行动。我愿以我之死，换日本之法治，保永久之和平。"

山口良忠宁愿饿死，也要守法，从法庭到生活始终保持对法律的敬仰，身体力行地捍卫法律的精神和人格尊严，赢得了世人的尊敬。

法（fǎ），会意字。古体写作"灋"，今文写法省去"廌"。《说文·水部》："灋，刑也。平之如水，从水；廌，所以触不直者，去之，从去。"意思是说：法，刑法，量刑标准平得像水面一样，因此采用"水"作形旁；廌，是用来在疑案中撞触嫌疑犯的动物，辅之以"去"，指判别出真犯后将其除灭。

"法"的本义指由国家制定、颁布并由国家强制执行的行为规则，如法典、宪法、司法等。《韩非子·有度》："法不阿贵，绳不挠曲。法之所加，智者弗能辞，勇者弗敢争。刑过不避大臣，赏善不遗匹夫。"大意为刑法不去阿谀权贵，墨线不向弯曲的地方倾斜。法令所规定的，智者不能推脱，勇者也不敢去争执。刑罚有过不避大臣，奖赏善举不漏平民。这就是执法公正、公平、公开，法律面前人人平等。"法"中有水，水始终遵循高往低流的规律，"法"就成为法则、准则。"法"字引申指标

金文

从人，从口，从水，从廌。『人』『口』意为人发生口角，诉讼不断。『水』静为平。廌是古代神话中的独角兽，头上有角，能辨是非曲直，如遇疑案，法庭上用来识别罪犯。传说尧请皋陶出任司理，其上任的时候，皋陶得到一种神羊，名叫獬豸，其青色一角具有辨善恶、分曲直的天性，只要将它牵来，它便会用角触邪恶，顿解疑难。廌是司法『正大光明』『清平公正』的象征。后来法官执行公务时，穿上了豸服，以后豸服逐步演变为制服。

准的、可以效仿的行为规范，如法式、法则、方法、礼法；"法"还引申指超人力的本领，如法术、魔法等。"法"带有强制含义，因此又有法律之说。春秋战国时期有一个重要学派，即法家。法家崇尚法治，反对礼治。含"法"字的成语有："法出多门"，指各部门皆自立禁令，法制繁苛，政令不一，使民无所措手足；"法力无边"，指力量极大不可估量；"法外施恩"，指法纪之外，给予宽大处理。

道家也很强调"法"。老子在《道德经》中说："人法地，地法天，天法道，道法自然。"意思是说：人所取法的是地，地所取法的是天，天所取法的是道，道所取法的是它自己的状态。老子在这里讲了人与"道"进行沟通的几个步骤："人法地"是人类的行为效法地球的运行；"地法天"是大

● 字说格言

♦ 法者，天下之准绳也。

——（春秋）文子

♦ 为治而去法令，犹欲无饥而去食也。

——（战国）商鞅

♦ 赏必当功，罚必当罪。

——（南宋）吕祖谦

♦ 法律不能使人人平等，但是在法律面前人人是平等的。

——（英国）波洛克

♦ 犯罪总是以惩罚相补偿；只有处罚才能使犯罪得到偿还。

——（英国）达雷尔

♦ 法官是法律世界的国王，除了法律就没有别的上司。

——（德国）马克思

这幅画描绘了威廉一世与磨坊主见面的场景，展示了德国人对法律的信仰，是德国司法独立之路的里程碑。

地取法于天的运行；"天法道"，这是指天的运行取决于道；最后，"道法自然"，这是一种最高的境界，就是自然而然。"法"字揭示了法的本质、法的功能和法的维护。

法如水之平，揭示了在法律面前人人平等这一法的本质。"法"字从水，水有坎则填，随遇而安，使万物趋于平稳，说明法是社会和谐、平安的"稳压器"。水清澈透明，说明法不能掺杂质，是公正透明的。俗话说"水火无情"，说明法象征公正、公平，法律面前人人平等，没有贫富之分、官民之分、强弱之分、贵贱之分，一切以公正为准绳，这就是法的尊严。下面一则关于小磨坊的故事，说明了法的神圣。

有一天，德国皇帝威廉一世来到波茨坦的行宫，当他站在宫前远眺大好河山时，一座破旧的磨坊挡住了他的视线。于是，他派人前去与磨坊主人协商，希望买下这座磨坊。不料，磨坊主一点也不把"君王威望"放在眼里。几次协商，许以高价，晓之以理，动之以情，可磨坊主软硬不吃。面对这样的"钉子户"，皇帝龙颜震怒，派人把磨坊强拆了。第二天，磨坊主一纸诉状把皇帝告上了法庭，法院判决威廉一世将磨坊"恢复原状"，并赔偿损失。威廉一世只好遵照执行。后来，威廉一世和老磨坊主都已辞世了，小磨坊主经济拮据，想把磨坊卖给威廉二世，于是给威廉二世写了封信。威廉二世却回信："我亲爱的邻居，来信已阅，这间磨坊已经成为德国司法独立之象征，理当世世代代保留在你家名下。至于你的经济困难，我派人送去3000马克，请务必收下。你的邻居：威廉二世。"于是，这座磨坊被德国政府永久性地保留了下来。

法如水之流，揭示了自然界和人类社会有自身运行的规律。"法"字从水，水向下流淌，遵循着一定的规则。其实，宇宙万物皆有其法，人应该认识、了解、发现、尊重、遵循规律，恪守天人合一、顺其自然的行事准则，否则会受到自然的惩罚。

16

20世纪初叶，美国亚利桑那州北部的凯巴伯森林松杉葱郁，生机勃勃，有4000只左右的鹿在林间出没，其天敌狼也生活在其中。美国总统西奥多·罗斯福很想让这些鹿得到有效保护，繁殖得更多一些。他宣布凯巴伯森林为狩猎禁区，并决定由政府雇请猎人到那里去猎狼。经过25年的猎捕，有6000多只狼先后毙命。得到特别保护的鹿成了凯巴伯森林中的"宠儿"，它们自由自在地生长繁育。很快，森林中的鹿增多了，总数超过了10万只。这些鹿在森林中东啃西啃，灌木丛吃光了就啃食小树，小树吃光了又啃食大树的树皮……森林中的绿色植被一天天在减少，大地露出的枯黄一天天扩大。灾难终于降临到鹿群头上。先是饥饿造成鹿的大量死亡，接着又是疾病流行，无数只鹿消失了踪影。两年之后，鹿群的总量由10万只锐减到4万只。到1942年，整个凯巴伯森林中只剩下8000只病鹿在苟延残喘。

罗斯福无论如何也想不到，他下令捕杀的恶狼，居然也是森林的保护者！尽管狼吃鹿，它却维护着鹿群的种群稳定。这是因为，狼吃掉一些鹿后，就可以将森林中鹿的总数控制在一个合理的范围。同时，狼吃掉的多数是病鹿，又有效地控制了疾病对鹿群的威胁。仅仅根据人类自身的片面认识去判定动物的善恶益害，有时会犯严重的错误。森林中既需要鹿，也需要狼。人们必须尊重动物乃至整个生物界中的这种相互关系。

法如麃的勇猛，揭示了法的宗旨是去恶止邪，使人们远离犯罪。"法"字从麃，麃是神兽，能辨是非曲直，能识善恶忠奸，是勇猛、公正的象征。"法"字不论是金文，还是现在的简化字，都有"去"字。"去"有离开、离去和除掉等义，与"来"相反。"法"从去，表明法的宗旨是以法律规范人的行为，打击犯罪，劝导向善，去恶扬善，保障人们的生命和财产安全。同时，也告诫触犯法律的人将受法律的制裁，要洗心革面，重新做人。当下社会，好人非但难做，而且往往做了好事后还要遭难。南京市的一位轿车司机将一名在农贸市场门口跌倒的老太太扶起，竟遭老太太冤枉，诬称是司机撞了她。幸亏围观者纷纷站出来向警方作证，这位司机才得以解脱。因此，不仅要用法的权威让作恶者无利可图，还要受到应得的惩罚。诬告见义勇为者，他们不但要受社会道德的谴责，更要负法律责任，这样才能不断弘扬社会正气。

法如土的无私，揭示了执法者必须秉公执法，不谋私利。"法"字从土，从厶，"土"具载万物之公心，"厶"同"私"，"土"在上，"厶"在下，土把一己之私压在下面，意为司法者要执法为公，公正、廉明。"法"为"去""水"，也寓意执法要去掉水分，去掉私心，公心为上，铁面无私，执法如山，维护法律的尊严。下面的这个故事，说明了法律的公平正义。

美国总统林肯生于一个农民家庭，因贫穷而没机会上学，但他一直坚持自学，1836年通过考试当上了律师。由于林肯精通法律，口才很好，在当地很有声望，很多人都来找他帮忙打

17

1942年美国发行的纪念"中国抗战五周年"5美分邮票：左右两侧分别为亚伯拉罕·林肯总统（1809—1865，美国首位共和党籍总统）和孙中山先生的头像。这是美国历史上第一枚用外国文字组成中心图案的邮票，肖像下印有林肯在著名的葛底斯堡演说中的名句"OF THE PEOPLE, BY THE PEOPLE, FOR THE PEOPLE"（民有、民治、民享）和孙中山所倡导的"民族、民权、民生"，以此表明二人思想的一脉相承。

官司。但是，林肯为当事人辩护有一个条件，就是当事人必须是正义的一方。许多穷人没有钱付给他律师费，但是只要告诉林肯："我是正义的，请你帮我讨回公道。"林肯就会免费为他辩护。一次，一个有钱人请林肯为他辩护。林肯听了他的陈述后，发现他是在诬陷好人，就说："很抱歉，我不能替您辩护，因为您的行为是非正义的。"那个人说："林肯先生，我就是想请您帮我打这场不正义的官司，只要我胜诉，您要多少酬劳都可以。"林肯严肃地说："只要使用一点点法庭辩护的技巧，您的案子很容易胜诉，但是案子本身是不公平的。假如我接了您的案子，当我站在法官面前讲话的时候，我会对自己说：'林肯，你在撒谎。'谎话只有在丢掉良心的时候，才能大声地说出口。我不能丢掉良心，也不可能讲出谎话。所以，请您另请高明。"那个人听了，默默地离开了。

　　"法"谐音为"罚"，揭示了法律一方面要对违法行为给予处罚，另一方面要用法律维护受害/损者的权利。法是刚性的，它通过处罚违法的人起到惩戒的作用，这种处罚有经济处罚，又有肉体处罚，这就是犯罪的成本。在法国还有一种与众不同的处罚，就是精神的处罚。很久以前，法国有一座特殊的监狱。实际上，这是一座辉煌壮丽的教堂，庄严、肃穆。这里除了神职人员外，没有任何看守，只有四周的高墙让人生畏。囚犯们都是经过百般讯问而不得其口供的江洋大盗。他们在这里可以自由自在地做任何事情，伴随着终日不断的深沉的钟声和唱诗班的祈祷。日久天长，一个个罪犯都向神父忏悔了自己的罪行。因为他们宁愿接受法律的判决，也不想终日忍受良心的折磨。聪明的法国人用活生生的事实证明，敲响心灵的钟声，有时会比严刑酷律更能奏效。

　　"法"的谐音还有"发"。某公司生产一种产品，十分畅销。但不久市场上就出现了冒牌劣质产品，使得这家公司濒临破产，危机重重。后来，这家公司诉诸法律，法院判决冒牌厂家停止侵害，赔偿经济损失。这家公司由此挽回了损失，挽救了企业形象，不久生意又重新红火起来。这说明用好法，亦能发。

19

道意汉字

法如水，如水品；水平静，法公平；

水流尚，法有道；水清澈，法透明；

法有去，止邪恶；法压私，公生明；

法同罚，罪必罚；法护理，法显能。

自

慎防一叶障目勤自省

　　有一个人去征婚，走进婚友社有两个门，婚友社让征婚者自己选择，一个门写着年老的，另一个门写着年轻的。他从年轻的门进去，又有两个门，一个是漂亮的，另一个是端庄的。他从漂亮的门进去，再有两个门，一个是有素养的，另一个是没素养的。他从有素养的门进去，结果，里面只有一面镜子，镜子旁写着几个字："请先看看你自己。"

　　在现实生活中，确实有这样的情况，许多人往往一心想着追求最好的，但恰恰没有认清自己，结果往往是竹篮打水一场空。

　　自（zì），象形字，是"鼻"的本字。《说文·自部》："自，鼻也，象鼻形。"意为自，鼻子。字形像鼻骨与鼻弯的形状。

人在向他人介绍自己的时候，习惯于用手指向自己的面部（头部正面）的中央位置，即鼻部位置，于是"自"（鼻子）的含义渐渐演化为第一人称，即今人理解中的"自己"。古汉字中的人称来源，体现了古人的自我中心意识。很有意思的是，"我""你""他"分别对应着身体的不同部位，脸部的正中央为"自"（鼻子，第一人称），脸部的下边为"而"

小篆	金文	甲骨文
承续了金文的字形。	略有变形，突出了两侧鼻翼。	像人的鼻子，有鼻梁、鼻翼。

（颌须，第二人称），身体的最下端为"之"（脚板，第三人称）；同样，威猛的武器为"我"（大戉，第一人称），只用于短程集发的弓弩为"尔"（排箭，第二人称）。"自"通常表示自己，如孟子云："人必自侮，然后侮之。""自"还引申为始、开头，如"自东自西，自南自北，无思不服"。"自"要求自己空好位，选好路，否则，会出现不同的效果。"自强不息""抚躬自问""发愤自雄""毛遂自荐""自力更生"均有立足于自身，强大自己、相信自己，必然有所作为之意。也唯有这样，才能够到达"挥洒自如""谈笑自若""超然自逸""自由自在"这样胸有成竹、自由张弛、超脱世事的人生境界。"自"还表示自然、当然，故有"自不待言""公道自在人心"之说。但"不识庐山真面目，只缘身在此山中"，很多时候人最大的敌人是自己，因此"固步自封""自高自大""自吹自擂""自命不凡""自欺欺人""夜郎自大""刚愎自用"，结果是"造茧自缚""自取咎戾""自掘坟墓""自食其果""自讨苦吃"。道家讲求自然、自在、从容，反对自矜、自负、自大。可见，人要成为自己的主人，是一件多么意义重大而又费尽艰辛的事情。"自"这个汉字，能为人们带来哪些启迪呢？

● 字说格言

◆ 大多数人想要改变这个世界，但罕有人想要改变自己。
——（俄国）托尔斯泰

◆ 智者一切求自己，愚者一切求他人。
——（奥地利）斯蒂芬·茨威格

◆ 人的第一天职是什么？答案很简单：做自己。
——（挪威）易卜生

◆ 你若要喜欢你自己的价值，你就得给世界创造价值。
——（德国）歌德

◆ 若不给自己设限，则人生中就没有限制你发挥的藩篱。
——佚名

◆ 学会拿望远镜看别人，拿放大镜看自己。
——佚名

第一，要认识自己。"自"字从目，表示一个人要有明确的人生目标，要认清自己，不断地提升自己。"自"字的"目"字上面有"丿"，既表示不能"一叶障目"，以偏概全，又会意做人不可目中无人，目空一切。有人问古希腊哲学家泰勒斯："你认为人活在这个世界上，什么事情是最困难的？"泰勒斯回答："认识你自己。"距雅典不远有一座古希腊的圣城叫德尔斐，是传说中的太阳神阿波罗的驻地，现在这座古城最有名的却是哲人塔列斯刻在太阳神圣殿外的名言："人啊，认识你自己！"对自身存在的探索历程，自人类一诞生就开始了。人们抬头看天，想从茫茫星河中探寻结果；低头沉思，向幽暗处挖掘人生的意义。正如台湾大学哲学系傅佩荣教授说：认识你自己，代表人在"知"方面应有的态度——与其去了解世界，不如多了解自我，因为人对世界的了解永远不可能足够，也不可能停止，只有了解自我对每个人来说才是最切身的。俗话说："苦海无边，回头是岸。"所谓"回头是岸"即是指：回到自己身上，了解自己。这才是出发点。

文明的发达和科技的进步，使人类能够在宏观上认识其他星球，可以遨游于太空之中，能够在微观世界直探物质的本源，发现物质的基本组织结构。遗憾的是，这所有的一切却不能帮助人类进一步认识自己。

当今社会，人们在评价一个人的价值时，往往只看到金钱等外在的因素，却看不到我们与生俱来的财富，比如思想、智慧、道德、良知以及生命。所以，当古希腊普埃耶城遭受围攻，居民纷纷携带贵重财富外逃时，唯有哲学家毕阿斯两手空空，面对疑惑，他说："因为我的一切都在我身上。"

我们在决策和行动时，总希望找到最安全的途径和办法，殊不知，最安全的决策和行动，是最没有价值的。所以，当有人问古希腊思想家阿那哈斯"什么样的船最安全"时，阿那哈斯回答："那些离开大海的船。"

我们习惯用一双挑剔的眼睛审视别人与世界，却唯独忘了审视自己的内心。我们要认识自己，要倾听内心的声音，知道自己需要什么东西，明白自己的能力和爱好，不要迷失了自我。有些人辛辛苦苦获得的东西，却不是自己最想要的，这是很可悲的。

"自"字是"一叶障目"，在某种程序上也说明了人性的劣根性，如自卑、妄自菲薄，使一个人不思进取；自负、自高自大，使一个人骄傲自满，自取其咎。老子说："知人者智，自知者明。"一个人要找准自己的方位，一定要知道自己的内心追求，自己的兴趣、爱好，自己的能力，这才是真正地认识自己。回答好"我是谁"这个谜一样的问题，才能获得有意义的人生。

第二，要用好自己。"自"字是指每一个人的鼻子，鼻子有它存在的价值，这也说明每一个人的存在都有独特的意义。

認识自己是人生的第一步，关键还要做好自己。这就如人的鼻子一样，要摆好自己的位置，居于人脸的中间，鼻孔要向下。假如鼻子长到头顶上，不但不雅观，而且无法呼吸。人也一样，生命的价值在于如何发挥自己的价值。同样是一瓶饮料，放在杂货店只卖5元，但在五星级饭店的餐桌上，可能要几十元。一个才华横溢的人一旦站错了位置，往往会被人低估。一个人的价值往往取决于他所在的位置，这个位置不在于高贵或者卑贱，而在于合适。德国有一句名言："垃圾是放错位置的人才。"一个人有学问、有能力、有经验，想要发挥出来，关键在于他处于什么位置上，合适则能施展才华，不合适则"英雄无用武之地"。

在楚汉相争中，范增是一位有能力、有才华的谋士，最后却抱恨而终。他被项羽奉为"亚父"，但又为项羽所疑，在回归故里的途中客死他乡，倾尽一生心力的西楚霸业成为一场空梦。范增的失误在于没有跟对人，找错了位置。

第三，要接纳自己。"自"字是指人的鼻子。人的体魄有强有弱，容貌有美有丑，但不管长得如何，都是父母给的，无法改变，所以要接纳它，认可它。自我接纳是人能否健康成长的前提，也是超越自己的前提。不接纳自己的人常常会把很多

汉代墓室壁画《鸿门宴图》（局部）：从左至右，分别为杀气腾腾的项庄、手持长矛、怒目而视的范增和"貌如妇人女子"的张良。

能量用在自我否认和自我排斥上，带着那么多对自己的不满、失望甚至否认和拒绝，不但会影响自己的心情，也会损害自己的身体。接纳自己的实质就是理解自己。接受自己的优点，我们便多一份自信；接受自己的缺点，我们便多一点理智。要表现得坦坦荡荡、光明磊落、平和、不做作、不炫耀。

接纳自己，是一个漫长而艰苦的过程，也是一个人长大、成熟的过程。这当然是一个痛苦的经历，尤其是接纳自己的不完美甚至残缺，则更需要毅力和勇气。

澳大利亚人尼克·胡哲天生没有四肢，但就是这位被称为"海豹人"的小伙子，凭借自己的努力获得了会计和财务规划双学位，并创办了两家非营利机构和一个基金会，以帮助更多有需要的人。积极乐观的尼克·胡哲给许多人带去了信心和勇气，不少人都感叹他由内而外的自信幽默——有些身体健全的人尚且自怨自艾，悲叹生活的艰难与不易，为什么他却能笑对与生俱来的身体残缺，并绽放出让人惊叹的生命光彩？究其原因，主要是尼克·胡哲对自己足够接纳，他接纳自己的所有，尤其是自己的身体，接纳身体带给自己的种种不便，以及因此与他人完全不同的特别的生活方式。正是这种对自己的无条件接纳，让尼克·胡哲迸发出令人吃惊的人格魅力，也激励了无数在痛苦和黑暗中迷茫的生命。

一旦人无法接纳自己，最极端的情况就是自杀。近几年来，青年学生自杀的新闻偶见诸报端，是什么让这些年轻的生命断然走上不归路？究其原因，是家庭、社会乃至自我对人生价值及意义认同的标准太过单一，无法认识到自己独特的价值，不能够充分接纳自己，才导致对未来丧失了自信心，导致悲剧的发生。

接纳自己，然后才能超越自己。美国职业足球教练文斯·伦巴迪，曾被人批评为"对足球只懂皮毛，缺乏斗志的人"。爱因斯坦4岁才会说话，7岁才会认字，老师给他的评语是："反应迟钝，满脑袋不切实际的幻想。"托尔斯泰读大学时，因成绩太差而被劝退学。这些名人，都有一些缺陷，但都能正确地面对，扬长避短而有所成就。

第四，要改变自己。"自"字是"一叶障目"，这个"一叶"往往是自卑或者自大，只想改变他人，不想改变自己。其实，只有改变自己才能改变世界。改变世界不容易，改变自己随时都可以开始。要想改变世界，必须从改变自己开始；要想撬起世界，必须把支点选在自己的心灵上。

每一个到过威斯敏斯特大教堂的人，都会为一块普通的墓碑所震撼。在这块墓碑上，刻着这样一段话：

"当我年轻的时候，我的想象力从没有受到过限制，我梦想改变这个世界。当我成熟以后，我发现我不能改变这个世界，我将目光缩短了些，决定只改变我的国家。当我进入暮年后，我发现我不能改变我的国家，我的最后愿望仅仅是改变一下我的家庭。但是，这也不可能。当我躺在床上，行将就木时，我突然意识到：如果一开始我仅仅去改变我自己，然后作为一个榜样，我可能改变我的家庭；在家人的帮助和鼓励下，我可能为国家做一些事情。然后谁知道呢？我甚至可能改变这个世界。"

当年轻的曼德拉看到这篇碑文时，竟有醍醐灌顶之感，声称自己从中找到了改变南非甚至整个世界的金钥匙。回到南非后，这个黑人青年从改变自己，改变自己的家庭、亲朋好友、社区着手，经历了艰辛磨难的几十年，终于改变了他的国家，迎来了和平。

"自"与"字"同音，汉字是世界上最古老的记录文字之一，并且流传至今。古人造字的过程，实则亦是在记录自己的生活、文化和思想。今人从汉字的考究、解读、诠释中，不仅能够认识到国家的传统文化和精深智慧，更在这一过程中看见自己，澄明自我。

以"自"为形旁的字，多与"鼻子"有关。"自"加"心"为"息"，表示以心为鼻。"自"加"犬"为"臭"，狗用灵敏的鼻子辨识气味。"自"加"木"为"臬"，指测日影的仪器上南北两端的标杆。

威斯敏斯特大教堂中的无名氏墓碑，这块墓碑造型一般，花岗石质地粗糙，然而上面的碑文却让世人产生强烈共鸣。

🌀 道意汉字 ☯

自私使人一叶障目，自大使人造茧自缚。

快乐源于自足，自在源于超脱。

自强源于自信，自由源于胸有成竹。

认清自己，切莫一叶障目。

然

点亮心灯而豁然开朗

　　唐代大诗人杜甫被贬后，常到民间了解民情。一次，他坐轿外出，路经一座山岭时，天气骤变，飘起了雪花来。一位轿夫见景生情，不禁随口吟道："片片片片片片片。"哪知读书不多，再也吟不出下句来。杜甫在轿内听后，马上和道："雪落梅岭形不见。"那轿夫一听，心想，和得多好啊！听说当今杜少陵才思敏捷，出口成诗，难道这轿内之人是他不成？于是便问："阁下莫非杜少陵？"杜甫立即答道："然然然然然然然。"

　　"然"字在这里表示"是"和"对"的意思。这样，四句连在一起，便成为一首有趣的诗：

　　片片片片片片片，雪落梅岭形不见。

　　此人莫非杜少陵，然然然然然然然。

然（rán），会意兼形声字。《说文·火部》："然，烧也。"

"然"的本义指燃烧，如《孟子·公孙丑上》："凡有四端（指恻隐、羞恶、辞让、是非之心）于我者，知皆扩而充之矣，若火之始然，泉之始达。苟能充之，足以保四海。"意思是说：所有具有这四种思想的人，如果晓得把它们扩充起来，便会像刚刚燃烧的火，刚刚流出的泉水。假若能够扩充，便足以安定天下。由燃烧之义延伸指明白，如"了然于心"。然，还有点着、照耀、这样、如此、同意之义。常用的成语有："黯然失色"，比喻相比之下，事物仿佛失去原有的色泽、光彩；"豁然开朗"，指顿时现出宽敞明亮的境界；"处之泰然"，形容处理事情沉着镇定；"黯然神伤"，指情绪低沉，心神忧伤；"昂然直入"，指昂首挺胸地径直走进去，形容态度傲慢；"不轻然诺"，指不随便许诺什么，形容人守信用；"粲然可观"，形容事物色彩鲜明，指成绩卓著；"翻然改图"，指迅速改变过来，另作打算；"蔼然可亲"，形容态度和气，使人愿意接近；"茫然若失"，形容精神不集中，恍惚，若有所失的样子；"毛骨悚然"，形容极度恐惧与惊慌；"安然如故"，指还像原来那样安安稳稳。

"然"字，揭示了人类结束茹毛饮血的历史，并从蒙昧落后走向文明进步的历程。人们在大火之后尝到了芳香的野味熟食，改变了饮食方式，强壮了身体。也正因为火种的发明和火的使用，人类的文明向前走了一大步。"然"，给人们带来的是火，是光明，是温暖，是一盏灯，让一切混浊不清皆因光亮而变得清晰、明了、多彩。在今天的生活中，"然"揭示了生存之道、生活之道、处世之道。

小篆	金文
下面为「火」，火烧狗肉会燃烧之意。左上部为「肉」，右上部为「犬」，	从火，从肰声。

生活要顺其自然。顺其自然是生活的最高境界，是重要的人生哲学，是生存的王道。"然"字从夕（兽肉），从火，本义为烤食动物。在远古时代，烤食是原始人类进一步适应自然，生存能力提升的一大进步，也就是说找到了更能顺应自然，更合理、先进的生存方式，所以"然"也有"合理"的意思。故而说顺应自然才是合理的，才是王道。

顺应自然是道家的要义和修行风格。老子在《道德经》中告诫我们："五色令人目盲；五音令人耳聋；五味令人口爽；驰骋畋猎，令人心发狂；难得之货，令人行妨。是以圣人为腹不为目，故去彼取此。"在这里，老子认为生活合乎自然，就是合乎道、合乎天理，回到没有私欲遮蔽的心，大道无我。这就是智者所追求的境界。

有一个人很会种树，他栽种的树总是长得粗壮茂盛，果实结得又多又好，同行虽然羡慕模仿，但总是比不上他。有人问他种树的秘诀，他说："我并不能叫树木长得茂盛呀，我只不过是爱护树木，顺应树木的天性罢了。我用来培树的土都是非常平整的，土壤最好用原来的，填的土都很结实。这样，保全了它的天性，自然充满生机。别的人种树，要么根须纠结成团，要么全部换了新土，不是做得过了头就是做得不到家。这样，树木的生机也减弱了。"

种树是这样，生活也是如此。我们的衣食住行必须顺应自然，才能保持健康。要随四季的变换而添减衣裳，要吃每个季节成长的果蔬，要住坐北朝南的房子，顺其自然才能保平安。

日本精神科医生森田正马小时候体弱多病，患有多种神经症。25岁时，森田正马进入日本东京帝国大学医学院读书，其间因身体不佳而需休养，但是需要通过假期前的考试才能回家，否则必须补考。与此同时，父亲又不给生活费，为此他十分苦恼。最终，森田正马断然放弃了治疗疾病的奢望，一门心思准备考试。意外的是，他的神经衰弱症并没有恶化，而且获得了78分的成绩，顺利通过了考试。森田正马以这次潜心学习为转机，头痛症居然自然消失。他因此有所感悟："顺其自然，为所当为"，这个思想后来成为"森田疗法"的核心原则。

从森田疗法来看，对于疾病的治疗，假如心里一味抗拒，只会增加痛苦。但是，如果乐观接受，承认现实、服从现实，抱着顺应自然的态度，心情则会非常坦然。当我们的心对它不在意，达到"任其痛苦而不苦"时，自然就能摆脱苦恼，获得解脱。

生命要在烈火中燃烧。"然"是"燃"的本字。"然"字从火，表示在火堆上烧。肉在火上烧，象征有灵性之物（动物）经过真火熔炼，去除糟粕取得精华，经过真火的考（烤）验而脱胎换骨。"然"也象征着凤凰涅槃重生。把一切都燃烧殆尽是一种偏激的手法，但也有凤凰涅槃重生之说：凤凰是人世间幸福的使者，每500年，它就要背负着人世间的所有不快

● 字说格言

◆ 时移世改，理自然也。

——（东晋）葛洪

◆ 顺乎自然生。

——（古罗马）西塞罗

◆ 自然是真正的法律。

——（法国）弗洛里奥

◆ 背离自然也即背离幸福。

——（英国）塞·约翰逊

◆ 车到山前必有路，船到桥头自然直。

——民谚

《凤凰涅槃》雕塑，四川乐山
广场。

内蒙古赤峰市白音罕山辽墓壁画
《擎鹰图》（局部）：壁画中侍卫手
臂上所立之鸟为海东青，其飞极高，
身小而健。

32

和仇恨恩怨，投身于熊熊烈火中自焚，以生命的美丽终结换取
人世的祥和与幸福。凤凰经历烈火的煎熬和痛苦的考验，获得
重生，并在重生中达到升华，称为"凤凰涅槃"，这个典故寓
意不畏痛苦、义无反顾、不断追求、提升自我的执着精神。

　　鹰是世界上寿命最长的鸟，可以活到70岁之久。然而，这却
是它两次生命的叠加。它到40岁的时候必须做出生与死的抉择。
当老鹰活到40岁时，它生命中最重要的三样武器老化了：它的爪
子老化了，指甲不再锐利，无法有效地抓捕猎物；它的喙老化
了，变得又长又弯，几乎碰到胸膛，无法撕咬食物；它的翅膀老
化了，羽毛长得又浓又厚，十分沉重，飞翔吃力，不能再以速度
称王。它面临着困难而又重要的选择：等死或者经过一个十分痛
苦的蜕变重生过程。有的老鹰选择了死亡，有的老鹰则选择了再
生。期待重生的老鹰很努力地飞到山顶，选择一处悬崖峭壁，在
那里筑巢，暂留在那里，不得飞翔，用150天的时间来换取最宝贵
的三样武器。首先它用喙使劲地击打坚硬的岩石，直到完全破裂
和脱落，然后耐心地等待新的喙长出来。当新的喙长得和过去一

样坚硬的时候，它要用喙把指甲一根根拔出来。最后，当新的指甲长出来的时候，它还要用喙和指甲把羽毛全部拔掉。5个月后，新的羽毛长满了，它将重新获得30年生命！

心境要豁然开朗。 "然"字从火，象征着阳光、光明，表示人应有阳光般的态度。在人生的道路上，有许多十字路口，也常常使人迷惑，"然"就像一把火炬，在黑暗的地方点燃，让人于瞬间豁然开朗，洞察一切，明白事理，获得良好的心境。

在一个灰蒙蒙的早晨，一个年轻人去公园散步。他非常苦闷，因为他刚刚丢掉了工作。他想不明白，自己也算是业务骨干，怎么会被老板辞退了呢？他望了望那阴沉的天空，认为是这糟糕的天气给他带来了霉运。一位过路的老人听了他的话，停下来轻声说道："天气好坏无所谓，只要心中有阳光就行了。"年轻人不解："天气不好，心中怎么会有阳光呢？"老人慈祥地笑了笑，低头不语。年轻人这才发现他是位盲人，于是说："如果你能够看见，就不会再这样认为了。"老人听后只是淡淡地说："我的眼睛虽然看不见，但是我的心中一直充满阳光。我的每一天都在太阳的照耀下度过，不管是刮风下雨，也不管是白天黑夜，我心中的阳光从未中断过。"说罢，老人便用一根木棒在地上摸索着走开了。年轻人愣在了那里。从这以后，年轻人的心中也有了一缕阳光，最终事业有成。

毫无疑问，老人的一番话提醒了年轻人，使他豁然开朗。的确，就像老人说的那样：我们每个人的心中都应该有一缕永不消失的阳光。

如果心中没有阳光，就算周围一片光明，你也会感到灰暗；如果你的心中盛满阳光，就是在黑暗中也能看到希望。在我们失败的时候，心中若是有一缕阳光，那么，寒冷就不会将我们带到绝望的边缘，悲伤也不会把我们带进孤独的深渊。因为我们明白，失败乃成功之母，这次的失败是为了迎接下次的胜利。

"然"音同"燃"，一个对社会、对家庭有用的人，往往都是燃烧了自己，照亮了别人。

道意汉字

不违本性和天道，遵循规津是自然。

浴火重生经锤炼，人生精彩又辉煌。

前路纵然不平坦，乐观心境豁然朗。

蜡炬成灰更可叹，点燃自己放光芒。

德

行直目正心更正

　　钱徽是唐朝穆宗时期的礼部侍郎，专门负责科举考试。当时，前刑部侍郎杨凭、宰相段文昌和翰林学士李绅都写信请求钱徽给他们推荐的考生予关照，但被他一概拒绝了。宰相段文昌对钱徽怀恨在心，便上奏说钱徽选取的进士都是学识浅薄的官宦子弟，以"取士以私"弹劾他。李绅也趁机发难。在位的唐穆宗李恒听信谗言，下诏将钱徽贬为江州刺史。

　　此前段文昌和李绅都曾写信给钱徽请求照顾，其实钱徽只要把两人的信呈送给唐穆宗李恒，就可自证清白，申明他们这是打击报复。但钱徽没有这样做，他说："我只求无愧于心，得和失是一样的；做人要修身养性、谨慎行事，怎么可以拿私人书信为自己作证呢？"钱徽还当众把信拿出来烧了。

　　在"交出私信"和"坚守道德"之间，钱徽毫不犹豫地选择了后者，或者在他看来，人的道德操守才是无价的，值得自己以蒙受冤屈的代价去维护。

德（dé），会意字。《说文·彳部》："德，升也。"德的异体字为"悳"，《说文·心部》："悳，外得于人，内得于己也。""外得于人"，即在正直的基础上，身体力行。"内得于己"，即反省自我，端正心性。

小篆	金文	甲骨文
右部的上方变成了"直"，意思就是心正直为德。	"目"下面多了一个"心"字，表明目正、心正才算是德。	左边为"彳"，表示行走，右边是一只眼睛，眼睛上面有一条垂直线，表示目光直射，寓意行为要正，且目不斜视，会视正行直之意。

"德"的本义是行得正，心真诚，表里如一，后引申为道德、恩德、品行等。有"德"字的成语大多与人的品行有关，用于评价高尚的美德占大多数，如"德高望重""德厚流光""德隆望重""德容兼备""德言容功""以德报怨"，用于批评品德低劣的有"德薄才疏""德薄能鲜""德浅行薄"等。

"德"是中国伦理的核心，也是中华民族文化的核心。它的本意为顺应自然、社会和人类的客观规律去做事。不违背自然规律谋求发展，是我们理性认识自然后所进行的行为。

道家老子注重"德"的概念，他的代表作《道德经》中写道："从事于道者，同于道；德者，同于德；失者，同于失。同于道者，道亦乐得之；同于德者，德亦乐得之；同于失者，失亦乐得之。""道生之，德畜之，物形之，势成之。是以万物莫不尊道而贵德。道之尊，德之贵，夫莫之命而常自然。"老子在这里说，由道来产生，由德来充实，由物质来赋形，由具象来完成。因此万物无不尊崇道而重视德。道受到尊崇，德受到重视，这是没有任何命令而向来自然如此的。德是道的外在表现形式，道德就是尊道循德。总之，德是一种高尚的情操和品行。"德"字字形藏理，字音通意，告诉我们如下的哲理。

德发自人的本性、本能、本心，是人的一种天性。"德"字从心，这就是说，德是人遵循本心、本性，德植根于人的心田。孟子说："无恻隐之心，非人也；无羞恶之心，非人也；无辞让之心，非人也；无是非之心，非人也。"即使动物都怜爱自己的子女，甚至不惜付出生命，何况于人？在危急事件发生的时候，救死扶伤，往往出于人的本能，如近年出现的"托举哥""赤脚哥"，看到他人有危难，就挺身而出，没有想得更多。人的本性是向善的，只是有时功名利禄和得失利害给纯洁的心蒙上了灰尘。

唐代狄仁杰曾担任并州主管司法的官员。有一次，同事郑崇质接到一道命令——担任使者出使他国。那时，出使的路途充满艰险，有去无回是常有的事。唐朝政府规定，出使如果死了，可以享受抚恤。可抚恤再高，也没人愿意拿生命冒险，所

● 字说格言

- ◆ 静以修身，俭以养德。

  ——（三国）诸葛亮

- ◆ 行一件好事，心中泰然；行一件歹事，衾影抱愧。

  ——（清）申涵光

- ◆ 在一个人民的国家中还要有一种推动的枢纽，这就是美德。

  ——（法国）孟德斯鸠

- ◆ 人不能像走兽那样活着，应该追求知识和美德。

  ——（意大利）但丁

- ◆ 应该热心地致力于照道德行事，而不要空谈道德。

  ——（希腊）德谟克利特

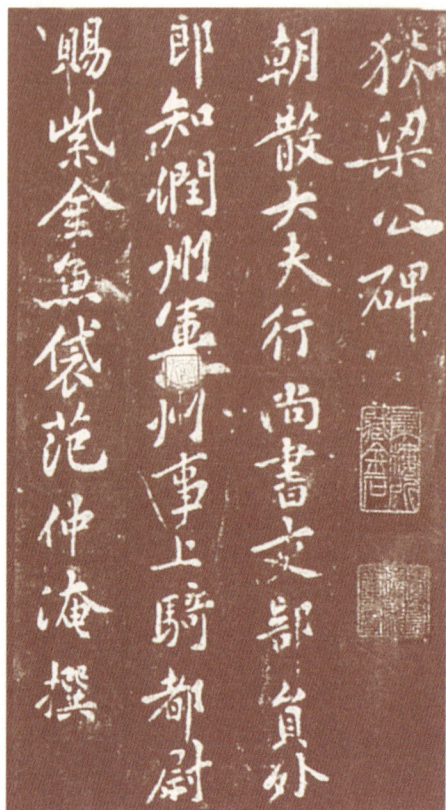

黄庭坚楷书《狄梁公碑》，宋拓本。狄梁公即狄仁杰（630—700），字怀英，并州太原（今山西太原）人，唐高宗、武周时期的政治家，以不畏权势著称于世，死后各地陆续建祠堂立碑。宋代黄庭坚对狄仁杰的人品极为敬佩，并于绍圣元年（1094）六月书写了范仲淹所撰的《狄梁公碑》。

以只要碰到这种事，官员们都会千方百计地推诿。郑崇质现在遇到了这样的麻烦，不光自己生死难料，还有堂上体弱多病的老母亲，无人奉养，这令他十分为难。狄仁杰非常理解郑崇质此时的心情，就对郑崇质说："你家老母有病，怎么能让她对万里之外的儿子怀有忧愁呢？"他毅然提出申请，要求代替郑崇质出使。正是因为他有一颗善良的心，才能做出如此的举动。

　　"德"之培养需要靠内心的修为。心为内，行为外，"心"在"德"的底部，说明德是心底无私。"一"为整体，中正归一，万法归一，一心一意。"德"就是有一颗善良、正直的心。德行源于德心，孝行是感恩之心的体现，慈善是公益之心的体现，关爱是善良之心的体现，守秩序是公德之心的体现。俄国作家陀思妥耶夫斯基说："恻隐心是整个人类存在最主要的法则，可能也是唯一的法则。"恻隐之心，就是同情弱者和不幸者，理解和体谅他人的难处，是一个心理正常、人格健全的人应该具备的一种基本情感，因此，见死不救、见义不为这种冷漠的行为是不道德的。

德落实于人的行动之上。"德"的偏旁为"彳"，意为慢慢行走，落实到实践中，德需要点滴的积累而成，不是一时，而是一世。德的行动，一靠自律，靠道德精神、道德观念的指导；二靠他律，即规则和制度的约束。这正如行车要遵守交通规则一样，道德的行为要靠道德规范，这种制度和规范，有时比教育更为重要。美国独立战争的领袖人物富兰克林，之所以能成为一个伟大的人，是因为他给自己立下了13条道德准则（包括节制、静默、秩序、决断、俭朴、勤劳、诚挚、正直、涵养、整洁、宁静、贞洁、谦逊），并身体力行。

被后人尊为"医圣"的东汉医学家张仲景，虽然青年时代即为一代医学名师，但他仍然谦虚好学，经常四处取经拜师。有一次，张仲景听说岭南有一个叫著羲的人医术精湛，就不远千里，前去求见。

之后张仲景才知道，著羲保守于医技，奇方妙药都秘不外宣。为学到技艺，蜚声医坛的张仲景决定留下来给著羲做助手。有一天，著羲的老家仆对张仲景说："我有一方，说不定会令你感动我家先生，传授给你些医术绝学。"张仲景疑惑道："愿闻其详。"家仆压低声音说："我家先生曾钟情于一才女，此女做的鲜笋宴先生非常爱吃。然而红颜命薄，令先生痛彻心扉。有一年，我随先生游苏州，偶然在一大户人家问诊时，品尝了一道鲜笋宴，先生感慨之余，竟将做这道菜的女仆赎了出来。我想，如果你为先生做这样一道菜，抵得上你在这里做数年徒工。"但张仲景不假思索道："这道菜我做不得。

如果单单是先生喜欢吃，我可以做；但如果会勾起他一段早已结痂的伤心往事，我不能做。"

他的这番话被偶然路过的著义听到了，他非常感动，随后打破"门规"，将自己的绝学倾囊授予张仲景。不仅如此，他还成了张仲景一生的密友，凡在医学上有什么新发现，都会毫无保留地和张仲景分享。

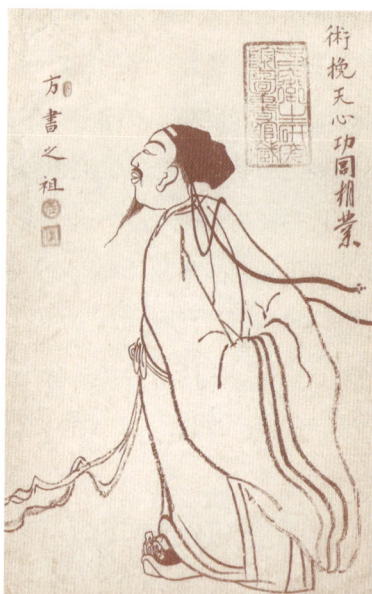

清朝《历代医家》图册中的张仲景像：作为东汉末年著名的医学家，张仲景广泛收集医方，写出了《伤寒杂病论》，被后人誉为"方书之祖"。

真正的有德，不但要看他是怎么说的，还要看他是怎么做的。美德如不在行为中表现出来，一切均为空话。

德表现为正直的风韵。"德"从十，指代直线，表示有一个正确的目标、方向；从目，表示"十"下的一双眼睛，目光瞄准，直射之意。"德"的异体字为"悳"，即心直，从几个组字的部分看，德不但要目正、行正，还要心正。为人正直，是德的标准之一。

春秋时期的齐景公，非常喜欢听别人说他的好话。一天，齐景公在宫内宴请文武大臣们，酒足饭饱后，他又兴致勃勃地带领众人去靶场玩射箭，想一展自己精妙的箭法。

　　结果，每当他射出一支箭后，站在他身边的大臣们都会大声喝彩道："好箭，好箭啊！"即使射不好，大臣还是不断地叫好，这让齐景公感觉有些不爽，觉得他们是故意在喝倒彩，自己竟然听不到一句真话，于是很不高兴地草草收场。

　　第二天，齐景公将昨天发生在靶场上的事情，告诉了当时没有在场的臣子玄章。玄章为人耿直，听后说道："这事不能全怪他们啊！大臣们都是在上行下效啊，他们知道大王喜欢听好听的话，于是大王喜欢吃什么，他们也就会说喜欢吃什么，大王喜欢玩什么，他们也就会说喜欢玩什么。大王喜欢被奉承，他们自然也就会想着法子处处奉承您啊！"

　　齐景公听完玄章的这番话后，有些不高兴，但事后细想，觉得有理，于是派人给玄章送了一些赏赐，没想到竟然被玄章原封不动地退了回来。

　　"难道你觉得这些赏赐给少了吗？"齐景公把玄章叫到跟前质问。"当然不是，大王给的赏赐很丰厚，足以保我们全家两三年的开销！"玄章不慌不忙地回答。齐景公追问："既然如此，那么你为什么不愿收下呢？"玄章说："那些奉承大王、不愿据实说真话的人，不正是想从您那里得到一些好处和赏赐吗？如果今天我接受了大王的这些赏赐，那岂不是跟他们一样了吗？"齐景公听后恍然大悟，立即决定收回那些赏赐，此后也改变了爱听好话的毛病。

　　这个故事体现了玄章的正直、刚正，他是一个有德行的人。

　　德的结果是有得，德的本字是得。"德"通"得"，寓意德行的结果必然得到德报。俗话说："种瓜得瓜，种豆得豆。"播下美德的种子，必然结出美德的果实。有一个故事讲的是善行既救了他人，也救了自己。

1944年冬天，第二次世界大战进入盟军全面反攻阶段。一天，盟军总司令艾森豪威尔将军要从法国某地返回总部，参加一个重要的军事会议。那天，天气恶劣，雪花飞舞，汽车在泥泞不堪的道路上艰难地前行。忽然，艾森豪威尔发现路边依偎着两个人，冻得瑟瑟发抖，他下令停车，亲自前往询问。原来，这是一对法国老夫妇，因汽车意外抛锚，又冷又饿，正不知如何是好。艾森豪威尔心生怜悯，一旁的参谋提醒道："将军，我们还有重要的事要办，这种小事就通知当地警方处理吧。"艾森豪威尔说："等警方赶来，他们早就冻死了！"说完，他扶着老夫妇上了车，并绕道将他们送到家后，才匆匆赶回总部。事后，盟军情报部门得到的消息让他们惊诧不已。原来，那天希特勒获悉艾森豪威尔的行踪，并安排了一个周密的刺杀计划——挑选了枪法精准的狙击手埋伏在艾森豪威尔必经的路上。然而，刺杀计划落了空。希特勒哪里知道，艾森豪威尔为了搭救一对落难的老夫妇，临时改变了原来的行车路线。一个小小的德行，不但救了一对老夫妇，也救了他自己一命。在某种意义上，这也是影响二战进程的一个小插曲吧。

道意汉字

道高龙虎伏，德重鬼神敬。
德发于人心，德高敏于行。
行德要正直，践德必有得。
利益让他人，成就在自己。

行

身体力行才能实现梦想

在一座寺庙里住着两个和尚，一个穷，一个富。一天，穷和尚对富和尚说："我想去南海。"富和尚不敢相信自己的耳朵，不屑一顾地反问："就凭你也想去南海？"穷和尚说："我为什么不可以去南海？一个饭钵，足已。"富和尚觉得很可笑。第二天，穷和尚出发了，带着一个饭钵，向着自己梦想的南海行进。一路上他遇到过困难，可是他没有被吓倒，也毫不退缩。一年后，他到达了梦想中的南海。多年后，穷和尚已然成为得道高僧，而富和尚还是那个富和尚。

这个故事中，穷和尚坚信心中的梦想一定能实现，并立即付诸行动，这也正是他修佛得道的重要原因。

行（xíng），象形字。《说文·行部》："行，人之步趋也。"意思是，人们在路上行走或小跑。字形采用"彳""亍"

会意，"彳"为小步，"亍"为止步。所有与行相关的字，都采用"彳"作形旁。

　　"行"的本义为十字路，由此引申指道路。"行"常引申指人所从事的职业，读"háng"，如"三十六行，行行出状元"。"行（xíng）"又指行走，《论语·述而》："三人行，必有我师焉。"意思是，三个人一起走，其中一定有我的老师。"行（háng）"由

小篆	金文	甲骨文
将十字路口形状的金文㐁误写成正反两个「双人旁」，失去路口形象。	承续甲骨文文字形。	像四通八达的十字路口。

道路的纵横交错又引申为行列，如"行伍出身"。"行"，还可引申为军队、队伍。"行伍"就是军队，《史记·陈涉世家》："陈胜、吴广皆次当行。""行（xíng）"又引申为从事某种活动的意思，如医生从事医疗事业，就叫作"行医"。一个人在从事某种事业时，总会表现出他本身的一些特征，故而"行"又引申为足以表现品质的举止行动，如"行为""行径""品行""言行"和"操行"等。成语中，"行"多与行为有关，但也作动词用。如"行成于思"，指的就是成功之道在于深思熟虑；"行尸走肉"，指会走动而没有灵魂的肉体，比喻庸碌无能、无所作为的人；"一目十行"，指一眼能看十行文字，形容阅读的速度极快；"行不副言"，指言行不一，说的是一套，做的又是另外一套；"我行我素"，指不管人家怎样说，仍旧按照自己平时的一套去做。

　　中国哲学史认为"行"与"知"之间是辩证统一的关系，"行"是"知"的来源，主张"行千里路，读万卷书"。道家在"行"与"知"的关系上有自己的看法，老子认为"不出户，知天下"，出之愈远，知之愈少，并提出"涤除玄览"的

直观体验方法，作为求"道"的根本方法。不过，"行"字告诉我们求知的办法和处世之道。

行，是付诸实践。"行"字从"彳"，意为小步。人在做事情的时候，要一个步骤一个步骤地完成，就如同行路一样，要一步一个脚印。老子《道德经》第六十四章："合抱之木，生于毫末；九层之台，起于累土；千里之行，始于足下。"意思是，双臂合抱的大树，是从细小的幼芽开始长成的；很多层的高台，是从第一筐泥土开始垒起来的；走一千里路，是从迈出第一步开始的。比喻事情是要从头做起，逐步进行的。再艰难的事情，只要坚持不懈，必有所成。

古时候，有两个朋友相约去遥远的地方寻找人生的幸福和快乐。他们一路风餐露宿，途中遇到了一条风急浪高的大河，而河的彼岸就是幸福和快乐的天堂。关于如何渡河，两个人意见有分歧，一个建议伐木造船渡过河去，另一个则认为无论哪种办法都不可能渡过河去，与其自寻烦恼，不如等这条河流干了，再轻轻松松地走过去。于是，建议造船的人每天砍

● 字说格言

◆ 口言之，身必行之。

——（战国）墨子

◆ 言之易，行之难。

——（战国）吕不韦

◆ 行成于思，毁于随。

——（唐）韩愈

◆ 行之以躬，不言而信。

——（北宋）欧阳修

◆ 力行而后知之真。

——（清）王夫之

46

　　长沙马王堆3号汉墓出土的帛书《老子》（又名《道德经》）甲本，此书为老子所著，抄成于西汉初年，字体和成熟的汉隶相近，可见汉隶从篆向隶演变的轨迹。它是研究西汉书法的第一手资料，使前人争论不休的"西汉有无隶书"的问题迎刃而解。

伐树木，辛苦而积极地制造船只，同时不忘学游泳；另一个则每天躺下休息睡觉，然后到河边观察河水流干了没有。直到有一天，已经造好船的朋友准备扬帆过河的时候，另一个朋友还在讥笑他的愚蠢。不过，造船的朋友并不生气，临走前只对他的朋友说了一句话："去做不一定见得每一件事都能成功，但不去做则一定没有机会得到成功！"这条大河终究没有干枯，而那位造船的朋友最终到达了彼岸。这两人后来在这条河的两岸定居了下来，也都繁衍了众多的子孙后代。河的一边叫幸福和快乐的沃土，生活着一群我们称为勤奋和勇敢的人；河的另一边叫失败和失落的原地，生活着一群我们称为懒惰和懦弱的人。

这个故事告诉我们一个道理：躺着思想，不如站起行动；无论你走了多久，走得多累，都千万不要在"成功"的家门口躺下休息；梦想不是幻想和空想。

行，要走正道。"行"字从"彳"，这是指大道、正道，从"亍"，意为止步。因此，行，要行之有度，要走正道。寓意要在正确的方向上行进，走错了就要止步，不能继续走歧路。每个人脚下的路都不同，各人有各人的足，各人有各人的路，选择的道路不同，人生自然也会有所不同。

三国时期的吴国有一个人叫周处，至今许多人都知道他除三害的故事。周处是江苏宜兴人，从小丧父，缺乏家庭管教。他力气大，喜欢骑马打猎，可是性情暴戾，动不动就和人争斗，在村子里为所欲为，从不把别人放在眼里。村里人讨厌他，把他和山上的猛虎、水里的蛟龙合称为"三害"。

有一天，周处看到一群老人围坐在一起愁眉不展，一边叹气一边议论着什么。他走过去问："现在天下太平，庄稼又丰收了，你们还有什么不高兴的呢？"其中一个胆子大的老人说："三害不除，人们哪会快乐呢？"周处忙问："什么三害，快说给我听。"老人告诉他，一害是南山上的猛虎，二害是长桥下的蛟龙。该说第三害了，老人却闭口不语。周处性急，非让老人说不可。老人就说："要问这第三害，就是欺压乡邻的恶人，弄得大家不得安生。"周处没想到这第三害是指自己，看见大家看着他，以为是希望他去除三害，就说："这三害算得了什么，我去除掉它们。"大家都说："你要是能除掉这三害，这可是大好事，我们一定感谢你。"

周处说干就干，他背着弓箭，带着钢刀，迈开大步，爬上了南山，用弓箭射死了张牙舞爪的猛虎。他又来到了长桥，纵身跳下水，去擒拿蛟龙。那蛟龙异常凶猛，周处和它在水中搏斗起来。蛟龙顺水游了几十里，周处紧追不舍，三天三夜没上岸。村里的人见周处一去不回，以为他与蛟龙同归于尽了，于是互相道贺，庆祝三害已除。

周处凭自己的智慧和力量杀死了蛟龙后，回到了村里，一见大家正在庆祝三害已除，这才知道原来自己是三害之一。他难过极了，痛下决心，要改过自新。

周处便出去拜访名师，经名师指点，他学有所成后回到家乡，振作精神，改变了以前的所作所为，不再专横无理，尽心尽力帮助别人，尊老爱幼，严格要求自己，做一个忠厚老实的人。周处这种勇于改过的行为，得到了乡邻的赞扬和拥护，后来有人推荐他在吴国做了官，西晋灭吴后又出任晋朝的官吏。他为官清正，大家都称赞他是个了不起的清官！

明清时期钱币上所铸的"周处斩蛟"图案。

1919年，美国著名教育家约翰·杜威应邀来华讲学，陶行知陪同并担任翻译。前排右一为杜威，后排右二为陶行知，右四为胡适。

行，要知行合一。知是指科学知识，行是指人的实践，知与行的合一，既不是以知来否定行，认为知便是行，也不是以行来否定知，认为行便是知。认识事物的道理与在现实中将其付诸实践，是密不可分的。在这方面，陶行知先生不仅身体力行，更大力推行。

陶行知原名陶文濬，受王阳明的"知行合一"说启发，1912年改名陶知行。1934年7月，他发表《行知行》，公开宣布将名字改为"行知"。他为什么改自己的名字呢？这中间还有一段鲜为人知的故事。

陶行知出生在皖南歙县，1914年秋赴美留学。留学期间，他师从约翰·杜威——美国伟大的哲学家、心理学家和教育家。杜威教育思想的基础是实用主义哲学。实用主义属于"行动的哲学"，重视"行"。杜威论述了知与行的关系，提出了"从做中学"的观点。这一观点表明"做学合一"，也即"知行合一"；但"从做中学"强调"做"是"学"的起点，即先"行"后"知"，与王阳明的"知是行之始，行是知之成"不同。1917年回国后，陶行知认识到实践应在认识之前，于是将自己改名为"陶行知"。

回国后，陶行知写了不少文章宣传杜威的教育理论，提倡试验主义。但真正实行起来却千难万难。在平民教育运动、晓庄试验师范学校的教育实践中，陶行知到处碰壁。于是他一方面批判中国的传统教育，另一方面反省自己的教育实践，学习新的哲学思想，探求适合中国国情的教育理论。他根据当时中国的国情、学校里的东西太少的现实，创立了"生活教育"理论，主张"社会即学校""生活即教育"和"教学做合一"。这样，"教育的材料，教育的方法，教育的工具，教育的环境，都可以大大地增加。学生、先生也可以多起来，在这种理论指导下，不论校内校外，都可以做师生的。"

如果用一个字来概括陶行知先生，那就是一个充塞天地的"真"字——有真爱、做真人、求真理、力真行。

人生就像一场旅行，不必在意目的地，重要的是沿途的风景，以及看风景时的心情。每个人都是匆匆的行者。人生在世，各有各的生存状态，各有各的心路历程，也各有各的价值观念。在物欲横流的今天，如果一个人注意调适自我，对物欲的追求少一些，对精神的追求多一点，少一点尘世的俗累，那么就可以更从容地欣赏沿途的景色。

☯ 道意汉字 ☯

每个人都有一个梦想，梦想的实现在于力行。
行是付诸实践，行是知行合一。
在人生的旅途中，迈步要一步一脚印。
踏实、坚韧、执着，才能到达理想的高地。

天

『一』生万物，天之『大』道

汉代，北方匈奴常常举兵侵犯中原，妄图吞并中原扩张版图。有一年，北方匈奴派人送来一份战书，上面写着"天心取米"四字。朝中无一人知晓其意，皇帝只好张榜招贤。修撰官何塘揭榜应招，说："小臣懂这四字，并有退兵之计。"皇帝命他详细解释。何塘说："依小臣之见，天者，天朝也；心者，中原也；米者，圣上也。天心取米，就是夺我江山，取圣上龙位的意思。"说完，便提笔在"天"字中间加了一竖，变成"未"字；在"心"字中间加了一长撇，变成"必"字；在"取"字头上加一折，变成"敢"字；在"米"字上部加一横，变成"来"字。这样，将匈奴的"天心取米"，改成"未必敢来"，皇上大喜，派人送回匈奴。匈奴首领原以为汉朝天子不敢应战，没想到汉朝人才济济，以轻蔑的口吻说"未必敢来"，大吃一惊，急令退兵，取消了进犯图谋。

天（tiān），象形字。《说文·一部》："天，颠也。至高无上，从一、大。"本义为头顶。

小篆	金文	甲骨文
承续了金文，使之整齐化。	将头简化成一横。	从形体看，像正面站立的人，上部的方框是一个人头，下面是一个人，意为人的至高无上部分为「天」。它大得无穷无尽，远得无边无际，高得无影无踪，美得无与伦比，是永恒无穷的产物。

天是一种自然禀赋，如"天年"指自然的寿命，"天趣"指自然的情趣，"天资"指天生的资质，"天堑"指自然形成的鸿沟，"天灾"指自然灾害，"巧夺天工"指精巧的人工胜过自然形成的工艺。天是一种规律、秩序，如"天道无亲""天道人事""天经地义"。天是如此的神圣，又被用来指我们依靠的事物，如"王者以民为天，而民以食为天"。这就是说，统治者要巩固自己的地位，必须依靠人民，取得人民的支持；而对黎民百姓来说，解决吃饭问题是最重要的。又由于天的无限辽阔和深邃使人感到神秘莫测，就成了万物的主宰，如"天神""天帝"，而天帝与众神仙生活的世界，被称为"天堂"。由于对天的崇拜，产生了"上天神圣"的观念，如帝王因至高无上而被称为"天子"，有特殊智慧和才能的人被称为"天才"，重要的机密称为"天机"。由于对天的崇拜与恐惧，天在人们的心目中就成了不可侵犯的"天公""老天爷"。有天字的成语非常多，如"天崩地坼""天高地远""天长地久""天网恢恢，疏而不漏""天翻地覆""天道无私""天夺之魄""天高地迥""天各一方""天花乱坠""天荒地老""天理昭彰""天伦之乐""天罗地网""天女散花""天下为公""天渊之别"等等。

天人和谐是中华传统文化的一个重要理念。"天"统指宇宙、天地、自然万物。在道家学说中，"顺天应道"是其宇宙观的核心。老子认为顺天就是顺应天道，天道就是天的运行法则，人道应效法天道。他指出天道是有和无的统一，其运动有"反"的特征，其作用有"弱"的表征，其实质是自然而然、运转不息。人应效法天道，悟透人道，"推天道以明人事"，"上士闻道，勤而行之"。

我们生活在"天"下，每天都与天打交道，但其实，我们对天的了解甚少，顺天而行，更是难以做到。古人造"天"字，蕴含了许多的哲理。

行事必须遵循天道。"天"由"一""大"组成，"一"在最上，表示天处至高，"一"下有"大"，表示天宇至大，以天为尊。宋代理学家程颢认为："天人本无二，不必言合。"朱熹也说："天人一物，内外一理，流通贯彻，初无间隔。"在古人的眼里，自然界的许多现象都高深莫测，神秘无限。天有天道，这个天道就是自然规律——春夏秋冬，四季交换，昼夜更替，不可抗拒。在改造自然界的过程中，要发挥人

● 字说格言

◆ 天地之性，人为贵。

——（春秋）孔子

◆ 凡治天下必因人情。

——（战国）韩非子

◆ 天与人交相胜。

——（唐）刘禹锡

◆ 君子志于择天下。

——（宋）刘炎

◆ 以民情验天心。

——（清）康有为

◆ 尽人事，听天命。

——（清）李汝珍

的主观能动性，但不能逆自然规律而行。过去，我们曾经提过"人定胜天"的口号，结果干了许多违背自然规律的蠢事。比如强台风来了，用血肉之躯去保堤抗台风，结果白白牺牲了年轻的生命；又如"农业学大寨"，在山上开垦梯田，破坏了植被，导致水土流失；还有在草原上挖草种稻，种植反季节蔬菜等。这些事情逆天而行，自然令人类吃尽了苦头，"人定胜天"应改为"人应顺天"。

养生必须顺应自然。"天"字从人，从大，人大为天，人活着一定要遵循自然规律，只有遵循自然规律，才与天地相应，才能顶天立地于天地之间。大自然与身体自身有着某种程度的契合，宇宙大人身，人体小宇宙，"天人合一"。一年365天，人有365个穴位，一天有12个时辰，人有12条经络，天有金、木、水、火、土五行，人体有五脏，天有水汽循环，人有血液循环，天有阴晴雨雪，人有喜怒哀乐。《黄帝内经·素问》第二十五篇的《宝命全形论》说："人以天地之气生，四时之法成。"过去医学家经过长期的实践和观察，认识到人与自然存在极为密切的关系。为此，养生要遵循四季规律，日落而息，日出而作，春夏养阳，秋冬养阴，春生、夏长、秋收、冬藏，顺应自然，方能益寿延年。

1974年，全国"农业学大寨"不顾各地实际，组织社员到处开山造田，这正是违反天道的行为。

20世纪初的伦敦是一座黑色的工业之都，辉煌却又灰蒙蒙。图为1937年2月12日，著名的巴特西发电厂浓烟滚滚，高耸的大烟囱也成了伦敦地标之一。

作为中国历史上最长寿的帝王，乾隆皇帝活到了89岁，在位60年。对于一位日理万机的帝王而言，这不能不说是一个奇迹。乾隆皇帝之所以能长寿，他的养生之道是很重要的一个因素。他根据自身的体验，总结出了养生四诀："吐纳肺腑，活动筋骨，十常四勿，适时进补。"后人将其中的"十常四勿"进行了具体阐释：所谓"十常"，是指身体的十个部位要经常运动，即"齿常叩、津常咽、耳常弹、鼻常揉、眼常运、面常搓、足常摩、腹常旋、肢常伸、肛常提"；所谓"四勿"，是指有四件事情要注意克制，即"食勿言、卧勿语、饮勿醉、色勿迷"。

治国必须以人为本。一个"天"字，人居中顶天，寓意以人为中心，顶天立地。人是万物之尺度。天是以人为本的，日夜的交替，使人既能劳作，又能休息，四季的转换让人感受到春花秋月，夏暖冬凉。但人往往不以人为本，这样的例子在日常生活中比比皆是，如用假冒伪劣产品损害人的健康，用污水毒气破坏人赖以生存和发展的环境。我们在发展的过程中，迷失了自我，不知道发展什么，为什么发展。

20世纪50年代，英国首都伦敦的环境恶化到了极点：1952年12月的一场"伦敦雾"曾导致4000多人死亡，"雾都"恶名远扬，泰晤士河也因污染严重变成死水，并曾引发霍乱等疾病。此后，英国政府认识到环境的重要性，于1956年颁布了世界上第一部《清洁空气法》，还加大了整治泰晤士河的力度。1994年建成了泰晤士河水环形主管道工程，该工程是自地铁建成之后伦敦最大的隧道工程。经过几十年的科学规划和严格管理，伦敦的生态环境已经得到根本改观，泰晤士河成为欧洲最洁净的河流之一。

我们现在提倡科学发展观，就是要矫正过度、片面地发展，更不能以牺牲环境为代价走"先污染，后治理"的老路。

做人要顶天立地。"天"字是一个人脚踏大地，头顶蓝天，寓意人要有气节，不随波逐流，要有傲骨，不要有傲气。

徐悲鸿家里挂着一副对联："独持偏见，一意孤行。"1929年，国民党政府举办第一届全国美术作品展览，他拒绝参加。1935年，有关方面通过他留学法国时的老同学张道藩，出面请他给蒋介石画像，他一口拒绝。这就是大师的独立精神、独立人格。他们的自信和尊严，不人云亦云，不随声附和，不见风使舵，不屈服于权势。正如徐悲鸿所言："人不能有傲气，但不能无傲骨。"

画家徐悲鸿（1895—1953）

"天"谐音为添，天物同源。太阳每天都是新的，事物也是变化的。一日新，又日新，日日新。我们只有每天都学习，才能不断增添新的知识、新的才干，才能创造新的业绩。"天"

字加"口"为吞，"人心不足蛇吞象"，欲望大的人往往是张大口，贪婪地吞，导致消化不良，"狼吞虎咽"大大地损害健康。

☯ 道意汉字 ☯

天是天道，道法自然，与其胜天，不如顺天。

天是良心，心口如一，做人处世，正正堂堂。

天是人道，人有六欲，顺心节欲，可享天年。

下

处下不争近于道

　　"发上等愿，结中等缘，享下等福；择高处立，寻平处住，向宽处行。"这是清代儒将左宗棠题于江苏无锡梅园的对联，24个字浓缩着深刻的人生哲理："发上等愿，结中等缘，享下等福"，就是胸怀远大抱负，只求中等缘分，过普通人生活；"择高处立，寻平处住，向宽处行"，则是看问题要高瞻远瞩，做人应低调处世，做事该留有余地。

　　纵观上、中、下，横览高、平、宽，居上时想到下，立高时寻找宽。因此，即使在多么错综复杂的矛盾面前，也能够处变而不惊，遇险而不乱，既能创造一番事业，又能守住一番事业。

　　下（xià），指事字。《说文·丄部》："丅（下），底也。"它是指自地面向下的部分，故下作"底"解。

"下"字的本义指与天相对的地，指低处、底部的地方，与"上"相对，如"桃李不言，下自成蹊""君子上交不谄，下交不渎"。"下"也指品级等次低，如"下级"；还指次序在后的，如"初七及下九，嬉戏莫相忘"；后引申为低于、离开等。"下"由位置在低处引申为形容词"低"，与"高"相对；又引申为动词，从高处到低处，到……去；又引申为颁布、下达，施行、使用，攻克、攻陷、投降。

小篆	金文	甲骨文
进一步繁化装饰，使字体匀称。	为区别于数目字『二』，在两横之间加一竖指事符号，以显示纵的方向。	上为一长横（象征物体），下边加一短横，意在表明所指是物体的底部。

与"下"相关的成语有很多："低声下气"，形容说话和态度卑下恭顺的样子；"礼贤下士"，指有地位者能以礼相待有才德的人，并谦恭结交才能一般者；"借坡下驴"，比喻利用有利条件行事；"林下风度"，称颂妇女娴雅飘逸的风采；"比上不足，比下有余"，用来劝人要知足；"寄人篱下"，比喻依附别人生活；"江河日下"，比喻情况一天天坏下去。

道家倡导"处下不争"的思想。老子、庄子都认为"道"像水一样，"处下""柔软"，提出"善用人者为之下""大者宜为下""以静为下"等理念。"下"字告诉我们待人之道，管理之道，是一种崇高的境界和情操。

下是谦和有礼的待人之道。"下"的字形以一横表天，以"天"下的"丨"表示方位。字形表示居下者，要知道头上有天，不可妄自超越。"下"字告诫我们做人要懂得谦和有礼，要知道天高地厚。

《道德经》提出"欲上民，必以言下之"，意思是说圣人想要顺服人民，对他们说话时必须用很谦逊的语言，要低声软语，不能高高在上。《周易》也指出："地卑下，山高大而居

● 字说格言

◆ 善用人者，为之下。

——（春秋）老子

◆ 以富贵为人下者，何人不与？

——（春秋）孔子

◆ 土处下，不争高，故安而不危；水下流，
不争先，故疾而不迟。

——（西汉）刘安

◆ 地卑下，山高大而居其下，谦之象。

——《周易》

其下，谦之象"，故"下"有德高而自觉不显扬之意。纵观足下大地，无私奉献甘泉，生长百谷草木，养育飞禽走兽，功德无量无边，却谦卑不自大，胸怀宽广而无所不容。人若效法，必也能过得自在，活得洒脱。

齐国宰相晏子，有一次坐车外出。车夫的妻子从门缝里偷偷地看她的丈夫。只见他替宰相驾车，头上遮着大伞，挥动着鞭子赶着四匹马，神气十足，扬扬得意。不久车夫回到家里，妻子就要求离开他，车夫问原因，妻子说："晏子身高不过六尺，却做了齐国的宰相，名声在各国显扬，我看他志向远大，思想深沉，却常有那种甘居人下的态度。而你身高八尺，不过做人家的车夫，看你的神态，却扬扬自得，因此我要求离开你。"从此以后，车夫就谦恭起来。晏子发现了他的变化，感到很奇怪，便问他，车夫如实相告。晏子就推荐他做了大夫。

一个人不可能常享富贵，也不可能久居贫贱，拥有权势、地位、财富可能只是一时运至。许多人在职的时候门庭若市，下野之后便门可罗雀。这告诉我们：人们真正能记住你的是美

好品行，而不是你的虚名与地位。我们应放下高傲，对人谦和恭敬。在中国的古都西安，至今还流传着"下马陵"的传说。

汉武帝时，董仲舒的"贤良"之策和"君权神授"理论对汉武帝的统治很有帮助，因而颇受重用。董仲舒去世后，汉武帝亲自为他选择安葬之地，并在陵前修建董子祠。据说出于对董仲舒的尊敬，汉武帝每次经过他的陵园，三十丈之外便下马步行，随从臣子照例这样做。此后便形成了一条不成文的规矩：上至达官显贵，下至平民百姓，骑马者、乘轿者，凡经过董仲舒的墓前，都要下来步行。"下马陵"的名称也由此产生。

人们经过董仲舒的墓前时，都下马而行，这是人们对董仲舒的尊敬，也是被董仲舒德行感化的表现。所以，古人说得好：高尚的德因为谦和卑下，好像深谷似的，处"卑下"，而胜"刚强"。

下是深入底层的管理艺术。"下"的字形如在土地下扎根，只有往下牢牢扎根，地面上的树木才能抵挡住狂风暴雨。管理也是这样，只有管理者肯深入基层，不高高在上，才能管理好自己所用的人。

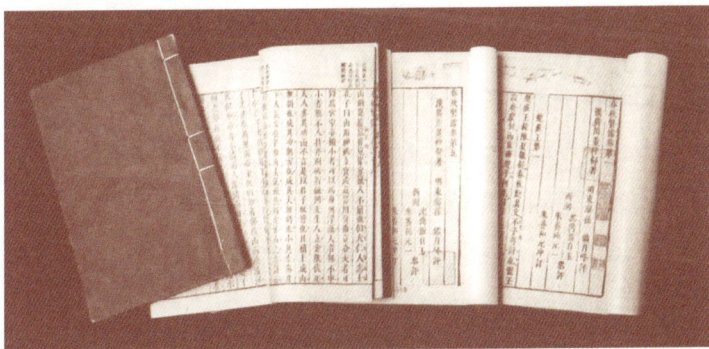

董仲舒的政治哲学著作《春秋繁露》，主要阐述了以阴阳五行、黄老之学为骨架，以天人感应为核心的哲学—神学理论，宣扬"性三品"的人性论、"王道之三纲可求于天"的伦理思想及赤黑白三统循环的历史观，为汉代中央集权的封建统治制度奠定了理论基础。

道家倡导"为之下"的用人之道。老子提出"善用人者为之下"。意思是说：善于用人的人，就是处在对方的下边，甘居对方之下。战国时期燕国谋士郭隗便深明用人要"处下"的道理。

燕昭王即位后，百废待兴，急需招揽人才，谋士郭隗给他讲"处下"的心态与招揽人才之间的关系：如果谦卑地侍奉老师，向老师好好学习，那么比自己强数百倍的人就会慕名来。如果做事情奔走在别人的前面，休息却在他人的后面，如果最先向贤人求教，最后一个停止发问，那么比自己才能强十倍的人就会纷沓而来了。如果见面时别人有礼貌地迎上来，自己也有礼貌地迎向前，那么和自己才能同样的人就会来了。如果靠着桌子，拿着手杖斜着眼睛指挥别人，待人不礼貌，那么只有服杂役的仆人才会来。如果对人狂暴凶狠，打击别人，跳跃顿足，并且发怒训斥人，来的就只有奴隶了。

郭隗所说的核心道理就是：你越是希望得到人才，你就越是要谦虚谨慎地处在贤者、人才的下面。"处下"达到什么程度，就有什么水平的人才来到。老子还说："江海之所以能为百谷王者，以其善下之。"意思是说：江海之所以能够成为百谷之王，是因为江海处下而不与百谷争高。熟悉长江的人都知道，长江上游水急滩多，中游则曲流发达，但无论如何还是得经过下游最终归入大海。比之于江河，大海的包容性要大得多，所以虽居于江河的下游，却是江河的汇聚之地。之所以会如此，是因为海平面低于高山和平原，也就是所谓的"为下"。事实上，自古以来，只有领导者的虚心请教和容忍下属的批评，才能留住人才，管理好团队。

下是从低做起的处事方法。物在地底为"下"。如果"一"代表地面，那么"｜"就像是往下扎的根，底下愈厚，其根基亦壮实坚牢。

《淮南子》指出："土处下，不争高，故安而不危。"意思是说：土地的位置低下，又不与谁争高，所以能够平安而不危险。古人也有云："欲高之先卑之，高由卑起，终必固。"事实上，"下"不仅是安全的重要保障，也是一种从底做起的做事方法，一种从本做起的处事艺术。

一位颇有名声的武术大师隐居于山林中。前来拜师的人们到达深山时，发现大师正在挑水，而两只桶都没装满。按他们的想象，大师应该能挑很大的水桶，且水装得满满的。他们不解地问："大师，这是什么道理？"大师说："挑水之道并不在于多，而在于够用。一味贪多，适得其反。"众人越发不解。大师从他们中选了一个人，让他重新从山谷里打满两桶水。那人挑得非常吃力，摇摇晃晃，没走几步，就跌倒在地，水全都洒了，膝盖也摔破了。"水洒了，岂不是得重打一桶？膝盖破了，走路艰难，岂不比刚才挑得还少吗？""那请问得挑多少，怎么估计呢？"大师笑道："你们看这个桶。"众人看去，桶里刻了一条线。大师说："这条线是底线，水绝对不能高于这条线，高于这条线就超过了自己的能力和需要。起初还需画线，挑的次数多了不用看线，凭感觉就知是多是少。这条线可以提醒我们，凡事要尽力而为，也要量力而行。"众人又问："那么底线应该定多低呢？"大师说："一般来说，越低下越好，因为这样低下的目标容易实现，人的勇气不容易受到挫伤，相反会培养起更大的兴趣和热情，长此以往，循序渐进，自然会挑得更多、挑得更稳。"

挑水如同武术，武术如同做人。从低做起，才不会心里没底。循序渐进，逐步实现目标，才能避免许多无谓的挫折。

事实上，"下"还是成就一切的根本。谚语云："万丈高楼平地起。"一幢高楼，没有下面坚实的地基，楼厦也只会成为空中楼阁的幻影；一棵大树，地底下没有发达的根系来吸

《绘画的寓言》，荷兰画家维米尔于1667年创作的一幅风俗性的自画像。这幅画内容复杂，思想性极高，表现手法臻于完美，一向被公认为稀世之作。

收养分，枝繁叶茂也会不日凋零；一条小溪，在地底者是其源泉，源远自然流长，没有源头的河水，最终也必然干涸。如此之"下"，皆是成就一切的根本。

下是贴近普通大众的生活。"一"代表地面，"丨"就像是往下扎的根。土地肥沃，孕育了万物，使天下地大物博。只有深深扎根在土壤中，才会吸收到大地的养分，从而茁壮成长。

约翰内斯·维米尔，荷兰最伟大的画家之一，被认为是"荷兰小画派"的代表画家。维米尔的作品大多是风俗题材，基本上取材于市民平常的生活：17世纪一个有着25000人口的荷兰小城——代尔夫特的家居生活。他的画面温馨、舒适、宁静，给人以庄重的感受，充分表现出了荷兰市民那种对洁净环境和优雅舒适的气氛的喜好。这位在代尔夫特土生土长、很可能从未出过国门的画家，画的是自己身边的生活和女性，他无意于情节上引人入胜，而是着力从平凡、普通的生活场面中发掘诗意。尽管维米尔的画作没有伦勃朗的雄厚博大，也不如哈尔斯那样豪放不羁，却颇能以朴实真挚的抒情打动人心。

万物有根，而社会的根就在民间、在百姓。正所谓"水能载舟，亦能覆舟"，民间是一切的根：为官者，不体察民间疾苦与百姓所需，就当不了好官；做艺术的，不贴近民间生活，就创作不出好作品；商人，不深入社会生活，就不知道要生产什么；科学家，不贴近百姓，就不知道该做什么研究才能促进社会发展。

美国卡内基梅隆大学博士后研究员特里·达克维奇有一次前往非洲旅行，她被那里的自然风光震撼的同时，还惊讶地看到这些贫穷国家的人们常年喝不上干净的水，即便有压井，出来的水还有着非常可怕的颜色。后来，她知道在全球每年有6.63亿人口因为缺乏最基础的净水设备而喝不到纯净的饮用水而引起疾病，死亡者的数量更是难以计数。于是她用了8年时间，研发出一本有26页的"书"，名为"可以喝的书"。这本"书"里的每页纸都经过处理，内含银或铜的纳米微粒，可以杀死水中的细菌，且书页上印有饮用水为何需要过滤及如何过滤的说明。在对南非、加纳和孟加拉国的25处受污染水源进行测试的结果显示，这种纸能成功去除水中99%的细菌。研究者表示，经过滤后的水质与美国自来水相当，虽然微量的银或铜会渗入水中，但其浓度远低于安全上限。这本"书"一页纸可过滤多达100升水，1本书就可以过滤一个人4年所需的水量。因此"可以喝的书"被《时代》周刊评选为2015年度世界最棒的25个设计之一。

"下"字加两划为"卡"，卡住了就下不来。用"口"说"下"是吓唬人。"下"与"不"，形相近、义相联。下是不争，甘为人梯。

☯ 道意汉字 ☯

水居下，纳百川，人居下，品德高。

放下了虚荣，获得了自省。

放下了负累，获得了自在。

放下了欲望，获得了解放。

抱

抱守质朴与道合一

　　1949年10月1日，北京天安门广场一片沸腾。30万军民汇聚于此，庆祝新中国的诞生。下午3时，毛泽东、朱德和其他领导人沿着城楼西侧的古砖梯道拾级而上，登上了天安门城楼。毛泽东庄严地向全世界宣布新中国成立了。

　　在这个神圣的历史时刻，有无数的闪光灯飞速地闪烁着。然而，当这个神圣的瞬间被定格成《开国大典》之后，人们却发现这张珍贵的历史照片中没有朱德的身影。

　　在毛泽东身边的朱德干什么去了？当时，天安门城楼上站满了人，朱德被安排在毛泽东身后。就在毛泽东向全世界庄严宣告时，朱德猛然发现担任摄影任务的新华社记者陈正青为了拍下完整的画面，不得不将身体倚着城楼上的汉白玉栏杆，而且不断向后仰去，已经快要跌下城楼。朱德眼见陈正青忘记了危险，就一步跨过去，抱住了陈正青的双腿。

在朱德的帮助下，陈正青顺利用镜头记录下了这个历史性画面，为后人留下了这张极具意义的《开国大典》。而原本在毛泽东身后的朱德，却因此留在了《开国大典》的镜头之外。

朱德的一"抱"，展示了伟人的胸怀和境界，并告诉世人：真正的伟人既伟大又普通。

抱（bào），会意兼形声字。从扌，从包。《说文·手部》："捊，引取也。"在古代，"抱"和"捊"是同一个字，本义就是用手围住。

"抱"的本义是用双臂将对方整个身体抱住，后来引申为保持、心存、怀有。与"抱"相关的词语有不少："襟抱"指人胸中的志向；"抱负"指人心中的理想；"抱才"指一个人有才华；"抱学"指心怀学问；"抱节"指坚守节操；"抱冰"用来比喻刻苦自励。

隶书	篆文
抱	𢪒

将篆文的𢪒简写成扌，失去五指形象。

𢪒表示人的『手』；而𠣔像子之未成形之状，被包裹在○之中；⊙表示的是包裹着的状态。

"抱"字也组成了许多成语："抱朴守真"指的是人格和品德纯洁高尚，朴实无华；"推襟送抱"形容向对方表达殷勤的心意；"打抱不平"形容遇见不公平的事情，挺身而出帮助受欺负的一方；"言行抱一"指说话和做事

云南省昆明市西山华亭寺"抱朴守真"门额。
"抱朴守真"与老子所言"见素抱朴"意义相近。

1980 年，伏案工作的沈从文。质朴为人，质朴为文，是这位中国现代文学巨匠的写照。

完全一样，形容表里如一；"抱残守缺"指守住残缺的东西不放弃，用于比喻泥古守旧，不思变革；"抱瑾握瑜"比喻一个人有纯洁高尚的品格。

老子在《道德经》中提出："曲则全，枉则直，洼则盈，敝则新，少则得，多则惑。是以圣人抱一为天下式。"所谓"圣人抱一"就是说，为人处世要专精固守，持之以恒，最终能够不失其道，实现其个人和社会理想。

抱，是抱朴守一的淡定。"抱"字从包，其篆书形为子未成人之状，引申为纯洁美好的事物。"抱朴"作为道家教义，源于《道德经》第十九章"见素抱朴，少私寡欲"。"抱"，是持守。朴，原是未经加工成器的原材料，又作本真、本性、质朴解。"抱朴"就是要求学道者持守质朴无华的本真，这样才能与道合一。"见素抱朴"，说的是呈现最本性、最本质的东西。

著名作家沈从文是一个没有学历却极有学问的学者。他怀着梦想刚到北京闯荡时，一边在北京大学做旁听生，一边阅读大量书籍，并与诸多大师结识，不断成长。

1928 年，时年 26 岁的沈从文被时任中国公学校长的胡适聘为该校讲师。在此之前，沈从文以行云流水的文笔描写真实的情感，赢得了一大批读者，在文坛享有很高的声望，但他给大学生讲课却是头一回。为了讲好第一堂课，他进行了认真的准备，精心编定了讲义。尽管如此，第一天走上讲台，看见台下黑压压地坐满了学生，他心里仍不免发虚。

面对台下满堂而坐的莘莘学子，沈从文整整发呆了10分钟，一句话也说不出。后来开始讲课了，由于心情紧张，他只顾低着头念讲稿，事先设计在中间插讲的内容全都忘得一干二净。结果，原先准备的一堂课的内容，10分钟就讲完了。接下来的几十分钟怎么打发？他心慌意乱，冷汗顺着脊背直淌。这样的尴尬场面，他以前可从来没有经历过。

沈从文没有天南地北地瞎扯来硬撑"面子"，而是老老实实拿起粉笔在黑板上写道："今天是我第一次上课，人很多，我害怕了！"这老实可爱地坦言"害怕"，引起全堂一阵善意的笑声……胡适深知沈从文的学识、潜力和为人，在听说这次讲课的经过后，不仅没有批评他，反而不失幽默地说："沈从文的第一次上课成功了！"后来，一位当时听过这堂课的学生在文章中写道，沈先生的坦率赤诚令人钦佩，这是有生以来听过的最有意义的一堂课。

常言道，老老实实最能打动人心。一句"我害怕了"，袒露了一代文学巨匠的质朴内心。面对失败不敷衍、不做作、不逃避，能老实可爱地袒露内心的人，当然会得到别人的体谅。

抱，是慈爱的情怀。"抱"字中的"巳"之形为 δ，状若初生婴儿，因此，"抱"又指用手抱着小孩。"抱"的本义就是用手臂围住。《诗·大雅·抑》中有"亦既抱子"。

球王贝利出生在巴西的一个小镇，父亲是位因伤退役的足球运动员。贝利从小酷爱足球运动，很早就显现出踢球的天分。因为家里穷，父亲没钱买足球，就用大号袜子、破布和旧报纸，做了一个"足球"送给儿子。从此，贝利常常光着黑瘦的脊梁，在家门前坑坑洼洼的街道上，赤着脚向想象中的球门

● 字说格言

进攻。

10岁时，贝利和小伙伴们组建了一支街头足球队，在当地渐渐小有名气。足球在巴西人的生活中有着举足轻重的地位，因此镇里开始有不少人向崭露头角的贝利打招呼，还向他敬烟。

贝利很享受那种吸烟带来的"长大了"的感觉，渐渐有了烟瘾。由于买不起烟，他开始到处找人索要。一天，贝利在街上向人要烟时被父亲撞见了。贝利看见父亲猛然抬起了手，吓得肌肉紧绷，不由自主地捂住自己的脸。父亲从来没有打过他，可今天，他确实太让父亲失望了。

出人意料的是，父亲给他的并不是预想的耳光，而是一个紧紧的拥抱。父亲把贝利搂在怀中说："孩子，你有踢球的天分，可以成为一名伟大的球员。但如果你抽烟、喝酒，或者染上其他恶习，那么足球生涯可能就到此为止了。"

父亲放开贝利，拿出瘪瘪的钱包，掏出里面仅有的几张纸币说："如果你真忍不住想抽烟，还是自己买吧。总向别人要，会让你失去尊严。"贝利感到十分羞愧，眼泪几乎要夺眶而出，可当他抬起头时，发现父亲也已老泪纵横……

多年以后，成为一代球王的贝利仍不能忘怀当年父亲的那个拥抱，他说："在我几乎踏上歧路时，父亲那个温暖的拥抱，比给我多少个耳光都更有力量！"

抱，是善于行动的能力。"抱"，从扌，即行动，实现抱负要有实际行动。抱负是什么呢？抱负是我们的想法，是我们对未来的一种理想和追求，是我们自己选择的未来方向，是能使我们前进的动力。在这个世界上，从不缺乏有理想、有抱负的人，但是什么样的人才能够实现理想、成就抱负呢？一定是那些有出色行动力的人，那些敢打拼、有魄力的人。为什么那些手握完美计划书的人不能成功，而那些从没做过任何计划书的人却成功了呢？调查得出的结论是：人生伟业的建立，不在能知，乃在能行。

40多年前，一个10多岁的穷小子，自小生长在贫民窟里，身体非常瘦弱，却在日记里立志长大后要做美国总统。但如何能实现这样宏伟的抱负呢？年纪轻轻的他，经过几天几夜的思索，拟定了这样一系列的连锁目标：

做美国总统首先要做美国州长→要竞选州长必须得到雄厚的财力支持→要获得财团的支持就一定得融入财团→要融入财团就最好娶一位豪门千金→要娶一位豪门千金必须成为名人→成为名人的快速方法就是做电影明星→做电影明星前得练好身体练出阳刚之气。

按照这样的思路，他开始"步步为营"。某日，当他看到著名的体操运动主席库尔后，他相信练习健美是强身健体的好方法，因而萌生了练习健美的兴趣。他开始刻苦而持之以恒地练习健美，他渴望成为世界上最结实的壮汉。3年后，借着发达的肌肉，似雕塑般的体魄，他成为健美先生。

在以后的几年中，他囊括了欧洲、世界、奥林匹克的健美先生称号。在22岁时，他踏入了美国好莱坞。在好莱坞，他花费了10年，利用在体育方面的成就，在大荧幕上一心塑造坚强不屈、百折不挠的硬汉形象。终于，他在演艺界声名鹊起。当他的电影事业如日中天时，女友的家庭在他们相恋9年后，也终于接纳了这位"黑脸庄稼人"。他的女友就是赫赫有名的肯尼迪总统的侄女。

婚姻生活非常恩爱，十几年过去了，他与太太生育了4个孩子，建立了一个"五好"的典型家庭。2003年，年逾57岁的他，告老退出了影坛，转而从政，成功地竞选成为美国加州州长。

他就是阿诺德·施瓦辛格。他用实际行动告诉人们，有远大的抱负更要有付诸实际的行动。

73

抱，是感恩的品性。"抱"音同"报"，篆文字形正像是手持物品报恩而来的人。《诗经·卫风·木瓜》中说："投我以木瓜，报之以琼琚。匪报也，永以为好也！投我以木桃，报之以琼瑶。匪报也，永以为好也！投我以木李，报之以琼玖。匪报也，永以为好也！"

一个美国人为给妻子治病跑遍了世界，最后来到中国看中医。尽管为妻子看病几乎花光了钱，但由于语言问题，到北京以后，他还是决定请一个翻译。一个来自宁夏的贫困生，接受了这份待遇很低的工作。

在协助这位美国人看病的过程中，宁夏小伙子除了翻译，还帮忙挂号拿药，像一个勤杂工。故事的重点在于有一个比这更挣钱的、给大公司当项目翻译的工作在等着小伙子，这位美国人只好让他再帮找一个翻译，但小伙子想了半天决定留下来。这位美国人很感动，强忍住眼里的泪花，什么也没有说。这位美国人带妻子看了一段时间的中医以后就回去了，第二年他妻子去世了。

一晃3年过去了，小伙子要毕业了，正当他为工作之事发愁时，突然收到了一封来自美国的信，是那个美国人写来的。原来他被小伙子的善良与为人打动，3年来念念不忘，如今他在太太去世后又重新打理公司，现在想到中国发展，需要一名代理人，问小伙子愿不愿意，报酬是每月8万美元。

人世间没有无缘无故的因果关系，人世间也没有无缘无故的恩泽，你不求回报的付出，也许在得到你帮助的人那里能得到回报，也许得不到回报。但你的出发点是不求回报，你没有期盼回报的心情，因此可以继续以平常心生活，还可以继续做与人为善的事，继续传递爱意与善意。而也许在你前行的路上，你投入的滴水，总有一天会变成涌泉！

抱，要有抱负，但不能有过多的抱怨。"抱"字从包，包容，故可引申理解为不抱怨。《晋书·刘毅传》中写道："诸受枉者，抱怨积直，独不蒙天地无私之德，而长壅蔽於邪人之铨。"过多的抱怨，对自己来说只能是浪费时间，对他人来说只能更加厌烦。

祥林嫂是鲁迅先生笔下的一个小说人物。她的一生，是个彻头彻尾的悲剧。丈夫早亡，她与婆婆相依为命。在卫老二的怂恿策划下，婆婆将祥林嫂卖给山里贺老六为妻。一开始她极力反抗，甚至逃跑，后来知道了贺老六的身世，认为他为人忠厚善良，对他深为同情。于是，祥林嫂接受了善良的贺老六，过上了一段幸福的生活，并且育有一子。

然而，好景不长，5年后，丈夫伤寒复发病逝，其间儿子单独上山又被狼吃了。祥林嫂再也承受不了生活对她的残酷，从此精神不振，逢人就说儿子遭狼衔走一事，人们始而同情，久之厌嫌，常加以奚落。

由于祥林嫂屡遭变故，神情木讷，被主人所嫌。后听鲁家女佣劝告，去土地庙捐了门槛，供人践踏，以赎罪孽。岂料除

20世纪80年代小人书《祥林嫂》的封面。

夕为端一祭品，遭女主人呵斥，于是从此精神不振，后被主人逐出家门，沦为乞丐。最终，在一个祝福年夜，逝于风雪中。

祥林嫂的生活屡遭变故，特别是在她失去了儿子阿毛之后，她的生命似乎就失去了意义，她所剩的就只有唠叨和无休止的自我抱怨。她每天不停地唠叨一句话："我真傻……"除此之外，再无其他。

对于她的抱怨和唠叨，人们由最初的同情变成麻木，最后甚至厌烦她，远远地避着她。祥林嫂的整个后半生都葬送在丧子之后无尽的抱怨中，她带着絮叨和悔恨离开了世界。除了人们的叹息，她再也得不到其他什么。我们在为祥林嫂感到悲哀的同时，也应该想一想，怎样引以为戒，避免重蹈覆辙。不要抱怨，抱怨是没有用的，我们不能做祥林嫂式的悲剧人物。

在我们遇到挫折和痛苦的时候，该怎么做？用抱怨博得同情？同情除了让自己觉得越发可怜之外，并无其他的用处，即使博得别人同情暂时帮你一把，最终也不能解决自己的问题。没有人喜欢不停诉苦的人，那些口头上和表面的同情，是这个时代残酷的竞争中最廉价的东西。无论我们受到了怎样不公平的待遇，遇见了怎样的困难，都不要做祥林嫂。唯一要做的，是咬紧牙关，改变自己，把自己当作暴风雨中的海燕，让自己强大起来。只有这样，你才能够胜利。

　　"抱"音同"保"，要保持、坚持，心神合一，才能够获得成功；"抱"音似"抛"，需要抛弃名与利的诱惑，保持本心，才不会误入歧途。

☯ 道意汉字 ☯

抱是一种追求，抱朴守一不傍移。

抱是一种情怀，慈善宽容情依依。

抱是一种能力，不屈不挠勤努力。

抱是一种品性，涌泉相报感恩心。

朴

像未经加工的木材那样纯真、质朴

　　《庄子·应帝王》中有一则寓言：在远古的时候，南海的帝王叫作儵，北海的帝王叫作忽，而中央的帝王叫作浑沌。儵和忽相约到浑沌所在的地方去游玩，他们受到了浑沌的热情招待。儵和忽非常感动，就想报答浑沌对他们的友善和恩情。他们商量说："每个人都有七窍：眼睛用来看东西，耳朵用来听声音，嘴巴用来吃食物，鼻孔用来呼吸。而唯独浑沌却没有七窍。不如我们尝试为浑沌凿开七窍？"于是，两人都在为凿开浑沌的七窍而花尽心思，一天为浑沌凿开一窍。终于，七天过去以后，浑沌的七窍都被凿开了。而这个时候，浑沌也因此而死去了。

寓言中的浑沌象征着世间万物的本质、本性，也就是道家思想中常说的"朴"。浑沌之死是由于倏、忽不顾浑沌的本性特点，强行为浑沌凿开七窍，破坏其天性造成的。这则寓言告诫我们，无论是做人还是做事，都应当尊重事物的本质特点——"朴"。顺应自然的规则、顺应本性，才不会好心办坏事。

朴（pǔ），形声字。《说文·木部》："朴，木皮也。从木，卜声。"

"朴"的本义为树皮，也指未经加工的木材，如"残朴以为器，工匠之罪也"。"朴"又引申指本质、真性，如"志在守朴，养素全真"。"朴"还指纯真，不加雕饰，如"衣冠简朴古风存"。我们在日常生活中常常用到"朴"字："简朴"说的是一个人生活起居简单，不过分追求物质享受；"质朴"是赞美一个人的人格品质的善良美好，有人性之美；"灵朴"说的是美观而质朴；"素朴"说的是质朴无华；"古朴"说的是艺术作品的风格有自然之趣，不刻意求工；"俭朴"说的是勤俭朴素，不尚虚荣。"朴"并不等于无华、没有光彩，而是强调了一种天然的状态——是本心，是自然。

篆文

本义是厚的木皮。右边的「卜」形似树枝。

● 字说格言

◆ 静而圣，动而王，无为也而尊，朴素而天下莫能与之争美。

——（战国）庄子

◆ 节俭朴素，人之美德；奢侈华丽，人之大恶。

——（明）薛瑄

◆ 朴能镇浮，静能御躁。

——（清）申居郧

老子在《道德经》中说："见素抱朴，少私寡欲。""素"是未经修饰的本色，"朴"是未经雕琢的原木，"见"是"现"，"抱"是"抱定"。"见素抱朴"就是不加伪饰而以本来面目示人。假如能做到见素抱朴，自然不会以圣人自居去欺骗人了。"见素抱朴"就是保持本真，不矫饰，不虚伪。在老子看来，保持淳朴与天真，社会才是美好的。庄子说过，上古时期，平民百姓自有其不变的本能和天性，他们的想法和行为浑然一体，不相背离，一切都自然而然。所以，那个时候是人类天性保留最完整的时代。当今社会，有的人内心浮躁，有的人追求浮华，与"朴"越来越远，"逢人只说三分话，未可全抛一片心"，表面一套，背后一套，人们都觉得活得很累，故有"返朴归真"的呼声。"朴"字揭示了"朴"的内涵和表现形式。

79

朴是出自天然、不事雕琢。"朴"的篆文除了写作"朴"外，还写作"樸"。古代汉语中"朴"通"樸"。《说文解字》："樸，木素也。从木，業声。""樸"指的是没有经过雕琢的原木，后来引申为事物未经雕琢的自然状态，是树木最原始的生长状态。

大自然赋予每个生命独特的、最符合其特性的美，并不需要过多修饰，只要顺应自身的特点，已经有一种天然的美。李白的诗句"清水出芙蓉，天然去雕饰"，便是荷花最美的境界。而有时候人们总喜欢强行按照自己的审美，去雕琢、去塑造，这样反而破坏了"朴"的天然美感，往往弄巧成拙。"东施效颦"的典故正是说明了这一道理。

传说西施患有心绞痛，发病的时候捂住心口，紧蹙蛾眉。村里的人看见西施眉

中国国家博物馆里的黄杨木雕像西施。

头紧锁的样子都很怜惜她。同村有一个丑女名叫东施。有一次，她见到西施发病捂着心口的样子，觉得很美，于是也模仿西施捂住胸口皱着眉头。同村的人见了，都赶紧闭门躲闪。

为何同一个动作，西施做起来美丽，而东施做却惹人发笑？不只是因为西施是个大美人，而是因为她的心绞痛是真实的，所以当她捧心皱眉时，十分惹人心疼。而东施之所以成为人们的笑料，是因为她违背了"朴"的道理，她的体态不是本性使然，而是刻意造作，故而不是美，这也就是南宋诗人戴复古所说的"雕锼太过伤于巧"。西施的美，美在纯朴，她的一颦一笑都是出于自然本性，而不是装出来的。美，首先要自然，让人觉得舒服。朴，是顺己适性。美之所以为美，是由于拥有质朴的属性，所以陋室不陋，天然为美。

朴是天性本善，保持本心。"朴"字从木，树木扎根大地，笔直坚挺，不因风吹雨打而改变。因此，"朴"是一种态度，一种在俗世中难能可贵的坚持。

物有物性，人有人性。中国文化认为"人之初，性本善"，人皆有善良的本性，也就是我们常常说的赤子之心，或是本心。在社会中生存的人，就算人生际遇有很大波动，也要记得时时保持一颗质朴的心。

东晋的陶渊明生活在一个官场秩序混乱的时代，他陷入一个两难的选择：出世还是入世？入，则会陷入"世与我而相违"的纠结；出，则又处于"家贫不能常得"的困窘。出于赡养家庭最现实的无奈，陶渊明不得已出仕为官。他不是没有过内心的挣扎。然而，在经过几入几出之后，他最后选择了归隐田园，选择坚守自己的本性，抛弃世俗的阿谀奉承，坚持心灵中的"朴"。陶渊明因此而得到了"复得返自然"的心灵超脱，创作出了大量脍炙人口的诗篇。

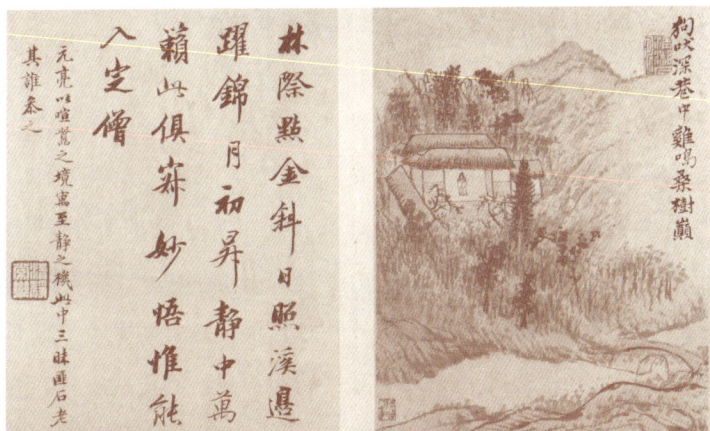

北京故宫博物院收藏的《陶渊明诗意图册》：右侧是清初画家石涛根据东晋著名诗人陶渊明的《归园田居·其一》所作之画；左侧为清代诗人王文治依石涛之画和陶渊明之诗所作之诗。

人生在世，总会遇到很多事情，很多本性与价值之间的冲突。陶渊明选择清贫却能顺应本心的生活，放弃富贵却不必过阿谀奉承的生活，这是他自我的选择，但人们往往会遇到很多涉及他人的重要选择。如《庄子·山木》记载了"林回弃璧"这个故事。

假国（春秋时期的诸侯国，为晋所灭）曾经发生了一次严重的灾难，人们纷纷逃到远方去避难。有一个叫作林回的人，他在逃难的过程中遇到了一个素不相识的孩子。于是，他抛弃了身上价值千金的玉璧，背着这个孩子一起逃难。世俗之人对林回的行为感到不解：如果林回为了钱财，这个孩子又没有任何财产；如果抛弃玉璧是为了便于逃难，孩子又比一块玉璧重得多。

林回带着这个素不相识的孩子逃命而抛弃了自己的千金之璧，是因为他认为生命的价值远远高于金钱。庄子说"素朴而民性得"，正是告诫人们要保持一颗赤子之心，对待金钱、名利要有从容的态度。"朴"字右边的"卜"，那一点是依附在人上的本心，如果没有本心，人就不能称之为人了。

那么，人的善良本性会消失吗？是有可能的。当人被名利冲昏了头脑以后，"朴"就被挤出了内心。老子论述了纵欲带来的危害："五色令人目盲；五音令人耳聋；五味令人口爽；驰骋畋猎，令人心发狂；难得之货，令人行妨"，说的是"朴"和"欲"是对立的。如果一个人过分地追求物质的享受，就会迷失本性。在现实中，不少官员因为贪财好色，铤而走险踏上了违法犯罪的道路，最终纷纷落马，不正是最有力的说明吗？朴，要求我们在现代社会中要时刻审视自己的内心，正视自己的欲望。为人处世，要在内心为"朴"留下方寸净土。

朴要顺乎自然不违本性。"朴"字从木，这是指一种朴树。朴树的成长要求有适宜的土壤、气候。待人处世同样也要顺应本性，遵循规律，否则就会事与愿违。宋濂的《燕书》就有一个"郑人惜鱼"的故事。

82

郑国有个爱鱼之人，常捕鱼自养。他在家里的厅堂中摆放3只盆子，装上水，得鱼后就放入其中。那些鱼刚脱离网的困苦，很疲惫，浮到水面喘息。过了一天，鱼的鳍尾开始摇摆，他就捧出来看，说："鳞没有伤吧？"没多久，喂食谷末和麦麸，他又捧出来看："肚子应该不饿了吧？"有人看到他这样做，就劝告他不能每天捞起来看，不然鱼就会腐烂。郑国人不听。果然，没过3天，鱼开始脱落鳞片并死了，郑国人此时才后悔不听别人的劝告。

郑人爱鱼，但是他不了解鱼的生活状态，而以自己认为爱鱼的方式去对待鱼，最终却害死了鱼。所以，我们说无知的可怕之处就在于此。《庄子·达生》中也举了一个违背"朴"的例子。

东野稷是一个驾车技艺十分高超的人。驱使马车时，车子

明代仇英所绘《人物故事图册》之《南华秋水》，内容取材于庄子《秋水篇》，主要写河神与海神的一段对话，借水来论述宇宙、世事间的相对关系。此画采用拟人化手法加以形象表现，凝望流水的男子代表"南华"（后人称庄子为南华真人，亦即代表庄子），侍立女子为"秋水"的化身，高山、丛林、河石、树、人之间的大小对比，则象征天地万物间的相对关系。

是进是退、左旋右转他都控制得非常准确。庄公非常欣赏他的才能。有一天，庄公让他驾车百圈供众人观赏。东野稷十分欢喜，觉得这是一次能够让他得到赏识和提拔的机会，于是欣然答应了。但是，东野稷没有考虑到马的体力是有限的。驾车百圈却没有让马得到休息，马由于筋疲力尽而死去，东野稷也垂头丧气地回去了。

东野稷本来具备娴熟的技艺，国人中没有几个人比得上他。但是，却因为追求赏识而忽视了马匹本身所能承受的上限，最终导致了失败。

万物的发展都有其生存规律和法则。天体之所以有序运转，是因为它们都按照自己的轨道运行。自然界和人类社会也是一样的道理，如果违背自然规律，必然是南辕北辙的结果。人类在开发自然的时候，一定要把握好一个度，"复归于朴"，不破坏自然的规律。所幸的是，我们越来越清醒地认识到要与自然和谐相处的道理，尊重自然，保护自然。人们制定了在一定时间内禁止捕捞的规定，每年都有一段"休渔"的时间，让鱼类有繁衍生息的时机；禁止乱砍滥伐，这样既是保护环境，也是让人类有更好的呼吸空间。

道家的"朴"文化告诉人们，要"见素抱朴""复归于朴"，尊重自然规律。按照规律办事，不破坏"木"，不破坏本心。

"朴"音同"普"。朴，就是普遍的自然之心，是普世价值。"朴"音又近"不"，要坚持本性，就要有取舍，也要有对违背事物本性的事情说"不"的勇气，学会拒绝，学会选择。

"朴"是不事雕琢，是回归本善，是不违自然。老子曰："朴虽小，天下莫能臣"，朴是至上的境界，唯有坚持本心，才能让生命谱出最悦耳动听的乐章。

🌀 道意汉字 ☯

天地生万物，万物各有性。

自然之为美，皆因未雕琢。

人世之为善，世人皆纯朴。

莫使尔性迁，时时勿忘朴。

守

守住寸心见品性

在与匈奴交战的前线，汉朝右将军苏建违反了军规，将领们纷纷要求处死他，而主帅卫青说："杀死右将军，需要皇帝批准。"他主张上奏。将领们说："所谓将在外，君命有所不受。我们现在在边境，情况特殊，即使先斩后奏，皇帝定然也不会怪罪您！"卫青说："特殊情况随时可能会有，而君命却不得违抗。有一次例外，便会有第二次，即使皇帝会原谅我一次，却不会纵容我屡次违反朝廷的法纪。"他坚持上奏。汉武帝对臣下向来严苛，很多大臣都因不守法度而被杀，卫青因此始终谨小慎微。

心理学家巴甫洛夫说，万物之发端必于"一"。违反法纪的事，有了第一次，便会有第二次、第三次，最终步入万劫不复的深渊。卫青虽然位高权重，却始终保持清醒的头脑，恪守法纪，从不违反，才能在风云际变的官场中平安终老。

守（shǒu），会意字。《说文·宀部》："守，守官也。从宀，从寸。寸，法度也。"

"守"的本义为依法掌管官府职事，引申指官吏应尽的职责，如"官司之守，非君所及也""忠于职守"。"守"也指遵守、遵照，如"乃命太史，守典奉法"。"守"还有掌管、护卫、保持、依傍之意。过去州府地方长官称为"太守"。跟"守"有关的成语和短语很多："墨守成规"比喻拘泥于成见而不善于机变；"守望相助"指为了对付来犯的敌人或意外的灾祸，邻近各村落互相警戒，互相援助；"恪守不渝"表示严格遵守，决不改变；"安分守己"指规矩老实，守本分，不做违法的事；"魂不守舍"指人的灵魂离开了躯壳，形容精神不集中；"抱残守缺"指抱着残缺陈旧的东西不放，形容思想保守，不求改进；"因循守旧"指死守老一套，缺乏创新的精神；"知白守黑"指对是非黑白虽然明白，还当保持暗昧，如无所见；"玩忽职守"指由于工作疏忽而对他人或公众造成损害的行为；"守株待兔"比喻死守经验，不知变通，亦用以讽刺妄想不劳而获的侥幸心理；"守口如瓶"表示闭口不谈，像瓶口塞紧了一般，形容说话谨慎，严守秘密；"守身如玉"指的是保持节操，像玉一样洁白无瑕，也泛指爱护自己的身体。

道家非常推崇"守"。表面看，"守"很被动，却又是一种主动的选择。"守"其实并不容易，俗话说："创业容易守业难。"老子在《道德经》中反复告诫我们要学会"守"。他说："知其雄，守其雌，为天下溪；为天下溪，常德不离，复归于婴儿。知其白，守其黑，为天下式；为天下式，常德不忒，复归于无极。知其荣，守其辱，为天下谷；为天下谷，常

篆文	金文
𡩋	𡨙

承续金文字形。

由宀（宀，房屋，表示官府）、寸（表示有分寸之手）组成，既表示持械护卫家园，御寇入侵，又表示依法掌管官府职事之意。

德乃足，复归于朴。"意思是：深知什么是雄强，却安守雌柔的地位，甘愿做天下的溪涧；甘愿做天下的溪涧，永恒的德性就不会离失，回复到婴儿般单纯的状态。深知什么是明亮，却安于暗昧的地位，甘愿做天下的范式；甘愿做天下的范式，永恒的德行不相差失，回复到不可穷极的真理。深知什么是荣耀，却安守卑辱的地位，甘愿做天下的川谷；甘愿做天下的川谷，永恒的德性才得以充足，回复到自然本初的素朴纯真状态。可见，"守"是一种自主的选择，是一种看清了强弱、看清了黑白、看清了荣辱、看清了世间万事万物后，自发自愿地坚持真理、坚持自我原则的一种行为。"守"字告诉我们人生要守住什么，如何坚守。

家园是安身立命之处，将家园守卫好是每个人的职责。"守"，从宀，从寸。"守"字是"宀"中有"寸"，正如一个人在屋子中手持武器作防卫状。"宀"有家、覆盖的意思，

87

● 字说格言

◆ 战胜易，守胜难。

——（战国）吴起

◆ 君子独处，守正不挠。

——（东汉）班固

◆ 天命难知，人道易守。

——（南朝）范晔

◆ 尊新必威，守旧必亡。

——（清）唐才常

◆ 赞扬戒律是一回事，遵守它则是另外一回事。

——（西班牙）塞万提斯

◆ 愚者之所以成为愚者，在于固守己见而兴奋莫名。

——（法国）蒙田

1930年的台湾雾社。这里海拔在千米以上，因山上经常雾气缭绕而被称为"雾社"。

它就像屋顶为我们遮风挡雨，给我们提供安身立命的地方。无论做任何事情，踏上什么旅途，我们总是从家出发，又返回家中。家是人生的港湾，家是工作的加油站，家是每个人生活的据点。正因为有家，我们才有了歇息的地方，才知道从哪里来，应往哪里去。因此，家对我们而言是一个重要的地方，失去了家，便失去了我们安身立命的基础。

　　1930年，日本占领下的台湾岛曾发生过一起原住民与日本人之间的大冲突，被称为"雾社事件"。雾社位于台湾岛中部，资源丰富，交通便利，是日本人控制中央山脉的重要基地。台湾的原住民世居雾社，他们被日本人认为是蕃族蛮人。日本人对于"蕃人"可以任意进行搜查、辱骂甚至毒打。日本殖民警察随意强迫他们无偿从事修路、建桥等繁重的苦役。对于受雇从事伐木、运输等劳作的原住民，警察还会从中克扣工钱。一些好色的警察，更是随意欺侮、奸淫原住民妇女。有的警察娶原住民妇女为妻，一旦调任，即将其抛弃。为了同化"蕃人"，日本人将当地的原住民儿童送入"蕃童教育所"，让他们接受奴化教育。这些恶行令原住民对日本人恨之入骨，终于发动起义，在雾社公学校运动会上袭杀日本人。参与雾社起义的共计1200余人，有作战能力的壮丁仅300余人。事件震惊日本人，殖民地政府立即采取军事行动，下令紧急调派台湾各地警察队与军队进攻雾社，甚至派出飞机投掷违反国际公约之"糜烂性毒气弹"，对躲藏在密林中的抗日原住民进行攻击。在粮食弹药皆有限的情况下，抗日原住民退守马赫坡岩窟，不是战死就是在巨木下自缢。雾社事件致使六社644人死亡，其中290人自杀。有的妇女为了让男子没有后顾之忧而勇敢作战，就先自杀，十分悲壮。

家，指的是小家，也是大家。小家是我们的家庭，大家是我们的国家。没有了家庭，我们无家可归；没有了国家，那便成了无根的浮萍。也正因为这样，台湾雾社的原住民们，在双方强弱悬殊的情况下，还是愿意拿起手中的武器来进行一场必输的战争。

守护家园，除了我们传统意义上的家庭国家以外，更重要的还有精神家园，这就是要守护好中华民族优秀的传统文化并将它发扬光大。

遵守法度是最基本的行为守则。《说文解字》："守，从宀，从寸。宀，寺府之事者。寸，法度也。"表示法度的"寸"在"宀"中，说明法规、法度应该被遵守。每个人做事都要遵循法度，都要恪守准则，不能随波逐流，这是做人的原则。俗话说："没有规矩，无以成方圆。"一个人做事没有原则，也不可能拥有一个完满的人生。

1937年八路军挺进太行山创建革命根据地时，仅有9000余人；1947年离开太行山时，队伍已壮大到37万多人。这是遵守法纪的结果。此间有一段时间，太行山区发生特大旱灾，八路军从总司令到普通战士，每人每天的口粮是4两黑豆。后来连黑豆也没有了，包括副总司令彭德怀在内，大家都挖野菜、吃

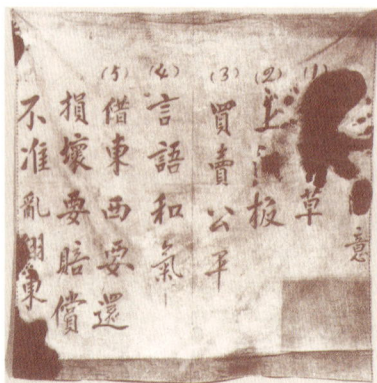

在井冈山，毛泽东制定了"三大纪律，六项注意"（后发展为"三大纪律，八项注意"）作为红军的行动守则。图为红军战士写在包袱布上的"六项注意"。

90

树叶充饥。八路军总司令部下令，村庄十里之内的野菜，八路军不能挖，要留给老百姓。榆树上长出的榆钱也留给老百姓，战士们只能吃榆树叶子、榆树皮。八路军的干部冲锋在前，享受在后，带头遵守"三大纪律，八项注意"。刚到太行山时，部队缺衣少吃，领导干部反复对战士讲：八路军是老百姓的军队，是为老百姓打天下、为老百姓服务的，绝不能拿群众的一针一线。对于犯错误的，从干部到士兵，小错误批评教育，大错误或关禁闭，或开除，一律按照军法处置，从没有例外。

八路军之所以靠着小米加步枪就能取得辉煌的胜利，除了全军上下坚定的信念与坚持不懈的战斗外，还因为军民一心。他们是如何获得全中国百姓的民心呢？靠的便是体察老百姓的苦难，并用严明的纪律约束自己的行为。

"寸"字代表规矩，规矩并不单指法度、法规，还包括遵守道德、良心。社会是在各种条规之中运转的，有明文的条规，比如法律、法规，也有无形的约束，比如道德、良心。法律法规重要，它约束我们不去作恶，做一个合格的人；但无形的规矩更重要，它时时刻刻在提醒着我们怎样做一个好人，做一个优秀的人。

老干妈的创始人陶华碧，最初在街上卖凉粉和冷面，因其制作的麻辣酱好吃，生意很好。顾客多是冲着她的麻辣酱来的。可有一次，她因为有事，没能及时准备麻辣酱。朋友说："你拿别的酱顶一下不就行了。"陶华碧说："别人是冲着我的酱来的，我怎么能拿别的酱欺骗人家呢？"每有顾客前来，她便实情相告："我知道您喜欢吃我们做的酱，今天没有酱了，我也不能拿别的糊弄您。虽然我们是小买卖，可也要保证每位顾客吃到的都是自己想要吃的东西！"很多顾客都被陶华碧的坦诚所感动。这件事传开后，陶华碧的生意更加红火了，顾客说："这样的人，肯定不会骗我们，吃着放心。"

想要树立自己的形象和信誉，必须长久地坚守；若要毁掉自己的信誉，你只需做一件欺骗和伤害他人的事就够了——人们总是容易记住他人对自己的欺骗和伤害。陶华碧不因眼前的一点利益而放宽对自己的要求，守住了自己的信誉，赢得了人们的尊敬。

凡事把握分寸进退，才能将事情处理妥当。"寸"表示尺寸、尺度，"守"这个字给我们的启示是要遵守分寸、尺度。这个分寸尺度，也就是所谓的进退有度，凡事不能一味激进，也不能一味墨守成规。在进退攻守之间，我们往往认为进攻更有利于取胜，所以社会提倡积极进取，因为先发制人就能取得先机。但是"退一步海阔天空"，有时候克制、以守为攻，也不失为一种更明智的解决问题手段。

天河客运站是广州治"六乱"最难啃的硬骨头之一。军人出身的唐春阳，却硬是把制造混乱的"黑点"收拾得服服帖帖。其他街道纷纷来到天河元岗街向唐春阳取经，没想到他给出的"秘诀"仅仅是8个字：克制、耐心、以守为攻。作为执法队的队长，唐春阳一马当先，多次亲自带队对天河客运站周边的市容进行专项整治行动。一发现有小贩"顶风作案"，首先关掉摊贩的煤气瓶，再耐心地对其进行劝导。"根据市容环境卫生管理规定，我们有权对这些违规摆卖的小贩开罚单，但在执法过程中，我们并没有那样做，以免引起小贩的过激行为。"唐春阳表示，这场整治行动中，他们采取的是温和持久战术，"以守为攻，耐心教育，让小贩知难而退。即使要暂扣他们的货品，我们也会开好暂扣单。"2001年从广空转业到天河区城管执法分局后，唐春阳用自己的一言一行，一点点地把城管队的正面印象塑造了起来。"在城管执法队伍里，70%的队员都是转业军人，我们怎么可以从最可爱的人变成最可恨的人？"唐春阳说，"打要忍，骂要忍，小不忍则坏大事。"

凭借着"克制、耐心、以守为攻"这八字秘诀，唐春阳为天河客运站的乱摆卖"黑点"成功"拔钉"，曾经集结上千摊贩的站口，再难觅得小贩的踪影。试想，假如城管用激进、充满攻击性的办法与小贩硬碰硬，不但不能解决乱象，还会产生很多社会纠纷和恶劣的影响。但是唐春阳恪守了一个城管在执法时的分寸和尺度，既不一味蛮干治理，也不放过任何的乱象，因此他不但获得了小贩的尊敬，还治理好了街道。

"守"加"犭"为"狩"，"狩"古同"守"，指的是帝王巡视诸侯所守的领地，后来又指打猎。犬是打猎的好助手，它们勇猛，善于进攻，因此"狩"字表示做事如打猎，要有"守"的静、有"守"的分寸，也要有"犬"的激进勇猛。

🌓 道意汉字 🌑

君子独处，持正守一。
天命难知，人道易守。
守其初心，忠贞不渝。
寸心不改，泰山可移。

一

万物初始状态

　　"一"字笔画最少，但一经诗人妙笔巧思，妙趣横生。唐朝诗人王建的《古谣》："一东一西垄头水，一聚一散天边路。一来一去道上客，一颠一倒池中树。"东与西、聚与散、来与去、颠与倒，意思截然相反的几个词语，诗人通过8个"一"字，把它们巧妙地放在一起，达到矛盾的统一，使诗的形象突出，增添新意。清代诗人王渔洋也有《题秋江独钓图》："一蓑一笠一扁舟，一丈丝纶一寸钩。一曲高歌一樽酒，一人独钓一江秋。"无独有偶，擅长作数字诗的清代女诗人何佩玉也曾写："一花一柳一鱼矶，一抹斜阳一鸟飞。一山一水一禅寺，一林黄叶一僧归。"这两首诗连用数个"一"字，反而人们并不觉得单调，反而感到形象有趣。当代诗人流沙河也写过一首诗："一阵敲门一阵风，一声姓名想旧容。一番迟疑一番懵，一番握手一番疯。"这7个"一"字惟妙惟肖地描绘了两个重逢之人开门、见面、回忆、相认、握手、狂欢的情境，把重逢的喜悦跃然纸上。

一（yī），指事字。《说文·一部》："一，惟初太始，道立于一，造分天地，化成万物。凡一之属皆从一。弌，古文一。"意思是说：最初，万物形成之始，道建立了一。后来，才分解为天和地，演化为万事万物。

"一"是最小的整数，如"一人""一桌""一夫当关，万夫莫开"，但"一"又是最大的序数，如"第一""一马当先"。以"一"字开头的成语达100多条，如"一本万利""一本正经""一笔勾销""一表人才""一波三折""一步登天""一唱百和""一成不变""一尘不染""一触即发""一蹴而就""一寸丹心""一德一心""一帆风顺""一丝不苟"等。"一"字的典故也很多，如"不拘一格""孤注一掷""背水一战""不名一文""不识一丁""付之一炬""功亏一篑""九牛一毛"等。

"一"是道家强调的一个重要概念，指事物产生的最初状态。老子在《道德经》中说："道生一，一生二，二生三，三生万物。"处于道与万物之"一"，纯朴混沌而无形，独立于万物之外，又贯通于万物之中。老子还强调"一"是最简单的字，但包含的道理很丰富。抱一守道，天下大治。他在《道德经》中还说："天得一以清，地得一以宁，神得一以灵，谷得一以盈，侯王得一以为天下正。"

万事始于一。一是万物之始，也是成功的开始。万里之行，始于足下。一是万物的开始，一是至高无上的。我们做事都是从一点一滴开始的，正如一滴滴水，才汇成了大海。我们节约每一元钱，才成就了巨富。俗话说，积小善，成大善，日行一善，日积月累，也成为大善。正因为万事始于一，所以开好头，起好

94

步，就非常重要。俗话说，成功的开始，意味着成就的一半。有了正确的方向和目标，还得注意行动比空谈重要。"新官上任三把火"，假如这三把火烧得好，就能给人们良好的印象，就是把握好了"一"。

一只新组装好的小钟放在了两只旧钟当中。两只旧钟"嘀嗒""嘀嗒"一分一秒地走着。其中一只旧钟对小钟说："来吧，你也该工作了。可是我有点担心，你走完3200万次以后，恐怕便吃不消了。""天哪！3200万次。"小钟吃惊不已，"要我做这么大的事？办不到，办不到。"另一只旧钟说："别听他胡说八道。不用害怕，你只要每秒嘀嗒摆一下就行了。""天下哪有这样简单的事情。"小钟将信将疑，"如果这样，我就试试吧。"小钟很轻松地每秒钟"嘀嗒"摆一下，不知不觉中，一年过去了，不知不觉中它已经摆了3200万次。

每个人都希望梦想成真，成功却似乎远在天边遥不可及，倦怠和不自信让我们怀疑自己的能力，放弃努力。其实，我们不必想以后的事，如一年甚至一月之后的事，只要想着今天我要做些什么，明天我该做些什么，然后努力去完成，就像那只

● 字说格言

◆ 一个篱笆三个桩，一个好汉三个帮。
——毛泽东

◆ 莫学灯笼千只眼，要学蜡烛一条心。
——《绊根子草》

◆ 对待工作要一丝不苟，对待他人要表里如一，对待亲人要一心一意，对待祖国要一片丹心，用人要不拘一格。
——佚名

钟一样，每秒"嘀嗒"摆一下，成功就会离我们越来越近。

成就源于一。一是专一，即排除各种干扰，心思意念集中于某一事物上，矢志不移，一步一个脚印地走下去，终成就大事。有些人经商做生意，项目太多，且对行业不熟悉，结果获利不多。有些人兴趣过于广泛，什么都想学，结果样样不精，一事无成。一个人要努力培养自己众多能力中最突出的一项，加以重点开发，这不失为施展能力的一种办法。有的人做了十件事，都没有一件事情是特别成功的。一个人不要试图做好所有的事，专注于一件事，并把它做好，日积月累，终能取得成果。人的精力都是有限的，用几十年去做一件事情，一定会有独到的收获；相反，用几十年去做几十件事，必然把自己的能力分散殆尽。人的才能越多，就越要学会单纯、专一。只有把自己的精力和注意力专注于一件事，才能达到精益求精的匠人追求，这是许多人都能做到的事情，可惜许多人并不明白这个道理。

在荷兰，有一个初中毕业的青年到一个小镇谋生，担任镇政府门卫的工作。由于工作比较清闲，他培养出了自己的业余爱好——打磨镜片。每天他磨呀磨，一磨就是60年。由于他对这一工作的专一和细致，他的技术早就超过了专业技师的水平，他磨出来的复合镜片的放大倍数，比别人都要高。借助磨出的镜片，他终于发现了当时科技界尚未知晓的另一个广阔世界——微生物世界。此后，他被授予巴黎科学院士的头衔。这个人就是90岁高龄的荷兰科学家——安东尼·列文虎克。老老实实地把手头上的每一块玻璃片磨好，专注于每一个平淡无奇的细节的完善，才使他在科学领域做出了重大的贡献。

这个故事说明：专一就能集中能量，许多人之所以成功，就是专一，专注于一件事，以毕生的精力去研究，从而获得了突破和创造。

列文虎克及其制造的单式显微镜：1675 年列文虎克用一个光学显微镜，最早观察记录了肌纤维、细菌、精虫等。从此，显微镜正式成为科学家观察与探索微观世界的强大工具。

　　行止于一为正。在汉字中，以"一"组成的字多不胜数。其中，正字由5个一组成，蕴含行止于一之意，即人要行得正，对于不良的行为，要止于第一次。第一次往往是通向深渊的开始，许多人因为有了第一次，就有第二次、第三次而不可收拾。第一次就是一个缺口，缺口被突破以后，就可能引发全线的崩溃。正如吸毒一样，有了第一次，往往就抵抗不了诱惑，最后要戒毒就必须付出十倍的努力。

　　唐朝有个新任监察御史李畲，很有才华。一天，差役送来廪米，这是朝廷发给官员的薪俸。李畲发现其多送了三斛，便问为何。差役说："小的受仓官之命，只管运送，不问数量，过去也是如此。"李畲知道官场积习，急改也难，便说道："既然这样，这次算了，下不为例。"不想刚说完，后面传来母亲的呼唤："畲儿，这千万使不得！娘只能吃你分内的廪米，多一粒也不能留！"李畲遵从母命，退回了多余的廪米。从此，他无论为官还是处理生活上的事，都恪守母训，始终清廉。

　　这个故事告诉我们，要谨慎地对待每一件事的开始，时刻警醒，走好人生的每一步。

中正守一为贵。人的高贵，体现在气节和品质上。一个人地位高不一定高贵，反之，一个人地位低也不一定卑贱。高贵和卑贱与地位无关，与性别无关，与出身无关，与财富无关，与文化程度无关。它与什么有关呢？与一个人的道德情操有关。要知道一个人是高贵还是卑贱，一个简单的判别方法，就是观察他对金钱的态度。金钱是好东西，在这个世界上，有谁能够不需要钱呢？但是金钱只是一个好仆人，而绝不是一个好主人。高贵之人，是把金钱当作工具使用，用自己的劳动和才能去赚钱，用自己的智慧去赚钱，以获得正当的回报，而不取不义之财，不贪不赌，不当守财奴。高贵的人，做人讲究忠孝：赡养父母，责无旁贷；抚养子女，不遗余力。一事当前，不是先计较有利无利，而是先分清有理还是没理。遇上符合正义、合理合法的事情，即使无利可图，他也会费尽心力去做好；不合正义、没有道理的事情，即使利益丰厚，他也不为所动。高贵的人，做事业赚了钱，会主动缴纳税赋，贡献社会；赔了本，绝不赖账，信守诺言。穷则独善其身，达则兼济天下，这是高贵之人的特征。而卑贱之人，他的行为完全与高贵者背道而驰。他的眼中只有金钱，没有人情；只有利益，没有道义。钱就是他的主子，唯利是图。他赚钱不是以才取财、以力取财，而是搞歪门邪道，以贿赂开路，贪赃枉法，赚昧心钱。穷则阿谀谄媚，富则骄奢淫逸，这就是卑贱之人的特征。中正守一，这个一，就是道德、良知和气节。

一心行直为德。一个"德"字，从一、从心、从直、从行，组合起来就是一心行直。直，就是光明磊落，遵纪守法。周恩来总理就是这方面的一个楷模，他时时处处以法律、道德作为自己行为的准则。

有一次，周恩来乘车去政协礼堂开会，但司机因赶时间违反了交通规则，交警批评司机的时间很长，耽误了开会时间。同车的干部想去和民警交涉，总理严厉制止说："这怎么行？

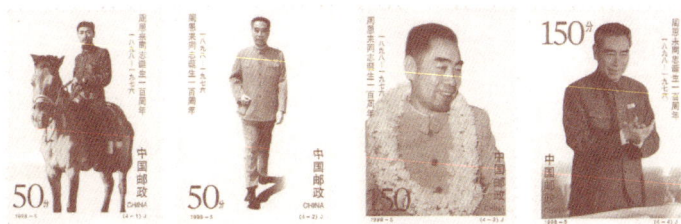

1998 年 3 月 5 日，中国发行的《周恩来同志诞生一百周年》纪念邮票，全套 4 枚，邮票图名分别为"军事家""开国总理""外交家"和"人民公仆"，图案选自周恩来同志在各个不同时期的珍贵影像。

交通规则是政府颁布的，政府总理应带头遵守。总理不遵守，就是带头破坏制度。"一直等到警察放行，总理一行才离开那里。此后，总理常常叮嘱司机，不能违反交通规则，说："不要以为我是总理，就可以特殊，可以违章。"

一可分为二， 二也可合为一。在这个世界上，存在着对立统一的两面。一往往包含着二，一日有白天、黑夜，事物有好坏两面，它们在一定的条件下，互相依存、互相转化。事物往往都有两面性，就看观察的角度如何。牵牛花是缠绕草本花，靠攀附在篱笆支架上成长。有人贬斥它软骨头，没有人格，靠依附，可悲。有人赞美它，能利用他物发展自己，开花结果，成就一番事业，可喜。小草与庄稼争肥料、争地盘，影响庄稼生长，农民把它斩草除根。但它生命力极强，无论高山、石隙、洼地，都能茁壮成长。人们常用"疾风知劲草""野火烧不尽，春风吹又生"来赞颂它。幼苗的成长，少不了时雨的灌溉，少不了除草灭虫。理学家王阳明说："时雨春风，沾被卉木，莫不萌动发越，自然日长月化。""时雨"乃"及时雨"。若"久旱不雨"，则苗必枯萎，而如果是"狂风暴雨"，禾苗也必然被淹。因此，我们要学会从不同的角度去看问题，权衡利弊，又要注意将问题转化。同时，也要学会合二为一，形成合力，找到统一的途径。

☯ 道意汉字 ☯

一为万物之所始，抱朴守一遁规津。

坏事要从一警醒，好事善从一开始。

不怕为人愚又痴，只怕做事不专一。

人要行正须止一，人要高贵须守一。

人有德行心行直，一字简单又朴实。

阴

月亮照山岗，内敛藏光芒

　　刘邦死后，吕后当权，她想封侄子为王，于是召集众臣商议。她先问右丞相王陵，王陵回答说："高祖曾召众臣，宰杀白马，歃血为盟，说'非刘氏而王，天下共击之'。如今要封吕氏为王，违背了原来的盟约。"吕后听罢不悦，又问左丞相陈平和太尉周勃，二人回答："高祖平定天下，曾分封子弟为王。如今太后称制，分封吕氏子弟，有什么不行呢？"吕后听罢，眉开眼笑。罢朝之后，王陵质问陈平和周勃说："从前高祖歃血为盟，你们二位不是也在场吗？如今高祖驾崩，太后做了女主，欲封诸吕为王，你们就见风使舵，阿谀逢迎，违背盟约，将来九泉之下有何面目见高祖呢？"陈平回答说："现在在朝廷上当面力争，我们不如你有胆量；将来安社稷、定汉裔，也许你不如我们明智。"这句话乍一听似乎与陈平、周勃二人支持分封吕氏的行为有悖，但历史的发展告诉我们此话的深义：等吕后死后，陈平与周勃联手，铲除了吕后余党，重定刘氏天下。

　　道家主张顺道而为、顺势而为，即阴柔之术。陈平和周勃用的正是道家的阴柔之术。所谓阴柔，即不用刚强硬碰硬，不是勉强而为。一个人的成就，是顺势而来的，强敌当前，小不忍则乱大谋，倒不如先"逆来顺受"，以退为进，以屈求伸，等时机成熟后，便突然出击，置敌于死地。

　　阴（yīn），会意字。繁体为"陰"，本字为"侌"。《说文·阜部》："陰，暗也。水之南、山之北也。从阜，侌声。"意思为昏暗无光。阴坡，在河川南面、山岭北面。

　　"阴"的本义指天空多云，没有阳光，表示暗的意思，后扩大引申为背阳的山之北、水之南。地理上称为"阴"的地名有不少，如陕西的华阴、江苏的江阴等。古人还把凹进的、不露在外边的事物称为"阴"，由此引申出阴险、不光明之义。"阴"还与死亡、鬼神有关。由于阴最有隐蔽性，便与生殖系统有关，男女共用此字，有时亦特指女性。"阴"字有月，无日，指太阳照不到的地方，如树荫。阴与阳相对，如一清一浊，阴阳调和，如阴性、阴历、阴沟、阴间等。

　　与"阴"相关的成语有很多。如"石火光阴"，表示光阴之迅速，一眨眼就要过去；"光阴似箭"，形容时间过得极快；"阳奉阴违"，指玩弄两面派手法，表面上遵从，暗地里违背；"阴阳怪气"，形容态度怪癖，冷言冷语，不可捉摸；"阴差阳错"，指由于偶然的因素而造成了差错；"阴谋诡计"，指暗地里策划坏的、害人的主意；"阴魂不散"，比喻坏人、坏事虽已清除，但不良的影响还在起作用；"柳下借

篆文	金文
承续金文字形。	由 ⋀（今，即『含』，包含）和 ⋶（云层）组成，表示天空多云，没有阳光。

102

● 字说格言

◆ 必见其阳，又见其阴，乃知其心。

——（西周）姜子牙

◆ 万物负阴而抱阳，冲气以为和。

——（春秋）老子

◆ 阳以刚为德，阴以柔为用。

——（东汉）班昭

◆ 无猖狂以自彰，当阴沉以自深。

——（唐）王勃

◆ 岁老根弥壮，阳骄叶更阴。

——（北宋）王安石

◆ 白日去如箭，达者惜光阴。

——（宋）朱敦儒

◆ 光阴给我们经验，读书给我们知识。

——（苏联）奥斯特洛夫斯基

◆ 有阳光的地方，就有阴影。

——（美国）博恩

阴"，比喻请求别人的庇护。此外，还有"柳影花阴""寸阴若岁""尺璧寸阴""阴曹地府"等等。

《国语·周语》记载，伯阳父指出"阳伏而不能出，阴迫而不能蒸，于是有地震"。他认为地震是阴阳两种力量作用的结果。《周易》以符号"—"代表阳，符号"--"代表阴，认为"一阴一阳谓之道"，把阴阳的矛盾看作是宇宙的根本规律。"阴""阳"被道家认为是世界的本源，所谓"道生一，一生二，二生三；一为体，二为用，三为造化"，此为道教关于世界起源的阐述。这句话中一指元气，二指阴阳，三指天地人物；元气生出阴阳两极，阴阳孕育世间万物。"阳"和"阴"也是《易经》最基本的语言，在《易经》中，所有事

（）

物都被赋予了阴阳的含义：天为阳，地为阴；日为阳，月为阴；暑为阳，寒为阴；昼为阳，夜为阴；雄为阳，雌为阴；强为阳，弱为阴。阴阳既相互对立，又相互统一。阴中有阳，阳中有阴，既一分为二，也合二为一。阴阳既是相对的、会变动的，又是合一的。"阴"与"阳"是中国人解释天地万物最高境界也是最抽象的核心概念。"阴"字告诉我们道家的处世方式和养生之道。

阴是远离俗世、固守本心的"隐君子"。阴，本字为"侌"，籀文为 畣，即"云在日下"，表示云层遮挡阳光，启示我们要善于隐藏光芒，懂得收起锋芒，当"隐君子"。

道家倡导"知其雄，守其雌"的人生姿态，与官场俗世保持一定距离，把"无为"或"隐世"奉为处世之道。老子本身也是一名隐士，有人称他是"隐士的鼻祖"。《史记·老子韩非列传》中载："老子修道德，其学以自隐无名为务"，并说"老子，隐君子也"。

孔子前往周都，想向老子请教礼的学问。老子说："您所说的礼，倡导它的人的骨头已经腐烂了，只有他的言论还在。况且，君子时运来了，就驾着车出去做官；生不逢时，就像蓬草一样随风飘转。我听说，善于经商的人把货物隐藏起来，好像什么东西也没有，君子具有高尚的品德，外表谦虚得像愚钝的人。抛弃您的娇气和过多的欲望，抛弃您做作的情态神色和过大的志向，这些对于您自身都是没有好处的。我能告诉您的，就这些罢了。"孔子后来对弟子们说："鸟，我知道它能飞；鱼，我知道它能游；兽，我知道它能跑。会跑的可以织网捕获它，会游的可制成丝线去钓它，会飞的可以用箭去射它。至于龙，我就不知道该怎么办了，它是驾着风而飞腾升天的。我今天见到的老子，大概就是龙吧！"

隋文中子教授河汾异县聘先人之弊庐足以庇庶风雨薄田足以供粥嬉诵讽之道足以自乐顺明公正以治国使府种年丰道盛遂道足以自乐顺明公正以治国使府种年丰道盛受赐多矣不愿仕也

通鉴

明代《瑞世良英》木刻版画：文中子归隐
不仕。隋朝时，文中子王通隐居在河汾教学，
杨素劝其入仕，被他婉言谢绝。

　　孔子把老子比喻为龙，且有一种神龙见首不见尾的感觉，
可见孔子对老子是何等的尊重。所谓"龙德而隐者"，从老子
与孔子的对话我们也可以看出，老子倡导的"隐"包括隐财
物、隐娇气、隐欲望、隐志向等一切可隐之物、无益之物。老
子之后，也有不少身怀绝学而机变如神的道家人物以"隐"的
形式在各个历史环境中留下千秋功业。

　　大唐创建后，一个叫王通的教书匠的病逝，惊动了房玄
龄、魏徵、李靖这批唐朝开国将相。他们纷纷登门吊唁，又联
名上书朝廷，请求谥王通以"文中子"的称号。原来这位文中
子是隋唐时期的大隐士，他年轻时曾面见隋文帝，却不受重
用，后来看到隋朝危机暗伏，索性绝了仕途，归隐老家靠开
馆授徒为生。他学问好，曾著《元经》《中说》二书，据说慕
名前来听他讲学的有千余人。其间，他拒绝了隋文帝和隋炀帝
的数度征召，一意寻找英才悉心教导。房玄龄、魏徵、李靖等

人都出自王通的门下，而他通过这些得意弟子，也完成了救社会、救国家的历史责任。

从上述史实不难看出，道家主张的"无为"与"隐世"并非一味地逃避现实，而是"该出手时就出手"。这种"出手"的目的和动机在于救国救民，其出手者又往往居于"隐"或"半隐"的位置，不为个人名利羁绊，故多能间接或直接地裨益于当时社会。

阴是顺势而为的睿智。阴，从阜；阜，土山。"阴"字从阜，表示多与地有关。地，即坤，《坤卦·象》中说"至哉坤元，万物资生，乃顺承天"，"顺"是坤的基本特征。因此，《周易》的"坤"卦，代表"阴"的"顺道"。老子主张用阴，用顺道，这启示我们要做顺乎大道、因势利导的"顺谋者"。

战国时，齐人孙膑和魏人庞涓都师从鬼谷子学习兵法。后来，庞涓做了魏国的大将，而孙膑做了齐国的军师，辅助田忌率兵5万攻魏救韩。田忌照孙膑所说，挥师对魏都大梁发动进攻，逼庞涓从韩国退兵。果然，庞涓闻讯，急忙从韩国撤军。此时齐军已进入魏国。孙膑对田忌说："魏国的军队向来以勇猛凶悍著称，他们根本不会把我们放在眼中。会用兵的人，懂得因势利导，引他们中计。"于是，孙膑把齐军吃饭的灶每天减少一批，制造出齐军大量逃亡的假象。庞涓果然中计，只带精锐部队追击。孙膑在马陵设下埋伏，并在一棵树上写下"庞涓死于此树之下"八个大字。庞涓到了马陵，想点火看树上的字。顿时，齐军万箭齐发，魏军伤亡惨重，庞涓身中六箭，最终拔剑自刎。

这就是历史上"孙庞斗智"的故事。孙膑并没有和庞涓硬碰硬，而是很好地运用了道家"顺势而动，因势利导"的主张，顺应庞涓骄傲自大的性格，依"势"而谋取得胜利。

阴是滴水穿石的柔和坚持。简体字"阴"，从阜、从月，

"三国故事"徽派砖雕：七擒孟获。

表示月照山冈。月，太阴之精，柔如水，因此"阴"含有柔的意味。

中华民族崇尚含蓄阴柔，"阴柔文化"最初以老子的道家学说为代表。老子认为"重为轻根，静为躁君"，主张无为，"致虚极，守静笃""不欲以静，天下将自定"。他有一个著名的比喻："满齿不存，舌头犹在"，以此证明阴柔胜于刚强。

道家认为，万物相生相克，刚劲的东西不一定用要更刚劲去征服，有时最柔软的事物才恰恰是它的弱点。《道德经》指出："天下莫柔弱于水，而攻坚强者莫之能胜，以其无以易之。弱之胜强，柔之胜刚，天下莫不知，莫能行。"意思是说：世界上水是最柔弱的，但是它无坚不摧，没有什么能够胜过它、替代它。弱能胜强，柔能胜刚，天下没有不知道的，但很少能够做到。而很多历史典故告诉我们，那些能真正做到"以柔克刚"的人，往往才是胜利者、最强者。

225年，蜀汉丞相诸葛亮率领军队南征。大功告成之时，南方彝族的孟获纠集了被打败的散兵来袭。诸葛亮得知孟获不但作战勇敢，意志坚强，而且待人忠厚，极得人心，因此决定把他争取过来。孟获虽勇敢，但不善于用兵，第一次上阵，便闯进埋伏圈被擒。孟获认定自己要被处死，不料诸葛亮亲自给他松绑，好言劝他归顺。孟获傲慢地加以拒绝。诸葛亮也不勉强他，而是陪他观看已经布置过的军营，问："你看这军营布置得怎么样？"孟获发现军营里都是些老弱残兵，便说："以前我不知虚实，被你赢了一次，现在看了你们的军营，要赢你并不难！"诸葛亮笑着说："既然这样，我放你回去。你整顿好队伍，再来打一仗吧。"孟获回去以后，又和诸葛亮一战再战，结果一连打了七次，被擒七次。最后一次，士兵传下诸葛亮的将令对孟获说：丞相让他整顿好人马，再来决一胜负。孟获流着眼泪说："作战中七擒七纵，自古以来没有听说过。丞相对我仁至义尽，我没有脸再回去了。"就这样，孟获等人终于顺服蜀汉，听从管辖。

由此可见，对于顽固的对手，不能一味地使用强硬的手段以硬碰硬，那样的话即使能制服其人，也未必能收服其心。俗话说，"软绳子捆得住硬柴禾"，采取阴柔的手段是对付强硬之人的高明策略。

阴是兼听，坦荡，做一个光明的人。"阴"字左边一"耳"，右边一"月"。"阴"字的结构说明要用耳朵听，要如月光之皎洁。在月光下听，听风声，听虫鸣，感受大自然的静谧；听乐曲，听琴音，那是一份淡然的优雅，人生难得的清闲；听耳语，听谈心，那是密友之间心灵的交流，是分享，是领悟，是信任，是人生中难忘的记忆。所以，"阴"是人生的一种状态：它不是膨胀的，而是收敛的；它不是张扬的，而是低调的。它不显山，不露水，看似不温不火，实则别具一格，天高云淡。

春秋战国时期，有个人叫陈定，学富五车，才华横溢。他屡次上书楚王，希望能入仕做国君的谋臣，却遭人忌妒，因而一直郁郁不得志，只是埋头苦学。由于陈定除了学问之外，没有更好的谋生手段，因此夫妻俩生活极为窘迫。

有一天，夫妻俩煮了个南瓜，准备以此当饭填肚子。此时楚王的使者来了。原来是有个贤德的谋臣屡次向楚王推荐陈定，大赞陈定学识渊博，能堪大任。楚王终于被打动了，就派使者带来2000两黄金，聘请陈定去当宰相。

陈定顿时欣喜若狂，他一送走使者，就兴冲冲地跑到里屋，握住妻子的手，激动地说："我就要当宰相了，出门有华贵的车子，吃饭有山珍海味，穿衣是绢丝裘袍，咱们再也不用为贫穷而发愁了。"妻子看见丈夫兴奋得满脸红光的样子，却长长地叹了一口气。陈定奇怪地问："贤妻，你在叹什么气呀？难道这还不够？"妻子回答道："夫君，你错了。你想想，车子再华贵，你不过只坐一尺的地方；饭菜再鲜美，你不过只塞饱一个肚子；衣服再精美，只不过暖了你一个人。这有什么高兴的呢？楚王这么看重你，为什么呢？还不是让你给他掠地争城。你看，现在各国诸侯你砍我杀，受害的都是老百姓。有仁德的人，怎么可以干坑害百姓的事情呢！"陈定听后说："你跟着我吃的苦太多了，我多么希望你能生活得好一点啊！"

妻子十分感激丈夫的关心，但她还是说："少吃少喝固然苦一点，坑害百姓，难道心里就不苦吗？咱们苦，只苦一家，咱们要乐，那就苦了一国的百姓。而且，今天你能做宰相，说不定明天你就会被杀头的。""好，听你的！"陈定觉得妻子比自己看得远，想得远，决定不去楚国做官。

因怕使者逼迫，他们俩便连夜逃出家门，隐姓埋名，当了浇菜园子的人。他们天天煮南瓜当饭吃，由于心中坦荡，他们不但不觉得苦，反而感到很甜。

阴是阴阳调和的健康之道。"阴"字与"阳"字其偏旁都从"阜"，正如祸福相倚一样，阴阳也是相依相存，相互交替的。只有阴阳平衡才能达到健康状态。《易经》和《黄帝内经》中都说到太极生命钟，主要告诉我们通过阴阳调节来养生，其中有3个重要启示：第一，我们一生当中都要保养我们的阳气，它的盛衰决定着我们生命的强弱；第二，中年是人的阳极，阳极必阴，当阳气逐渐减弱，阴气就逐渐增加，像太极生命钟一样；第三，养生需注意协调阴阳，阴阳平衡才是正确的养生之道。

"阴"与"隐"，音形相近，含义相联。"阴"指山之北，"隐"是远居深山。"阴"和"隐"都有不明显的意思，"阴"侧重指外界光线暗淡，"隐"侧重指主观有意藏匿。为人处世，应善于利用客观世界的"阴"，也善于发挥主观世界的"隐"。

❻ 道意汉字 ❾

阴是云遮阳，内敛藏光芒。

阴是月照岗，柔和洒银光。

牙硬寿不长，舌软命更长。

软绳捆硬柴，阴柔胜阳刚。

阳

太阳从山岗升起，温暖了心田

远古时候，有个夸父族的首领叫夸父，他身高无比，力大无穷，意志坚强，气概非凡。有一年，天大旱，火一样的太阳烤焦了地上的庄稼，晒干了河里的流水。夸父见此情景，发誓要把太阳捉住，让它听从人们的吩咐。一天，太阳刚刚从海上升起，他就迈开大步在地上疾风一样地追。他追了九天九夜，跨过一座座高山，穿过一条条大河，离太阳越来越近，好像太阳就在他自己的头上。可是离太阳越近，太阳光就越强烈，夸父越来越感到燥热难耐，他觉得浑身的水分都被蒸干了。他太渴了，于是喝干了黄河、渭河的水，但还是不解渴。于是，他打算向北走，去喝大泽的水。可是，他实在太累太渴了，走到中途时，身体再也支持不住。死后，他的身体变成了一座大山，就是"夸父山"，他死时扔下的手杖变成一片五彩云霞一样的桃林，后人把这里叫作"桃林寨"。夸父并没捉住太阳，但天帝被他的英雄精神感动，于是惩罚了太阳。从此，夸父的后代子孙居住在夸父山下，生儿育女，繁衍后代，幸福地生活。

阳（yáng），形声字。《说文·阜部》："阳，高明也。"

"阳"的本义是山的南面，即向阳面。《诗经·殷其雷》："殷其雷，在南山之阳。"意思是说：隆隆的雷声，在南山的向阳面震撼。"阳"最常见的指太阳，如"秋阳之暴之"，即是说曾在秋天的太阳下曝晒过。太阳能发光发热，故引申为明亮、温暖。如"春日载阳，有鸣仓庚"，说的是春日温暖，黄莺鸣叫。"阳"又指物体的正面、男性。

篆文	金文	甲骨文
承续金文字形。	在甲骨文㠰上加彡，表示日光照射物体产生的投影。	由㠰（阜，山地）和旻（昜，日光照射）组成，表示受光的山坡。

跟"阳"有关的成语很多："阳春白雪"比喻高深的文学艺术；"夕阳西下"指傍晚日落时的景象，也比喻迟暮之年或事物走向衰落；"三阳开泰"称颂岁首或寓意吉祥；"皮里阳秋"指表面上不作评论但内心有所褒贬；"负阴抱阳"指万物内有阴阳两种相反而又相成之气；"阳奉阴违"指玩弄两面派手法，表面上遵从，暗地里违背；"阴差阳错"比喻由于偶然因素而造成差错；"否极阳回"指坏运气到了尽头好运就来了；"阳煦山立"指像太阳那样暖和，像山岳那样屹立，比喻人性格温和，品行端正；"丹凤朝阳"比喻贤才逢明时；"葵藿倾阳"比喻一心向往所仰慕的人，或下级对上级的忠心；"骄阳似火"形容天气非常炎热；"阴疑阳战"比喻侵略者气焰嚣张，逼使被侵略者奋起自卫；"栎阳雨金"比喻意外的恩赐；"潜窃阳剽"指公开或不公开地剽窃。

在道家思想体系中，"阳"与"阴"并列，是一个重要的概念。道家认为阴阳是世界的本源："太极一气产阴阳，阴阳化合生五行，五行既萌，遂含万物。"意思就是太极生阴阳，阴阳生五行，五行生万物。而在中国文化中，阴阳也代表了"柔与刚"的文化。"阳"字揭示了人应具有的意志、品格和力量。

阳代表刚强，是面对挫折不屈不挠的坚强。"阳"在道家中是生成世界的本源之一，它和"阴"是孕育自然万物的基础。在传统文化中，阴阳也代表着柔与刚两种对立统一的特质，因此我们总将"柔"叫"阴柔"，把"刚"叫"阳刚"。

万物具备柔与刚的特质。老子说："上善若水，水善利万物而不争，处众人之所恶，故几于道。"意思是水避高趋下是为谦逊，即为"柔"，奔流到海是为追求，即为"刚"。人同样也是柔与刚的结合。我们有一颗温柔的心，但在面对灾难与挫折时，又会变得坚强。

● 字说格言

◆ 乐太盛则阳益，哀太甚则阴损。
——（东汉）班固

◆ 寒来暑注，秋收冬藏，闰馀成岁，津吕调阳。
——（南朝）周兴嗣

◆ 葵藿倾太阳，物牲固莫夺。
——（唐）杜甫

◆ 青山依旧在，几度夕阳红。
——（明）杨慎

◆ 阳光所照之处，便是我安身立命之地。
——（美国）布雷兹特里特

◆ 阳光越是强烈的地方，阴影就越是深邃。
——（德国）歌德

沈阳女孩梁帅在5岁的时候因为车祸被重度烧伤，经过十几个小时抢救，她奇迹般地活了下来。著名残疾人书法家杨玉哲很同情梁帅的遭遇，主动收她为徒。写毛笔字需要腕部的力量，可梁帅的手根本拿不住笔，只能用嘴咬住笔。笔杆一次次将梁帅的牙龈和口腔磨出血，血水顺着笔杆与墨水一起渗透了面前洁白的宣纸。苦练半年，梁帅的嘴磨破了，不敢吃硬东西，只能喝稀粥。如今，24岁的梁帅已经取得了"当代书法家"的称号，又开始攀登人生的另一个高峰——用学习"武装"自己。她相信，知识可以改变命运。她的普通话已经达到了二甲，接近省级电视台主持人的标准，正在沈阳某电台主持一档《残联之声》的公益节目。不仅如此，梁帅还考取了国家二级心理咨询师资格，专修了英语、日语，她已经可以使用这些语言进行日常交流。

人是很脆弱的生物。人类没有野兽那样敏锐的五感，也没有矫健的四肢、能飞翔的翅膀，人类还很容易受伤，但人又是刚强的，在面对挫折、困境和疾病的时候，又能迸发出我们想象不到的力量。

阳光代表光明，是坚持的力量。"阳"的甲骨文"𣇃"，由山地和照射在山地上的阳光组成，表示受光的山坡。因为有太阳的地方，就是光亮的，是充满希望的。俗话说：面向太阳，阴影永远在身后。一个人的内心，若是能朝向太阳，就能给自己希望，最终实现自己的愿望。

晋朝的孙康生性聪敏，读书过目不忘，与人交谈则对答如流。在很小的时候，他就常常手不释卷，夜以继日。尽管家境不好，面有菜色，却难掩他目光中发自内心的光辉和热情。后来他的家境每况愈下，甚至供不起他夜读时耗费的灯油了。不能读书的每一个夜晚，他简直难以忍受。一个寒冷的冬夜，他独自徘徊到月华普照的雪原，心中悲苦，不知所从。突然眼前的场景启发

《孙康映雪读书》，现于山东郓城县水浒好汉城宋江武馆陈列。

了他，原来，在皎洁的月光下，雪原反射着无边的银光，映衬出了一个清亮又光洁的世界，周围的景物十分清晰，似乎是上天悲悯，感动于他苦苦向学的挚诚，特意将这天地都化作了读书的好场所。他欣喜异常，取出书来，映着雪光一看，果然分明异常，他在心中欢喜不止："我又可以读书了，我又可以读书了！"从此以后，每一个月色皎洁的夜晚，孙康都捧书到雪地夜读，后来成了一名大学者。

这个"映雪读书"的故事被传为千古佳话，孙康也成为勤奋好学的典范。正是他心中充满阳光，在困境中从不放弃对读书的渴望，才使他有希望继续前进，最终实现了自己的愿望。古语有云："谁无暴风骤雨时，守得云开见月明。"哪个人的一生不会经历大风大浪？只要在面对坎坷困难时，能不放弃心中的希望，内心永远面向太阳，坚持到最后，终会迎来风雨过后的美丽彩虹。

阳代表公正，做事问心无愧。"阳"的篆文"陽"，其中"彡"代表了阴影。在道家中，阳是形成世界的重要元素之一，有阳就有阴，阴阳既相互对立，又相互统一。因此，有阳就会有阴，但是阴影在日光的照射下又会清晰可见。

因为在阳光下，阴影就无所遁形，所以我们不能妄想事情可以隐瞒。我们做事应问心无愧，正所谓："事可语人酬对易，面无惭色去留轻。"意思是说：如果所做的事情都可以公之于众，那么无论遇到什么情况都很容易应对；如果能对自己的行为问心无愧，那么不管来存去留都可做到坦荡自如。

苏东坡与王安石同朝为官，由于政治见解和主张不同，两人逐渐疏远。王安石改革的熙宁新法每推进一步，苏东坡都要写诗文相讥讽，这令王安石十分恼怒。苏东坡性情豪放，不拘小节，有时出口不让人，也得罪了不少朝中大臣。元丰初年，那些嫉恨苏东坡的人，抓住他写诗讥讽朝廷和新法的事，奏了他一本。神宗看了十分震怒，派人把苏

王安石画像，现藏于中国国家博物馆。

东坡从浙江湖州抓来投入御史台大狱。当时谁也不敢搭救，生怕连累了自己。这可急坏了苏东坡的弟弟苏子由，苏东坡也清楚这次凶多吉少，难免一死。子由说："如果王安石……"苏东坡不等子由说完便叹了口气："不要异想天开了，他恨我还来不及呢。"此时王安石已罢相，回到江宁（今南京）隐居。因此，等这场轰动朝廷的"乌台诗案"传到江宁时，苏东坡的罪名已定。想起国家多难，人才难得，王安石写信并派人连夜飞马进京交给神宗皇帝。信中说：哪有国家正在用人之际，反而为些小文字惹的麻烦，去杀有学问、有才华的士子的道理呢？王安石虽然早已退隐，宋神宗对其仍是十分敬重，看了王安石的信，他思之再三，觉得很有道理，便下旨将苏东坡释放，贬到一个偏僻的地方去做小官。

这是"王安石一言救东坡"的历史故事，被传为文人相"亲"的一段美谈。王安石不因苏轼（世称苏东坡）曾反对自

己而袖手旁观，更没有落井下石、见死不救，而是竭尽全力救苏轼。俗语说得好："明人不做暗事"，行为光明磊落的人不会做那些施展阴谋诡计、暗算别人的坏事。

阳代表温暖，赠人玫瑰手留余香。 "阳"字有"日"，日光温暖、明亮，令我们的生活充满了希望和光明。《诗经》中便有"春日载阳，有鸣仓庚"一句，意思是说：春天来了，太阳温暖，黄莺在枝头叽叽喳喳地鸣唱。

道家认为，阳是世界的本源之一。树木要利用阳光进行光合作用，动物在阳光下感觉很惬意，而人类在阴雨连绵的日子，心情也会不自觉受到影响，可见阳光多么重要。

我们处事做人也应该如日光那样，在别人需要的时候及时给予帮助。就如同冬日的阳光，让饥寒交迫的人感受到人间的温暖；如同一泓出现在沙漠里的清泉，使濒临绝境的人重新看到生的希望。赠人玫瑰，手有余香。当我们赠送他人玫瑰的时候，我们的手上也一定还弥漫着玫瑰散发的芳香；当我们在给他人点亮一盏灯的时候，其实也将自己照亮了。因此，一个人在关爱他人的同时，也是在不断地进行自我提升。

曾经有一个贫穷的小男孩为攒够学费而挨家挨户地推销商品，可是"吃"的全是"闭门羹"。饥寒交迫的他手中只有一角钱，于是他决定向下一户人家讨口饭吃。然而，开门的是一位年轻的女子，小男孩不好意思开口要饭，只求给他一口水喝。女子却倒了一大杯牛奶给他。小男孩喝完牛奶，问："我该付多少钱？"女子却说："这个免费的。我妈教导我，施以爱心，不图回报。"小男孩说："那么，请接受我由衷的感谢吧！"这个小男孩喝完了牛奶，不但浑身是劲，而且对未来充满了信心。

数年之后，这位女子得了一种罕见的疾病，当地的医生都束手无策。最后，她被转到大城市医治。知名医生霍华德·凯利也参加了会诊。当他看到病人所来自的那个城镇的名字时，一个奇怪的念头充满他的脑海，他马上直奔她的病房。身穿白大褂的凯利医生一眼就认出了恩人。因为他就是当年的那个小男孩。他决心尽己所能救治这名女子。经过艰苦的努力，手术成功了。当医疗费通知单送到她的病房时，她不敢看，害怕治病的费用将会花费她所有的积蓄。最后，她还是鼓起勇气，翻开了通知书，旁边的一行小字引起了她的注意："医药费已付：一杯牛奶。"泪水夺眶而出，她祈祷道："谢谢你，你的爱已通过人类的心灵和双手传播了。"

老子在《道德经》中说，无私乃成就大私。当你无私奉献爱心关照他人的时候，也会得到意想不到的回报。故而说，关照他人就是关照自己。

118

道意汉字

太阳给人类带来光明，照亮了心灵。
太阳给人类带来温暖，传递了温情。
太阳刚强矫健，激发了正能量。
太阳公正允和，带来和谐太平。

祸

灾祸既从口入也从口出

　　东晋著名书法家王羲之被尊为"书圣"。相传，有一年腊月，他从山东老家迁居到浙江绍兴，乔迁之喜又值新年之庆，不禁挥毫写就一副门联："春风春雨春色，新年新景新家。"

　　此联嵌了3个"春"字和3个"新"字，非常贴切地展现了"新春"景象。不料此联刚一贴出，即被喜欢其书法的人趁夜揭走。王羲之也不生气，又提笔写了一副，让家人再贴出去。这副写的是："莺啼北里千山绿，燕语南邻万户欢。"

　　此联充满春日生机，对仗亦十分工整。谁知天明一看，又被人揭走了。王羲之想了想，微微一笑，又提笔写了一副："福无双至，祸不单行。"

　　初一早晨天刚亮，王羲之家门前已围了很多人，大家对书圣写出此联很是不解。这时王羲之出门提笔在原联下分别加了3个字。大家一看，对联变成："福无双至今朝至，祸不单行昨夜行。"众人看了，齐声喝彩，拍掌称妙。

祸（huò），形声字，从示，呙（guō）声。《说文·示部》："祸，害也，神不福也。"

小篆	金文	甲骨文
从示，表示鬼神；从咼，表示摧残之义。	省去甲骨文的「犬」，加「示」，强调「祸」的凶兆与祭祀占卜的关系。将写成	像大块骨头上刻有很多符号。有的写作「占」，表示祭祀占卜时显示的凶兆。有的加「犬」（猎），表示用来刻写的骨头来自猎物。

"祸"的本义为灾殃、苦难，如灾祸、祸患等。因错误而造成不可挽回的灾难或损失，就是罪过，故"祸"又引申为罪过。如《史记·秦始皇本纪》："上不听谏，今事

急，欲归祸于吾宗。"意为皇上不听进谏，现在事态紧急，想要把罪过加在我先祖的身上。"祸"还有降祸、加害的意思。含有"祸"的成语很多，大多表示灾难、祸患。"不测之祸"，指估计不到的灾祸，多指死亡；"祸福相倚"，指祸与福相因而生；"祸国殃民"，指危害国家，残害百姓；"弥天大祸"，指天大的灾祸；"包藏祸心"，指心里怀着害人的恶意；"避祸就福"，指避开凶险，趋向幸福；"兵连祸结"，指战争接连不断，带来了无穷的灾祸；"恶积祸盈"，指罪恶成堆，祸害满贯，形容罪大恶极；"飞来横祸"，指意外的灾祸；"福不重至，祸必重来"，指福不会接连而来，祸灾却会接踵而至；"福善祸淫"，指行善的得福，作恶的受祸；"胡越之祸"，古代中原的胡国和越国之间经常发生战事，因此用"胡越之祸"来比喻战祸；"祸福无门"，指灾祸和幸福不是注定的；"祸从口出"，灾祸从口里产生出来，指说话不谨慎容易惹祸；"罪魁祸首"，指犯罪作恶的首罪者；"祸不单行"，指不幸的事接二连三地发生。此外，还有"祸不旋踵""嫁祸于人""天有不测风云，人有旦夕祸福""天灾人祸""幸灾乐祸""直言贾祸""以德追祸""祸福惟

人""祸及池鱼""祸生肘腋"等等。

祈福远祸是人的天性。人有了福要惜福，有了祸也不必太害怕。老子认为"福祸相依"，他在《道德经》中书："祸兮，福之所倚；福兮，祸之所伏。"事物总是有两面性的，福祸两者相反相成，相互依存。得到福德的同时，也可能埋下祸患的种子；而遭遇祸患的同时，未必没有埋下福德的种子。这就要求我们学会用全面的、动态的目光去看问题，才能够看到事物背后隐藏的趋势。当看到好事的时候别忘乎所以，要居安思危；当遇到坏事的时候不要万念俱灰，失去方寸，更为重要的是要善于把握灾祸背后的福气，努力化解危机，把灾祸变为福瑞。"祸"字阐释了祸是什么、祸的根源以及化祸为福的办法。

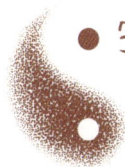

● 字说格言

◆ 利为害本而福为祸先。
——（西汉）韩婴

◆ 君子祸至不惧，福至不喜。
——（西汉）司马迁

◆ 存亡祸福，其要在身。
——（西汉）刘向

◆ 祸固多藏于隐微，而发于人之所忽。
——（东汉）班固

◆ 病从口入，祸从口出。
——（西晋）傅玄

◆ 力能胜贫，谨能避祸。
——（北魏）贾思勰

◆ 功者自功，祸者自祸。
——（唐）柳宗元

◆ 贪婪是许多祸事的原因。
——（古希腊）伊索

　　祸有天示。"祸"字从示，代表天，也即大自然。祸，由两方面的因素造成：一方面是非人力所为的自然灾害，如地震；另一方面表现为人力行为造成的恶果，如战争、瘟疫。这就是"天灾人祸"。大自然造成的"祸"，可以说是"飞来横祸"，往往是人力不可抗拒的。即使如此，也有一些天象给人类警示，如在地震前夕会出现一些反常的现象，这种祸通常称之为"灾"。在今天的现实生活中，许多祸其实是由于人自身过错引起的。人祸引起天灾。长期以来，我们对大自然无休止地掠夺，乱砍滥伐，围湖造田，严重地破坏了生态平衡，引发了自然灾害，这些祸是更大灾难来临的警示。对于自然的这些警示，人类必须及时加以治理，否则就会酿成大祸。英国伦敦在工业时代曾经是一个"雾都"，如今经过治理已经改观。可是，现今我国许多城市也变成了"雾都"，这让我们对大自然的警示不能不重视。

　　对于个人来说，祸也是有预兆、有苗头的，凡事居安思危，发现有祸的苗头，及时加以处理，则能消灾免祸。

　　郭子仪是中唐名将，因平定了"安史之乱"，被封为汾阳王。虽身居高位，他的府邸却四门大开，门口没有森严的保卫，来人也无须通报，就可直接进入。

　　一次，皇帝派太监来传话，郭子仪正在卧室帮夫人梳妆，太监便直接来到卧室，连夫人也没有回避。太监走后，儿子觉得不妥，就说："父亲是皇上钦点的汾阳王，却不注重身份，让外人随意进自己的卧室，传出去岂不是有损名誉！府门一年到头也随意大开，真是不成体统！"

　　郭子仪微微一笑："这些我何尝不知，但你有没有想过，我位高权重，家里有上千人吃着皇帝的饭，上百匹马吃着朝廷的草料，如果我现在把汾阳府的大门关上，不与外人交往，摆出一副神秘莫测的样子，你猜接下来会发生什么？"

　　儿子连连摇头。

北宋李公麟所绘《免胄图》卷，又名《郭子仪单骑见回纥图》（局部）：卷中回纥大酋着戎装，携副将滚鞍落马，正单膝跪地作钦服之状，拜见免胄（徒手不着盔甲）着燕服的郭子仪。郭子仪神情雍穆诚恳，俯身援手以礼相待，体现出从容大度的一代名将风范。

郭子仪说道："将会带来灭九族的杀身之祸！我们一旦紧闭大门，那些别有用心的小人，就会到皇上那儿打小报告，诬陷或猜测我们要密谋造反。这些话说得多了，皇上也难免起疑，担心我功高盖主起反心，必然会采取行动。"

正是因此，汾阳府一直平安无事，郭子仪也在84岁高龄时得以善终。

祸从口出。"祸"字从口，从内，寓意祸由"口""内"出。俗话说："是非只为多开口，烦恼皆因强出头。"祸从口出，是指乱说话、说错话而招来横祸。司马迁的外孙杨恽就因恃才傲物，自作聪明，断送了生命。

杨恽是汉朝宣帝时著名的学士，因性格耿直，恃才傲物，与太仆戴长乐积怨很深，后来遭戴长乐检举被下狱，释放后贬为庶人。出现这样的人生变故后，杨恽并未闭门思过，他回到老家后，天天在家里与宾客往来，饮酒作乐。好友孙会宗劝杨恽低调些，不料他却说："你原本出生在河西郡，那里不少人有高远的志向和气节，现在你在安定郡任太守，那里的人贪婪

《王阳明公像赞》。所谓像赞，指为人物画像或人的相貌所作的赞辞。王阳明（1472—1529），名守仁，字伯安，浙江余姚人，曾筑室会稽阳明洞，故世称阳明先生。他是明代著名的文学家、哲学家、思想家、政治家和军事家，是二程、朱、陆后的另一位大儒，"心学"流派的重要代表人物。

卑鄙，看来是当地的风俗习惯改变了你。如今正当汉朝鼎盛时期，你少管我的闲事儿，好好伺候你那个皇帝吧！"这番话后来传到了汉宣帝那里，皇帝很是恼怒，于是寻了个罪名，下令将杨恽腰斩了。

　　遭到贬责，按说应该收敛个人的行为，低调处事才是，杨恽非但不这样做，反而更加张扬，结果得了腰斩的下场，真是直言贾祸。《王阳明全书》也记载了一个故事：

　　有一个叫杨茂的人，是个聋哑人，阳明先生不懂得手语，只好跟他用笔交流……

　　阳明先生问："你的耳朵能听到是非吗？"

　　杨茂答："不能，因为我是个聋子。"

　　阳明先生问："你的嘴巴能够讲是非吗？"

　　杨茂答道："不能，因为我是个哑巴。"

　　阳明先生又问："那你的心知道是非吗？"

　　只见，杨茂高兴得不得了，指天画地回答："能、能、能。"

于是，阳明先生就对他说："你的耳朵不能听是非，省了多少闲是非；你的口不能说是非，又省了多少闲是非；你心知道是非就够了。反倒是有许多人，耳能听是非，口能说是非，眼能见是非，心还未必知道是非呢！"

在现实生活中，有些人因多嘴而招来麻烦。有时候，酒桌上的醉话，会损害自己的形象，失去一个朋友；有时候，随意一句话的疏忽，可能伤及他人的自尊；有时候只顾自己"一吐为快"，却不知会让别人"一箭穿心"；有的人说话如机关枪，殊不知让别人的颜面"万孔千疮"。海明威说："我们花了两年学会说话，却要花上几十年来学会闭嘴。""祸从口出"告诉我们，必须谨言慎行，才能得到福光的照耀。

祸从口入。"祸"字从内，从口，这表示贪吃贪喝、抽烟吸毒、坑蒙拐骗均为祸之根源。祸从口入往往是吃了不该吃的东西，或者吃了过多的东西。这种祸是由于自己缺乏节制的缘故。

现在，我们的餐桌越来越丰富了，人们也越来越注重营养和卫生，病却越来越多了。营养学家的解释是：心脑血管、肿瘤、糖尿病等常见慢性病大多是吃出来的，八成疾病都是吃出来的。

朝鲜战争的时候，曾有人对一些年轻的美国、朝鲜死亡士兵进行尸检，结果惊奇地发现，两者的动脉硬化程度竟有很大差别，大部分美军士兵都存在动脉硬化现象。这是因为这些美军自幼年就把牛奶当水喝，每年大约要吃100千克牛肉，这无疑在他们体内埋下了"定时炸弹"。既使他们能够在战争中存活，日后患心血管病和高血压的危险也会大大增加。世界卫生组织在《2002年世界卫生报告》指出，高血压和高胆固醇、体重过重或肥胖、水果和蔬菜摄入量不足，是引起慢性非传染性疾病最重要的危险因素，这些都和我们的饮食方式脱不了干系。

祸生有胎。"祸"字的甲骨文，表示在小块田地里有一棵小苗在生长，意为祸是有缘由的，有种子的。枚乘在《上书谏吴王》中说："福生有基，祸生有胎。"福分来临靠根基，福气到来有缘由；灾祸产生因幼胎，祸患本身是报应。即所谓善有善报，恶有恶果。不做恶事，少做错事，多行善事，祸事就会离我们越来越远，而福事就会在不知不觉中到来。正所谓："行善之人，福虽未得，祸已远离；作恶之人，祸虽未至，福已远去。"

法国历史上有一个王朝命运的改写，起因竟是几杯酒。奥尔良公爵是国王菲利普的儿子，在同几个朋友一起喝酒时，忍不住多喝了几杯。后来，聚会结束，奥尔良登上马车离去。不料，中途马受惊了，把他掀倒在地。由于多喝了几杯酒，他脚下踏空，头朝下摔在路上，再也没有站起来。不但他本人丢了性命，后来他的全家也遭到流放，家庭巨额的财产也被充公。

"祸"字与锅、窝、涡、蜗等字形相近，都含有"呙"，表示狭窄的空间。"锅"是烹煮食物或烧水的器具，或形状像锅的东西。"窝"是禽兽或其他动物的巢穴，喻坏人聚居的地方，也指临时搭成的简陋的小屋。"涡"指水流旋转形成中间低洼的地方。"蜗"是一种软体动物，有螺旋形扁圆的硬壳，头部有两对触角。

☙ 道意汉字 ☯

祸起萧墙皆有因，天灾人祸皆有缘。

自然灾害天兆示，灾祸总是紧相随。

疾病多从口中入，祸患皆因口中来。

祸福相成又相倚，积善守正心坦然。

福

有丁有田天赐福

　　每到春节，许多人都会在大门上贴一个大红"福"字，而且总把它倒过来贴。这个习俗的出现还有一段故事：传说明太祖朱元璋当年谋划用"福"字做暗记准备杀人，好心的马皇后知道了，为了消除这场灾难，令全城大小人家于天明之前在自家门上贴一个"福"字。但有户人家不识字，竟把"福"字贴倒了。第二天，朱元璋命令御林军去捉拿那家人，准备满门抄斩。马皇后忙解围说："那家人知道您来访，故意把'福'字倒贴，这不是'福到'的意思么？"皇帝一听有道理，一场大祸终于消除了。从此，人们便将"福"字倒贴起来，一是寓意"福到"，祈福求吉祥，二是纪念仁慈的马皇后。

　　福（fú），会意字。《说文·示部》："福，佑也。从示，畐声。"意思是说：福为神明降福保佑。

"福"的本义是求福，指一切顺利、幸运，与"祸"相对，如祈福、享福、祝福等。因为"福"字最初和祭祀求福有关，所以祭祀时用的酒肉也叫"福"。如《国语·晋语二》上说："骊姬受福。"意思是：骊姬接受了祭过神的酒肉。"福"经常在书信中运用，表示良好祝愿。如"福安""福体"等。

小篆	金文	甲骨文
福	福	禤
与金文大体相同。	左为祭坛，右为酒坛，表示拿酒祭神，祈求幸福。	像双手举起酒樽向示（祭台）倾倒浇祭之状，含祭祀神灵以求福佑之意。

福、禄、寿、财、喜是中国人的追求，《尚书·洪苑》说到"五福"，即寿、富、康宁、修好德、考终命。每到春节，人们都在大门贴上大红对联或"福"字，祈求来年幸福、吉祥，有时还会看到五只蝙蝠寓意五种幸福的形象，这是取谐音之意。

"福"字与我们的日常生活息息相关，时时处处都可以说到"福"字。能尝到美味可口的食品称之"有口福"，看到美丽、艳丽的景物谓之"有眼福"，听到吉祥、恭敬的词语称为"祝福"，能得到感官的享受称为"有艳福"，人生富裕是"有福"，事事顺心是"幸福"，清闲安逸是"享清福"。与"福"有关的成语也很多：一类是常被作为祝贺语的祈福，如"福禄双全""福齐南山""福如东海""福慧双修""福业相牵""福如山岳""福寿康宁""福寿年高""福寿绵绵""福寿天成""福寿无疆""福至心灵"等；另一类是指因为不懂得惜福、积福而带来折福，如"福不徒来""福过灾生""福善祸淫""福无双至，祸不单行"等。

中国的传统文化非常重视"福"的这一概念。《礼记·祭统》："福者，备也。备者，百顺之名也，无所不顺者谓之备。"意思是说：吃穿不用愁，事事顺心就是"福"。儒家还认为福来自善，源于无私。古人说："善盈而后福，福必以善来。"就是说：善积满了以后就是福，福必定从善那里来。老子在《道德经》中说："祸兮福所倚，福兮祸所伏。"他认为福与祸如一对孪生兄弟，相互依存，相互转化。至福则祸生。因此，先贤们不劝人享福，而劝人惜福，积德行善，培植福田。"福"字告诉我们什么才是真正的"福"、福的来源以及如何享福、惜福、幸福。

福以天佑为前提。"福"字从一，表示道法自然、万法归一；从示，代表天，也就是神明降福保佑。其实，这是讲客观条件和自然禀赋。如年年风调雨顺，瑞雪兆丰年，那就是天赐洪福。一个人生活在资源丰富、生态环境优美的地方，或者家庭出身优渥，自然就有了幸福的前提和基础。家庭环境对一个人的成长至关重要。同时，幸福还要避免天灾人祸，这些都是人所难以预测和改变的。因此，幸福一靠天定，二靠人为。天时好，人努力，两者结合，才可以共造幸福，这是主客观的统一。

尼泊尔之所以是世界上幸福指数最高的几个国家之一，并不是因为它的富裕，而在于其优美的生态环境。世界上有14座海拔8000米以上的高山，有9座在尼泊尔，而且尼泊尔的海拔低，不会有高原反应。尼泊尔被誉为"徒步者的天堂"，众多的徒步路线大都围绕着喜马拉雅山脉，其中安纳布尔纳路线被

● 字说格言

◆ 神莫大于化道，福莫长于无祸。

——《荀子·劝学》

◆ 善盈而后福，福必以善来。

——（唐）刘禹锡

◆ 一个时代是否伟大要看那些大人物，一个时代是否幸福要看那些小人物。

——佚名

誉为"世界十大徒步路线"之首。尼泊尔有4处世界文化遗产和自然遗产：以珠穆朗玛峰为标志的萨加玛塔国家公园、拥有众多野生动物的皇家奇特旺国家公园、遍布古迹的加德满都谷地、佛祖释迦牟尼的诞生地兰毗尼。其中，加德满都谷地的7处名胜古迹都在市区1小时车程内的地方，还有上万座庙宇散落在城镇的各个角落。

福以富足为根本。"福"字从畐，拆开来看是"一口田"，"一"可表示为一个人或一个家庭，"口"为饱腹之食，"田"指田产、房产。有吃有穿，有田耕，有屋住，生活有了着落，这就是福的基础。"畐"表示盛满着敬神求福的酒食，是充满的意思，假如一个人连温饱的问题都未能解决，是谈不上幸福的。"福"音通"富"，只有"富"了才能有"福"。美国经济学家萨缪尔森提出，幸福=效用/欲望，幸福与效用成正比，与欲望成反比。他把影响效用的因素分为物质财富、健康长寿、环境改善、社会公正、人的自尊五大类。据调查显示，在当代中国，人们感到不幸福的主要因素依然是贫穷，大约54%的城镇居民和66%的农村居民将贫困列为不幸福的主要因素。只有在经济发展到一定水平以后，非物质因素对人们幸福感的影响才会越来越大。国际经验表明，当人均国民收入达到1000美元以后，人们对公共教育、医疗卫生、社会安全保障以及社会公平等非经济因素的需求就会越来越强烈。因此，要增强人们的幸福感，一定要发展社会生产力，提供丰富的物质条件。

福以德为前提。"福"字从示，代表祭祀，同时包含着尊贤敬老之意，引申为孝敬父母、尊敬长辈、礼贤下士、为人诚信、温良恭顺之美德。只有播下"福"的种子，才能结出"福"的果实。

安史之乱爆发后，唐代大诗人王昌龄为了照顾家人告假回乡，被濠州（一说是亳州）刺史闾丘晓借故杀害，这一年王昌龄还不到60岁。他死后不久，宰相张镐兼任河南节度使，统领淮南等道诸军，讨伐安史叛军。当时宋州被叛军围攻，情况危急。张镐星夜兼程杀奔宋州，同时令距离更近的闾丘晓火速出兵救援。可闾丘晓却逗留不进。待张镐赶至，宋州已陷。张镐一怒要杀闾丘晓，闾丘晓慌了，说家里有父母要照顾，乞饶一命。张镐说：那王昌龄的双亲由谁来养老？闾丘晓无话可说，只得引颈就戮。

闾丘晓缺德，见死不救又抗命，结果必然是无福直至丧命。

福以口为门。"福"字从口，"口"代表着人的一张嘴：一方面，福必须是吃饱吃好；另一方面，必须爱好自己的一张嘴。"口"既是万福之门，也是灾祸之门。病由口生。有些人不懂得惜福，暴殄天物，铺张浪费，有的不注意节食，每天大鱼大肉，大吃大喝，结果身体越来越差，还有的口无遮拦，惹是生非，伤人害己。

265年，逼迫魏元帝曹奂禅让帝位的司马炎称帝，改国号为晋。登基时，曾找人用蓍草占卜，想知道自己的帝王之位能传多少代。哪知道蓍草颤颤，最终只形成一个"一"字。司马炎很是不悦，大臣们也噤若寒蝉。此时，下面有位大臣自作聪明，走上台想安慰他，说："请皇上不必忧虑，做好一代明君实属不易，何必要管后代呢？"

司马炎一听勃然大怒，道："快把这个逆臣拉下去给我斩了，混账东西，咒我江山不能世代相传。该死！"

被斩大臣本想献媚取宠，可惜不会说话，反送了卿卿性命。可见"福"中之"口"起到"一夫当关，万夫莫开"的作用。祈福、得福，千万要看住自己的一张嘴。

"幸福"是当今使用频率很高的词，而人们对幸福的理

唐代画家阎立本所绘《历代帝王图》之晋武帝司马炎。

解也是五花八门，众说纷纭。有人说，幸福就是成功，幸福就是过得好，幸福就是没有麻烦。有人说，平安就是福，知足就是福。林语堂说，人生有4种幸福："一是睡在自家的床上；二是吃父母做的饭菜；三是听爱人给你说情话；四是跟孩子做游戏。"这就是说要珍惜亲情和爱情，享受天伦之乐。其实，"幸福"除了有客观条件，更多的是主观感受。如今许多人虽然钱多了，幸福却少了。英国莱斯特大学的社会心理学家认为，现代中国人幸福感下降的主要原因是：爱比较，缺乏信念，不善于发现阳光面，不知道奉献，不知足，相互不信任，过于焦虑。这七大原因偷走了中国人的幸福感。美国心理学家哈利·克塞克认为，幸福意味着生活在一种"沉醉"的状态中，他提出了通往幸福的9条路径：换一种心情看生活，控制你的时间，增强积极情绪的积累，优待身边的人，面带幸福感，不要无所事事，多参加室外活动，好好休息，有信仰的人更幸福。因此，提高幸福感应追求心灵的富足，即"福至心灵"，福气来了，人的心窍也随之开启，心智更加灵活和轻松。

"福"的谐音为"佛"，意为心中有佛，能有觉悟，即是幸福之人。

道意汉字

福是一个满满的坛子，

盛的是财富、健康、平安和自足。

福是大自然的恩赐，

也是美德在心田的培植。

有功夫读书谓之福，有力量济人谓之福，

有著述行世谓之福，有聪明深厚之见谓之福，

无是非到身谓之福，有多闻直谅之友谓之福。

福皆因心中有爱，播撒善的种子。

养形为基

性

《庄子》的《骈拇》篇中说："凫胫虽短，续之则忧；鹤胫虽长，断之则悲。故性长非所断，性短非所续，无所去忧也。"这段话的意思是说：凫的腿虽然很短，但如果你把它接长，凫就会很痛苦；鹤的腿即使很长，要把它截断，鹤也会很悲伤。因此，本性长的不要折断，本性短的不要接长，这样就没有什么可忧愁的了。

庄子在这里讲的是万物皆有自身特有的本性、习性，顺其本性则生，逆其本性则亡，这是一个颠扑不破的真理。

性（xìng），形声兼会意字。《说文·心部》："性，人之阳气性善者也。"

"性"的本义为人生而有之的特质。如《三字经》所说的："人之初，性本善，性相近，习相远。""性，生而然者也。""性"也指事物本身具有的特质，如惰性气体、酸性、适应性；"性"还指性格、脾气，如"性格孤高世所稀"；"性"又通常指男女、雌雄，如性别、女性、雄性。"性"还用于指性质、生命、欲望等。"性"字的成语比较少，有"性命攸关""性情古怪"等。

篆文

「生」，既是声旁也是形旁，表示天然萌发。「生」常在古文中被假借为「性」，表示内心萌发的与生俱来的本能。性，从心、从生，表示人类天然萌发的欲求。

在中国历史上，对于"性"是"善"是"恶"，历来有不同看法。其分成了两大派：孟子认为人性善，认为人生之初，其本性是善良的，强调通过后天的修养保持人的善良的本性；荀子则主张人性恶，"其善者伪也。""伪"是人为，他认为必须以礼仪刑法治之，才能使人改恶从善。从哲学的角度看，这两种观点都是从人的自然属性看人性。马克思认为人既是道德人，也是经济人，性善与性恶共存于一体。其实，人既有自然属性，也具有社会属性，善恶是一体的两面。我认为人性多少还是有遗传的，父母的心地、性格会遗传给子女，故性有天性、禀性、习性。同时，经过后天的教育、改造，人性也会发生变化，也就是说人性是可塑的。因此，既有"江山易改，本性难移"之说，也有"化性起伪""兰心蕙性"之说。

道家认为"性"是人的品性。他们常把"道"与"性"连在一起，讲人应该具有"道性"。唐代道教理论家施肩吾说："从道受生谓之性。"他们认为道德本是先天具备的，但社会中的人在出生时的禀赋是有所不同的，有的道性比较好，有的比较差。这样，后天的修持就显得特别重要。只有通过修心，人的心灵才能摆脱各种束缚，达到自由的境界。"性"字揭示了生命的起源，以及本性、性情的本质，对于我们修身养性予以启发。

性是性命。"性"字从生，"生"是生命、生产，意指人

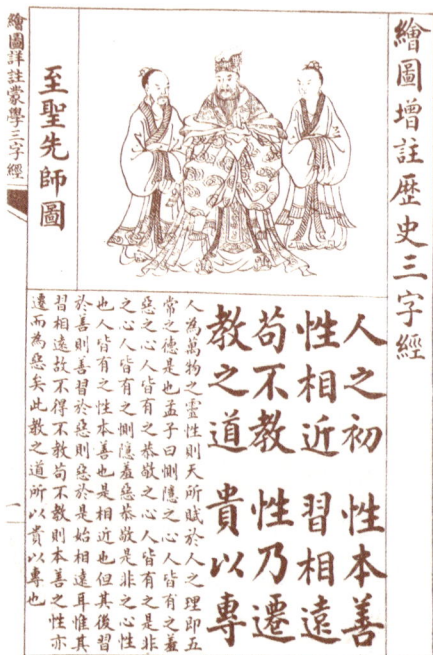

民国初年锦章书局绘制的《绘图增注历史三字经》。

类延续、人口繁衍，是生命的延续，人和动物皆然。孟子说，人性有两个相同的基本内容，"食色，性也。"食色，是人和一切生物生存发展的需要。《易·乾》："乾道变化，各正性命。"孔颖达疏："性者，天生之质，若刚柔迟速之别；命者，人所禀受，若贵贱夭寿之属也。"性命、性命，有性才有命。性是我们所见到的令人惊奇的生命本源，从袋鼠到大象，乃至每天出生的数十万名人类的婴儿，无不如此。从理论上来说，人类的性行为是本能反应，也就是说人类性行为的属性是自然的，不需要任何原因和任何法律约束。但是，人是社会的人，社会是人构成的社会，这就奠定了人类性行为的本质会随社会的进步、发展而不断变化，成为具有社会因素的行为。同时，必须遵守法律赋予人类的约束和保护。从医学的角度来讲，人类在进入青春期后，脑垂体性腺激素不断增加，生理变化产生本能的性冲动，是基于生理的基础，不代表爱情。但爱情也是人际关系的一种，在性关系上建立的爱情和在爱情上建立的性关系，都应该属于社会属性范畴。也就是说，一个民族，一个种族，其性行为的特征能够体现他们社会的文明程度。

性是与生俱来的天性、禀性、习性。性，左边为"心"，右边为"生"。可见，心是土壤，而思想则是种子，有什么样的心，就有什么样的品性。"生"指天生、天然，含有天生的成分。人的容貌是天生的，含有父母遗传的基因。其生理和心理也带有先天的成分。如男人与女人，由于性别的差异，其言谈举止也有所不同。人的血型不同，其性格也不一样。又由于所处的生活环境不同，会产生不同的肤色、生活习惯。所有这些，都是由"性"决定的。也正因为人有天性，就应当认识天性、尊重天性、顺应天性，这样才能符合人道的要求。

● 字说格言

◆ 唯天下至诚，为能尽其性。

——（战国）孔伋

◆ 食色性也。仁，内也，非外也。义，外也，非内也。

——（战国）告子

◆ 少成若天性，习惯如自然。

——（东汉）班固

◆ 凡人之性成于习。

——（明）王廷相

◆ 品性是一个人的守护神。

——（古希腊）赫拉克利特

◆ 个性即人的命运。

——（希腊）海拉里特斯

◆ 性格是一个人看不见的本质。

——（德国）穆迪

希腊神话中，一只雌猫爱上一位英俊的少年，就向女神亚福罗迪特祈祷，请求把它变成人的样子。女神被它的真情感动，就把它变成美丽的少女。少年看到这位少女，一见钟情，两人彼此爱慕，就结婚了。有一天，亚福罗迪特想试探猫在变成人后本性有没有改变，就在房间里放进一只老鼠。这时，猫忘记自己已经是人，就从床上跳下来，敏捷地捉住那只老鼠，放进嘴里吃掉。女神看了大叹一声，便将它恢复成原来的模样。

由此看来，猫有猫性，人有人性，尊重各自的天性，才是正道。

性是人的心理、性情、情感的自然流露。"性"字从心，从生。这个"心"是指心理、性情、情感，是内在的东西；"生"是指生命、性命，是外在的东西。从这两个字的组合看，"性"是生理和心理的结合，性情与生命的结合，灵与肉的结合。心生为性，性由心生。心为性之本，性为心之貌。一个人的性情、性格、习惯，都是由人的心地所决定的。心善之人，其性情是温和的；心恶之人，性情必然凶煞。在人的性格中，最可贵的就是忍性，经得起打击，受得了委屈，愠色不惧，处变不惊。其次是耐性，也即韧性，坚韧不拔，持之以恒，不懈努力，专注专一，认准了的事情就坚持做下去，不达目标决不罢休。最后是悟性，即灵性，这是一种感悟和体悟的能力，要有敏捷的应变能力和接受能力。

人生在世，应当努力做一个真性情的人，不做作，不矫饰。闻一多就是这样一个人。

闻一多在青岛大学国文系任教时，有个叫臧克家的学生前来报考。当年的国文考试有两道试题，其中之一是《杂感》。臧克家的《杂感》只有三句话，闻一多却对此无比欣赏，认为它饱含哲理，给了98分。虽然臧克家的数学考了零分，但因为有了接近满分的国文成绩，所以他顺利进入了青岛大学。臧克家进校后，闻一多非常关心其学业，在写作上更是悉心指导，这使得臧克家很快在文坛脱颖而出，发表了大量优秀作品，1933年出版的《烙印》更是一时洛阳纸贵。臧克家曾感激地说过："没有闻一多先生，就没有我的今天。"然而，闻一多并没有将臧克家看作自己的学生，而是视作好友。后来离开青大赴清华执教时，他写信给臧克家说："古人说，人生得一知己可以无憾，我在青大交了你这样一个朋友，也就很满意了。"

闻一多肖像。

性是幸福生活的一部分。"性"左边为一颗"心"，右边为生殖器的"生"字，生理上的需要乃性也。"性"音通"幸"，且从"心"而生。一方面，这就是说幸福生活是每一个人最本能的追求，只有从内心出发去发现，去创造，才能更好地生活，才能获得幸福。另一方面，也指"性"是幸福生活的一个方面，因此有人把"幸福"说成"性福"。当然，"性福"不是幸福的全部，但假如没有"性福"，也不能称为真正的幸福。有学者对国人的"性福指数"作了调查，结果发现不少国人的生活不"性福"。数据显示，目前20—64岁的中国男人，在婚姻中或在超过6个月的同居中，只能把每月一次以上的性生活概率保持到43.9岁。到了47.7岁，男人的性频率便低于每月一次了。到了平均55.9岁，则连一年平均一次性生活都做不到，性生活基本停止了。中国夫妻只有23%—27%的人对性生活非常满意，也就是说中国还有2/3以上的人都是不"性福"的。

性爱不是下流的。一位著名的性学家曾经说过："性爱就像一扇门，不同关系的男女在经过这扇门之后就会变成不同关系的人。"这种"不同关系"，想来不过是亲昵或者尴尬吧！

本来关系很好，却因为性的不和谐而变得别扭；本来关系只是一般，又因为性爱的完美而结合在了一起……可见性爱是一件美妙的事情。

"性"字告诉我们，"性"应该建立在爱情的基础之上，否则就是生物的行为。同时，也表明性由心生，只有保持内心纯净，才能有快乐的人生。

☯ 道意汉字 ☯

性是阴阳的交合，

有了性然后有命。

性由先天而生，

性由后天养成。

性是人心的自然流露，

发自本心的是真性情。

性由心生，

人应具有灵性、品性、德性。

命

天、地、人合方有命

《庄子·太宗师》中讲了这样一个故事：

子祀、子舆、子犁、子来4个人由于志趣相投成为知己。子舆病了，子祀前去探望。子舆说："伟大啊，造物者！把我变成如此屈曲不伸的样子。"虽然大病使子舆形体变化很大，但他心里十分闲逸，好像没有生病似的。

子祀说："你讨厌这屈曲不伸的样子吗？"子舆说："没有啊，假如造物者把我的左臂变成公鸡，我便用它来报晓；假如把我的右臂变成弹弓，我便用它来打斑鸠烤了吃……生命的获得，是因为适时，生命的丧失，是因为顺应。安于适时而处之顺应，悲哀和欢乐都不会侵入心房。"

后来，子来也生了病，气息急促，将要死去。他的妻子、儿子围在床前哭泣。子犁前往探望，说："伟大啊，造物者！又将把你变成什么，把你送到何方？"子来说："大地把我的形体托载，用生存来劳苦我，用衰老来闲适我，用死亡来安息我。因此，既可把我的存在看作是好事，也可以把我的死亡看作是好事。"于是，他安闲熟睡似地离开了人世。

从上面的故事可以看到，道家对生命的态度是何等超然，境界是何等开阔。正如庄子所说的那样："指穷于为薪，火传也，不知其尽也。"生命会生生不息地存在下去。

命（mìng），会意字。《说文·口部》："命，使也。"

"命"的本义为指派，如《诗经》"唯君子命"，只要是君王的使命就执行。但"命"字多指一个人的命运，古人认为人的穷通福祸、朝代更替均是上天的安排，因此"命"引申为天命、命运，如"命里注定""福大命大""命薄福浅""听天由命""乐天知命""死生有命，富贵在天"等。古代有首歌谣，

篆文	金文	甲骨文
从口，从令，意为一尊者向众人发号施令。	上部是一个屋顶，下部是一个面朝左跪坐的人在发布命令，这个命令是从口发出的。	古代振铎以发号令，会向人发出命令之意。「命」和「令」是同一个字。

讲一个人要修得好命，就要做十二件事："一命二运三风水，四积功德五读书。六名七相八敬神，九交贵人十养生。十一择业与择偶，十二趋吉要避凶。"人生若要更幸福，上述件件想清楚。"命"还引申指生命或性命，如"救命""拼命"。

生命对每个人来说只有一次，也昭示着每个人的命运都是独特的。中国的先哲常常谈到"命运"。孔子讲要"知天命"。孟子说："莫之为而为者，天也；莫之致而至者，命也。"荀子说："节遇之谓命。"庄子说："知其不可奈何而安之若命。""命运"常连在一起说，"命"与"运"有所不同，运是一个人在某一时期的遭遇，命是一个人在一生中的遭遇。一个人要事业有成，要靠才、命、力，即天资、命运、努

力。一个人能否发大财，要靠力、德、命，即所谓小富靠勤，中富靠德，大富靠命。命、运、时决定了一个人能否幸福。"命"字告诉我们命从何来和如何把握好命运。

第一，命由天、地、人"三合"而成。"命"字上为"人"、中间为"一"，组成"亼"，代表"天地人"三而合一的思想。天地合，万物生，契合了老子"人法地，地法天，天法道，道法自然"的观点。"命"由"人""合"组成，意为阴阳交合，意味着异性交合，精子和卵子的结合，生命就从此开始了。从生物学的意义上看，有"性"才有"命"，因为

● 字说格言

◆ 时来天地皆同力，运去英雄不自由。

——（唐）罗隐

◆ 尽人事，听天命。

——（清）李汝珍

◆ 浅薄的人相信命运，坚强的人相信因果。

——（美国）爱默生

◆ 命运的大厦全靠自己设计建造。

——（德国）贝克尔希

◆ 命运——这是暴君作恶的权利，也是傻瓜失败的借口。

——（美国）安伯罗丝·比尔斯

◆ 乐天知命，故不忧。

——《周易》

◆ 许多事情是先天注定，那是"命"；但你可以决定怎样面对，那是"运"。

——佚名

◆ 生命之灯因热情而点燃，生命之舟因拼搏而前行。

——佚名

命是性行为的结果，所以有了性命之说。人类的祖先对人的生命有朦胧的认识，中国的神话传说认为伏羲和女娲是人类的始祖。伏羲和女娲为阴阳二神，两人相交而生育，这是阴阳化万物的开始。西方《创世纪》认为人类生命的起源，是亚当和夏娃在伊甸园里受了蛇的诱惑偷吃禁果而开始。生物学意义上的命，实际上是一种肉体的生命。这是一个人最基本的命，不管是凡夫走卒，还是达官贵人，必须有一个肉体的生命，才谈得上政治的生命、艺术的生命、精神的生命。一个健全的生命，首先是以一个人的肉体生命作为基础。命的第一信息揭示了生命的起源。

第二，生命之祸皆从口出。"命"字从口，口是进食器官，也是说话的器官，人的命以口来维持，因此有"民以食为天"之说。口腹之欲是人最基本的需要，口也是一个人好命或坏命的一个关口。善说话者，平安到老，颐养天年；说错话者，招来杀身之祸，"是非只为多开口"。建安文学的代表人物杨修，只因恃才傲物，把不该说的说了，不该言明的言明了，让曹操心中不爽，以致招来了杀身之祸。

孔子说："乱之所生也，则言语以为阶，君不密则失臣，臣不密则失身，机事不密则害成。"足见乱说话所带来的危害，不仅累及自己，还会伤及周遭。言语之说，犹如履冰，切记慎之又慎。尤其是位高权重的人，更不能想到即说，不经思忖，否则更会招致"天下大乱"。

犹太传教士西蒙·史佩拉被派到德国的一个小镇去传教。有个年轻的农民叫米勒，每天总是早早地来到田里工作。西蒙每次从他的地头走过时，总会笑着高声说："早安！米勒先生！"米勒对犹太人并没有什么好感。开始，西蒙每次向他打招呼，他只当没听见，连头也不回一下。可是，西蒙每天如此问候。终于有一天，米勒被西蒙的礼貌和热情感染，他也举了举帽子，笑着回答："早安，西蒙先生。"后来，纳粹党上台，米勒被征召入伍，西蒙则被关进了集中营。

这天，西蒙在长长的队列中等候发落。在行列的尾端，他远远地看到营区的一个指挥官手里拿着指挥棒，一会儿向左指，一会儿向右指。西蒙知道，发配到左边的人就只有死路一条，发配到右边的人只是进工厂，还有生还的机会。他的心脏怦怦跳动着，愈靠近那个指挥官就跳得愈快，因为他清楚这个指挥官有权将他送进焚火炉中。就在这时，那个手拿指挥棒的军官转过身来，西蒙和他的目光相遇了。西蒙认出了那个手拿指挥棒的军官，并且下意识地喊了一声："早安，米勒先生！"听到问候，米勒那双原本冷酷无情的眼睛突然闪动了几下。随后，米勒举起了指挥棒："右！"

在德国纳粹当政时，有数百万犹太人被残忍地杀害。而西蒙因为平常的一句礼貌语，在关键时刻感化、唤醒了米勒心中的人性，有时候，一句礼貌用语的价值就是生命。

第三，命运变幻缘于细。"命"字从一，一是原因，是细小，"道生一，一生二，二生三，三生万物。"有人说："细节决定命运。"古人说："勿以善小而不为，勿以恶小而为之。"命运中的许多大事往往都源于细节、小事。

1794年的漫画：《捉拿逃亡的法国国王和王后》。1791年7月，法国国王路易十六和王后玛丽·安托瓦内特企图逃离巴黎，结果在逃亡途中被捕，1793年被送上了巴黎革命广场的断头台。

1786年春天，法王路易十六的妃子到巴黎剧院观看演出。观众席里的年轻公爵奥古斯汀自诩风流倜傥，向王妃吹了两声口哨。这在当时的法国被视为严重的调戏行为。国王大怒，把奥古斯汀投进了监狱。

1789年，法国大革命爆发。按理说，奥古斯汀可以重见天日，但此次革命似乎与他无关，人们把他遗忘了。4年后，国王与王妃都被送上了断头台，而人们还是没有想起为奥古斯汀申冤。拿破仑上台后，下令彻查旧案，平反冤狱。有关官员要为奥古斯汀平反。但在办理释放手续过程中，拿破仑下台被流放，奥古斯汀又没能出狱。直到1836年，被关了50年、已72岁的奥古斯汀才结束了牢狱之苦。

这两声口哨成了奥古斯汀的千古之恨。他的两声口哨使自己遭受50年牢狱之灾，由朝气蓬勃的青年变成了步履蹒跚的老人。

无数事实证明，决定个人命运、对人际关系起至关重要作用的，往往都是"小事""小恶"与细节。

第四，天命不可违，宿命不可取。"命"的谐音为"冥"，冥冥中有定数。"命"字，带着天赋的人性，从一点得一气，有气则成命；地赋人命；从"口"，口吃谷米，获取地气；父母赋身，即阴阳交合，合成一口人。"命"包含着人性心身的信息，一个人无法选择何时、何地出生，这都是老天的安排，即所谓"天命"。但人又不能完全"听天由命"，而要"乐天知命"，这就是要顺应自然规律和人类发展的规律。顺天则有好命，逆天则苦命。"命"和"运"常常联系在一起。一个人能够成功，除了要靠天助、他助，更重要的是自助。吕蒙正在《命运赋》中说："天有不测风云，人有旦夕祸福。蜈蚣百足，行不及蛇；家鸡翼大，飞不如鸟；马有千里之程，无人不能自往；人有凌云之志，非运不能腾达……天不得时，日月无光；地不得时，草木不长；水不得时，风浪不平；

人不得时，利运不返。"从大的方面看，一个人生活在什么样的时代、国度，决定了一个人的命运。从小的方面看，一个人是否有贵人提携，和什么人在一起，以及个人的努力程度，决定了一个人能否成功。"命"是既定的，"时"是随机的，"运"是变化的。人生的运势多有变数，运数的变化取决于时机。对于命运的把握，就是在具备时机时有牢牢抓住的能力。

有一本书叫《了凡四训》，讲的是一个叫袁了凡的人顺应天命，又自己修德造命，从而改变了自己命运的故事。

明代思想家袁了凡幼年丧父，母亲让他学医。一次，袁了凡上山采药，路过慈云寺，遇到一个"神算"孔先生。先生劝他说："你本是个当官的命，明年就能考中秀才，还是别学医了吧！"袁了凡将信将疑，征得母亲同意后，弃医从学，第二年果然考中秀才。他当即把孔先生请到家中，让他推算一生的命运。孔先生也没客气，给他算得很详细，哪一年考取第几名，哪一年应当做贡生，哪一年可以在某省当县长，甚至告诉他，他五十三岁八月十四日的丑时寿终正寝，命中没有儿子。

补贡生时，孔先生的话再次灵验。自此，袁了凡相信一个人的进退功名浮沉，都是命中注定。既然一切都是命定的，那还不辞辛苦地折腾什么呢？心态放开后，袁了凡整天游山玩水。

有一天，他到栖霞山闲逛，遇到了云谷禅师。禅师看到袁了凡荣辱不惊的淡定与从容，大为惊异，问他："自从你进来后，我不曾看见你起一个妄念，这是什么缘故呢？"袁了凡老实回答，最后说："既然命运都是个定数，没有办法改变，再有什么想法又有什么用呢？"

云谷禅师笑道："我本来认为你是一个了不得的豪杰，哪里知道，你原来只是一个庸庸碌碌的凡夫俗子。命由自己造，福由自己求，哪里有不可更改的定数呢？"

一句话点醒梦中人，袁了凡开始埋头苦读，发誓打破命运的魔咒。第二年，他参加秋季乡试，高中第一名，而孔先生给出的定数是第三名。随后，他到京城参加会试，竟然考中了进士，这在孔先生的命运预言里是不存在的。

从此，袁了凡把所谓的定数抛在一边，结果命运发生了神奇的逆转。他不仅当了县长，还在兵部当上了司长，有了自己的儿子，不仅活过了53岁，还活到了74岁高龄。69岁那年，他把自己身体力行改变命运的事，写成了《了凡四训》并传给后人。

其实，天命不可违，但人的命运却是可以改变的。一个人信命不如修命，修好了命，又可以改变命运。与其信命，不如奋斗。

人的生命有3个层次：第一层，一直活在物质的世界里，一辈子忙忙碌碌，为养家糊口而生活，当走到人生的终点时，仍然不明白为何而来，回归何处。大部分人活在这个层次。第二层，开始舍外求内，逐步脱离部分物质控制，有意识地选择放下一些，回归身体本质层面，花精力去修复还原自我的身体和心灵！少数人活在这个层次。第三层，上升到灵性境界，此阶段悟到一切遇到的人、一切所做的事、一切经历的情，都是为了帮自己完成这一世的修行圆满，体会到真正的幸福和快乐所在，心灵成长，得大自在，到达人生最高能量层。

1955年比尔·盖茨出生于美国一个中产家庭，1973年考进哈佛大学，在大学三年级的时候，盖茨离开学校并把全部精力投入自己刚创办的微软公司中。他是一个商业奇才，独特的眼光使他总是能准确看到IT业的未来，使得不断壮大的微软能够保持活力；他39岁便成为世界首富。2008年，比尔·盖茨宣布退休，淡出微软日常管理工作。他把自己的财产全数捐给其名下的慈善基金。同时，盖茨本人也全身心投入到慈善事业中。前不久，盖茨在接受美国《华尔街日报》采访时曾表示，自己

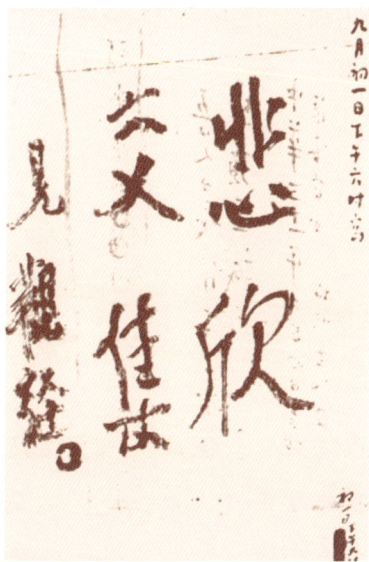

弘一法师临终绝笔："悲欣交集""见观经"。弘一法师即李叔同（1880—1942），为现代中国著名艺术家，律宗始祖。

"退休以后20%时间给微软，80%时间做慈善"。迄今为止，盖茨和他的妻子成立的基金会，已经有25亿多美元用于全球的健康事业上，有14亿多美元用于改善人们的学习条件。从白手起家到世界首富，盖茨走过了人生的第一层；他看淡财富的诱惑，继续平常人的生活，走入人生的第二层；再后来，他将财富回馈社会，以慈善之举寻找生命的意义，进入人生的第三层。

在中国，弘一法师也有过人生的3个层次。法师出身于天津一个家境颇为富有的家庭，青年时东渡日本留学。他不仅学习西洋油画，还进修钢琴和作曲理论。回国后，大力提倡艺术创作，并将西洋文学艺术各方面的知识引入到中国。可就在其艺术发展如日中天时，他毅然摒弃世俗，于1918年在杭州虎跑寺正式披剃为僧，法名"演音"，号"弘一"。从一个浊世公子（人生第一层），成长为才华横溢的艺术家（人生第二层），最后得道为律宗高僧（人生第三层），真可谓绚烂之极又归于平淡。这样的人生道路和境界，虽然与比尔·盖茨迥然不同，但留下关于生命的思考同样引人回味。

世界上每个人都有自己的命，从来不会重复。不同的命运增添了人生的丰富性，多样选择、多种人生、多种归宿、多层意义，世界才会灿烂多姿起来。

☯ 道意汉字 ☯

阴阳交合，便成一人，这是生命。

喜怒哀乐，人之性也，这是性命。

合令为命，节节提升，这是使命。

冥音为命，冥中定数，这是天命。

気

五谷化育成元气

公元前684年，强大的齐国攻打弱小的鲁国。双方军队在鲁国的长勺摆开了决战的阵势。鲁国国君庄公亲自督战。他还请了谋士曹刿同坐一辆战车，随时听取他的意见。

阵势刚摆开，鲁庄公就想命令鼓手擂起战鼓发动攻击。曹刿连忙制止。齐国军队先擂起了战鼓，但他们的指挥官发现鲁国军队没有什么动静，心有疑惑，不敢发动攻击。过了一会，齐国军队擂起了第二次战鼓，鲁国军队依然不动。

齐国军队不得不擂起第三次战鼓。这时，曹刿对庄公说："可以立即擂鼓进攻！"鼓声一起，鲁国军队向敌人发起攻击，果然打败了齐国军队。

战后庄公向曹刿请教克敌取胜的道理。曹刿说："两军交战，将士的勇气常常是取胜的关键。擂第一次战鼓可振奋将士的精神，此时勇气最盛。擂第二次战鼓，士气就低落了，擂第三次战鼓时，士气就衰竭了。当时敌方军队已萎靡不振，而我方军队正振起精神，勇气最旺盛，所以能打败他们。"

"一鼓作气"比喻抓准时机，一股劲儿把事情办成。

气（qì），象形字。《说文·气部》说："气，云气也。"

"气"的本义为云气，如"天高气爽"。气，第一是指自然之气，包括天气、节气、蒸气，如"气节易过，和泽难久""气象""气候"；第二是指气息，如"扬眉吐气""喘气"；第三是指社会风尚，如"风气"；第四是用于讲人的精神状态，如"气壮山河""豪气""气魄""气度""勇气""朝气""志气""正气"等等，此义为用得最多者；第五是指情绪、作风，如"书生气""娇气""平心静气"；第六是指身体的原动力和病象，中医常用，如"元气大伤""气虚""痰气""湿气"等。

篆文	金文	甲骨文
承续了金文的字形。	因甲骨文与数字「三」形近易混，金文和小篆稍加弯曲，像云气升腾流动之状。古人最常见的现象是米熟飘香，散发气味，因此，「气」字增加了一个「米」字，繁体写作「氣」。	像大写的「三」字，3条线就像空中遨游的云气。

有"气"字的成语很多，大多是褒义的，如形容气势极盛的"气冲如牛"，精力旺盛、意志坚定的"气充志定""气贯长虹"，形容气势壮阔的"气凌霄汉""气势磅礴"，形容景象千变万化的"气象万千"，谓志趣、情谊互相投合的"气义相投"，形容精神饱满、气度不凡的"气宇轩昂"等。当然，也有贬义的，如"气傲心高""气喘如牛""气急败坏""气势熏灼"等。

在道家看来，自然之气是阴阳五行运行的结果。气是一种常见的自然现象，首先是自然之气。甲骨文"气"字从三，这3条横线，上为天，下为地，中为人与万物之气。天、地、人和万物皆由气聚散生化而成，这是自然界变化的现象，如云气、天气、空气、气体等，这些是日月之气、天地之气，即自然之气。

中国的传统文化非常重视"气"这个概念。气，是指形成万物的物质基础。他们从自然之气，联想到人体之气，再到社会的风气。孟子认为人体内无气，道义式微："夫志，气之帅也；气，体之充也……其为气也，配义与道，无是，馁也。"道家更是重视"气"，导引术的"气功"，正是通过炼气还精、炼精还神达到延年益寿的。其实，人的生命也就在于"一口气"，一个人假如气息奄奄，表明跟死亡已经不远。一个人气壮如牛，是"中气足"，是健康的标志。"气"字说明了气的来源以及养气之道。

人的身体之气来自五谷精华。繁体的"氣"是形声字，从米，气声。"米"是五谷精华，"氣"是五谷在体内运化而来之气。中医讲精、气、神，气是推动人体功能流动的精微物质，也是人类生命之源。庄子说："人之生，气之聚也，聚则为生，散则为死。"生命之气，一是先天之气，禀受于父母，

山东曲阜孔庙的"太和元气"坊："太和"指天地、日月、阴阳谐和，"元气"意为宇宙原始物质的自然之气，"太和元气"意在赞美孔子思想如同天地生育万物，平安祥和。按照礼制规定，进入孔庙应先经过"太和元气"坊。

称之为"元气";二是后天之气,源于五谷饮食。一个人如果没有胃气,不能饮食,那么距离死亡也就不远了。因此,养生贵在养气。气功、打坐均为养气,气足神自足,气顺人自吉。有些人会生病,其原因在于气理郁结,气血不通,进而引发病变。

养气贵在阴阳调和。"气"字从三,这是天、地、人三方的和谐,中和人气,成语"和气生财"即是。善养气贵在阴阳的和谐,阴阳和谐则气足,阴阳失调则气衰。气味的和谐是人体健康的一个因素。曾经有过这样的一个现象,在南极考察的男性人员患了一种原因不明的疾病,经过科学家的探究,原来是他们中间长期缺乏女性的气味所致。又如美国宇航员在长期的太空生活中生病了,于是派了一名女医生去,结果航天员也没服药,病却很快就好了。这表明人体要求有阴阳平衡,女性身上分泌出雌性气味,男人体内分泌雄性气味,可以起到气味互补、调和平衡生理机能的作用。大自然是这样,人类也是如此。

养气贵在心静。"气"字从一,这个"一"是指"一元真气","一"是专一,是心静。道家认为真气的产生在于心

● 字说格言

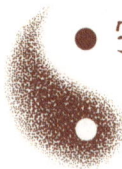

◆ 养气自守,适时则酒,闲明塞聪,爱精自保,适辅服药引导,庶冀性命可延,斯须不老。

——(东汉)王充

◆ 息精息气养精神,精养丹田气养身。

——(唐)吕岩

◆ 一曰安分以养福;二曰宽胃以养气;三曰省费以养财。

——(北宋)苏轼

◆ 正气内存,邪不可干。

——《黄帝内经》

◆ 五谷养身体之气,丹心养浩然之气。

——佚名

19世纪绘画：云游僧身边的老虎是阳性的标志，但僧人希望达到阴阳平衡。

静。心浮必然气躁，气躁必然气乱。心平气则和，心静真气生。心静才有静气，养生和做事皆然。一个人专心于一件事，别的事情都搅扰不了他，别的诱惑都迷乱不了他，他就心系一处，仿佛进入了禅定，这样的人也有静气。齐白石成名后，有人问他，如何从一个木匠华丽转身为一个巨匠？他答道：作画是守静之道，涵养静气，事业可成。

养气贵在心平。"气"字从三，这3条横线表示心平气和。人的情绪对气的影响是很大的，喜怒哀乐都会产生不同的气息。假如一个人容易动怒，必然气息波动大。"气"的形状是上升，凡生气时，人会面红耳赤，气往上升、气外泄。一个人动不动就发脾气，不但伤人而且伤己。

曾经有人做过一个实验：取一鼻管放在鼻子上让人喘气，然后把鼻管放在雪地上十分钟。如果冰雪不改变颜色，说明此人心平气和；如果冰雪变成紫色，说明此人生气了。再把那紫色的冰雪抽出一二毫升注射到老鼠身上，不到两分钟老鼠就死了，可见生气对身体是有害的。一首《不气歌》这么劝告世人："他人气我我不气，我本无心他来气。倘若生气中他计，气下病来无人替。请来医生将病治，反说气病治非易。气之危害太可惧，诚恐因气将命废。我今尝过气中味，不气不气真不气。"

养心有一个"八戒法"：戒躁，别轻易发脾气；戒卑，别认为处处不及他人；戒傲，别总是自鸣得意，须知山外有山；戒妒，别妒忌别人，忌希望别人倒霉；戒愁，不要活在忧愁之中；戒慎，不要整天提心吊胆；戒悲，别老把不幸之事挂心头；戒疑，别总是以为别人会暗算自己。

养气贵在心正。气外于形，内于质，即所谓"腹有诗书气自华"。一个人的气质是内在修养的体现：一个心地善良的人，表现出来的是和气；一个暴戾的人，表现出来的是匪气、杀气。自然界里，凡是冒出来黑气的，必然是凶气，而清气必然是吉祥之气。为人也要养浩然之气。正能胜邪，正能生威。关羽单刀退敌，是因为一身凛然正气。有一首《正气歌》写得好："天地有正气，杂然赋流形。下则为河岳，上则为日星……时穷节乃见，一一垂丹青。"

汉武帝为了多征粮税，加大对地方官员征税政绩的考核力度。为此，一些官员横征暴敛，百姓怨声载道。而掌管关

《倪宽赞》，据传为唐代书法家褚遂良的楷书墨迹，内容讲述汉武帝求贤用贤，广得天下奇士之情形。

中地区的左内史倪宽，却仍然带领百姓兴修水利，在收税中量力而行。他深入民间进行实地调查，对粮食宽裕的家庭，就动员其多交一些；家庭条件差的，就少收一些。这时，有下属提醒他："你这样做，政绩肯定落在人后，你的乌纱帽就难保啦！"倪宽坚定地说："横征暴敛，杀鸡取卵，绝不是长治久安的办法。为了一己私利而不顾百姓的痛苦，这样的官，做着又有什么用处呢？我宁愿把乌纱帽挂在墙上，也不做祸害百姓的事。天地明鉴，我无愧于心。"考核结果，倪宽被列为下等。按律，他将被解职。当地的百姓们得知后，纷纷自发交粮，倪宽一跃成为榜首。皇上获悉后，连连称赞倪宽。

倪宽之所以受到百姓的爱戴，是因为他有为百姓着想、不为自己谋私利的正气和责任担当意识。

养气还要与精、神相配合。"气"字从三，这个"三"代表精、气、神。气的修炼，要炼精化气，炼气化神，炼神还虚，炼虚合道。精气神三位一体，相互联系，相互转化。对气的修炼，儒、释、道各有不同的主张。儒家以摄生养生为主，讲正心、诚意、修身，要求达到正、定、静；佛家主张明心见性，心外无佛，法外无心，法无定法，非法是法，要求破我执，彻悟空净，见性成佛；道家要求清静无为，道法自然，修炼与养生并重，一切顺其自然。

气会流动、扩散，这就形成了"风气"，良好的风气则需要培养和人人身体力行。"气"加"水"就成为我们日常生活中喝的"汽水"；加"心"则是同仇敌忾，共同对外；加"分"则指气氛和氛围；加"饣"则为"饩"，就是送给人的食物或饲料。许多物质都是气化而成，因此，许多化学元素都从"气"旁，如氖、氘、氚、氙、氢、氧等。

道意汉字

闲时多读书，博览聚才气；

众前慎言行，低调养清气；

交友重情义，慷慨增人气；

困中善负重，忍辱蓄志气；

处事宜均衡，不争添和气；

为人讲原则，坚守生底气；

淡泊且致远，修身荡正气；

居低见卑劣，傲然有骨气；

卓而能合群，品高多浩气；

是非要分明，言真有锐气；

人错常宽容，洒脱显大气。

神

天示地申交会显神通

道教中有完善的神祇体系，其中"三清"是大道之祖，是道教中维持世界万物的重要神祇。"三清"是中国哲学中"三一"的象征，"三一"意指老子《道德经》里面的"道生一，一生二，二生三，三生万物"。"三清"是元始天尊、灵宝天尊、道德天尊，是开天辟地、历劫度人、传道授法的大神。元始天尊在宇宙之源的大罗天境里传授大道真理，成就道的实现；灵宝天尊在禹余天上清境里立法和传授大道法则，六合八表万物运行的规则与变化；道德天尊在大赤天太清境里，传授使道德升华到更高层次的规范，引导走向更正确的道德路线。众界井然有序，众神在世间留下了深远的影响。人民深深地崇敬爱戴他们，并以其名义约定祭祀日和民俗节日。

神（shén），会意兼形声字，从示、申。"申""电""神"本是同一个字，后分化。《说文·示部》："神，天神，引出万物者也。"本义指传说中的天神，引出万物的存在。

篆文	金文	甲骨文
神	祀	?
将闪电拉直。	由 ⺭ 加 ? 组成。? 即「示」，祭祀；? 即「申」，意指闪电。表示祭拜发出闪电的天公。	像神秘的霹雳或向不同方向开裂的闪电。人认为打雷闪电是至高无上的天神在发怒。古

"神"的本义是指被古人奉为天地主宰的雷电，后泛指神灵。传说中的天神，即天地万物的创造者或主宰者。如《周礼·春官·大宗伯》："大宗伯之职，掌建邦之天神、人鬼、地祇之礼。"古人认为道德能力高的人死后有精灵，故"神"引申指精灵，如"圣人之精气谓之神，贤知之精气谓之鬼"。人们认为"神"的力量是超乎自然的，是世间稀有的，故"神"又指技艺高超，令人惊奇，如"神机妙算""神力""神奇""神医""神速"。人的面部神情可以显示其内在之神的状况，因此"神"也指人的神志、神采、心情以及精神状况。如：形容心胸旷达，精神愉快的"心旷神怡"；形容人神志清爽，心情舒畅的"神清气爽"；形容一心专注的"全神贯注"；形容精神焕发，风采动人的"神采焕发"；指人的精神分散或心神不安的"神不守舍"等。与"神"相关的成语，还有"神通广大""变化如神""出神入化""料事如神""神乎其技"等。

"神"在先秦时代的意义主要有三方面。一是人格化了的天。古人把一切高深莫测、不可违逆的未知自然现象都称作"神"。"神"其实包含着尚未被那个时代的人认识、掌握的客观自然规律，即未知的自然法则。二是指已被古人验证了的不可违逆的潜在的客观自然规律，即"神"是古人对这些潜在规律的不得已的相对强命名。三是人格化了的超自然存在，即被现代科学定位为迷信的"神"。"神"是自原始人类产生至今犹存的一种普遍的民间信仰。

今天，"神"字被我们用得最多的是指精神。一个人，一个国家都要有精神寄托、精神力量，否则，无异于行尸走肉，因此，必须铸造强大的精神力量。"神"字告诉我们必须有信仰、有道德，这可使人有精神支柱，也告诉我们必须维护好人的元神，保护好人体的健康之本。

"神"是崇拜天公、敬畏自然的产物。"神"字从申，"申"是天空中的闪电形，像盛夏时节，天空乌云翻滚，电闪雷鸣，一道道闪电如金蛇狂舞。古人以为闪电变化莫测，威力无穷，故称之为"神"。"神"字从示，"示"在古人祭祀中，主要用来表示天神、地祇或先王祖先。《说文解字》："示，天垂象，见吉凶，所以示人也。从二，三垂，日月星也。观乎天文以察时变，示，神事也。"对人来说，天高高在上，无边无际，变幻莫测，天是最高的神。在人类社会的早期，由于生产力极端低下，人们对许多自然现象无法做出解释，也无法掌握自己的命运。于是，自然界的日月星辰、山川土地，乃至花草树木、各种动物，都成了被人格化了的存在。"神"是人们对自然事物和现象"人格化"的结果，不是神创

163

内蒙古博物院展出的《红山祭祖》蜡像，这是模拟史前先民对自然崇拜的场景。

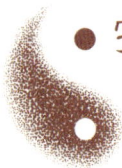

◆ 天下神器，不可为也。

——（春秋）老子

◆ 用志不分，乃凝于神。

——（战国）庄子

◆ 以神遇而不以目视，官知止而神欲行。

——《庄子·养生主》

164

造了人，而恰恰是人创造了神。一方面人们崇拜神，另一方面又希望借助神的力量达到人类所无法达到的目的。中国的许多神话正是反映了先民与自然力的斗争和对理想的追求，如女娲补天、夸父追日、精卫填海等。

神是人的一种信仰。"神"字从示，"示"是一种祭台，表示人向神进行祈祷和祭祀。儒家不信神，《论语》中说"子不语怪力乱神"，孔子对鬼神采取一种敬而远之的态度。但孔子主张人必须有道德的信仰，"仁"成为儒家文化精神的核心。道教认为神无所不在、无所不存，因此道教是多神崇拜的宗教。在无神论下，神是不存在的，但人必须有一种信仰作为人的精神支柱、精神动力和精神寄托。

"神"是出神入化的技艺。"神"字从申，"申"字以"丨"贯穿"日"之中，表示闪电之光发于天而承于地。因此，"神"指世人祈求"神"之光源于天，而"灵"之光显于地，而后作用于"人"，以达到人心与神灵的契合。因此，"神"是指变幻莫测、灵活多变、超能力的技艺。

古代有些神人大多数有一技之长，这种修道更是一种技能的锤炼。通过修道，达到一种炉火纯青、出神入化的境界。比如，古代许多著名的医家是修道的，就是因为道家有完整的治病、养生、修炼的章法，而经由修炼可以修出特异功能，所以展现出许多的"神迹"，其中最为人称道的"神医"是扁鹊与华佗。

《三国志》记载了华佗做腹部手术的"神技"。据说，华佗有透视人体的能力，后人称其为"神目"。华佗诊病看到病人肚子里面有肿瘤，就用麻沸散先麻醉病人，病人没有知觉后，再把肚子打开，取出肠子来，看到肿瘤就把肿瘤割掉，然后把它缝合起来，涂以膏药就完成了，一个月后病人康复。

古代神医治病有"神技"，是因为中医是"神传"文化，主要体现在两个方面：医道有形的医理（文字）是神（黄帝）所传的；医道无形的内涵则反映出修炼的"神技"（特异功能）。《黄帝内经》也有谈到"修炼"的部分。这些历史上伟大的医家，都以德为本，以《黄帝内经》为心法，静心修持，当达到心无杂念的天人合一的境界后，就会开慧开悟开天目。这时候，行医看病便达到"不治已病治未病"和"见病知源"的境界，从而成为一代神医。而这也启示我们，学技修艺唯有静心修持，才能达到炉火纯青、出神入化的境界。

"神"是人身心的主宰。"神"音通"肾"。肾为藏精之器，是命火之源。肾脏好，精气足，命火旺，才能使心脏的"神"机灵，心火盛，外部表现即精神。有些人心神不安，其实是心肾不交。一真元气，静而生精，动而显神，从养生的角度上看，养神先要养肾。形与神是人的一体两面，相互依存：形是神的基础，形存神存，形谢神灭；而神是形的主宰，天地万物有神灵，人身亦有神，这个"神"是人的精神、意识，包括神、魂、意、志、思、智等。在中医的观念中，"精"是人生命能量的最高级形式，用以化气养神，人的精气有限，精竭人枯。而"神"来自受孕时父母的"两精相搏"，是统领生命的魂灵，若不加以修持，就会在后天耗尽。古人认为心是思维的器官，形与神的关系

清人所绘《历代名医画像册》之华佗。

也是物与心的关系。因此，健康的人生既要养形，也要养神。

"神""圣"二字，音相近、义相联。《孟子》中指出："大而化之之谓圣，圣而不可知之之谓神。""神"是指世间万物的创造者和掌控者，"圣"是对所崇拜的人、事物的尊称；"神"是无所不能，"圣"是才德两全。

☯ 道意汉字 ☯

天示地申相交互，阴阳相交生万物。

天地人道合为一，神奇多变有神明。

潜心技艺多锤炼，出神入化显功能。

凝神养精培正气，养心养德养其形。

形

大道无形，包含万物

庄子的妻子去世。他的朋友惠施前去吊唁。惠施来到庄子家，看见庄子正盘腿坐在蒲草编的垫子上敲着瓦盆唱歌。惠施很不理解，责备他说："你的妻子与你日夜相伴，为你生儿育女，身体都累坏了。现在死了，你不哭也就罢了，却在这里唱歌，太过分了吧？"庄子回答："你这话可就不对了。你知道吗？当我的妻子刚死的时候我怎么不悲哀呢？可是后来想了想，也就不悲哀了。因为想当初我的妻子本来就是没有生命的，不但没有生命，而且连形体也没有，不但没有形体，而且连气息也没有。后来恍惚间出现了气息，由气息渐渐地产生了形体，由形体渐渐地产生了生命。现在她死了，又由有生命的东西变成了无生命的东西，之后形体也会消散，气息也会泯灭，她将完全恢复到原先的样子。这样看来，人生人死就像是春夏秋冬四季交替一样，循环往复，无有穷尽。我的妻子死了，也正是沿着这一循环的道路，从一无所有的大房子中走出，又回归到她原来一无所有的大房子里面休息，而我却在这里为此号啕大哭，这不是不懂得大自然循环往复的道理吗？正因为如此，所以我停止了悲伤，不哭了。"

庄子在这里讲了"形"与"气"的关系：形由气生，形为气所依。他用"气生形"的道理缓解了心中的悲痛，同时表达了道家超然生死的态度。

形（xíng），形声字。《说文·彡部》："形，象形也。从彡，幵声。"

"形"即描画，使其像物之形。物理学上的流体是与固体相对应的一种物体形态，是液体和气体的总称。它的基本特征是没有一定的形状并且具有流动性。生活中，最常见也是最特殊的流体当属水。水无处不在，覆盖了地球的大部分表面，但它并没有特别的形状，人们至今没弄清楚水究竟有多少种变相。除了水之外，生活中的流体还有空气。大气和水的共同作用使我们这个世界有风、雨、雷、雾、霜、雪等复杂的气候。正是因为空气随处流动，"没有不透风的墙"，所以世界的每一个角落才充满生机。全球大气循环带来的季风，就是地球的"呼吸机"，而大洋中水的循环则构成了洋流，为冰冷的两极送去了温暖。地球内部的熔岩不断地流动，形成了地磁场——有效地屏蔽了宇宙中大量的高能辐射，为地球撑起一把保护伞。正是这些流体的存在，使得地球成为人类的美好家园。

水、大气等流体都是地球变得适合人类生存的重要物质，但正是因为它们不像固体一样有具体的形状，所以才会有无限的可塑性，在世界的各个角落发挥着自己的作用。由此

篆文	籀文
承续籀文字形	由丼（「井」的变形，矿井）、土（土，矿粉，指丹青等颜料）和彡（彡，光彩）组成，表示用矿物颜料着色。

可见，天地间最伟大的东西都是无形的。"形"的本义为形体，如"在天成象，在地成形，变化见矣""形具神生""形影不离"。"形"又指形状、样子，如"兵无常势，水无常形""方形""圆形"。"形"还指事物体现出的抽象情状，如"不为者与不能者之形何以异？""形"还延伸指显露，比较对照，如"喜形于色""形诸笔墨""高下之相倾也，短脩之相形也，亦明矣""相形见绌"。

跟"形"有关的成语很多："形形色色"形容事物品类繁多、各式各样；"相形见绌"指互相比较之下，一方显得很逊色；"自惭形秽"指因在相貌方面不如他人而感到惭愧；"形影不离"形容彼此关系亲密，经常在一起；"放浪形骸"指言行放纵，不拘形迹；"原形毕露"指伪装被彻底揭开；"匿影藏形"指躲藏起来，不被人发现；"得意忘形"指因心意得到满足而高兴得失去常态；"敛影逃形"比喻隐居不出；"案牍劳形"形容公事繁忙；"澄神离形"形容用心太专，如痴如呆。

形神论是中国古代关于心身关系的理论。荀子认为"形具而神生"，人的心理是由躯体所派生的。南朝齐梁思想家范缜则发展了荀子的形神论，提出了"形质神用"的学说，他以刃与利做比喻，提出了"形存神存""形谢神灭""形质神用"的观点。"形"是道家思想体系中一个很重要的概念，道家认为美好的东西当兼容百态。无形态无框架才能容纳一切形体，

● 字说格言

◆ 大方无隅，大器晚成，大音希声，大象无形。
——（春秋）老子

◆ 大音不泄琴何预，至妙无形操岂传。
——（宋）汪炎昶

◆ 天地有正气，杂然赋流形。
——（南宋）文天祥

在幼年时曾被视为"低能儿"的爱
迪生，一生共有约 2000 项创造发明，
这或许就是大器晚成的最好诠释。

最宏伟的形象就是没有形象。

大象无形，不要只看事物的表象。"形"字从开，如今作偏旁时写作"开"，有拉开、打开门之意，寓意任何事物都必须透过其表面的形状，看事物的内在本质，否则，就只能虚浮于表面，受假象所欺骗。《易传·系辞上》："形而上者谓之道，形而下者谓之器。""形"的意思是描画，使其像物之形；也指物体的形象。在道家的理念中，"大方无隅，大器晚成，大音希声，大象无形"，意思是最大的方正看不到棱角，最大的器物必然晚成，越好的音乐越寂静无声，越好的形象越缥缈无形。真正的大必定是隐匿的，因此，大道无形，大智慧是看不见的，也没有固定的形态让人们能道尽，犹如神龙不肖现。

老子正是告诫我们不要拘泥于事物的外观，因为外观都是可变的、善变的，带有虚假性的。不要只看到冰山一角便认为冰山很小，其实露在海面上的只是一小部分，更庞大的部分隐藏在海平面之下；在培养人才的时候，我们不要因为孩子学习速度慢而责骂他愚笨，或许他只是思维方式异于常人，正如爱迪生一样，许多科学家在幼年时都曾经被认为是"低能儿"，但他们最终都大器晚成；不要轻易认为别人愚钝好欺，或许他正是因为懂得太多、心胸开阔，所以平和得好像愚钝一样。

战国时期韩国君主韩昭侯在沐浴时，发现热水里有颗尖锐的石头。他怒不可遏，正想找尚浴（管理国君沐浴的官吏）问罪，又觉得此事很是蹊跷：尚浴几十年来一直尽心尽责，从未出现过差错，今天一块这么大的石头落在清澈的热水中，他怎么可能没发现呢？韩昭侯便问左右："如果尚浴免职，有继任者吗？"左右答："有。"他便命令把继任者叫来，劈面就斥责他："你为何放石头在热水里？"继任者被突然一问，愣住了，自知无法抵赖，只好招供说："尚浴如果免职，我就可以继任，所以我在他为您放好热水后，趁机偷偷丢进了一颗石头……"

这颗"热水里的石头"，能给我们每个人以警醒——很多时候真相距离表象并不遥远，只在我们的一念之差。如果我们都能像韩昭侯一样，多一点思虑、谨慎或者细心，能够透过表象去思考问题，就会少一份误解、少一份冤屈，就能伸张正义。

大道无形，无形决定万物形状。"形"字由"幵"（"研"的省略）和"彡"组成，表示研磨有色矿石，制成丹青，着色加彩，使图案从背景中显示出来。《广雅》："形，见也。""形"字意思是使之现形、显露、展现出来。

那到底是什么使万物有形，能被看到呢？老子认为正是"无形"。"大白""大方""大器""大音""大象"其实就是我们生活中最本质、最接近"道"和"真理"的东西。而这些东西都是没有固定的形态的，它们隐藏在世界的每个地方，隐藏在我们生活中的每一个角落。这些"无形"衍生出万物，也就是道家所说的"有生于无"。《道德经》第十一章："三十辐共一毂，当其无，有车之用。埏埴以为器，当其无，有器之用。凿户牖以为室，当其无，有室之用。故有之以为利，无之以为用。"意思是：有了车中空的地方，才有车的作用；有了器具中空的地方，才有器皿的作用；有了门窗四壁内的空虚部分，才有房屋的作用。

可见，正是中间无形的地方决定了事物的形状。正如一个人

1938年，白求恩在山西五台县松岩口村创建八路军模范医院，图为白求恩与木工一起动手自制医疗器材。

的气度有多大，决定了他的性格是狭隘还是平和；一个人的学识有多少，决定了他是睿智还是愚蠢。正是无数难以具体度量的品格，形成了我们可以被具体形容的性格特征。我们看待万事万物不要拘泥于外形，更要注重那些无法衡量的气质品格，修身养性。

大德无形，万事有界而德善无界。道家认为，越好的音乐越寂静无声，越好的形象越缥缈无形，越是大的成就往往越不可估量，越是大的气度往往越不可形容。品德高尚的人，心胸无可衡量，所得的成就也就大得无可衡量。这是道家的观点，纵观古今中外，大德之人无不如是。

诺尔曼·白求恩是加拿大共产党员，著名胸外科医师，1938年到中国参加抗日战争。同年6月，白求恩在五台县松岩口军区后方医院讲授输血技术。"输血"在当时是一个比较新鲜的技术，中国在大城市只有少数几家医院才能开展。在野战区的医疗条件下输血，是人们连想也不敢想的事情。白求恩首先详细讲述了采血操作、标准血型制作、血型鉴定、配血试验、储存、运输、保管等基本知识，接着推来一名胸部外伤的患者，32岁的卫生部部长叶青山第一个献了血。验过血型，白求恩让叶青山和病人头脚相反躺在床上，拿出简易输血器。带着针头的皮管连接在他们靠紧着的左右两臂静脉上，皮管中间一个三通阀门，阀门上连着注射器。白求恩把阀门通向叶部长，抽拉针栓，殷红的鲜血便流入注射器，再转动阀门，血液便流入患者体内。大家热烈鼓掌，战地输血在中国军队野战外科史上取得了第一次成功。第二个病人推了进来，白求恩主动躺在了他的身旁，坚决地说道："我是O型血，抽我的。"白求恩因此被群众称赞为"群众血库"。1939年11月12日凌晨，白求恩因手术中被细菌感染转为败血症，医治无效在河北省唐县黄石口村逝世。

毛泽东在《纪念白求恩》一文中写道："一个外国人，毫无利己的动机，把中国人民的解放事业当作他自己的事业，这是什么精神？这是国际主义精神，这是共产主义精神……白求恩同志毫不利己专门利人的精神，表现在他对工作的极端的负责任，对同志对人民的极端的热忱。"

国家有界，但善行无界。白求恩以一个外国人的身份来支援中国的抗日事业，鞠躬尽瘁、死而后已，他的德行与心胸比国界还要宽广，白求恩正是大德无形的最好诠释。

"形"和"行"字音相近，一个人有什么样的行为，就会有什么样的结果。一个得意忘形的人，是不能取得成功的；一个喜怒不形于色的人，才有可能成就一番大事业。

道意汉字

大德无形有良行，大器无形智慧生。
形于色而内藏神，形质神用是真形。
形之上者谓之道，神龙见首不见形。
学达之时切莫得意忘形，
荣辱之时切莫喜怒于形。

骨

清正、刚直有傲骨

在中国历史上，骨头硬的有"武夫"，如关羽被华佗"刮骨疗伤"神色不变，但最硬的"骨头"还有"文弱书生"。

明朝有一个奸恶的太监叫刘瑾，他仗势欺人，曾一次廷杖了30多个御史，其中一位还被活活打死。但在这样严酷的环境里，还是有人敢出来反对刘瑾，这位硬骨头叫蒋钦。蒋钦不但被行杖30下，还被关进了监狱。在狱中他冒死上书。当时，灯下传来鬼哭的声音，蒋钦整顿衣冠后大声问是不是自己的先祖，墙壁里传来更加凄怆的声音。蒋钦叹息说："自己已经献身国家，置生死于度外，如果只是为保全自己的生命而任奸佞横行，那不但对不起国家，更是先人的耻辱。"此番话后鬼声停息了。而那份上书又给他招致30杖，3天后蒋钦死在狱中，终年49岁。

正所谓，自古文人多强项，铮铮铁骨为国家。

骨（gǔ），象形兼会意字。《说文·骨部》："骨，肉之覈也。从冎，有肉。"

骨，肌肉所依附的坚硬组织。采用"冎"作字根，像是"冎"的框架上长有肌肉。"骨"的本义是指支撑人或动物身体的坚硬组织；引申义为支撑物体的架子，在总体中起支撑作用的人或事等。因为骨头坚硬，

篆文	甲骨文
将甲骨文中倒写的形状写成。从冎（卜骨）从肉（月），会护着肉的骨头之意。	像动物的大块甲状坚硬器官，用于支撑和保护动物的其他器官。另一写法，在甲状器官上加卜（卜），表示古人用这种质地坚硬、表面宽平的材料来记录占卜结果。

"骨"便顺理成章用来喻指人的品质气概，如"风骨奇伟"。"骨"，还用于比喻文学作品的体干和风格笔力雄健，如"蓬莱文章建安骨"。与"骨"相关的成语有很多："瘦骨嶙峋"用来形容瘦的人，指身上似乎除了"骨"再也别无他物了；"刺骨之寒"表示寒冷到了极点；"粉身碎骨"意味着失去生命；"挫骨扬灰"说明恨之极深；"敲骨吸髓"可谓残酷之极；"刮骨疗毒"形容人意志坚强，非常人能比；"骨肉相连"表示亲情的至亲至密，是一种血浓于水、至死都无法改变的感情；"脱胎换骨"本为道家之语，指夺人之胎以转生，换取凡骨为仙骨，后用于形容学习前人不露痕迹，并能创新；"哀毁骨立"旧时形容因父母去世而过度悲伤，以致瘦得只剩下骨头；"道骨仙风"指得道者及仙人的气质神采。

晚清名臣曾国藩认为：骨骼和精神，是观人的第一要诀。人的体能相貌，是由骨、肉内外联结而成的，骨与肉的内外包合，统一构成了人的外在形貌。由于骨起着框架和支撑作用，因而"骨相"的优劣，成为影响人的体貌美丑的重要因素，衡量一个人内在的标准也变成了风骨或者骨气。

"骨"字告诉我们做人要有傲骨，但不能有傲气；要有

"骨气"，不要有"反骨"，要有"主心骨"，不当"墙头草"。下面，说说"骨"字给我们的启示。

风骨是做人的一种清高气度。"骨"字从冎，篆文像去掉肉的骨形。《说文解字》："骨，肉之覈也。"覈即核，指骨骼是肉体的核心。骨骼是一种实体形象，它显示了一种强度、硬度和力度。"骨"质清白，意为要留清白在人间。

"弱志强骨"是先秦道家的入门理念。大意是说，做人不以志气为根，而要以骨血为本。人毕竟是骨肉之躯，就不要得志忘形，人身比金贵，骨壮胜志强。

庄子在濮水钓鱼，楚王派两位大夫前往致意，请他做官。他们对庄子说："希望能用全境的政务来劳烦您。"庄子拿着鱼竿不回头，说："我听说楚国有一只神龟，死的时候已经3000岁了。国王用锦缎将它包好，放在竹匣中珍藏在宗庙的堂上。这只神龟，它是宁愿死去留下骨骸而显示尊贵，还是宁愿活在烂泥里拖着尾巴爬行呢？"两位大夫说："宁愿活在烂泥

● 字说格言

◆ 圣人之治，虚其心，实其腹，弱其志，强其骨。
——（春秋）老子

◆ 人无刚骨，安身不牢。
——（明）施耐庵

◆ 粉身碎骨浑不怕，要留清白在人间。
——（明）于谦

◆ 一身精神，具乎两目；一身骨相，具乎面部。
——（清）曾国藩

◆ 巨大的财富对于一个不惯于掌握钱财的人，是一种毒害，它侵入他的品德的血肉和骨髓。
——（美国）马克·吐温

位于河南许昌鄢陵国家花木博览园的历史人物浮雕《许由洗耳》。许由是尧舜时代一位高尚清节之士，相传尧帝因其贤德而想传位于他，许由跑到颍水边洗耳，表示不愿听到这些世俗浊言，因此最为古代隐士所推崇。

里拖着尾巴爬行。"庄子说："没错。所以你们回去吧！我宁愿像龟一样在烂泥里拖着尾巴活着。"

这个故事说明庄子轻功名富贵，重生命自由，体现了道家的风骨。历史上，许多名士都把富贵当浮云，追求一种自由自在的生活，如典故"许由洗耳""范蠡泛舟"所反映出的名士故事，都是道家的风范。

傲骨是家国大义的英雄气概。"骨"具有"坚而利"的特征，我们把像骨头一样宁折不弯、刚强不屈的气概叫作骨气或者傲骨。战国时代的孟子说："富贵不能淫，贫贱不能移，威武不能屈，此之谓大丈夫。"意思是说：高官厚禄收买不了，贫穷困苦折磨不了，强暴武力威胁不了，这就是所谓大丈夫。大丈夫的这种英雄气概称为有骨气。

在多灾多难的中国近代史上，也有不少有骨气的人，比如"横眉冷对千夫指，俯首甘为孺子牛"的革命斗士鲁迅。毛泽东曾说："鲁迅的骨头是最硬的。"这句话非常生动形象地说明了鲁迅的为人，也一针见血地道出了鲁迅的精神实质。

鲁迅的硬骨头精神，表现为他在与帝国主义和国民党当局的斗争中，始终保持威武不屈，临危不惧的气节。当时，严重

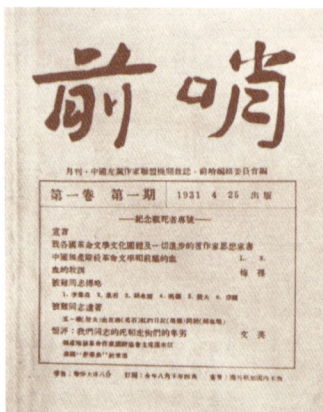

1931年4月25日出版的《前哨》
第一卷第一期，为纪念战死者专号。
封面"前哨"两字是鲁迅手迹。

的白色恐怖笼罩着上海。国民党不止一次地开"黑名单"要抓他，特务写匿名信恐吓他。但他仍以无比锋利的匕首、投枪式的大量政论杂文，揭露敌人的面目，鼓舞人民起来斗争。1931年2月，5位青年作家被国民党杀害于上海龙华，当局企图使用这种恐怖手段把民主力量压下去。面对着手枪、刺刀的威胁，鲁迅却英勇站了出来。他主编纪念专刊《前哨》，并撰写了《中国无产阶级革命文学和前驱的血》一文，对当局的暴行提出了愤怒和抗议。

徐悲鸿曾说："人不可有傲气，但不可无傲骨。"有骨气的人，走到哪里，都能受人尊重，都会受人礼敬。如果没有骨气，无论走到哪里，都摆脱不了被奴役的性格，都不会受人尊重。因此，一个"有骨气"的人，自有其不同于一般人的人格特质。

铁骨是有了信仰的支撑。"骨"的甲骨文像动物的大块的甲状坚硬器官。骨是生物体最根本的身体结构，有了骨，一个生物体才能站立起来行动。这启示我们，精神需要有像骨架一样的内在支柱——信仰来支撑。这信仰可以是对真善美的追求、对目标的坚持、对真理的渴求。我们只有在心里保存这么一副骨架，才会成为一个顶天立地的人，而不会在众多纷扰世事中变得碌碌无为。

古代的史官大多以秉笔直书为最高信念，他们不为帝王的压迫所屈服，坚持记录下事实真相，甚至为了史实而奉献自己的生命。春秋时期齐国太史虽因直书"崔杼弑其君"而为权臣崔杼所杀，但太史的两个弟弟却不屈不挠，继续如实记录。崔杼慑于太史兄弟三人秉笔直书而前仆后继的正气，终于放下屠刀。晋国太史董狐也因不畏权贵，"书法不隐"，记下"赵盾弑其君"而被孔子称赞为"古之良史"。此后，不畏权贵、秉笔直书就为中国历代史家所尊崇，成为中国古代史学的一条铁则。抗元英雄文天祥在《正气歌》中盛赞："在齐太史简，在晋董狐笔。"

纵观历史，具大义凛然气节的精英贤哲之所以能够在中国历史舞台上不断上演威武雄壮的话剧，关键就在于他们"咬定青山不放松""任尔东西南北风"，执着地追求自己认定的人生信念。即使奋斗终生，朝闻夕死，他们仍然无怨无悔，而且特别看重由此凸现出的生命价值与意义。

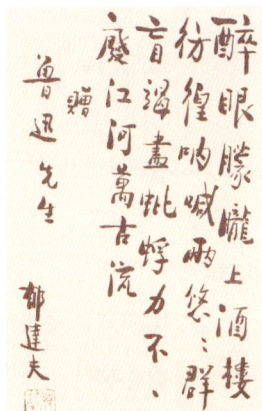

郁达夫和鲁迅均是铁骨铮铮的现代大文豪，而且两人交情颇笃，郁达夫曾诗赠鲁迅：醉眼朦胧上酒楼，彷徨呐喊两悠悠。"群盲竭尽蚍蜉力，不废江河万古流！"这首诗的大致意思是说：鲁迅先生的地位和勋绩不会随着时光流逝，那些跳梁小丑们即便再怎么恣意污蔑，也丝毫不能损伤鲁迅先生的伟大形象／德行。

郁达夫是中国现代著名作家，夏衍曾评价他说："达夫是一个伟大的爱国者，爱国是他毕生的精神支柱。"郁达夫在进行文学创作的同时，积极参加各种抗日组织，先后在上海、武汉、福州等地从事抗日救国宣传活动，并曾赴台儿庄劳军。1938年底，郁达夫应邀赴新加坡办报并从事宣传抗日救国，星洲沦陷后流亡至苏门答腊，因精通日语而被迫做过日军翻译，其间利用职务之便暗中救助、保护了大量文化界流亡难友、爱国侨领和当地居民。1945年，郁达夫在苏门答腊失踪（后来默认1945年为其卒年），终年49岁。1952年被追认为革命烈士。

炎黄子孙世代追求的气节和信念，是支撑中华民族生生不息、弱而复强、衰而复兴的灵魂和脊梁，是中华民族自尊自信、自立自强、经天纬地的法宝。数千年来，其薪火相传，不断被后来者发扬光大。在日新月异的当下国家发展进程中，我们更应永葆中华民族立国强国的蓬勃朝气、昂扬锐气和浩然正气，从而创造更加幸福的生活和更加美好的未来。

媚骨是意志的软弱。骨，有软硬之分。"硬骨头"的人坚守原则，"软骨头"的人意志薄弱，"媚骨头"的人迎合奉承。事实上，奴颜媚骨能够换来的只是羞辱，不会获得半点便宜。人活着，就要光明正大、理直气壮，对上不奴颜媚骨、低三下四，对下不盛气凌人、傲慢自大。这是一种做人的风度，也是一种品格。

同样，面对谄媚之人，我们也应时刻保持警惕。邹忌在2000多年前就说过："妻之美我者，私我也；妾之美我者，畏我也；客之美我者，欲有求于我也。"意思是我的妻子认为我漂亮，是偏爱我；妾认为我漂亮，是害怕我；客人认为我漂亮，是有求于我。如果把妻子、妾侍、客人的话当真，那么邹忌也就因受到蒙骗而看不到事实的真相了。

现实也一样，我们的身边总会有人因为各种各样的原因而说出虚假的奉承与赞美，如果我们因此而飘飘然地认为这些话是真实的，那么就会陷入一个甜蜜的陷阱中，看不清自己，也看不清事实的真相。西方也有一句名言："许多吻你手的人，也许就是要砍你手的人。"下饵是为垂钓，张网是为捕获，摇尾是为乞怜。面对奴颜媚骨之风，我们要保持警醒，敢于果断说"不"，莫让媚骨战胜风骨。

此外，骨与肉是联系在一起的。"骨"字从肉，表示骨与肉相连。骨、肉二字连用，常用来比喻父母、兄弟、子女之间相亲相爱的关系。亲情是世间最圣洁、最美好的感情，是人与人之间血脉相连的关系，没有别的什么可以超越这种与生俱来的伟大。

亲情，总是无时无刻地在每个人身边，却也是最容易被忽略的。人生如白驹过隙，稍纵即逝，亲情也是永远无法完全回报的。人生就是个减法：亲人，见一面少一面。只有意识到这一点，才能及时行孝，倍加珍惜。

"骨"与"固"音相近，一个人只有有骨气、有傲骨，才能在人生路上站得稳固牢靠，不至于变成两边倒的墙头草。"骨"与"脊"形相近，义相联，两字均与人体有关，均可用于喻指中坚力量，如"骨干""脊梁"，一个以信仰为骨的人，才有一副挺直的脊梁。

以"骨"字作偏旁的字不少，有近50个之多，大多表示与骨头有关。如"骭"指"胫骨"，"骷髅"指死人头骨或全副骨骼，"髀"指股骨。

道意汉字

风骨源于正直，傲骨来自自强。

媚骨源于自卑，铁骨来自信仰。

骨之质为坚，铮铮铁骨勇担当。

骨之色为白，留下清白在人间。

肉

内人亲如骨肉

　　唐朝时，京城长安有一个姓宋的人，某天晚上做了一个梦，梦见墙上写着一个"内"字，中间站着一个小人。醒过来后，他不得其解，忧心忡忡，于是天一亮就去找占梦专家解梦。占梦名家王孝五一听，高兴地对他说："内字当中有人，正是肉字，这个梦是你有口福的预兆啊！"果然之后的几天，姓宋的接二连三受到别人的宴请，大鱼大肉，大饱口福。

　　肉（ròu），象形字。《说文·肉部》："肉，戴肉。"古人称背脊上少脂而富于弹性的纤维组织为"肌"，称皮、肤、肌、脂合一的动物身体组织为"肉"。

　　"肉"字本义是屠夫用刀把动物的软组织切成块；后引申为人体的皮肤、肌肉和脂肪层，或者蔬果除去皮核外的可食部分。"肉"又形容迟缓、不利落，如"这人做事真肉"。在常用语中，用"手心手背都是肉"表示同样的重要，用"血肉相连"表示感情的深厚，用"有血有肉"形容文章结构和文笔的优美。跟"肉"有关的成语很多："肉袒负荆"表示自愿受罚；"肉薄骨并"形容战斗的激烈；"肉眼愚眉"比喻见识浅陋；"肉袒面缚"指去衣露体，缚手于背，以示降服顺从；"肉眼凡夫"指目光短浅的凡俗之人；"弱

篆文	金文	甲骨文

在表示刀的 丿 中加指事符号 丶，表示要用刀来割的东西。

在甲骨文字形的基础上加指事符号 丨，表示纹理。

将金文字形中表示纹理的指事符号 丨 写成平行的曲形 ⺀，表示肌腱纹路。后来隶书字形将篆文字形中的 ⺀ 写成两个『人』形，使『肉』的字形明显区别于『月』字。以『月』作偏旁的字都与『肉』相关联。

肉强食"比喻弱者被强者欺凌吞并；"行尸走肉"比喻徒有人的形体，没有实质性精神，没有生活理想，糊里糊涂过日子的人；"皮开肉绽"形容伤势重，多指被打伤；"生死肉骨"形容恩情极深；"髀肉复生"形容长久过着安逸舒适的生活，无所作为；"肉山脯林"形容穷奢极侈；"肉山酒海"极言酒肉饮食之丰；"人为刀俎，我为鱼肉"比喻生杀大权掌握在别人的手里，自己处于被宰割的地位；"不知肉味"形容专心学习，吃东西辨不出味道，后也用来形容生活困难、无肉可吃。

　　道家注重养身，而骨是身体的架子，肉则依附在这个架子上。人无肉只是一个骨架，是干瘦；人有太多肉则会发胖，则会受累。因此，骨肉和血肉合理、均匀的搭配，是人体美的要求。"肉"从字形看，描述的是肉的形态；从义看，则体现了人的情感以及处世的方法。

　　骨肉是人间最宝贵的亲情。"肉"字从内、从人，"内人"特指妻子，也泛指家里的人。我们通常把子女看作父母的"心头肉"，子女是妈妈身上掉下来的一块"肉"。从这个意

● 字说格言

◆ 以肉去蚁，蚁愈多；以鱼驱蝇，蝇愈至。

——（战国）韩非子

◆ 肥肉厚酒，务以自强，命之曰烂肠之物。

——（战国）吕不韦

◆ 肉体的美，如果没有以理性作根底，只能属动物性。

——（古希腊）德谟克利特

◆ 一个人理应是有信仰的、或正在寻找信仰的人。人没有信仰，就成了行尸走肉。

——（俄国）契诃夫

义上讲，骨肉是相连的，表示人间的一种亲情。人间三情——亲情、友情、爱情，其中以亲情为首。亲情是最真挚、最亲密的感情之一。亲情就像我们身上的肉一样，是温热的、柔软的、血脉相连的，因此我们总说亲情是"骨肉之情"。

亲情是人间最美的一种情感，它既不轰轰烈烈，也没有华丽包装，像是空气一样，无色无味、无形无影，却无所不在，渗透生活的每个空隙，看不见摸不着，用心才能感受得到。亲情可能不如爱情那样浓郁热烈，也不如友情那样清新芬芳，却是最质朴无私、最细水长流的。它存在于我们血肉之中，贯穿于我们生命的始终，是我们最坚实的后盾。

江西万安县宝山乡的肖满英，生下残疾女儿后54年不离不弃，诠释了母爱的伟大。54年前，刚满20岁的肖满英产下一女。孩子天生残疾，全身肌肉萎缩。为救治女儿，她与丈夫四处寻医问药，多方医治，花光了积蓄，女儿却丝毫没有好转。每天肖满英都要早早起床，帮女儿洗脸、穿衣、喂茶喂饭、清理大小便，然后再出去干农活。经常在地里干一会儿活，她就要回家看一看女儿，再匆匆赶到地里。为了让女儿舒服些，肖满英特意改装了床铺和凳子。睡觉时，女儿的脚要抬起来才不疼，肖满英就将放脚的地方垫高；女儿的屁股上没什么肉，坐在凳子上疼痛难忍，肖满英就将凳子上的板子抽掉，再垫上柔软的东西。肖满英的丈夫由于劳累过度早早病逝，照顾女儿的重担全都落在了她身上。曾有人劝她把女儿送到福利院，肖满英却说："我自己的女儿要自己照顾，推给社会，那算什么母亲。"如今，女儿已经54岁了，可她依旧像照顾婴儿般照顾着女儿。尽管女儿不会说话，但有时一边眼里噙着泪水，一边发出咕噜咕噜的声音，只有做母亲的肖满英知道，那是女儿在向母亲问好，泪水是女儿对母亲的感激。

亲情，是人间最美的一种情感，它不离不弃，无论贫穷或富有、健康或疾病。亲人之间的血缘羁绊非常奇妙，人可以为之倾家荡产、抛弃尊严，唯一不会做的就是放弃。

1884年申报馆编印《点石斋画报》（木集）的插画《完人骨肉》。讲述一个常做善事者为一个被拐卖的儿童拍照，将其照片悬于临近各善堂以便亲属认领。

皮肉是柔软的象征。"肉"音同"柔"。血肉包裹着骨头。骨头是坚硬的，坚硬的东西往往被认为非常有攻击性。但是，所谓"过刚易折"，越坚硬的东西越容易折断，且折断后很难恢复。如骨折了往往需要很长的时间来恢复，人们俗话说的"伤筋动骨一百天"就是这个意思。相反，皮肉外伤不仅更容易痊愈，而且坚硬的骨头需要有皮肉包裹，这样才不容易受伤，可见柔软皮肉对于人的重要性。

道家讲求刚柔并济。老子曾教导孔子：人最坚硬的是牙齿，最柔软的是舌头，光靠舌头不能咀嚼，光靠牙齿不能辨味。就像一套好的拳法，一般都柔中带刚，刚中有柔，刚柔并济，相辅相成。人老了，牙齿掉了，舌头却在；人死后，舌头烂了，牙齿还在。

美国著名石油大王洛克菲勒，曾在办公室面对一位不速之客的恣意谩骂长达10分钟之久，办公室的所有职员都感到无比气愤，以为洛克菲勒一定会拿起墨水瓶向他掷去，或是吩咐保安员将他赶出去。出乎意料的是，洛克菲勒只是停下手中的活，用和善的神情注视着这位攻击者。对方越暴躁，他就显得越和善！那无礼之徒见言语攻击没有得到任

美国石油大王约翰·洛克菲勒（1839—1937），大型垄断企业托拉斯的鼻祖。

何回应，于是渐渐地平静下来。末了，他在洛克菲勒的桌子上又敲了几下，仍然得不到回应，只得索然无味地离去。洛克菲勒呢，就像没发生任何事一样，重新拿起笔，继续工作。

如果洛克菲勒与那位不速之客硬碰硬地对骂，那么事情将会越闹越大，也会越来越糟糕，甚至影响到工作。洛克菲勒是石油大亨，他深知把时间用在工作上，比花在与人争执上所能创造的财富和贡献要多得多。

解肉的窍门是顺应规律。"肉"的篆文"𠕎"用"𠕎"表示肌腱纹路。肉里面有肌腱纹路，如果顺着肌腱纹路剖肉，那么就会很顺利，但如果逆着纹路切，则会碰到很多阻碍。"庖丁解牛"的故事说的正是这个道理。

庖丁替梁惠王宰牛。梁惠王说："你的技术怎么会高明到这种程度呢？"庖丁放下刀子回答说："顺着牛体的肌理结构，劈开筋骨间大的空隙，沿着骨节间的空穴使刀。技术高明的厨工每年换一把刀，是因为他们用刀子去割肉。技术一般的厨工每月换一把刀，是因为他们用刀子去砍骨头。现在臣下这把刀已用了19年了，宰牛数千头，而刀口却像刚从磨刀石上磨出来的一样。牛身上的骨节是有空隙的，而刀刃却并不厚，用这样薄的刀刃刺入有空隙的骨节，在运转刀刃时一定宽绰而有余地了，因此用了19年而刀刃仍像刚从磨刀石上磨出来一样。每当碰上筋骨交错的地方，我就小心翼翼，目光集中，动作放慢。刀子轻轻地动一下，哗啦一声骨肉就已经分离，像一堆泥土散落在地上了。"

任何事情都可如庖丁解肉般得到解决，因为肉里的筋脉肌理就像是一件事的规律。世上事物纷繁复杂，只要反复实践，掌握了它的客观规律，就能得心应手，运用自如，迎刃而解。

一位建筑师设计了一套综合楼群。崭新的楼房一座座拔地而起，即将完工时，园林管理部门的人，向建筑师要铺设人行道和绿化等的设计。建筑师说："我的设计很简单，请你们在楼房与楼房之间的空地上都种上草。"园林工人虽然很不理解，但是只能依据建筑师的要求去做。结果在楼房投入使用以后，人们在楼间的草地上踩出许多小道，走的人多的就宽些，走的人少的就窄些。到了夏天，草木葱葱，这些道路非常显眼。到了秋天，建筑师让园林部门沿着这些踩出来的痕迹铺设人行道。当地的居民对这位建筑师的人行道设计非常满意，都愿意走这些道路。

人行道设计的成功，是由于建筑师掌握了人们的喜好和习惯。这个故事告诉我们，做事情必须抛弃主观臆断，以物质第一性为原则，遵守客观规律，只有这样才能把事情做得简单、有效果。

鲜肉的美味以防腐为前提。从古至今，肉食一直是人们喜欢的美味佳肴，能吃肉体现生活水平的提高。因此，喝酒吃肉代表了人们的物质享受。肉的美味来自保鲜。肉若保存不当就会腐烂。一个"腐"字形象地说明了一些道理：不受制约的政府，往往会像肉食一样腐败。因此，我们在追求物质满足的同时，不可过于贪婪，尤其是为政者更要抵制贪欲、戒奢以俭。

188

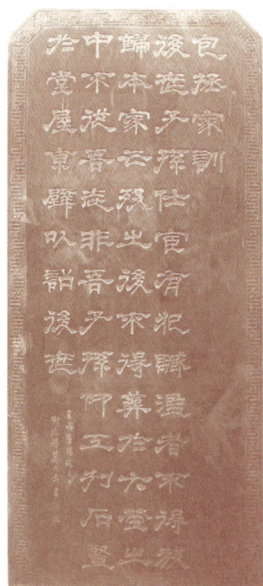

安徽合肥包孝肃公祠中的包拯家训石碑，译文大致为："后代子孙任事做官，如有犯了贪污赃款滥用职权的，放出后都不允许回归我家，死了以后，也不允许葬在祖坟里。不顺从我的志愿的，就不是我的子孙后代。"

一代廉吏包拯曾说："廉者，民之表也；贪者，民之贼也。"廉洁奉公的官吏是百姓的表率，贪赃枉法的官吏是人民的盗贼。因此，官员作为人民的公仆，就要秉持廉政为民的思想，抵制奢侈之风，这样才能给百姓安居乐业、丰衣足食的生活。

唐朝的宰相卢怀慎清正廉洁，他的住宅和家里的陈设用具都非常简陋。他到洛阳负责选拔官吏时，随身的行李只有一只布口袋。他担任黄门监兼吏部尚书期间，病了很长时间。宋璟和卢从愿经常去探望他。卢怀慎躺在一张薄薄的破竹席上，门上连个门帘也没有，遇到刮风下雨，只好用席子遮挡。卢怀慎平素很器重宋璟和卢从愿，看到他们俩来了，心里非常高兴，留他们待了很长时间，并让家里人准备饭菜，端上桌的却只有两瓦盆蒸豆和几根青菜。卢怀慎握着宋璟和卢从愿两个人的手说："你们两个人一定会当官治理国家，皇帝寻求人才和治理国家的策略很急迫。但是统治的时间长了，皇帝身边的大臣就会有所懈怠，这时就会有小人乘机接近讨好皇帝，你们两个人一定要提防。"过了没几天，卢怀慎就死了。卢怀慎安葬的时候，因为没有积蓄，所以一个老仆人特意做了一锅粥给帮助办理丧事的人吃。后来玄宗皇帝到城南打猎，见一户人家简陋的院子里，似乎正在举行什么仪式，便派人询问。那人回来报告说："那里在举行卢怀慎死亡两周年的祭礼，正在吃斋饭。"玄宗于是给卢家赏赐细绢帛，并因此停止了打猎。

风正一帆顺，清廉得民心。卢怀慎的清正廉洁一直是后人学习的榜样。他的儿子卢奂在广州担任太守时，不为当地的奇珍异宝所动，保持清廉节操，也受到当时人的称赞。古语有言："贪如水，不遏则自溺；欲如火，不禁则自焚。"人的贪欲就像来势汹汹的江水，不懂得克制就必然会自沉江中；人的贪欲就像熊熊燃烧的烈火，不懂得制止就必然会玩火自焚。因此，人要懂得克制贪欲，尤其是为官者，一定要做到清正廉洁、秉公执法，多为百姓谋福利，权为民所用，这才是为官之道。

"肉法"是书法艺术的神韵，指书写时笔墨浓淡、肥瘦、粗细的一种技法。评价一个人的书法要看笔锋，线条是否有骨有肉，结构是否和谐，美观大方。元代陈绎曾在《翰林要诀》中写道："字之肉，笔毫是也。疏处捺满，密处提飞；平处捺满，险处提飞；捺满即肥，提飞即瘦。肥者毫端分数足也，瘦者毫端分数省也。""肉法"是体现书法精、气、神的一个技法，只有在实践中体悟，才能写出好书法来。

"肉"通"月"，凡从"肉"取义的字，皆与肌肉等义有关，大概有120个字之多。如"肥"是肉多；"脍"是切得很细的肉；"脩"是干肉；"朊"是消瘦，少肉；"臊"是生猪肉的气味等。

☯ 道意汉字 ☯

肉字内人来自成，骨肉相连是亲情。

肉虽香来莫多食，食虽无肉居有竹。

玉颜自古为身累，肉食者鄙重心灵。

心地善良魂之声，无限情愫肉之根。

血

刚强与热烈的象征

有个华裔青年第一次回到中国。他对博大精深的中医很好奇，便去观摩一位老中医出诊。他在一旁看到老中医把脉问诊后，将病人的病症诊断为"血不清"。这位青年不禁暗自发笑，断定这位老中医不过是欺世盗名之辈，诊治一点也不科学，没有经过检查就说什么血清不清，而且血哪有清与不清的问题呢？老中医看到他疑惑的表情，便跟他解释："中医上的血并不是单指血管中奔流的红色液体，它的含义非常广泛，还包含了人体中各种的液体和内分泌，以及各种化合作用，并且血有维持人体阴阳平衡的作用，是生命的重要部分。这位病人的血不清，用西医的说法更多是指内分泌失调的意思。"青年这才恍然大悟，明白自己对血的概念在中西医学上产生了理解错误。

血（xuè），指事字。《说文·血部》："血，祭所荐牲血也。"意思是血为祭祀时敬献给神灵的牲畜的鲜血。

"血"的本义指祭神杀牲时滴注在器皿里的温热、鲜红的牲畜体液，如"以血祭社稷"；由本义引申泛指血液，如"脉不通则血不流"。由于血的颜色是红色的，"血"也常用于比喻刚强、热烈、色彩，如"所当竭其血诚而共拯之""血性""杜鹃灿烂，血艳夺目"。由血液之意引申指人的血缘关系，如"去顺效逆，非

忠也；身绝血嗣，非孝也"。古代有"滴血认亲"的做法，假如血能相容，则有亲缘关系，否则，则不然。这是比较原始的做法，今天用DNA测试，准确度较高。在影视作品中，我们经常看到人们在义结金兰、桃园结义时，必须咬破手指，滴血饮之，这是表示团结一心，永不背叛。子女是父母精血的结晶，因此"血胄"指后裔，"血胤"指同一血统的子孙后代，"血嗣"指子孙，"血属"指有血缘关系的亲属。与"血"相关的成语有很多："血流成河"形容被杀的人非常多，流出的血都要汇聚成河了；"血流漂杵"指血流成河，都可以漂得起木杵了；"血气方刚"形容年轻气盛，感情容易冲动；"茹毛饮血"说的是原始人不会用火，连毛带血地生吃肉类；"血雨腥风"形容恐怖黑暗的情景或局面；"一针见血"比喻说话、做文章直截、简短而切中要害；"心血来潮"指心里突然或偶然起了一个念头；"饮胆尝血"谓刻苦自励；"血肉相连"比喻关系十分密切，不可分离；"血口喷人"比喻用恶毒的话污蔑或辱骂别人；"歃血为盟"泛指发誓订盟。

血在人体的脉管里运行，充盈脉道、川流不息，是生命

篆文	金文	甲骨文
承续金文字形。	将甲骨文的𝕏写成𝕏，将液滴○写成一点▬。	像在器皿中的一滴液体○。

的源泉，是生命延续的不竭动力。血是流动于心脏和血管的红色黏稠的液体，总量占体重的7%—8%。血的成分由血浆、红细胞、白细胞和血小板组成，后3种约占45%。血浆有水分和蛋白质、脂肪、糖、无机盐等物质，占55%。养身要养血、养精、养气、养神，血气充盈是一个人健康的标志。血液崇拜是一种源于人类早期的信仰。从原始人类开始，血液一直被视为生命的象征。中国人常说"血浓于水""血脉相连"，用以表述有血缘关系的亲人间不可分割的关系。血与我们的生命、性命、性情有密不可分的关系，这也告诉我们对待事业、亲人、正义应具有的态度。

对待事业要呕心沥血。道家将血看作人们进行各种创造的能量，比如子女是父母精血的结晶，每项工作成果也是个人付出心血的结晶。世间万物唯有付出心血，才能有所成就。《庄子·在宥》有"矜其血气，以规法度"一语，说的正是尧和舜制定的法度，乃是他们心血的凝聚。纵观古今，任何杰出的创造都是人的心血所成，没有心血便没有成就。

● 字说格言

◆ 血气方刚，戒之在斗。
——（春秋）孔子

◆ 矜其血气，以规法度。
——（战国）庄子

◆ 兵不血刃，远迩来服。
——（战国）荀子

◆ 心生血，血为肉之母。
——（东汉）华佗

◆ 我没有别的东西奉献，唯有辛劳泪水和血汗。
——（英国）丘吉尔

中唐著名诗人李贺，7岁就开始写诗做文章。成年后一心希望受到朝廷重用，却从未得志，只好把苦闷的心情倾注在诗歌的创作上。他每次外出，都让书童背一个袋子，只要一有灵感，想出几句好诗，就马上记下来，回家后再重新整理、提炼。母亲总是心疼地说："我的儿子已把全部的精力和心血放在写诗上了，真是要把心呕出来才罢休啊！"李贺在他短暂的26年生涯中，留下了240余首诗歌，这是他毕生心血的凝结。

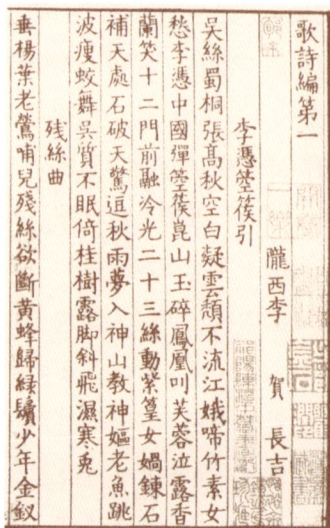

元刻本《歌诗编》书影，唐朝诗人李贺撰。

唐代文学家韩愈曾写过这样两句诗："刳肝以为纸，沥血以书辞。"即是说挖出心肝来当纸，滴出血来写文章。后来，人们常用"呕心沥血"来形容为了工作或是某些事情而穷思苦索，费尽心血，比喻极度用心、专注。

对待亲人要血浓于水。血是中华民族家族观的体现，古人认为亲人之间流淌着一样的血，因此将家族延续称为血脉传承。古时候亲人走失，往往采用滴血认亲的方式，若有血缘关系，滴入的血就会冲破水的阻隔融合在一起。人们还将人与人之间所有的感情比作水，唯有父母与子女间的感情则为血。血比水浓，故父母之情，世间无与伦比，由此诞生了"血浓于水"一词，用以形容骨肉亲情间的难以割舍。

汉文帝刘恒是汉高祖第三子，为薄太后所生，高后八年（前180）即帝位。他以仁孝之名闻于天下，侍奉母亲从不懈怠。母亲卧病3年，他常常目不交睫，衣不解带；母亲所服的汤药，他亲口尝过后才放心让母亲服用。他在位24年，重德治，兴礼仪，注意发展农业，使西汉社会稳定，人丁兴旺，经济得到恢复和发展。他与汉景帝所统治时期被并/合誉为"文景之治"。

血浓于水的亲情永远是我们心灵的寄托。在为人处世的情感生活中，亲人之间的情感是最真诚、最恒久的，它是亲密、友爱的象征。友就是和善相处，爱就是亲善相待。如果连兄友弟恭、敬爱父母都不能做到，又岂能敦亲睦邻、为人友善？

捍卫正义要满腔热血。从颜色来看，新鲜的血液呈现鲜艳的红色。在中国，红色代表着热情、喜庆，更象征着精诚、忠义。因此，古人结盟，一般要歃血为誓，以示精诚。鲁迅先生有诗"我以我血荐轩辕"，表达的便是对中华民族的精诚。道家敬重精诚、忠义的志士精神，《庄子集释》中就有"苌弘死于蜀，藏其血三年而化为碧"的故事。

苌弘是我国东周时期有名的政治家、思想家、军事家，精通乐理。周景王死后，王室为争夺王位而内乱长达18年之久，其中王子朝之乱影响最大。苌弘竭力反对王子朝，拥护周敬王。他积极到各属国活动，取得以晋国为首的诸侯的帮助，终于打败王子朝，平息了内乱。之后，他又积极活动，让晋国帮助周王朝扩大和加固成周城。这一系列的运作提高了周王朝在诸侯心中的地位，使之暂时保持着天下共主的地位。刘文公死后，苌弘成为周王朝的实际执政者。原先晋六卿争夺权利，刘文公偏向他的亲戚范氏一方。10多年后，赵简子获得了胜利，就来向周敬王问罪。周敬王为了讨好晋国，就把曾经辅佐刘文公的苌弘杀掉，将他当作替罪羊。苌弘一生忠于朝廷，不卑不亢，因为正直而得罪朝中权贵，所以蒙冤被杀害。传说他被杀时，有人慕名收集他的血液藏在家里，3年后这些干血块全都化为了碧玉。

从血的温度来看，新鲜的血液是温热的。气血就像人体内的河流，对温度的要求很高，只有在不寒不热的状态下，它才能正常运行，因此中医有"血冷则凝，血温则行"的说法。血还象征着热烈、奔放、刚强，因而我们常用"热血沸腾"形容激情高涨，用"血性"形容刚强正直，用"血性男儿"形容极富血性的男儿。热血常给他人温暖，有血性的人还要有仁爱之心，不能对他人冷漠，不能做冷血动物。其实，在国家大义与民族危难之前，有血性的并不止男儿。

抗日战争时期，在西征队伍中，妇女团的战士和男战士一样跋山涉水，英勇作战。东北抗日联军第2路军第5军妇女团的指导员冷云，班长胡秀芝、杨贵珍，战士郭桂琴、黄桂清、王惠民、李凤善和被服厂厂长安顺福8位女战士，在大部队与日伪军千余人相遇时，为使主力部队迅速摆脱敌人的攻击，主动吸引日伪军火力。在冷云率领下，她们8人分成3个战斗小组，与日伪军展开激战，最终被敌围困于河边。在背水作战至弹尽的情况下，面对日伪军逼降，她们誓死不屈。冷云坚定地说："同志们，我们是共产党员、抗联战士，宁死也不做俘虏！为祖国的解放而战死，是我们最大的光荣！"她们毁掉枪支，挽

抗日战争中的琼崖革命根据地的女战士。

臂涉入乌斯浑河，高唱着《国际歌》"……满腔的热血已经沸腾，要为真理而斗争……"集体沉江，壮烈殉国。牺牲时，年龄最大的冷云23岁，最小的王惠民才13岁。

血性，自古以来就被传颂为中华民族的传统美德。在现代文明社会，血性则表现为坚守的勇气和正义感。一个堂堂正正的人，躯体内流淌的应该是热血，而不应该是冷血。人与人之间相处，最基本的条件就是要互相关爱，不冷漠，不自私，路见不平，能挺身而出，拔刀相助。人与人之间的爱应该是泛爱，只要有人遇到危难，都要施之善意，都尽可能伸出援助之手，也就是我们经常说的"有钱出钱，有力出力"。这就是血性最基本的意义。

养生要气通血畅。道家的养生对养气血也特别讲究。道家主张的"清静无为"，体现在养生上则为"静养气血"。意即若思虑过度，则会使心血耗损，精神劳倦，酿成内伤。这是因为道家倡导道法自然，讲究"天人合一"，当人体的小宇宙，与自然的大宇宙十分吻合时，便是天人合一的最高境界，此时也最养人身体里的气血。这个理论在中医上也有所体现：中医认为气为阳，血为阴；气为血帅，血为气母；气平则血顺，心静则气平。

养气血要做到清静无为、天人合一其实并不难，具体只要做到三点即可。

一是做到安静通气。协调生理与情绪，达到一种安静平和的状态，这样全身肌肉便容易放松，气血畅通，达到"心静神安、老而不衰"的境界。

二是心平气和。情欲与内脏有直接关系，怒气过盛伤肺充血，暴喜过度气血涣散，思虑太甚弱脾胃。心平气和可平衡阴阳，调和六脉，祛病延年。

三是宽胃养气。人类依靠肠胃以消化和吸收营养，宽胃养气十分重要。饮食无节，烟酒无度，会使胃气不足，气血虚衰。

性格与人的血型相联。血型为什么能决定一个人的性格、气质呢？日本学者经过多年研究，认为血型有其有形物质和无形气质两方面的作用。气质是无形成分，血型的气质表现，就是这类血型的人特定的思维方式、行为举止、谈吐风度等，是生物遗传的结果。比如O型血的人，性格特征是热情、坦诚、善良、讲义气，办事雷厉风行、踏实苦干、效率高。B型血的人聪明、思路广、拓展力强、最怕受约束。血型与性格的关系，除了受遗传因素决定外，还受出生地、生长、学习、工作环境的影响。因为受着周围人和事的影响，所以性格才千差万别。

"血"音通"削"，削破见血。削，是用刀把某种物体削皮、削尖。血是封闭的循环系统，不用刀削破皮肤是看不见血的。用针扎，也能一针见血。是故，"血"字授音以"削"。

"血""恤"二字，形相近，义相联。血，是血液；恤，是对流血者的怜悯。有良心有血性的人，就会体恤他人；而对别人付出心血，终有一天别人也会体恤你。"血"加"半"为"衅"，喜欢挑衅，必然要付出流血的代价。

198

道意汉字

血为生命之源头，气血充盈人安泰。

血缘是血脉相连，患难之际见真爱。

热血是事业基石，勇往直前不摇摆。

血性是男儿品格，危难面前色不改。

脉

像水一样流动的血液

中医传统的诊病方法有望、闻、问、切4种。其中，"切"指的就是切脉、号脉，医生通过脉象的缓急、沉浮、虚实来判断患者的健康状况。切脉时，医生一定要用手指直接按在病人的脉上才可以知道病人的情况。古代有"悬丝切脉"的说法，是男女授受不亲之故，但仅仅通过红线来切脉，其实医生是不可能了解真实病情的。相传慈禧有一回生病，因为君臣地位悬殊与封建礼教的束缚，御医无法用手去触摸慈禧，为此用重金买通了慈禧身边的人，知道了慈禧得病的前后经过与具体症状，才敢用"牵线"诊病。用了这位御医的药后，慈禧很快痊愈，为此赐给御医一块"妙手回春"的金匾。

脉（mài），会意字，同"脈"，异体字"衇""脉"。《说文解字》："衇，血理分衺行体者。从𠂢，从血。脈，或从肉。"中医里表示分布周身、供血液循环的血管。

"脉"的本义为血脉，又引申指血管，如动脉、静脉、脉象。脉分布全身，有一个系统，故讲"来龙去脉""矿脉""山脉"；脉是生命的一个标志，假如一个人没有了脉搏，就意味着生命已经走到了尽头，因为脉太重要了，所以有"命脉""国脉微如缕"之说；脉也表示目含情相视而不语的样子，如"盈盈一水间，脉脉不得语""含情脉脉"。"脉"字在我们的日常生活中经常用到，如血脉、人脉等。

篆文	篆文	籀文
采用〜（肉）作偏旁，强调其为身体的一部分。	把籀文左右偏旁的位置互换，意思与籀文相同。	左边为「血」，右边为「辰」，「辰」的本义就是水的支流。左右两边合起来就表示血管的意思。

与"脉"相关的成语有很多。"一脉相通"指事物之间相互关联，犹如一条脉络贯穿下来可以互通；"一脉同气"谓出于同源，指同胞兄弟姐妹的亲密关系；"来龙去脉"原是过去风水先生的说法，认为山势如龙，从头到尾都有血脉连贯，现在常用来比喻事物的来历或事情的前因后果；"含情脉脉"指互相对视，带有情感而互相凝视，常用以形容少女面对意中人时稍带娇羞但又无限关切的表情；"法脉准绳"犹言法则标准；"急脉缓受"比喻用和缓的办法应付急事，也比喻诗文在进行中故意放松一笔，以造成抑扬顿挫之势；"一脉香烟"谓延续家世的后代；"张脉偾兴"谓血管膨胀，青脉突起，后以指因冲动而举措失宜；"脉脉相通"指血管彼此相通，比喻关系密切。

脉在道家养生学说中有非常重要的地位，是中医里表示人体气血运行的液体和管道。脉与心的关系最为密切。心脉相连，血液之所以能在脉中运行周身，全依赖心气的推动，《素问》载："心藏血脉之气也。"由于脉象的形成与脏腑气血关系密切，中医体察脉象的变化，可以了解疾病的病位、性质和邪正盛衰等。

道家认为："善养生者，上养神智、中养形态、下养筋骨。"脉与神智、筋骨都有密切的联系，"脉"字揭示了养生的规律和人类社会发展必须注重的问题。

脉通气顺，是人体健康之象。脉是气血的通道，血液通过脉流向全身，如果脉不通，气便不顺，身体就要遭殃。

相传西汉天汉元年，中郎将苏武受命率将士前往匈奴议和，不料议和未成，反被牵连到谋反事件中，受到匈奴审问。苏武深感有辱君命，气急之下捶打胸部，昏倒在地。大夫忙命人掘出一个大坑，坑中置火，又将苏武放在坑上伏卧着，并拍

● 字说格言

◆ 脉散源分历几朝，纵然官宦只卑僚。
　　　　　　　　　　　　——（唐）罗隐

◆ 过尽千帆皆不是，斜晖脉脉水悠悠。
　　　　　　　　　　　　——（唐）温庭筠

◆ 一个人的思想不会停滞，当他清醒时，他的头脑不停地工作，就像不断跳动的脉搏，他无法止住任何一种思想。
　　　　　——（古罗马）马可·奥勒利乌斯

◆ 爱情不会因为理智而变得淡漠，也不会因为雄心壮志而丧失殆尽。它是第二生命；它渗入灵魂，温暖着每一条血管，跳动在每一次脉搏之中。
　　　　　　　　　　　　——（美国）爱迪生

◆ 天才是难以驾驭的，天才的脉管里流淌着汹涌澎湃的血液，以至于桀骜难驯。
　　　　　　　　　　　　——（美国）霍姆斯

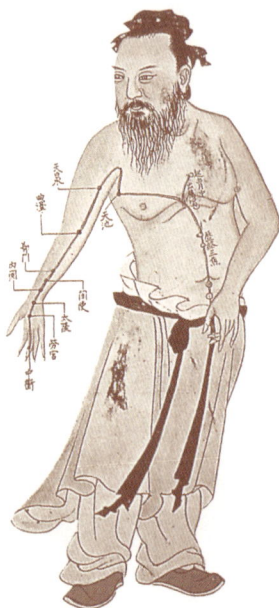

18世纪绘画《针灸穴位图》。针灸是广为人知的传统中医疗法之一，这幅图展示了多个控制心脏疾病和性器官疾病的穴位。

他的背部，引出瘀血，把苏武从死亡线上救了回来。这就是"拍背急救法"的奇特疗效。捶背可以行气活血、舒经通络。背部脊柱是督脉所在，脊柱两旁是足太阳膀胱经，共有53个穴位，这些经穴是运行气血、联络脏腑的通路，捶打可以刺激这些穴位，促使气血流通，调节脏腑，从而起到治疗疾病的作用。

血脉相传，是人的生命延续之基。脉就是我们身体里流淌着血液的网。只有这张网络里流淌着血液，人才是活生生的；当这张网络里不再奔流血液，人也就死了，一切也都停歇了。血脉有血型，是生命在下一代的延续。古人将家族血缘叫作"血脉"，希望家族可以传承下去，像血液一样生生不息地在脉中流动。因此，古人很重视香火，也就是血脉传承，并将香火中断视为可悲之事而尽力避免。究其原因，血缘与家族是一脉相承的。血脉代表的是基因、血缘、资产、门风、家风、教育、文化的延伸。

"裔迁太原，王家频称，因以王姓，代出群英"说的是太原王氏——中国古代"四大家族"之一。太原王氏，始自东汉王柔、王泽兄弟。三国时有司空王昶。西晋时期，太原王氏开始成为声名显赫的大家族，全家族先后有12人在朝中任要职，其中有3人位至"三公"，著名的有司徒王浑。西晋覆亡后，王湛一支随司马氏南迁，从而获得了在东晋重新兴盛的机会。王湛之孙王坦之在反对桓温篡位、维护东晋王朝统治中立了大功，被任命为尚书令，与儿子王国宝等威震朝内外。其叔伯兄弟王蒙的女儿是东晋哀帝的皇后，孙女又成了孝武帝的皇后，这一门两皇后将太原王氏的权势强化到了无以复加的地步。大将军王恭、尚书仆射王愉也是这一家人。王愉之孙王慧龙北奔北魏，开创北朝隋唐太原王氏之基业。其后北魏镇东将军王琼有四子：遵业、广业、延业、季和，号"四房王氏"。入唐后，太原王氏更加显赫，诞生了著名诗人王瀚、王维、王昌龄、王之涣，以及传奇将领王玄谟这样的赫赫人物。

我们很容易观察到一种现象：无论是古代还是现代，若某个家庭或者某一个家族特别出人才，则往往一大家子兄弟姐妹都是社会精英，这是为什么呢？不外乎两个因素：一是遗传基因，另一是家庭教育。中国古人特别是诗书人家，一向注重家庭教育，中国历代都有不少的家训、家书、治家格言之类流传下来，《颜氏家训》就是这些家教著作中最为重要的一部。我们从这些资料当中可以看出古人怎样教子，怎样持家，从而明白为什么有的家族能够一直保有良好的门风，不断涌现优秀的子孙。

文脉相传，是一个国家发展的灵魂。一个国家、一个民族的文化，如同一个人身上的血脉一般重要。一个国家想要更加健康地向前发展，就要在已有的基础上，不断地吸收新鲜的血液，汲取新的营养。

203

太原郡派新安婺南云川王氏世谱。

中国的文化具有世代相传的特点，虽然在某些短暂的历史时期有所中断，但是大体上仍一脉相承。中国是一个多民族、多语言的国家，有56个民族，80种以上的语言，约30种文字。文字是记录语言的书写符号，是人们重要的辅助性交际工具。而我们国家的文字是历史上最古老的文字之一，也是当今世界上还在使用的最古老的文字，当然也是当今世界上延续至今仍为全球华人广泛使用的文字。汉字的演化过程主要经历8个阶段：甲骨文—金文—大篆（籀文）—小篆—隶书—楷书—草书—行书。

中国文化博大精深，是一个思想之花繁茂的国家。自古就有诸子百家，而在先秦诸子之中，儒道两家更是典型代表，视野开阔且系统。儒家直面世事，追求修身齐家治国平天下，表现对人文的极大关怀，以人为本，实现人与人和谐有序地生存发展。道家更注重对形而上问题的思考，教育人们辩证地看待问题，主张"自然""无为"。

此外，中国的文化又极具民族特色。中国位于亚洲东部、太平洋西岸，西北深入亚洲内陆，是一个海陆兼备的国家。中国古代东部为农业区，西北部为游牧区，东部的农耕经济构成了中国传统文化赖以生存的基础，也形成了中国古代辉煌的农业文明。中国文化灿烂多姿，对周边国家的影响巨大。

语言、文字、历史、文化一脉相承数千年，造就了现在中国的绚烂多彩，让中国在经济崛起的时候也不失历史的厚重。

河南安阳出土的商王武丁时期卜骨，
上面所刻的甲骨文为中国最早之书迹。

这一点向来都令无数中国人引以为豪。

脉络分明，是处世清晰的标志。"脉"的篆文右边是"𠂢"，形似地图上脉络分明的水系网络。众所周知，身体中的血管虽多，但动脉、静脉和毛细血管多而不乱、各司其职。自然界的水系网也是这样，河流的主干与支流脉络分明，也正因为如此，所以河流才能有容乃大，流水井然有序地奔流入海。

我们做事情也需要将来龙去脉都分析清楚，捋清细枝末节，才能把事情做好，像水系中的流水一样找到入海口。凡事要三思而后行，辨清事情的轻重缓急再开始行动。做事之前要考虑哪些事情先做，哪些事情后做，有计划、有步骤、有条理，善始善终，不半途而废。

1968年的春天，罗伯·舒乐博士立志在加州用玻璃造一座水晶大教堂，他向著名的设计师菲力普·强生表达了自己的构想："我要的不是一座普通的教堂，我要在人间建造一座伊甸园。"强生问他的预算，舒乐博士坚定而明快地说："我现在一分钱也没有，所以100万美元与400万美元的预算对我来说没有区别，重要的是，这座教堂本身要具有足够的魅力来吸引捐款。"教堂最终的预算为700万美元。这对当时的舒乐博士来说，不仅超出了能力范围，甚至超出了想象范围。当天夜里，舒乐博士拿出一张白纸，在上面写上"700万美元"，然后又写下10行字：

一、寻找1笔700万美元的捐款；

二、寻找7笔100万美元的捐款；

三、寻找14笔50万美元的捐款；

四、寻找28笔25万美元的捐款；

五、寻找70笔10万美元的捐款；

六、寻找100笔7万美元的捐款；

七、寻找140笔5万美元的捐款；

八、寻找280笔2.5万美元的捐款；

九、寻找700笔1万美元的捐款；

十、卖掉10000扇窗，每扇700美元。

60天后，舒乐博士用水晶大教堂奇特而美妙的模型打动富商约翰·可林，他捐出了第一笔100万美元。第65天，一对倾听了舒乐博士演讲的农民夫妇，捐出了第一笔1000美元。第90天，一位为舒乐孜孜以求的精神所感动的陌生人，在其生日的当天寄给舒乐博士一张100万美元的银行支票。8个月后，一名捐款者对舒乐博士说："如果你的诚意与努力能筹到600万美元，剩下的100万美元由我来支付。"第二年，舒乐博士以每扇500美元的价格请求美国人认购水晶大教堂的窗户，付款的办法为每月50美元，10个月分期付清。6个月内，一万多扇窗全部售出。1980年9月，历时12年，可容纳一万多人的水晶大教堂竣工，成为世界建筑史上的经典，也是世界各地的人前往加州必去瞻仰的胜景。

很多看似不可能的事情，只要开动脑筋想办法，实现起来并没有想象的那样困难。化整为零就是一个非常有效的方法，庞大的事情就像洪水，当把它有计划地分成许多主干支流后，便不会出现决堤的灾难，事情也能如水流流向入海口那样，顺利地解决。

文化、家族、血缘，只有像水流一样，主干支流泾渭分明又井然有序，才会有永久的生命力，才能一代一代地传承下来。

☯ 道意汉字 ☯

六脉调和身康泰，血脉相传生命在。
文脉延续国运兴，人脉和顺社会谐。
健康的身体，要有平和的血脉，
理智的通畅，要有仁慈的主宰。

身

生命和灵魂的载体

　　"千锤万凿出深山，烈火焚烧若等闲。粉骨碎身浑不怕，要留清白在人间。"这是明朝政治家于谦12岁时的明志诗《石灰吟》。由于自小立志高远，于谦23岁便考中进士，担任监察御史，后被宣宗皇帝看中，升任兵部侍郎，巡抚河南、山西。在河南、山西近20年间，他平反冤狱，赈济灾荒，政绩卓著，深得民心。正统十四年"土木之变"后，于谦从兵部侍郎升任尚书，拥立景帝，反对南迁。他调集重兵，组织指挥了历史上有名的京城保卫战。于谦为官勤政、爱民、廉洁、刚直，深得景帝的信任，也因此得罪了一些朝中大臣。景泰八年，英宗发动"夺门之变"，于谦以谋逆罪被杀。几年后，英宗的儿子即位，于谦得以平反，谥"肃愍"，赐祠于其墓曰"旌功"，以褒扬他杀身成仁的精神。

身（shēn），象形字，与"孕"本同源，后分化。《说文·身部》："身，躬也，象人之身。"

简体的"身"字，看似一个人的身体：上面一撇似人之头颅，中间是人的躯干部分，下边则像前行的两腿。

"身"的本义为人的躯体，后泛指人、动物的躯体或

208

隶文	小篆	金文	甲骨文
略有变形，「人」形消失，「腹」形消失。「身」的「怀孕」本义消失后，另造会意字「孕」代替。	承续金文字形。	基本承续甲骨文字形，在隆起的腹部下方加一短横指事符号，指代不明。	像一个女人挺着大肚子。也有写为，像一个人隆起的腹部内怀着一个胎儿。有的为，即写成腹部内加一点指事符号，表示腹内有子。造字本义：妇女腹部隆起，怀胎孕子。

物体的主要部分。《诗·小雅·何人斯》："我闻其声，不见其身。"我只听到人说话的声音，却始终没有看见他的身子。"身"在这里指有血有肉由骨架子支撑起来的躯体。任何生命形式的存在必须有躯体作为依托，因此"身"字的意义延伸泛指动植物的躯体乃至事物的主体部分，如身躯、身材、身段、船身、树身、车身、机身等。后引申指人的生命或一生，如身世、献身；统指人的地位、品德，如出身、身份。

人与人相距很近，身体自然会相触，因此人们也常常以"贴身""近身"来形容关系密切，如身边人、贴身保镖等。《史记·项羽本纪》："项伯亦拔剑起舞，常以身翼蔽沛公，庄不得击。"这便是有名的"项庄舞剑，意在沛公"的典故，比喻以做某事为幌子，实际上却怀有其他目的。

"身"指生命，生命之初，孕育生命的过程也被称为"身"，如"身孕""有身"。生命的概念是一个时间段，一个过程，故有"终身大事"一说，通常是指婚姻大事。

"身"亦作自称，相当于自身、自己。如"身不由己"

说的是有不能言说的苦衷，不得不去做。"身临其境"指仿佛亲身到过那个地方。旧时，年老的妇人称自己为"老身"。唐代诗人王建的《田家行》："田家衣食无厚薄，不见县门身即乐。"说的是农家粗茶淡饭平静的生活，只要远离官衙，远离纷争官司就很值得高兴了。

含"身"的成语多与身体有关，如："粉身碎骨"是指为了达到某一理想可以竭尽全力，不惜代价；"明哲保身"是指明于事理的人善于自保；"感同身受"是指内心所思所想就如对方一样；"浑身解数"是指将全身所有的本领使出来；"大显身手"是指充分地显示出自己的才能。

老子说："故贵以身为天下，若可寄天下；爱以身为天下，若可托天下。"道家认为，本然的身体无须借助任何工具，无须改造自然以适己，身体与自然本来有着天然的融通，自然在身体之中体现自身，身体在自然之中发现自己的本然状态，主张贵在养身。

身体力行，是一种表率。"身"从自身、自己之意，可引申为体验、实行，也可以理解为亲身实践。李贽《战国论》："中有贤子自为家督，遂起而身父母之任焉。"意为其中有贤良者，脱颖而出，愿意承担其父母的责任来管理家事、抚养兄妹。

南宋杰出的诗人陆游，刚正不阿，心系百姓，因不事权贵而屡遭贬谪。陆游有六子一女，他非常重视对子女做人的教育。他告诫孩子们说："但愿你们长大成人之后，乡亲们称赞你们是有道德的人。即使只做一名老百姓，与那些高官显爵相比，也是无愧的。"

他教育子女要知书达理，在《五更读书示子》中写道：你们现在正是读书的好时机，要刻苦攻读，莫失良机。读书最要紧的是学以致用，要切实做到"善言座铭要躬行""学贵身行道""字字微言要力行"。学习古人的高风亮节，不媚权贵，

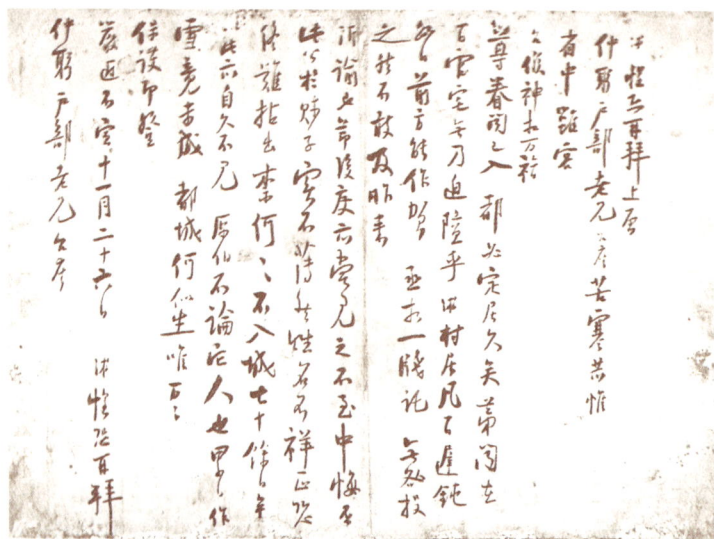

陆游行书《苦寒帖》，这是陆游44岁时所书的作品，当时他正被贬居家中，信札内容对研究陆游生平有重要资料价值，同时是一件非常优秀的书法作品。

正直无私，时刻想着报效祖国。

他还告诉孩子们"汝果欲学诗，功夫在诗外"，即作文先做人。要注重修身，时常检查自己，有错必改；看到别人有好的行为，要主动自觉地学习；不要与那些华而不实的人结交在一起。

《冬夜读书示子聿》是陆游在冬夜里教小儿子陆子聿读书时所作，他手把手地教陆子聿写字，教导他读书学习一定要孜孜不倦、持之以恒。"古人学问无遗力，少壮工夫老始成。纸上得来终觉浅，绝知此事要躬行。"《送子龙赴吉州掾》是他为二儿子陆子龙到吉州赴任地方官时写的赠言，诗中说："汝为吉州吏，但饮吉州水；一钱亦分明，谁能肆谗毁！"就是要求他清清白白地做官。

他还告诫儿子说，他在吉州有一些朋友，他们不但有学问，而且品德好。到那里后，可以去拜访他们，但不要向他们提出什么要求，可以同他们相互勉励。要不重利禄、廉洁自守，成为一个一身正气、真正为百姓谋福的人。陆游的子女后来都成为远近闻名的贤德之士。

身先士卒，是一种担当。身，是指有血有肉的，由骨架支撑起来的躯体，任何生命形式的存在必须有躯体作为依托。因此，"身"常引申为主动承担责任，"身"即为担当、担任。《史记·淮南衡山列传》："当敌勇敢，常为士卒先。"《资治通鉴·隋纪炀帝大业九年》："玄感每战，身先士卒，所向摧陷。"

1928年4月，朱德、陈毅带领湘南起义的队伍，到达井冈山革命根据地的砻市，同毛泽东带领的工农革命军会师，组成工农革命军第四军（不久改称中国工农红军第四军），毛泽东任党代表，朱德任军长。井冈山革命根据地地处罗霄山脉中段，是湘赣两省的交界。周围五百里都是崇山峻岭，地势十分险要。11月中旬，红军集合在宁冈、新城、古城一带，进行冬季训练。由于湘赣两省敌军的严密封锁，井冈山根据地同国民党统治区几乎断绝了一切贸易往来，根据地军民生活十分困难，所需要的食盐、棉花、布匹、药材以及粮食奇缺，筹款也遇到很多困难。红军官兵除粮食外，每人每天5分钱的伙食费也难以为继。一日三餐大多是糙米饭、南瓜汤，有时还吃野菜，严冬已到，战士们仍然穿着单衣。

为了解决眼前的吃饭和储备粮食问题，红四军司令部发起下山挑粮运动。这些粮食大部分从宁冈的大陇运来。大陇的粮食是砻市、古城等地集中起来存在那里的。朱德也常随着队

井冈山革命博物馆蜡像：毛泽东（右）与朱德军长（中）挑粮上井冈山。

● 字说格言

◆ 功成身退，天之道也。

——（春秋）老子

◆ 口言之，身必行之。

——（战国）墨子

◆ 色欲乃忘身之本。

——（明）冯梦龙

◆ 身教重于言传。

——（明末清初）王夫之

伍去挑粮，一天往返50千米。虽然两只箩筐装得满满的，但他走起路来十分稳健利落，年轻力壮的小伙子也常被他甩得老远。战士们从心眼里敬佩朱军长，但又心疼他。四十开外的人了，为革命日理万机，还要翻山越岭去挑粮，累坏了怎么办？大家一商量，就把他的扁担藏了起来。朱德没了扁担，心里很着急，他让警卫员到老乡那儿买了一根碗口粗的毛竹，自己动手，连夜做起了扁担。月光下，他破开竹子，熟练地削、刮、锯，一会儿就把一面黄一面白的半片竹子，做成了一根扁担。为防止战士们再藏起自己的扁担，他就在上面刻了"朱德记"3个大字。

第二天，三星未落，挑粮的队伍又出发了，朱德仍然走在战士们中间，大家看见他又有了一根新扁担，感到十分惊奇，崇敬之外更增添了几分干劲。从此，"朱德的扁担"的故事传开了。井冈山军民为了纪念朱德这种身先士卒、艰苦奋斗的精神，专门编了一首歌赞颂他："朱德挑谷上坳，粮食绝对可靠，大家齐心协力，粉碎敌人'围剿'。"

功成身退，是一种境界。身，引申义指人的地位、品德，如出身、身份。《道德经》："功成身退，天之道也。"

陈抟是五代宋初著名的道教学者，字图南，自号扶摇子，宋太宗赐号"希夷先生"。传说他活了118岁，一生著述颇丰，著有《指玄篇》《易龙图》等，他关于太极的思想，对后来北宋的理学家们影响甚深。在道教中，他被尊为"内丹派"的创始人、"老华山派"的鼻祖，不知从何时，信众们尊称他为"陈抟老祖"。

五代时期，战乱频仍，而陈抟本人也是雄心勃勃。他在道观里，并不只是念经修道，而是时刻关注着天下的政治形势，每当听说一个朝代又灭亡了，就闷闷不乐，颦眉数日。有人问他怎么回事，他瞪目不答。

陈抟在周世宗的朝廷里待了一个多月的时间，就在这段时间里，他结识了赵匡胤、赵光义兄弟，对这两个人的谋略才干有所了解，并结下了深厚的友谊。

周世宗死后，陈抟参与了赵家兄弟夺权的政变。赵匡胤曾用道家的符命为自己制造夺权舆论，陈抟是重要的舆论炮制人之一。不仅如此，陈抟还动员了追随自己的信众，以及争取其他地方的群众，支持赵匡胤夺权。但事变之后，陈抟没有就任官职，重新返回华山云台观。大概这时他已经看到了赵家兄弟的雄才大略，同时，也看透了政治的险恶，真想置身于朝廷之外，真想当隐士了。

不过，宋太宗赵光义当政后，还曾把陈抟专门请到朝廷来，对宰相宋琪说："抟独善其身，不干势利，所谓方外之士也。抟居华山已四十余年，度其年近百岁。自言经承五代离乱，幸天下太平，故来朝觐。与之语，甚可听。"陈抟是赵家兄弟夺权兵变的元老之一，所谓"独善其身，不干势利"，是说他功成不居，退隐江湖。宋太宗用这话来警醒以现任的宰相宋琪为首的这批官员，要他们学一学陈抟。

杀身成仁，是一种气魄。"身"是生命存在的外在表现形式，因此，人们在提到"身"时，也喻指生命。如"亡身"指

位于洛阳龙门石窟的十字卷碑"开张天岸马，奇逸人中龙"，相传就是陈抟所书，意为做马就要做奔向天上的神马，做人就做人中龙。此联"岸"字少一横，"逸"字少一点，"中"字则上下颠倒，反映出陈抟的书法雄奇、奔放的特点及其个性的洒脱和超俗。

死亡，丧失生命。"舍生取义，杀身成仁"，这句话历来被为道义、苍生而不惜抛头颅洒热血之仁人义士终身遵循。

　　1937年7月抗日战争全面爆发后，率部驻防重庆的川军将领许国璋忧心如焚。他"迭电上峰、请缨杀敌"。1938年4月，许国璋终于接到了开赴前线参战的命令。部队出发前，许国璋做好了慷慨赴死的准备，他向妻儿告别道："我此次出川抗战，身已许国。你们在后方，妻要勤俭过生活，儿要努力读书。我每月除以应得薪金寄助外，要你们自己努力。至于我，望你们不要惦念。"许国璋先后在武汉会战、豫南会战和鄂西会战中与敌军殊死作战，他也因身先士卒，与士兵同甘苦而积功累升至第150师中将师长。

　　1943年11月，日军发起常德战争。许国璋所在部队开赴洞庭湖以北布防。其间，日军发动多次猛攻，许国璋不顾连日高烧的病体，率部进行抵抗。为鼓舞士气，许国璋要求部下死战到底，他在训话时说："我们为国家尽力的时候到了，我们能多打一个日本兵，就给守备常德的部队减轻一分压力，以尽我们军人的天职……这里是祖国的土地，我要誓死保卫它，死了也是我的光荣。"官兵们听了许国璋的这番悲壮誓言后勇气倍增，纷纷表示要与日军决一死战。

　　由于带病作战，未得休息，在疲劳和中弹负伤的情况下，许国璋在战场上休克多次。左右劝其暂避，他却拒绝说："我的热血要洒在这里，这就是我的坟墓。"言毕，许国璋自己带着不满百人的特务连向正在冲锋的日军发起突袭，不幸在激战中身中两弹，昏迷倒地。

卫士误以为许国璋已阵亡，将他送往后方。许国璋从昏迷中苏醒过来，得知自己被送下火线而师部人员仍在奋战后，痛声说："我是军人，应该战死在沙场，你们把我运过河，这是害了我呀！"说完就再次陷入昏迷。片刻之后，许国璋再次醒来，他在羞愤中从睡着的卫士身上拿出手枪，对着太阳穴扣动了扳机，时年仅46岁。许国璋以实际行动完成了一天前在陬市立下的誓言。

1944年1月，许国璋的遗体被送回成都安葬。途经重庆时，陪都各界举办了隆重的公祭仪式，其挽联为："大忠大孝，以国家民族为先，频传常桃鏖兵，光复名城摧敌房；成功成仁，继之钟弼臣而去，远昭睢阳授命，长留正气满潇湘。"

凡从"身"取义的字，皆与身体等义有关。如"躬"表示人弯下身子向人鞠躬；"躯"指人的躯体；"躶"是"裸"的异体字，表示光着身子。

道意汉字

身是生命的载体，没有身体灵魂将无处归依。
健康的身体是一，财富、地位、功名是零。
然而，养身并非最终的目的，
高尚的灵魂需与身合为一体，
身心合一，才是健康的身体。

天行有常心平常

　　东晋名相王导、谢安的家族故居，坐落在秦淮河南岸的乌衣巷内。当时，秦淮河两岸人烟稠密，乌衣巷一带更是朝廷达官贵族华宅高第的集中地。王谢两大家族涌现出了王羲之、王献之、谢朓、谢惠连、谢灵运等文化巨人，给中国文化、艺术带来了极其深远的影响。

　　数百年后，中唐诗人刘禹锡到乌衣巷寻访，见王谢故居已人去室空，往日繁华无处探寻，深感世事沧桑，遂写下"朱雀桥边野草花，乌衣巷口夕阳斜，旧时王谢堂前燕，飞入寻常百姓家"的千古名篇，以感慨沧海桑田，人生无常。

　　常（cháng），形声字。《说文·巾部》："常，下裙也。从巾，尚声。""尚"假借为"上"，意为尊崇、崇尚，表示有号召力、凝聚力；"巾"原为佩巾，在这里可解释为织物的代称。两者结合，表示"常"是一种受人尊崇的、能将众人召集在一起的丝织品。

"常"的本义指裙子。它是人们生活的必需品、日常用品，故"常"又引申指经常、通常、常常。经常要遵守的规则、规矩，则为常法、常规、纲常、伦常，如"三纲五常"。"常"是一种常态，又引申指规律，故"常"又有长久、

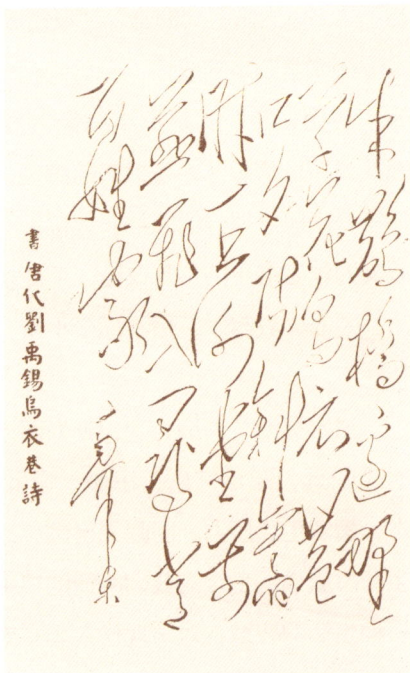

书唐代刘禹锡乌衣巷诗

毛泽东手书的唐代刘禹锡《乌衣巷》诗碑。

恒久之意。《玉篇·巾部》："常，恒也。"《后汉书·文苑传·边让》："舞无常态，鼓无定节。"意思是，跳舞没有长久不变的姿态，敲鼓也没有永恒的节奏。现代表达中，"常青树"指植物不易凋谢，"常胜将军"指永不失败的将军，这里的"常"都表示长久的意思。

"常"也是古代的长度单位，如"四尺谓之仞，倍仞谓之寻，寻舒两肱也，倍寻谓之常"。《国语》："其察色也，不过墨丈寻常之间。"意思是，在一定距离之内才能察言观色。这里的"墨""丈""寻""常"都是古代的度量单位。五尺为"墨"，十尺为"丈"，八尺为"寻"，十六尺为"常"。后来，"寻""常"连用表示平常。

"常"作副词，意为经常、常常。杜甫《登高》写道："万里悲秋常作客。""常作客"表明了诗人常年漂泊不定的处境。经常出现的事物，我们会习以为常，没有新鲜感。因此，"常"又引申为平常、普通、一般义。如"常识""常

态""习以为常""非常""反常"等。

带"常"字的成语，多与变化或者不变相关。如"变化无常"，是指事物经常变化，没有规律性；"知足常乐"，是指知道满足，就总是快乐，形容安于已经得到的利益、地位；"老生常谈"，原义为年老书生的平凡议论，后泛指经常说起的老话；"非同寻常"，指不同于平常，比一般要来得特殊。

道家提倡"清静无为，无为而治，道法自然，返璞归真，知足常乐"思想，以此调整自己的心态，缓解生活压力，回归大自然。道家自然主义的生活态度也就是今天我们所谓的"平常心"，它是一种生活的智慧，对于现代人类有效地缓解来自社会的精神压力，协调日益紧张的人际关系，在激烈的社会竞争中保持内心的超脱和宁静，都是一种十分难得的生活指导。"常"字揭示了世事的常理、常态和平常心。

天行有常，顺者则昌。"常"字从尚，"尚"的本义为摊开，引申为众所周知的公开存在，故"常"有规律、准则之意。《荀子》："天行有常，不为尧存，不为桀亡。"意思是说：自然界的运动变化有一定的规律，不因为尧舜这样的明君而长存，也不因为夏桀这样的暴政而灭亡。"天有常度，地有常形"是说天有一定的规则，地有一定的形状。

古代大禹治水，三过家门而不入，这不但体现了他大公无私的情操，而且体现了其科学态度。过去，治水用的是"堵"的办法，结果水患一直不断。大禹了解了水的习性，顺应了水的特性，采取的是"疏"的办法，从而解决了困扰多年的水患。

在自然界和人类社会，量变到质变的规律、对立统一的规律、否定之否定规律，是普遍存在的，我们只有认识它、遵循它，才能事事顺遂。

常

篆文

表示人们崇尚的服饰。古代称连体裙为"裳"，称长裙为"常"。

世事无常，勇敢面对。"常"，通"长"，寓意天长地久，人生的道路很长；"常"又通"尝"，表示人生是一个品尝酸甜苦辣的过程。要把苦难当作财富，当作阅历，当作新的起点。

贝多芬3岁生日时，祖父去世。父亲常把贝多芬拽到键盘前，让他在那里艰苦地练上很长时间，每当弹错的时候就打他的耳光。邻居们常常看到这个小孩子由于疲倦和疼痛而抽泣着睡去。庆幸的是，他那一颗好学的心，丝毫没有被扑灭。他13岁入戏院乐队，当大风琴手，17岁由于母亲去世，挑起了全家生活的重担。

但不幸的事情接二连三，正当贝多芬陶醉在音乐的世界里的时候，他的健康被一连串的伤风、肺病、关节炎、黄热病摧折了。更为痛心的是，二三十岁的时候，他的耳朵聋了。耳朵对于音乐家，该是何等的重要！贝多芬痛苦万分。他在一封信中说："我过着一种悲惨的生活。两年以来我躲避着一切交际，因为我不可能与人说话：我聋了。要是我干着别的职业，也许还可以，但我的行当里这是可怕的遭遇啊！"

绍兴会稽山大禹陵享殿的大禹治水壁画（局部）。大禹顺应水的特性，采取"疏"的办法治好水患，正是印证了"天行有常，顺者则昌"的道理。

大难临头，出路何在？贝多芬把音乐当作避难所，他勇敢地向命运挑战，不顾双耳的轰轰作响，一首又一首地完成着他的作品，有时同时创作三四首。贝多芬忍受着艰难的"酷刑"，坚定而乐观地说："我要扼住命运的咽喉。它决不能使我完全屈服……"

有一次，贝多芬指挥预奏，由于他听不见台上的歌唱，一下子乱了套。虽经过多次暂休、重试，都宣告失败，这使贝多芬不安起来。两年过去了，他又指挥起《合唱交响曲》。这一次他获得了巨大的成功！剧场里群情激昂，喝彩连声。但这一切他都没有听见。直到一位女歌唱演员牵着他的手面向观众时，他才看到人们在向他挥舞帽子，热烈鼓掌。

220

贝多芬的故事说明：卓越的人，即便处在无常与艰难的遭遇中仍能百折不挠，最终抵达成功的彼岸。

贝多芬（1770—1827）是德国伟大的作曲家、维也纳古典乐派代表人物之一。图为贝多芬手迹。

● 字说格言

◆ 天道无亲，常与善人。

——（春秋）老子

◆ 为者常成，行者常至。

——（春秋）晏婴

◆ 圣人无常师。

——（唐）韩愈

◆ 常格不破，人才难得。

——（北宋）包拯

◆ 书虽古而道常新。

——（明）薛瑄

221

人事平常，心应平常。"常"，同"裳"，我们的生活离不开"裳"，衣服便成了平常之物，我们不但离不开平常之物，更要有平常之心。《菜根谭》中说："有一乐境界，就有一不乐的相对待；有一好光景，就有一不好的相乘除。只是寻常家饭、素位风光，才是个安乐窝巢。"只有平常之心，才能远离虚荣，抵制金钱、美色的诱惑。只有把荣辱得失看成平常之事，用平常心去对待，才能获得成功和快乐。

身高1.6米的博格斯是NBA历史上最矮的球星。对在体育界的运动员来说，这样的身高的确是一个短板。然而，博格斯却接受了自己身材矮小这个无法改变的事实，以后天的努力来弥补自己先天的不足，在"高人如林"的篮球场上为自己争得了一席之地，并且跻身NBA著名球星之列。博格斯说："我的确太矮，在高水平的职业篮球赛中闯出一番天地不容易，但我相信篮球并不是专让高个子打的，而是让那些有篮球才华的人打的。"为了实现自己的梦想，博格斯一直苦练球技，虽然自己的身高不如其他队员，但是他凭借自己高超的技巧，以及矮小身材比大个子跑得快的优势，成为一名出色的助攻球员，成了球队后场的重要力量。最终，博格斯用他的速度、防守和百折不挠的意志成为NBA防守最有威胁的球员之一。

作为一名球员，博格斯是成功的。他能以1.6米的身材驰骋NBA赛场，靠的不仅是运气，更多的是他那一颗坦然面对自我的平常心，能够接受自己身高矮小的事实，从而为梦想付出更多的努力。

卡耐基说，在漫长的人生道路中，我们难免会遭受许多不愉快而又无法改变的现实。这时，只有3种应对方法可供我们选择：一是把它当作不可逃避的事实，接受它、适应它，然后寻找成功的机会；二是抗拒它，逃避它，进而导致人生的覆灭；三是为它烦恼、担忧，从而陷入神经衰弱的病态中。聪明的人当然会选择第一种方法。

对于人生的不幸，如果我们无法接受，甚至因此怨天尤人，不敢面对现实，没有足够的勇气和毅力去接受现实的挑战，整天生活在忧郁之中，那么我们就已经被不幸击垮，再也没有成功的可能。相反，如果我们以一颗平常心，坦然面对现实，从容镇定地分析自己的处境，从中找到改变人生境遇的机会，那么一切都将不同。

☯ 道意汉字 ☯

花开花落天有常，悲欢离合世无常。

有常之心待无常，世事洞明皆坦然。

宇宙时空皆无限，情爱地久又天长。

月有阴晴和缺圆，平常之心对苦难。

寿

健康饮食，适度运动

上帝创造了世界，准备给万物生命。这时驴子走了过来，问道："主啊，我将活多少年？""三十年。"上帝回答，"你满意吗？"驴子答："那够长了。想想我活得多苦呀！每天从早到晚背着沉重的负担，而其他人可以吃面包，他们只知用打我、踢我的方式来驱使、奴役我。请把我从漫长的痛苦中解放出来吧。"上帝很同情它，就减了它十八年的寿命。

接着狗来了。"你想活多久？"上帝问，"三十年对驴来说太长了，但你会满意吧！"狗回答："这是你的意志吗？我的脚绝不可能坚持那么久，当我不能叫了，除了从一个角落跑到另一个角落，我还能干什么呢？"上帝于是减了它十二年寿命。

接着猴子来了。"你一定愿意活三十年吧？"上帝对它说，"你不必像驴和狗那样干活，反而可以享受生活。"猴子回答："悲哀常常藏在欢笑之后！三十年我可耐不住。"上帝仁慈，减它十年。

最后人类出现了，他是那样的开心、健康而又充满生命力，他请上帝指定他的寿命。"你将活三十年。"上帝说，"够长了吗？""太短了。"人说，"当我刚建起我的房子时，当我辛勤栽培的树木刚开花结果时，当我正准备享受生活时，我却要死了！主呀，请延长我的生命吧！""加上驴子的十八年。"上帝说。人回答："那还不够。""那再加上狗的十二年。""还是太少了。"上帝说："那么我再给你猴子的十年，但不能再多了。"这样，人活七十岁。起先三十年是他的本分，这阶段他健康、快乐，高兴地工作，生活也充满了欢乐；接下来是驴子的十八年，这时候生活的负担压在肩上，他得辛勤地劳作养活他人；然后是狗的十二年，那时他失去了利齿，咬不动东西，只能躺在墙脚愤愤不平地低吼；这痛苦日子过后，以猴子般的生活结束了他最后的一生。

这是《格林童话》中一则关于寿命的寓言，其中潜藏着生命中每个阶段的历程及其背后的哲理。

寿（shòu），形声兼会意字，繁体为"壽"。《说文·老部》：

隶文	篆文	金文	甲骨文
承续金文字形，但形消失。	承续金文字形。	由和组成，为「老」，表示年纪大但生命长久持续；为「畴」字的最初写法，像已经耕耙过的田地的纹路，表示人之一生像田间的劳作一般耕耘不辍，又可视作老人的皱纹。有的金文加，表示向长命老人道贺；有的金文加、加，表示手奉礼物，向长命老人庆贺；有的金文加、加。	由、和三部分组合而成，表示肉身长久延续。

“壽，久也。从老省，𠷎声”。造字本义：命长，活到很老。

繁体“壽”由“士”“工”“口”和“寸”四部分组成，分别体现了“寿”的几个要点：“士”是对人的美称，此处意为贤士，即学识渊博、通情达理之人，“士”在上以示对寿者的尊敬，贤者是非分明、心怀坦荡，也强调要多学习，以达到圣者的境界，此为长寿要点之一；“口”可言语，可进食——语言可锻炼人的思维，饮食要注意搭配适当、营养均衡，此为长寿要点之二；“工”是工匠用的尺子，意为劳作、行动——适当的劳动、运动有利于保健，也表明遵守一定的规矩，此为长寿要点之三；“寸”是中医切脉时距离手腕一寸长的部位，意思是要善用医疗手段进行保养，此为长寿要点之四；“壽”字中间两横，将“士”“工”“口”“寸”四者隔开，表示四点均要适度，不可太过，此为长寿要点之五。“寿”字表明，长寿要遵守一定规矩，掌握一定的尺度，按照一定的规律，有计划、有规律地调整自己的生活、学习、工作等。

“寿”的本义是长久。无病无灾、健康长寿是人们最朴实的愿望。“寿”多用于人们的相互祝福。“寿比南山”“福寿双全”“富贵寿考”“松龄鹤寿”等词语都洋溢着对亲人、朋友的祝福。《诗经·豳风·七月》：“称彼兕觥，万寿无疆。”意思是说：我举起犀牛角做的酒杯啊，祝福你长寿。

含“寿”的成语大多带有祝福之意。如“期颐之寿”，是指百岁之寿的老人；“松乔之寿”，是指像仙人那样的长寿；“福寿齐天”，则指福寿与天一样高；“人寿年丰”，寓意人长寿，年成也好，形容太平兴旺的景象；“河清人寿”，古时传说黄河水千年一清，因以之极言人之长寿；“寿比南山”，祝人长寿时的习惯用语，意为寿命像南山一样长久。

健康长寿的关键为何？仁者见仁，智者见智。为什么有的人能活一百岁，有的人年纪轻轻就患病衰败？人体是物质、能量、信息的统一体，心理、睡眠、饮食失和都可致病。“寿”字告诉我们，维持身心平衡，是养生长寿的原则。

天津杨柳青古年画《华封三祝》。这个故事出自《庄子外篇》的《天地篇》，表现了古代华州人（"华"为中国古地名，今陕西华山地区，夏仲康的封地）对上古贤者尧帝所致的3个美好祝愿，即多寿、多富、多男子，合称"三祝"。

饮食均衡，能延年益寿。"寿"字从口，"口"可言语，可进食。语言可锻炼人的思维，注意饮食搭配适当、营养均衡，便可延年益寿。

英国女王伊丽莎白二世自1952年即位以来，从丘吉尔、撒切尔夫人、布莱尔，再到卡梅伦，英国先后有13位首相为她效力。与此同时，美国也更换了10位总统。伊丽莎白成为世界上在位时间最长的君主，国际政坛流传一句名言："铁打的英国女王，流水的美国总统。"

2016年，已经91岁的伊丽莎白二世依然神采奕奕，毫无老态龙钟之迹象，人们称誉她为"超长待机"。有什么"仙丹妙药"让这位英国在位时间最长的君主如此长寿健康吗？前御厨达伦·麦格雷迪和王储查尔斯曾透露女王的饮食习惯，为这个问题提供了答案。

麦格雷迪说，女王坚持吃时令蔬果，比如只在夏季吃皇家花园出产的草莓，绝不会在1月吃这种水果。女王是个自律的人，爱吃黄油，但为保持身材会尽量少吃，出席招待活动时会吃一些含黄油、奶油较多的食物，私下就餐则吃相对清淡的食物，而且不在正餐时吃土豆、米饭、意面等淀粉类食物。厨师通常要把每天的菜单提前呈送女王，每道菜提供两个选择，女王会用笔划掉不想吃的那种。

麦格雷迪接受美国《人物》杂志采访时说，女王是那种"吃饭是为了活着"的人，饮食方面不爱尝鲜，登基63年来，"餐桌变化不大"，只是非常缓慢地接受一些新食物。52岁的麦格雷迪曾为女王掌勺10多年，1993年被调到肯辛顿宫担任戴安娜王妃的厨师，后来根据在"御膳房"工作的经历写了一本书《像皇室那样吃》。

王储查尔斯曾透露，他的母亲，尤其爱吃核桃面包。欧式面包的主要特色为低油、低糖、高纤，且不使用反式脂肪，主原料大多为黑麦、全麦、胚芽粉等，属于全谷根茎类食物，食材天然，营养素丰富，因此对于人体健康确实有不错的帮助。

此外，女王的饮食习惯还有个特点：定时定量。无论是平时家庭用餐，还是参加宴会，再可口的食物女王也顶多吃上一两口。由于长期坚持少而精的饮食，女王如今的体重仍保持在50千克左右，与结婚时相差无几。

适当运动，能延年益寿。"寿"字从工，"工"是工匠用的尺子，意为劳作、行动，指适当的劳动、运动有利于保健长寿。

2010年7月30日，著名科学家、中科院院士、上海大学校长钱伟长教授逝世，享年98岁。钱伟长是中国近代力学、应用数学奠基人之一，与钱学森、钱三强并称"三钱"。他一生坎坷，大起大落，成就卓著，能如此健康高寿，其长寿之道值得我们探究。

钱伟长18岁考入清华大学那年，身高仅1.49米，是清华大学史上首位身高不达标的学生。从那天起，钱伟长开始体育锻炼，每天晨跑。第二学年，他一鸣惊人，入选清华越野代表队，两年后夺得全国大学生对抗赛跨栏季军，曾代表国家队参加远东运动会，还是清华足球队的球星。

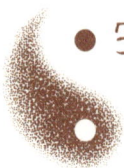

● 字说格言

◆ 仁者寿。

——（春秋）孔子

◆ 大德必得其寿。

——（春秋）孔子

◆ 死而不亡者寿。

——（春秋）老子

◆ 长于上古，而不为寿。

——（战国）庄子

◆ 人无忧，故自寿。

——（南宋）郑伯谦

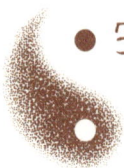

228

　　几十年来，钱伟长对日常锻炼锲而不舍。古稀之年的钱老还以长跑作为锻炼形式，耄耋之年依然"规定"自己每天步行3000步。90岁以后，虽然行走多有不便，但即使坐着轮椅，他也要到校园里转一转。钱伟长认为，体育锻炼要坚持不懈，他说："不能吃身体的'老本'。"体育能给人以坚强的意志，一个人只有具备健康的身体，才有勤奋钻研、努力创新的资本，才会有精力去实现奋斗目标，从而为国家做出贡献。

　　适当运动，对身体很有好处，正是依靠体育锻炼，钱伟长一直保持着健康的体质和清醒的头脑。

　　凡事节制，能延年益寿。"寿"字从寸。"寸"字表明寿是有一定限度的，同时表明寿命掌握在自己的手中。"寸"也代表有分寸、有节制、有限度。这既说明年岁、寿辰是有限的，也说明人生在世，只有凡事节制、不贪求，才能长寿。正所谓"知寿有限知分寸，惜春无常惜光阴"。"壽"中的"口"代表了生理，"士"代表了心理。因此，寿讲究心理与生理健康的统一。

中医经典《黄帝内经》里，黄帝问岐伯："上古之人，春秋皆度百岁，而动作不衰；今时之人，年半百而动作皆衰者。时世异耶？人将失之耶？"岐伯回答："上古之人，其知道者，法于阴阳，和于术数，食饮有节，起居有常，不妄作劳，故能形与神俱，而尽终其天年，度百岁乃去。今时之人不然也，以酒为浆，以妄为常，醉以入房，以欲竭其精，以耗散其真，不知持满，不时御神，务快其心，逆于生乐，起居无节，故半百而衰也。"《列子》中说："不逆命，何羡寿？"刻意去追求寿、名、位、利，对思想反而产生束缚，也就不能逍遥。

人生在世，面对名利，自当有所追求，获得物质，自当有所享受，但必须有所节制，不可过多奢望，要知道满足，要适可而止。身有其衣不受寒，腹有其食不受饥，日子过得去就应当满足，千万不要为功名利禄所迷惑，无休止地疯狂追求，甚至不择手段，损人害世，到头来身败名裂、短命而去。因此，长寿的一个要诀还在于节制、有分寸和遵循规律。

到目前为止，张岱年是21世纪已逝世的哲学家中，第一个寿至95岁高龄者。在现代哲学家的群体中，张岱年何以能出类拔萃，取得年寿与学术成就的双丰收呢？我们可以从张岱年的为人处世中找到原因。

"延年益寿"铜镜（汉代）。

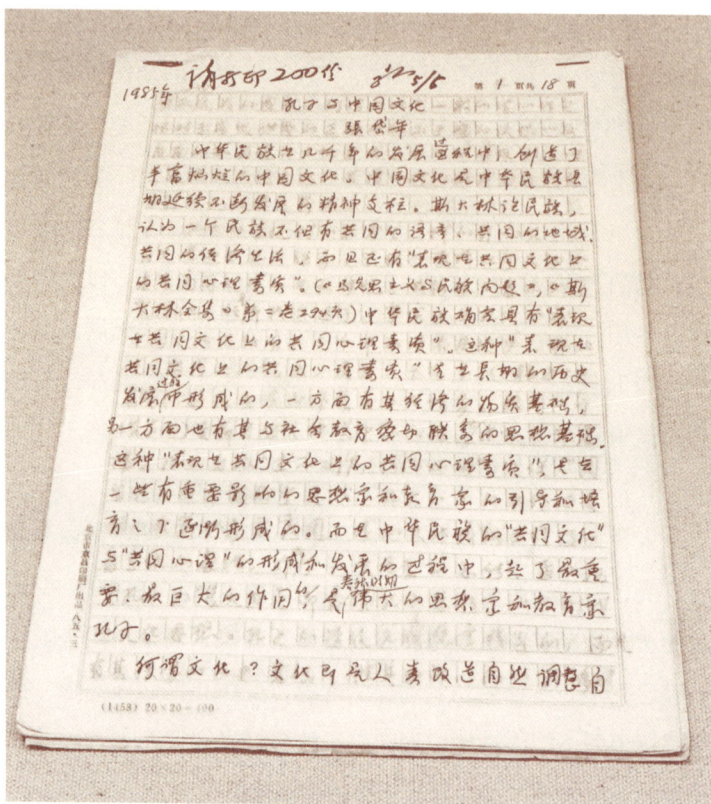

张岱年钢笔手书原著《孔子与中国文化》。

　　张岱年小时候爱静，整天躲在屋子里看书和思考问题。由于沉得下心来读书，小小年纪就有远大的抱负。初中时，他尤其爱好史学、哲学，对宇宙人生等重大问题特别感兴趣，一闲下来，就思天地之本源，思人生理想之归趋。读大学期间，他即发表了一些有分量、有影响的论文，在哲学界引起一些著名学者的注意，小有名气。因此，张岱年刚一毕业，便经著名哲学家金岳霖、冯友兰的推荐和梅贻琦校长批准，成为清华大学的助教，讲授中国哲学大纲和哲学概论，当年他只有24岁。张岱年心清静、志高远、情绪稳、精不散。这正如宋朝的罗大经在《鹤林玉露》所说："主静则悠远博厚，自强则坚实精明，操存则气血循规而不乱，收敛则精神内守而不浮，是勤可以致寿考也。"

　　一个人的心能安静得下来，就能淡泊名利，志存高远；

只要努力向上，永不懈怠，性格沉稳，就能脚踏实地而明辨事理；能保持健康的精神，就会使气血循规而不乱；不放纵自己的情绪，将良好的精神持守于内而不耗散，就可避免出现浮躁；勤恳地坚持做下去，就可获得健康长寿。

简体"寿"字含"寸"，其引申义为青春不再，年事已高，时光余寸，极言其老。人余寸春时回首一生，忏悔与欣慰间，了悟人生真谛，此为"寿"者之胸襟。

道意汉字

昔有行路人，海滨逢十叟。

年皆百余岁，精神加倍有。

诚心前拜求，何以得高寿？

一叟拈须曰，我勿嗜烟酒。

二叟莞尔笑，饭后百步走。

三叟颔首频，淡泊甘蔬糗。

四叟桂木杖，安步当车久。

五叟整衣袖，服劳自动手。

六叟运阴阳，太极日月走。

七叟摩巨鼻，空气通窗牖。

八叟抚赤额，沐浴令颜黝。

九叟抚短鬓，早起亦早休。

十叟轩双眉，坦坦无忧愁。

善哉十叟辞，妙诀一一剖，

若能遵以行，定能益人寿。

养神为要

守护道家

养神为要

无

人的上面是空荡荡的天空

在远古时期，奴隶们经常在河边伐树，"坎坎"的伐木声传得很远。他们在烈日中挥汗如雨，却腹中空空，抬眼望见对岸奴隶主的深宅大院，囤积着满仓的粮食，悬挂着大大小小的猎物，十分悲愤。乐师们看到这种情景，就写成了一首《伐檀》，序中写道："在位贪鄙，无功而受禄。"这首诗的大意是：

砍那檀树声坎坎呀，

把它放在河边晒干。

河水清清起着波浪，

你不耕种不收割，

为什么拿走千束万束的禾把呀？

你不上山狩猎，

为什么你院子里挂着猎獾呀？

那些"大人先生"呀，

可不是白吃米饭啊！

这就是"无功受禄"的典故，说的是没有功劳却享受丰厚的俸禄。

无（wú），会意字。繁体为無。《说文·亡部》："無，亡也。从亡，無声。无，奇字无，通于元者。"意思是说：無，没有。字形采用"亡"作形旁，采用"無"作声旁。

"无"是"元"的撇画向上贯通而产生的奇字。晋代著名学者王育说，天穹向西北弓屈叫作

篆文	金文	甲骨文
用一横连写两个「口」，同时加「亡」。以突出战士「阵亡」的含义。造字本义：以歌舞祭奠阵亡勇士。当「無」的「歌舞祭亡者」本义消失后，再加「舛」（左右两足）另造「舞」代替。	将花枝与手分离，并在两束花枝上各加一个「口」。	像一个人（人）挥舞两手枝的人（人）的头上加「口」，表示且舞且唱，以歌舞祭奠亡灵。甲骨文的無、舞、无为同一个字。有的甲骨文，在挥舞花

"无"。"无"的本义为没有，如"人孰无过""有则改之，无则加勉""无的放矢""无懈可击""无功受禄"。"无"还有不要的意思，如"鸡豚狗彘之畜，无失其时"。

有"无"字的成语很多："无法无天"形容肆无忌惮，胡作非为；"无边无际"指广大而看不到边际；"无源之水，无本之木"比喻没有基础的事物；"无病自负"谓自找痛苦或烦恼；"无出其右"指没有能超过他的；"无地自容"指没有地方可以让自己躲藏；"无独有偶"指不只独个，还有成对；"无罣无碍"指毫无牵挂；"无关宏旨"指对于主要宗旨没有妨碍。此外，还有"无所不容""无所适从""无妄之灾"等。"无"的俗话和诗句也不少，如"无风不起浪""无可奈何花落去"。

"无"，是与"有"相对的哲学概念，最初由老子提出。老子在《道德经》中讲："天下万物生于有，有生于无"，无是世界的本源。以后的学者何晏、王弼、王衍等人也倡导"贵

235

无","天地万物，皆以无为本""无之为用，无爵而贵"。道家用"无"字揭示世界的本源以及处世的方略。

无极是宇宙万物的本源。世上万事万物始于无，成于无，终于无。"无"字从二、从人。"二"表示上方、上面；"人"为世人、凡人。"无"为人的上面，是空荡荡的天空，表示没有。《道德经》说："无，名天地之始；有，名万物之母。"意思是说：无，是天地的源起；有，是万物的开端。又说："天下万物生于有，有生于无。""为天下式，常德不忒，复归于无极。"老子认为"无"是天下万物的初始来源，但"无"不是绝对的"空"，"太极"从"无极"中产生。在"无"的这种状态中隐藏着无数的可能性。正如一张白纸，可以画出美丽的画面，会有无数个"有"。世间万物的丰富多彩由"无"而生，由"有"复归于"无"。如人的生命，本来是"无"，只因为精子和卵子相遇，所以才形成一个新的生命。世间万物正是由"无"发展而来的，同时，"有"最终可能消逝、离散而复归于"无"。人的一生也是这样，降生以后不断地积累知识、财富、名望等，但最终是"赤条条地来，赤条条地去"，终复归于无。人，因无而有，因有而失，因失而痛，因痛而苦。人总是从无到有就欢欣，从有到无则悲苦。其实，"有"有何欢？一切拥有都以失去为代价；"无"有何苦？人生

236

近代画家倪田（1855—1919）所绘《祝寿图》，题词中的"长生无极"，意为长寿没有极点，即永生。

◆ 天下万物生于有，有生于无。

——（春秋）老子

◆ 处无为之事，行不言之教。

——（春秋）老子

◆ 正人莫如有极，道天莫如无极。

——《逸周书·命训解》

◆ 应无所住而生其心。

——《金刚经》

本来一场空。得失之后的心态决定苦乐，有无之间的更替便是人生。缘来不拒，境去不留，看淡了得失，才有闲心品尝人生。

无欲使人刚强。"无"字是"人"的头顶空荡荡，这是指物质生活，对功名利禄的不贪求。老子说"常使民无知无欲"，又说"不欲以静，天下将自定"，意即不起欲望而怡静自然，天下就会呈现出安定的局面。北宋周敦颐发挥了道家"无欲"的思想，提出内心修养的原则——"无欲故静"，认为人达到"无欲"的境界，即可为圣。他在《通书·圣学》中说："圣可学乎？曰：可。曰：有要乎？曰：有。请闻焉。曰：一为要。一者，无欲也。"岳飞曾经说过："文臣不爱钱，武臣不惜死，天下太平矣。"这句话说明：欲望是造成你争我夺的根源，只有天下的人不为欲望所驱使，才能换来天下的太平。当然，人本身是欲望的动物，不可能没有欲望。智者老子开出的药方是恪守大道，克制自己的欲望。

"杂交水稻之父"袁隆平院士既是科学家，又是身家亿万的富翁，但他依旧潜心做事，过着简朴的生活。有一次，袁老师赴京领取首届国家最高科技奖，他穿的是一套过时的西装，坐下时稍不留意，红色运动裤就露了出来。大家都劝他买一套好点的西装，好说歹说，他才花800元买了套打折的西装，这成了他每次出席重要会议的礼服。恰恰因为袁隆平活得质朴、活得轻松愉快，所以才能全身心地投入到科研中，他也因此受到人们的尊重。

无欲是智者的一种胸怀显现，不回避，不胆怯，不卑不亢，看似凡俗，实际上立于青云之上。无欲是德者的一种品质体现，不乘人之危，不一味求胜，不好大喜功，貌似平凡，却在平凡的举动中折射出人性的光芒。

无用方为大用。"无"是先民围绕篝火边转边舞，曲终舞罢，尽兴而归手中空空，火熄人去一切皆无。因此，"无"即是空。《玉篇》："无，不有也，虚无也。"《道德经》："三十辐共一毂，当其无，有车之用。埏埴以为器，当其无，有器之用。凿户牖以为室，当其无，有室之用。故有之以为利，无之以为用。"老子认为"无"和"有"是互补的，"无"在现实生活中发挥着重要的作用。如车轮的车轴是空的，因此才能使车轮转起来；房子是空的，才能给人居住。其次，"无"和"有"同样发挥着作用，人们平时拥有的便利和好处，恰恰是"无"在发挥作用。庄子也充分肯定"无"的价值和作用。

有一次，庄子的朋友惠子说："大臭椿长得奇形怪状，没法用于建筑和打制家具，啥用也

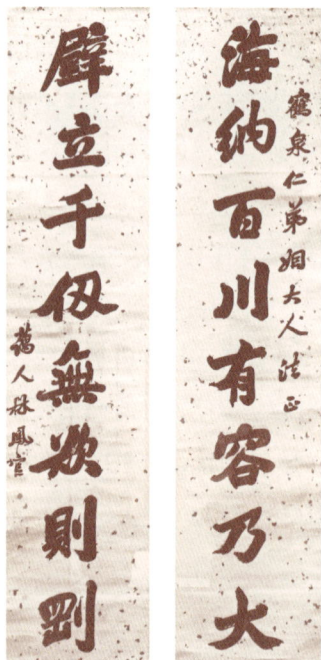

清代林凤官行书联：海纳百川有容乃大，壁立千仞无欲则刚。

西夏时期敦煌壁画《唐僧取经图》。"无为而无不为"是唐僧取经成功的关键。

没有，即使长在大路旁，过往的木匠都不会正眼看它一眼。"庄子说："大臭椿的确不能用于建筑和做家私，看起来没用。然而，它不但可以美化环境，还可以给人以美的享受。看似没用，实际上有更大的用处。正因为表面看起来没用，才不会被木匠砍伐，从而保全了自己的性命。从这个角度看，对于它又是生死攸关的大用。"

在现实生活中，很多人总是重"有"轻"无"，甚至忽略了"无"。其实，你拥有的东西，往往意味着即将失去；你失去的东西，却往往会带来意想不到的收获。司马光正是因为官场失意，所以转而潜心做学问，才编就了中国历史上第一部编年体通史《资治通鉴》，从而名垂青史。

在人生的道路上，有无相辅，要惜有珍无。当你拥有时，要珍惜；当你失去后，不要懊悔。失之东隅，收之桑榆。寻找一个新的起跳点，就如一只压下去的弹簧，在人生的低谷上积蓄力量，把握好时机，再次跃上新的高峰。

无为方能有所为。"无为"是道家重要的思想。老子说："道常无为而无不为。侯王若能守之，万物将自化。"老子强调对社会的治理要"无为而治"。在老子看来，只有做到"无为"，才可以做到"无不为"。老子的"无为"，并不是什么都不做，而是强调治国不要瞎折腾、瞎指挥，不要过度地干预社会经济和民众生活。这个观点和我们今天讲的发挥市场经济的基础作用有异曲同工之妙。"无为"还要遵守大道。当社会的发展合乎大道的时候，就任其发展，不加干预。"无为"还包含着"无不为"的思想。比如，作为统治者，不能朝令夕改，言而无信，更不能干违背规律和常理的事。一个人也应选择自己最合适的位置，干自己最喜欢也最拿手的事，有所选择，有所放弃，才能发挥自己最大的才能，有所成就。

在《西游记》的四人取经队伍中，孙悟空神通广大，猪八戒和沙和尚也有一定的本领，但他们只能当配角，主角则是平凡无奇的唐僧。唐僧看似无用，实则非他不可。这是因为唐僧有追求、有目标、有毅力，唐僧的主要任务是把握方向，其他的人只是解决路上碰到的各种难题。唐僧成为取经队伍中的核心人物，正是他"无为而无不为"。

凡从"无"取义的字，多与舞蹈相关。如"妩"是女子跳起舞蹈，尽显妩媚。"芜"是一片荒草，大地荒芜。

🌀 道意汉字 ☯

无是世上万物的本源，无生有又复归于无。
人的一生走过的历程，
是生于无，长于无，归于无。
人到无求品自高，人到无欲则刚强。
人的生命有时限，无为无不为方能显专长。

为

身心用力方能有作为

19世纪初，在意大利中部的一个山谷内住着一群村民，他们需要到距村子很远的一条小河里去挑饮用水。一个年轻人在有报酬的条件下接受了挑水的任务。

年轻人想，每天翻山越岭，负重而行，根本不是长久之事，况且挑水占去了自己大部分的时间，毫无自由和乐趣可言，要是能将泉水引到山谷里来，岂不更好？但是他的建议遭到了绝大部分村民的反对，同伴也好言相劝："你还是老老实实地挑水吧，不要异想天开，断了自己的生路。"

即便如此，年轻人并没有放弃，他利用业余时间，与几位支持者一起悄悄地修建管道。过了几年，他修建的管道终于连通了整个村子，源源不断的水汩汩而流，大家喜出望外，纷纷出钱购买。年轻人说："我一直没有放弃，因为我相信事在人为。"

这个故事说明：一个人要有所作为就不能安于现状，只要有理想，肯努力，善行动，一定能有所作为。

为（wéi），会意字。《说文·爪部》："为，母猴也，其为禽好爪，爪，母猴象也，下腹为母猴形。"这是就篆文所作的附会。

"为"的本义实为役象以助劳，引申指做、干，如"见义不为，无勇也""事在人为""所

篆文	金文	甲骨文
化字为『为』。繁体字为『為』，简	去掉了手，保留大象之形。	其形状是一只手，牵着一头大象，是手牵大象之形，会役使大象以帮助劳动之意。
是母猴的象形。		

作所为"。"为"也指治理、建成、成为，如"善为国者，仓廪虽满，不偷于农"。"为"又指被动、因为，如"天行有常，不为尧存，不为桀亡"。

含"为"的成语大多表示原因和做的意思。如"为非作歹"，指做各种坏事；"为富不仁"，指为了聚敛财富而不择手段，不讲仁德；"为鬼为蜮"，比喻使用阴谋诡计，陷

242

● 字说格言

◆ 为无为，则无不治。

——（春秋）老子

◆ 不为良相，便为良医。

——（北宋）范仲淹

◆ 以天下为己任。

——（北宋）欧阳修

◆ 为学莫重于尊师。

——（清）谭嗣同

◆ 为人是一种艺术。

——（英国）诺瓦利斯

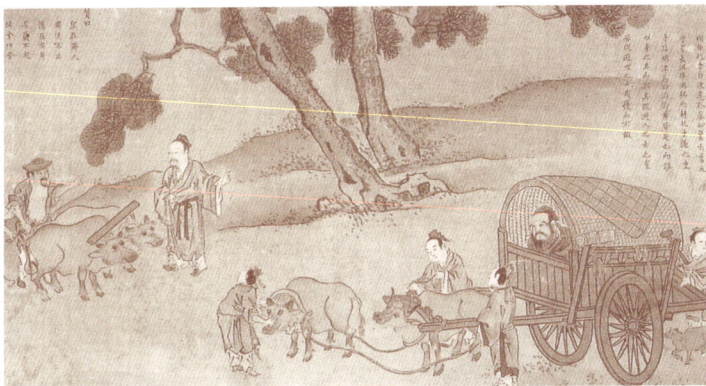

明代《圣迹之图》之《子路问津》："问津"表面上是指孔子师徒在打听自然河流的渡口，实际上隐喻他们正在探寻人生渡口和救世道路，还关系到孔子对人生观、价值观、宇宙观的探索与考量。不管孔子在周游列国中推广自己思想的结果如何，但他"明知不可为而为之"，走了一条连君子都不敢去走的道路。

害他人；"为好成歉"，指做好事却被当作恶意；"为善最乐"，指做好事最快乐；"为人师表"，指成为别人学习的榜样；"畅所欲为"，指痛痛快快地做想做的事；"成则为王，败则为寇"，指成功者权势在手，无人敢责难，失败者却有口难辩；"道不同，不相为谋"，比喻志趣不同的人不会在一起共事；"各自为政"，指各按自己的主张办事，不互相配合；"敢作敢为"，指做事果敢，不怕风险，无所顾忌；"聚米为谷"，比喻指画形势，运筹决策；"宁为鸡口，无为牛后"，比喻宁居小者之首，不为大者之后。

从"为"字的源流和结构看，它告诉我们应该为什么工作和如何有所作为。

一个人要有所作为，必须抓住关键。"为"字的甲骨文是用一只手牵着一头大象，大象是庞然大物，牵大象就要抓住关键、核心部位，才能驯服大象。道家认为：有所为，有所不为。"为"就是抓关键。

南非曾经兴起一股淘金热，年轻的贲菲因此发了大财，但不是挖金子而得，他靠的是卖凉水。原来，出产黄金的山区靠近沙漠，天气干燥，水源短缺，在那里挖金砂的人常常难以喝到水，人们一边爬山寻金矿一边抱怨："要是有人能够给我一壶凉水，我宁愿拿一两金子和他做交换。"费菲从中得到了启示，放弃了找金矿的念头，开始挖渠引水，将河水沉淀消毒过滤之后制成一瓶瓶清凉可口的饮用水，卖给找金矿的人们。两年里，费菲就赚了一笔巨款，成了百万富翁。

在这个故事中，费菲有所不为——不去一窝蜂地挖金，而有大"为"，抓到了致富的关键点——市场，给挖金者提供解渴之水。

无为，并非不求有所作为，更不是什么事都不做，而是指无"违"，是指凡事要"顺天之时，随地之性，因人之心"，不要违反"天时、地性、人心"，凭主观愿望和想象行事。

一个人要有所作为，必须付出辛勤的劳动。"为"字从力、从丶。"力"表示出力气，付出精力，上"丶"既是汗水，也象征要有头脑、智慧，中间的一点表示要用心。一个有作为的人应该具备三个基本的条件，即智慧、用心和勤奋。

清代著名篆刻家徐三庚治印：有所不为。

在一间简陋的旅馆里，一名旅客正准备休息，楼上传来一阵悠扬的钢琴声。他心想，这是谁弹的呢？正好一滴水从二楼的石板缝滴下来，他抬头看，又一滴水滴到他眼睛里，他大叫："服务生，快来啊！"服务生慌慌张张地跑来问："先生，您有什么事？""石板缝怎么滴水？"旅客大叫道。"哦，是贝多芬先生在楼上弹钢琴！"旅客悄悄上楼，在门缝里偷偷观看，只见贝多芬正在全神贯注地弹钢琴，琴声时而高，时而低。旁边放着一盆冷水，弹完琴后，他就把手放在冷水盆里面，然后抽出再继续弹琴。原来贝多芬弹琴的时候，手指发烫，所以要用冷水冷却一

贝多芬的成功离不开辛勤的汗水，图为1793年贝多芬在维也纳卡尔·利奇诺夫斯基亲王府邸举行演奏会的情景。

下。旅客不觉看了两三个小时，走后感慨道："真努力啊！不愧是伟大的艺术家！"

尽管已经是伟大的艺术家了，贝多芬依然勤奋练琴，在他热爱的音乐之路上付出辛勤的汗水。成功与付出的汗水是成正比的。"为"字有两点，代表着智慧和汗水，只有努力、努力再努力，才能有所作为。

一个人要有所作为，必须以"位"为依托。"为"音通"位"，二者关系密切。有"位"才能有"为"，因为有"位"才能有权力，才能支配资源去办成事。但这个"位"也要靠自己的努力，只有有作为，大家才会拥护你，才能有"位"。孔子说："名不正则言不顺。"有多高的位，就要做多大的事。

位者，为之设。对有为者，适其"位"，才能尽其"为"，要视其"为"给其"位"。不拘一格，重"为"选人，把"位子"给予有"为"者，为有"为"而创造条件，使其有其"位"，尽其"为"，即职权相符，责利同担，放手工作，积极有为；而对无为者，则不应给其职位；对乱作为者，则应给予惩治。

有一位智者广收天下门徒，聚有百余人。每天智者都教他们修身养性，习文练武。弟子们十分珍惜这难得的受教育机会，大多刻苦研习，虚心请教。只有一人不服管教，只知道吃喝玩乐。几年之后，弟子们大都掌握了一技之长，而那个冥顽不化的人仍浑浑噩噩，整日招惹是非。于是弟子们聚集在一起找智者投诉："老师啊，您开除那个坏蛋吧！""不行，我要收留他！"弟子们不解："为什么呢？！"智者回答："因为这是我的责任。我在老师的位子上，就要尽自己的职责。如果放弃这个人，那我就得下位。"

人生舞台上，位置到处都有，位子却往往稀缺难求。位子是责任，领导干部在其位谋其政，该表态的就要表态，该拍板的就要拍板，该承担的风险就要承担，决不能含糊其辞、模棱两可，更不能推过诿责。位子是能力，有为才有位。只有具备了正确行使领导权力能力的人，才能正确行使权力，这种能力是以实际表现出来的才能、实际创造的业绩为标准的。位子是奉献。位子不是一种待遇，更不是一种享受。领导干部要正确对待位子、正确对待权力，千万不能把"公权"变为"私权"，成为谋私的工具。

"为""力""伪"，形相近。一个人要有所作为，必须要有所担当，敢于负责，勇于出"力"；反之，一个人如果为了达到个人目的，人为、刻意地表现自己，就成了"伪"，这就是伪装。

道意汉字

手牵大象抓关键，有所作为有不为。

激光聚焦增能量，智者凝神功绩遂。

自古能者多努力，一分心血一分汗。

有位有为尽其责，切莫推诿无作为。

奉献有为才有位，有能有位更有为。

寡

从芜杂的事态中分身出来

宋玉是战国时楚国著名的文学家。一天，楚襄王问他："先生最近有行为失检的地方吗？为何有人对你诸多非议呢？"宋玉若无其事地回答说："请大王宽恕，听我讲个故事：最近，有人在郢都街上唱歌，开始时唱《下里》《巴人》，很多人跟唱；随后，他唱起了《阳河》，跟着他唱的人就少了一些；接着，他唱《阳春》《白雪》，附和的人又少了一些；最后，他唱格调高雅的商音、羽音和徵音，跟着唱的只有几个人。可见'其曲弥高，其和弥寡'。圣人因为有奇伟的思想和表现，所以超出常人，一般人怎能理解？"这便是成语"曲高和寡"的出处。

寡（guǎ），会意字，从"宀"，从"颁"。《说文·宀部》："寡，少也。"

"寡"的本义为少，成词如"寡言少语""曲高和寡""轻诺寡信""得道多助，失道寡助"。陶渊明《归园田居》："野外罕人事，穷巷寡轮鞅。"意思是居住在穷乡僻壤，门前冷落，很少有人乘车马前来拜访。

"寡"，由"宀""一""自""分"四部分组成。从"宀"，表示与房屋、家庭有关；从"一"，表示数量单一；从"自"，表示自己；从"分"，表示分离、分别。"寡"，从

篆文	金文

金文从右向左竖读：

在金文字形基础上加『分』，强调夫妻离散，突出『独居』含义，因为描绘的是房子里面只有一个人独处的形象，所以本义是人少。

『宀』即房屋，『丮』即『见』，表示举目张望，意思是独居空房，四顾无伴。造字本义：丧偶独居。

"宀"，从"丆"，从"且"，从"分"。"丆"为"石"的省字，表示坚贞不移；"且"为墓碑、排位的形状。故"寡"字又理解为：家中立有牌位，说明有人离世。虽阴阳永隔，但生者坚贞不移，仍然生活在这个家中，与之相守。这是旧时女子为丈夫坚守贞节的情形。"寡"是立志守在屋中，走出去则非"寡"。《释名·释亲属》："无夫曰寡。"这里的"寡"特指丈夫死去后还未再嫁的女人，又如"寡妇""寡母""鳏寡孤独""孤家寡人"和"守寡"等。

"寡"与"众"相对，按照传统习俗，男人是家中的顶梁柱，家里没了男人，就像房子没了梁柱的支撑一样。因此，"寡"又可用来表示弱小的意思。如"寡力"指力量弱小；"寡弱"指势单力孤。《资治通鉴·汉献帝建安十三年》："今寇众我寡，难于持久。"《后汉书·周纡传》："涓流虽寡，浸成江河；爝火虽微，卒能燎原。"这里的"寡"均为弱小。"寡"又引申为淡而无味，如"寡味""清汤寡水"。

"寡"还可引申指舍弃，如《论衡·书解》："使干将寡刺而更击，舍钩而射雁，则下射无失矣。""寡"与"孤"义相近，也许因为皇帝权力至高无上，高处不胜寒，虽然经常前呼

后拥，但心里无比的孤独，所以皇帝自称为"寡人"，即孤家寡人。

有"寡"字的成语多偏贬义，如："郁郁寡欢"指不愉快，心中憋气；"优柔寡断"形容做事犹豫不决、不果断、太温顺；"鲜廉寡耻"指无廉洁之操守且不知羞耻；"孤陋寡闻"比喻学识浅薄、见闻贫乏。

道家提倡清心寡欲、得失随缘、道法自然的生活态度，并认为这对修身养性最好，最有益于身心。何谓"清心寡欲"？在道家思想中，逍遥而游是其主旨，无为而为是其核心。"清心寡欲"正是其中的一个方面，既是无为而为的一种体现，又是逍遥而游的前提。想逍遥而游，就要摒弃自己过多的欲念，必须要清心寡欲。然而，道家所推崇的"清心寡欲"并不是让人如槁木死灰一般，而是让人体会到俗人无法体会的更高层次的快乐，有种无为而为、至乐无乐的意思。清心寡欲，并不是说禁绝人生的乐趣。只要用心领略，就会获得很多别人用钱都买不到的乐趣，其实精神上的享受，比物质上的享受更高级、更有滋味。有如青菜豆腐、小米稀饭，虽然没有大鱼大肉、香烟烈酒刺激人们味觉的效果，但对人的脾胃却更有益处。

249

● 字说格言

◆ 轻诺必寡信，多易必多难。
——（春秋）老子

◆ 不患寡而患不均，不患贫而患不安。
——（春秋）《论语·季民第十六》

◆ 独学而无友，则孤陋而寡闻。
——（西汉）戴圣

◆ 律己则寡过，绳人则寡合。
——（北宋）林逋

◆ 寡欲心自清。
——（北宋）程颢

　　清心寡欲，须约束自我的欲望，方能拥有自由。"寡"
字从自，即自己、自由，意为一个人必须对自我欲望有约束，
才能获得自由的人生。道家对"寡"字的阐释，主要强调对心
性的自我约束。"见素抱朴，少私寡欲"，是老子从"圣人"
（德才兼备的主政者、名士）的人格高度，提出的理想人格的
要求。老子认为："五色令人目盲；五音令人耳聋；五味令人
口爽；驰骋畋猎，令人心发狂；难得之货，令人行妨。"在这
里，他为人们道出了一个虽然简单但并非人人都能理解和践行
的道理：过分追求形而下的感官刺激与享乐，非但无益于人的
身心健康，反易使人的身心备受伤害，在各种各样的奢侈享乐
中，人的精神外驰而不知复返，迷于享乐的物欲而难以自拔，
丧失了原本的自我，不知自我原本为何种状态，甚而陷入人而
非人的地步。

　　一个古董商偶然在一个老铁匠那里发现了一把名壶。这的
确是一把清代制壶名家戴振公制作的紫砂壶，古朴雅致，乃绝
世珍品。古董商看到壶后爱不释手，希望老铁匠能够把壶出让

18世纪《帝鉴图说》彩绘插画：《受言书
屏》。讲述宋太祖赵匡胤向年已七十的隐士王
昭素问养身之术，王昭素说："治世莫若爱民，
养身莫若寡欲。"宋太祖认为很有道理，令人
写在屏风几案上，时时提醒自己。

给自己，并开价10万元。老人不为所动，拒绝了。这把壶是从老铁匠爷爷手中传下来的，自己也用了近60年。老人打铁一辈子，挣的钱只够养家糊口，可现在有人竟要用10万元来买这把普普通通的茶壶，他实在想不明白。

街头巷尾的人都知道了这件事，议论纷纷。老人的生活彻底被打乱了，他也不再用这把壶泡茶喝了，但也不知道该如何处置。当古董商带着20万元再次登门的时候，老人再也忍不住了，他当着众人的面，用斧头把紫砂壶砸了个粉碎。一切都恢复了往日的宁静。老铁匠过完了100岁寿辰，仍操起铁锤，打制拴小狗的铁链。

在金钱的诱惑下，又有谁能够有老铁匠那般的魄力？只有真正做到清心寡欲，淡泊名利，才会拥有自由、快乐的人生。

翻开中国的历史，可以看到，每一个朝代的强盛，莫不是从帝王将相清心寡欲、励精图治开始的。开启"文景之治"的汉文帝刘恒，十分推崇"黄老之术"，于是将老子的治国思想运用到自己的治国方略之中。他身体力行，在衣食住行等方面带头压缩生活开支，甚至连衣服也不添置。汉朝人喜欢穿长袖长衫的宽大衣服，为节约布料，他甚至下达了衣服不能拖地的禁令。同时，他禁止郡国贡献奇珍异宝，贵族官僚因此都不敢奢侈无度、纵情享乐。

正是自我欲望的降低，崇尚一种"王者"的生活，汉文帝刘恒才获得了自在。孟子说："养心莫善于寡欲。"如果我们能把握住自己的心，驾驭好自己的欲望，不贪，不觊觎，做到寡欲无求，就能役物而不为物所役，生活自然能够随遇而安了。

清心寡欲，须培育一颗知足之心。 "寡"字从分，即从纷纭芜杂的事态中分身出来，从过多的欲望中解放出来。老子说："祸莫大于不知足，咎莫大于欲得。"庄子也告诫人们："知足者，不以利自累也。"明代哲学家王廷相则说："君子不辞乎福，而能知足也；不去乎利，而能知足也。故随遇而安，有天下而不与也，其道至矣乎！"其后的思想家吕坤也有一名言："万物安于知足，死于无厌。"

自古至今，人一直是受欲望控制至死的动物。有的人适度加以节制，知足常乐；而有的人欲望膨胀，心态失衡，抱怨人生，心浮气躁；有的为实现欲望不择手段，干了伤天害理的事；有的甚至违法犯罪，走上了"断头台"。可见，贪欲是多么可怕。

希腊哲学家克里安德，当年虽已八十高龄，但依然仙风鹤骨，非常健壮。有人问他："谁是世上最富有的人？"他回答："知足的人。"

曾经有人问当代美国富有的石油大王史泰莱："怎样才能致富？"这位石油大王不假思索地回答："节约。""谁比你更富有？""知足的人。""知足就是最大的财富吗？"史泰莱引用了罗马哲学家塞涅卡的一句名言来回答："最大的财富，是在于无欲。"

可见，他们所认为的"富有"，与老子讲的"知足者富"是一样的。真正的寡欲，需有清净心，而清净心来自知足、感恩。只有珍惜已经拥有的，从贪欲中解脱出来，才能获得更多的快乐。

清心寡欲，须为人生做减法。"寡"是家里少了一分子，故而"寡"的本义是少。这就是减少过高、过多的欲望。北宋司马光的《温国文正司马公文集》有这么一句："君子寡欲则不役于物，可以直道而行；小人寡欲则能谨身节用，远罪丰家。"大意是：君子不贪心就不为外物所役使，就可以走直道；小人不贪心就能谨慎处世，节省用度，使罪祸免除，家庭丰裕。

列子，郑国人，又叫列御寇，著有《列子》。他是在庄子

"唯吾知足"即知足者常乐，最早出现在汉朝的古钱币上，利用方孔钱中间的那个方孔作"口"字偏旁，上、下、左、右共用一个"口"字，故而后人又称它为"借口钱"。

之前得道的，传说可以"御风而行"，"御"，本义是使马，这里就是"驾驭"的意思。列子御风而行，就像"鹏"可以"培风而飞"。这里用"御风而行"来比喻他超然世外，无功无名。古人说："轻清者上浮而为天，重浊者下凝而为地。"因此，要能"御风而行"，就要"轻清"。一个人怎么"轻清"呢？它讲究的就是"清心寡欲，身轻无累"。世人多为功名所累，因为心中存着功名，所以尘累浊重，不能乘风。而列子无功名之念，故而才能"御风而行"。

253

古代有个宰相，年近70岁仍鹤发童颜、耳聪目明，而皇帝年仅40岁，却已缩胸驼背、双腿没劲、牙齿脱落、皮皱肉松、老态龙钟。一天，皇帝问宰相："朕日进琼浆玉液、山珍海味，为何仍如此衰老呢？卿家已将古稀之年，还如此康健，不知卿家有何养身之秘？"宰相顺口答道："微臣确有秘方妙法，乃数十年服用'独寿丸'之故。"皇帝听罢，万分高兴，马上招来御医，说要服用能延年益寿的"独寿丸"。

御医本是一位医技精湛、博学多才的高手，却不知"独寿丸"为何物。宰相笑道："我所服用的'独寿丸'是药而非药，'独寿'乃清心寡欲、独得其寿之谓也。'独寿丸'虽无其物，但其颐养天年、抗衰防老之力远胜人参鹿茸千倍。"皇帝听罢恍然大悟。要想健康长寿，就应该淡泊名利、心平气和、冷静客观地看待世事人生。

　　清心寡欲，须学会耐得住寂寞。"寡"是孤寡，是一种寂寞的状态，是远离喧哗、远离繁乱。一个人要有所成就，必须忍得寂寞，享受孤独。当今不少现代人畏惧寂寞，其实，它可以使浅薄的人浮躁，使空虚的人孤苦，也可以使睿智的人深沉，使淡泊的人从容。

　　古今中外，智者往往独守一份孤独，他们深知一个人要想成功，必须承受寂寞。

　　著名导演李安去美国念电影专业时已经26岁了，因念书的事遭到了父亲的强烈反对。父亲告诉他：纽约百老汇每年有几万人去争几个角色，电影这条路走不通。但他义无反顾地去了，这个曾经羞涩、腼腆的人漂洋过海去了美国。那么结果如何呢？

　　毕业后的整整6年里，他没有工作。作为一个男人，他唯一的工作就是在家做饭带小孩。有一段时间，他的岳父岳母看他整天无所事事，就委婉地告诉他的妻子，准备资助他开个餐馆。他自知不能再这样拖下去，也不愿拿别人的资助来开展自己的事业。于是，他背着老婆硬着头皮去社区的大学报名学计算机。一天下午，他的太太突然发现了他的计算机课程表。结果她顺手就把这个课程表撕掉了，对他说："你一定要坚持你的理想。"因为这一句话，因为有这样一位明理智慧的太太，他没有去学

清代《增评补图石头记》绘画"凹晶馆联诗悲寂寞"。

计算机。

6年以后，当他带着自己第一部独立执导的电影走进人们的视野时，人们看到的不是初出茅庐的青涩，而是《推手》中稳健而独立的关于中西文化碰撞的成熟表达。他也最终成为首位获得奥斯卡最佳导演奖的华人。

人的生命是有限的，但生命的精彩是有无限可能的。谁都想成为下一个李安，但是又有几个人耐得住寂寞，等上6年甚至更长的时间？6年的寂寞足以削平一个人的斗志，即便我们有李安一样的才华，又有几个人有李安的耐性，能够一直等到成功的来临？自古以来，坚持的头号"大敌"就是诱惑，就是耐不住寂寞。英国作家王尔德说："我什么都能抵制，除了诱惑。"由于耐不住寂寞和诱惑，人们丧失了志向，偏离了方向，始终登不上成功之船。一个人想成功，一定要经过一段艰苦的过程。任何想在春花秋月中轻松获得成功的幻想都是枉然。这寂寞的过程正是积蓄力量、汲取营养的过程。如果耐不住寂寞，成功永远在别处。

在命运的行程中，每一个人都是独行者。然而，懂得生活的人，甘居于寂寞之隅，义无反顾，始有成功、幸福。心浮气躁者，终见陋于大方，为命运所弃。

255

道意汉字

孤陋则寡闻，惜气则寡言，
轻诺必寡信，失道必寡助，
自私必寡合，独斯成寡人，
好色多寡情，清心能寡欲。

欲

贪求如空谷纳物

　　唐朝天宝年间，长安有一士人名房德，生得伟岸丰躯，却家贫落魄，全赖妻子贝氏纺织度日。某日，房德出门遇雨，遂避于一古寺中，见寺庙墙上画了一只禽鸟，单单不画鸟头。房德心想："常闻人说'画鸟先画头'，这画法怎么会如此不同？"乃向和尚借笔，把鸟头画出。刚画完，里面走出十四五个汉子，一起向房德拜伏在地说："我等乃江湖上豪杰，俱是一勇之夫，故此对天祷告，找个足智多谋的人，画足鸟头，便让他做大哥。"说着奉上锦衣、新靴，宰猪杀羊，祭神摆席，不由房德推辞。古语云："不见可欲，使心不乱。"房德本是贫士，便想："如今贿赂公行，不知埋没多少高才，便依他们胡作一场，也落得半世快活。"酒后已是初更天气，房德便率众人去延平门外王家打劫，不料被抓。是时县尉李勉，他见房德系初犯，且又系落魄秀才，怜其才貌，便嘱狱吏私下将其放脱。房德一径逃往范阳，投奔安禄山。安禄山久蓄叛志，见房德有才，竟让他做了柏乡县令。李勉因放走房德，被参渎职，罢官为民。他原是个清官，居家二年贫困益甚，乃离家往河北访友，途经柏乡县恰遇房德。房德大喜，乃邀入县衙，并与贝氏商量厚赠报恩。贝氏道："今若报得薄了，他翻过脸来将旧事和盘托出，你性命难保。况且他口如不严，被人知你强盗出身，祸患无穷，不如差人将他刺死，永绝后患。"房德本就惧内，见她说得有理，便派人去刺杀李勉。谁知这刺客竟是一个大侠士，访知李勉是个清官，又访知李勉义释房德的经过，今见房德反而恩将仇报，如何肯为他去刺杀李勉？于是反戈一击，杀了房德夫妻，飘然而去。

后人用"不见可欲，使心不乱"这个典故，比喻看不见能够引起欲念的东西，心就不会乱。房德之所以招来杀身之祸，是因为他对财物、官位的贪欲。

欲（yù），会意兼形声字。《说文·欠部》："欲，贪也。从欠，谷声。"

"欲"的本义为欲望、愿望。异体字"慾"由谷、欠、心组成，意为人的欲望由心底而发，是心有所需、情有所好的结果，如"无欲则天下足"。"欲"又指淫邪，如"君子乐得其道，小人乐得其欲"。"欲"还指喜爱、需要，如"人情欲厚恶薄，神心犹然"。

有"欲"字的成语基本上是贬义的。如"欲盖弥彰"，指企图掩盖过失或坏事的真相，结果却暴露得更加明显；"欲壑难填"，指贪欲无法满足，就像深谷难以填满一样；"欲加之罪，何患无辞"，谓随心所欲地诬陷人；"欲速则不达"，指一味图快，反而达不到目的。此外，还有"欲取姑予""欲人勿知，莫若勿为""欲说还休""欲益反损"等。

篆文

从欠（人张口，表示不足），从谷（空谷，也指供人食用的五谷杂粮），会贪求如空谷纳物之意。

道家主张以清心寡欲、恬淡的心生活。老子在《道德经》中讲："五色令人目盲；五音令人耳聋；五味令人口爽；驰骋畋猎，令人心发狂；难得之货，令人行妨。是以圣人为腹不为目，故去彼取此。"老子认为吃喝玩乐、声色犬马，会使人放荡不羁，不择手段地追求稀有的东西，就容易使人产生不轨的行为。因此，老子劝导我们：但能吃饱肚子而不追逐声色之娱，抵制物欲的诱惑，方能成为圣人。老子的这一思想与当今的"极简主义"主张是相通的。解读"欲"字，可以帮助我们校正人生的坐标，提高生命的质量。

"欲"是人之常情。"欲"由"谷"和"欠"字组成，意为缺少五谷，人就会饥饿，就会产生对食物的需求。生存、发展是人的本能，食物同阳光、空气一样，是人类生存必不可

● 字说格言

◆ 贪欲无穷忘却精，用心不已走元神。

——（唐）孙思邈

◆ 寡情欲，节声色。

——（北宋）麻希梦

◆ 贪欲者，众恶之本；寡欲者，众善之基。

——（明）王廷相

◆ 寡欲以清心，寡染以清身，寡言以清口。

——（明末清初）颜元

◆ 清心寡欲以养其内，散步习射以劳其外。

——（清）曾国藩

◆ 纵欲之乐，忧患随焉。

——（清）申居郧

◆ 贪利者害己，纵欲者戕生。

——（清）金缨

◆ 吃饭只要七分饱，凡事只求八分好。

——民谚

尼德兰彼得·勃鲁盖尔（1525—1569）于1556年所绘的鹅毛笔画《贪欲》：画正中一位贵妇坐在金银财宝前数钱，而她的四周都是饥饿的穷人。

少的物质基础。欲望是人的本性，物欲是人们正常、本能的需求。一个人渴了，最大的欲望是饮水；寒了，最大的欲望是穿衣。俗话说"人有七情六欲"，这种欲望从低级向高级发展，从物质到精神的提升。一个人有欲望，才会有理想，才会有追求，才会去努力，才能成就自我。如寻求真理的求知欲、展示个性的表现欲、发挥个人特长的发展欲，这些都是人的本性，是无可厚非的。特别是为了国家的富强、民族的复兴和个人成功的欲望，更应该给予肯定和鼓励。欲望在一定程度上促进了社会的进步和自我梦想的实现。欲望大致上又分为生理和心理两种。当人的物欲满足以后，心理的欲望会上升。但是，一个人的欲望是没有止境的，如果管不住自己的欲望，任其膨胀，就会给自己带来痛苦和不幸。

有一个人向国王求赏，国王说："你从这里往外跑，跑一个圆圈，只要你在太阳落山前赶回来，圆圈里的地都归你。"那个人开始拼命地跑，太阳快落山了，他还觉得自己拥有的土地不够宽广。后来看时间实在不早了，于是拼命往回赶，结果跑回来已精疲力竭，一个跟头栽下去再也没有起来。国王找人挖了个坑，把他埋了。牧师在给这个人祈祷时叹道："一个人要多少土地呢？其实这么大就足够了。"

这个故事说明：一个人欲望越多，痛苦和不幸就离他越近。在现实生活中，有些人觉得活得太累，其原因在于要求太多，欲望太强，自然就会身心疲惫。叔本华有句名言："生命是一团欲望，欲望不能满足便是痛苦，满足了便是无聊，人生就在痛苦和无聊之间摇摆。"

我们在欲望中前行，在欲望中进步。但欲望无止境，快乐者是欲望的主人，失败者则是欲望的奴隶。

贪欲无穷是人生之大害。欲，有"谷"字，意为任何欲望若无节制，欲就会变成山谷，山谷是一个填不满的坑。《淮南子》："患生于多欲，害生于未备。"明朝王廷相说："贪欲者，众恶之本；寡欲者，众善之基。"人有欲望，古今皆然。有欲望是正常现象，关键是要节制自己的欲望，不要让欲望像脱缰的野马而放纵，更不能滋生非分之想、邪恶之欲。如果不用理智加以节制，必然导致身心扭曲，甚至走上不归路。在当今社会，应当引起我们警惕和节制的是四种不良的贪欲：一是赌欲。好赌也是人的天性。"小赌怡情，大赌败家。"偶尔小玩，未尝不可，但无节制的豪赌则是可悲的。许多人正因为好赌而身败名裂。二是酒欲。适量饮酒，有益身心，但嗜酒成性，则变成"酒鬼"。三是色欲。俗话说"色字头上一把刀""人不能制情欲，则为情欲所制"。自古贪官多好色，好色贪官必堕落。四是财欲。因贪图金钱而毁了青春年华，断送了政治前程的事例俯拾皆是，不胜枚举。雨果说："魔鬼在自己的心中。"这个魔鬼就是贪欲，只有用道德抵御情欲，用理性节制贪欲，才能抵抗住各种诱惑，才能立于不败之地。

和珅是清代有名的大贪官，他凭借一手遮天的权势，聚敛的财富之巨超过了历代贪官。和珅从一个八旗子弟一步步升为清朝的第一权臣，本来应该感到十分知足了，但是"人心不足蛇吞象"，富贵给他带来的不是满足，而是贪欲的畸形膨胀。当他被抄家的时候，总资产达8亿两白银，相当于大清20年的财政收入。难怪民间有"和珅跌倒，嘉庆吃饱"的说法了。

和珅无限膨胀的贪欲为他带来财富的同时，也为他招致杀身之祸。而他辛辛苦苦积累起来的财富却在一瞬间化为乌有，这正应了老子的名言"多藏必厚亡"。

贪欲源于贪心。"欲"的异体字为"慾"。这个字说明了人的贪欲、欲念、欲求，源于不知足的心。

和珅（1750—1799），原名善保，字致斋，钮祜禄氏，满洲正红旗人，一品官员，官居大学士，清高宗乾隆皇帝的宠臣，以巨贪而出名。

商朝纣王即位不久，便命工匠为他磨一把象牙筷子。纣王的庶兄贤臣箕子感叹说："象牙筷子肯定不能配土瓦器，而要配犀角雕的碗、白玉磨的杯。有了玉杯，其中肯定不能盛菜汤豆羹，而要盛山珍海味才相配。吃了山珍海味就不愿再穿粗衣葛服，而要穿锦绣的衣服；也不愿再住茅屋陋室，而要乘华贵的车子，住高楼广厦。这样下去，商国境内的物品将不能满足纣王的欲望，他还要去征掠远方各国珍奇异宝。"正如箕子所言，纣王的贪欲越来越大。他抓了上千万的劳工修建占地三里的鹿台，修建以白玉为门的琼室，再搜罗珍宝和奇禽异兽充塞其中。同时，他在鹿台旁注酒为池、悬肉为林，使裸体男女在其中相逐戏，以供自己取乐。由于他的残暴，以致天怒人怨，在文王率部征伐期间，士兵纷纷倒戈反商。众叛亲离的纣王，最后自焚于鹿台。

俗话说"知足者常乐"。知足得安宁，贪心易招祸。

明代诗人朱载堉作了一首诗《十不足》，淋漓尽致地刻画了一个贪婪者的形象。诗文如下：

逐日奔忙只为饥，才得有食又思衣。

置下绫罗身上穿，抬头却嫌房屋低。

盖了高楼并大厦，床前缺少美貌妻。

娇妻美妾都娶下，又虑出门没马骑。

将钱买下高头马，马前马后少跟随。

家人招下十数个，有钱没势被人欺。

一铨铨到知县位，又说官小职位卑。

一攀攀到阁老位，每日思想要登基。

一朝南面做天下，又想神仙下象棋。

洞宾陪他把棋下，又问哪是上天梯？

上天梯子未做下，阎王发牌鬼来催。

若非此人大限到，上到天上还嫌低。

假如一个人如此贪得无厌，必然永远充满着烦恼。

节欲是人生保全之道。"欲"的异体字是"慾"，意为人的欲望是由人的心灵和心态所决定和产生的，只有理性之心、平和之心才能节制人生的欲望。古代官场上的许多人，为了保全自己，大多选择节欲、守成以善终。养生之道，更是要节欲。老子推崇"少私寡欲，恬淡为上"的养生观，主张心灵纯粹而不杂，要求人们少私欲，去贪心，如此养生，方能延年益寿。宋代的林逋说："保生者寡欲，保身者避名。"功名利禄适度即好，这样养生，则能延年益寿。而追求名利，嗜欲无穷，则会招灾惹祸，伤身损寿。

如何节制人的欲望？首先，应该心胸宽广。人的心胸，多欲则窄，寡欲则宽，不为个人的私利蒙住了眼睛，就会超脱、远大。其次，要理性。人是感情的动物，追求感官的刺激能激发人的动物性，只有用理性的缰绳才能驯服感情的野马，也许我们不能坐怀不乱，但要尽可能避免有"坐怀"的机会，用心灵的平静去对付躁动的情感，用理性的思考去辨别善恶是非，用良好的操守摒弃不守规矩的邪念，只要时刻心存善念，就会安泰吉祥。再次，要知足常乐。俗话说"人心不足蛇吞象""贪心满欲易上当""鱼不忍饥钩上死，鸟因贪食网中亡"。相反，"无欲则刚""人到无求品自高"。英国作家富勒说："如果你的欲求无穷尽，那么你的心事和担忧也会无穷尽。"美国作家马克·吐温说："狂热的欲望，会诱出危险的行动，干出荒谬的事情来。"清朝的胡澹庵写了《知足歌》："思量事劳苦，闲着便是福。思量疾厄苦，无病便是福。思量患难苦，平安便是福。思量死来苦，活着便是福。也不必高官厚禄，也不必堆积金玉。看起来，一日三餐，有多少自然之福。我劝世间人，不可不知足。"只有知足才能节欲。如果人生是一粒沙，欲望就是无底洞；如果人生是一滴水，欲望就是浊浪滔天的大河。用有限的人生去和无限的欲望赛跑，谁能获胜？人生的欲望，一苦求不得，二苦想不开，三苦放不下。贪婪者会深陷其中，

263

《新刻绣像批评金瓶梅》第七十九回插图：
《西门庆贪欲丧命》。

知足者见好就收。有缘来者，好自珍惜；无缘去者，安然随它。有容乃大，无欲则刚。贪婪者常忧，知足者常乐。

"欲"谐音为"裕"。"裕"是有衣穿，有饭吃，过的是富裕的生活，同时寓意知足则裕，不知足则穷。"欲"的谐音还有"郁"，贪欲会使人郁郁不乐。

石刻：无欲则刚。

🜛 道意汉字 ☯

正当的愿望是动力，难以满足的是欲壑，
难以抑制的是欲火，痛苦源于膨胀的欲求。
人无多欲一身轻，违心献媚必烦心。
刻意追求被奴没，劳劳碌碌无宁日。

恬

心怀千口人，恬淡自安适

　　有一个看似简单却颇为有趣的字谜。谜面是：千张嘴，一颗心。解谜直接用组字法就可以了，"嘴"为"口"，"千张嘴"就是"千"加"口"为"舌"；"心"为"忄"，加"舌"即是"恬"。

　　恬（tián），形声字。《说文·心部》："恬，安也。从心，甜省声。"字形采用"心"作意符，采用省略了"甘"的"甜"作声旁。

　　"恬"的本义为安静、舒适。人心安然，常会有丝丝的甜意洋溢在心头，正所谓"性定菜根香"。内心的宁静，才是真正的舒适。如果不是为彼事发愁，就是为此事担忧，即使锦衣玉食，日子过得也并不舒适。人重视内心的安静，不在乎外物的取舍，此为"恬"之淡泊名利、清净安逸之意。

与"恬"字有关的成语很多，如："恬淡寡欲"指心境清净淡泊，没有世俗的欲望；"虚无恬淡"指清虚淡泊，无所企求；"恬淡无为"指心境清净自适而无所营求；"心旷神恬"指心境开阔，精神愉快；"恬然自足"指胸中恬淡，无处不感到满足；"恬不为意"指处之泰然，满不在乎；"文恬武嬉"字面意思是文官安闲自得，武官游荡玩乐，形容官吏只知贪图安逸享受，吃喝玩乐，不关心国事；"恬不知耻"指做了坏事满不在乎，一点儿也不感到羞耻；"恬言柔舌"指甜言蜜语；"恬不为怪"指看到不合理的事物，毫不觉得奇怪。

266

"恬淡虚无"是道家养生要旨。《黄帝内经》有"恬淡虚无，真气从之，精神内守，病安从来"的观点，认为恬淡虚无可守真气，防病康体，延年益寿。《庄子·天道篇》云："夫虚静恬淡寂寞无为者，万物之本也……朴素而天下莫能与之争美。""恬淡"即要人淡去名利、声色等种种的欲望，人没有了太多的欲望，烦恼自然也就少了，如此少思寡欲、无忧无虑，犹如儿童一般。"虚无"指做修养功夫的要求，适当的时候要放下，要减去，要空掉，使内心悠游自在，安闲而舒适。"恬"字告诉我们人生的诸多哲理。

恬是苦尽甘来。恬，左"心"右"舌"，而"舌"是"甜"的省略，"恬"指甜在心里。心中的感受与外部环境往往有密切关系，但是内心豁达的人总能在艰苦的环境中，不让自己的内心充满挫败与忧伤，而始终怀有乐观积极的心态，以苦为乐，终于苦尽甘来。

苏轼45岁时因"乌台诗案"被贬黄州，每月只能领到一点生活费，全家人的吃住都依靠以前的积蓄。为了度日，每月初一，苏轼便取出4500个大钱，分成30份，每份150个钱，挂在屋梁上。每天早上用画叉挑取一份后，即藏起叉子。苏轼将挑下的钱当作一天开销，如有盈余，则放置于大竹筒内存起来，以作招待宾客之用。尽管处境如此恶劣，苏轼却没有消沉，反而苦中作乐。在朋友的帮助下，苏轼向官府申请了一块城中的废地，自己开垦耕种，搭建房屋，以解生活之困。这块坡地被原主人命名为"东坡"，苏轼便自诩为"东坡居士"。他利用不入达官贵人之眼的普通食材烹制美食，最终发明了被后世赞叹的东坡肉。我们从苏轼的打油诗《猪肉颂》中也可以一窥他的"苦中乐"：

净洗铛，少著水，柴头罨烟焰不起。

待它自熟莫催它，火候足时它自美。

黄州好猪肉，价贱如泥土。

贵人不肯吃，贫人不解煮。

早晨起来打两碗，饱得自家君莫管。

如今，我们一品著名的东坡肉，自是有富足之感。可在这富足之时，我们是否也能品出当年苏轼苦中作乐的滋味呢？人生不免有困苦的时候，要善于苦中作乐，自然甜在心头。

恬是慎言守中。恬，"舌"在"心"旁，表明古人很早就明白话在出口前，必须在心里思量一番：此话当讲不当讲，该如何讲。在慎言这方面，老子有过论述："多言数穷，不如守中"，意思是人说的话多，往往会使自己陷入困境，还不如保

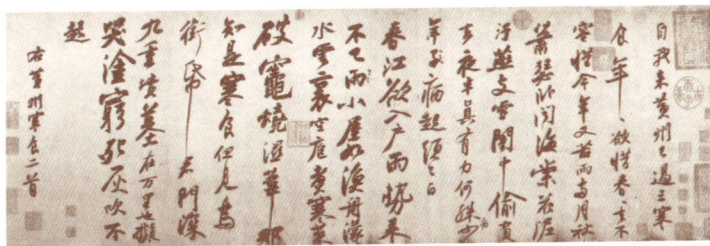

宋代苏轼的书法作品《黄州寒食诗帖》，问世于苏轼因"乌台诗案"而被贬黄州的第三年（1082）寒食节，它是在一种平淡无求的心态下而产生的千古名作，与东晋王羲之《兰亭序》、唐代颜真卿《祭侄稿》合称为"天下三大行书"。

持虚静沉默，把话留在心里。北周大将贺若敦、贺若弼父子的悲剧，就是因为祸从口出。

贺若敦以威猛出名，在参加平定湘州之战中立有大功。立功之后，贺若敦自以为能受朝廷封赏，但没想到为奸人所诬，不赏反降，心中愤愤不平，当着使者的面就大怒。当时北周权臣宇文护早就对他不满，有除之而后快之意。这次听到使者回来一说，马上把贺若敦调回，逼迫其自杀。临死之前，贺若敦对儿子贺若弼说："吾必欲平江南，然此心不果。汝当成吾志，且吾以舌死，汝不可不思。"说完拿锥子狠狠地刺破儿子贺若弼的舌头，想以痛感让儿子记住他的临终遗言和血的教训。可惜，这舌头之痛并没有让贺若弼避开口祸。贺若敦死后十几年，已是大隋天下，贺若弼也成了隋的右领军大将军，战功累累。灭陈后，贺若弼和韩擒虎争功，令文帝杨坚心有不快，认为他贪功邀宠。但贺若弼并没有因杨坚的不满而有所改变，反而因杨素的官位比自己高而心怀不满，口出怨言。一些好事之人便把他说的气话告之杨

● 字说格言

◆ 平易恬淡，则忧患不能入，邪气不能袭，故其德全而神不亏。

——（战国）庄子

◆ 心地上无波涛，随在皆风恬浪静；性天中有化育，触处见鱼跃鸢飞。

——（清）金缨

◆ 遇不如意事，须恬静忍耐以处之，若有一毫怨尤之意，便生出许多躁扰，不唯累心，亦且累事。

——（清）夏锡畴

◆ 读书足以恬情，足以博采，足以长才。

——（英国）培根

坚。杨坚把他下狱，责备一番，念他有功就放了。谁知他不但不警觉和收敛，反而夸耀他和太子杨勇的关系密切。后来杨勇失宠被废，他又为杨勇鸣不平。文帝又把他招来质问："我用高颍、杨素为宰相，你在众人面前多次大放厥词，说他们什么也不能干，只会吃饭，这什么意思？难道我这个皇帝也是废物不成？"贺若弼只能伏地求宽恕，文帝把他贬为平民，一年后才复其爵位，但不再重用。杨广篡位后，贺若弼还是没有吸取教训谨言慎行，因妄议杨广奢侈而被杀。

这就是"祸从口出"的故事，言语虽然并无实体，但俗话说"说出去的话，泼出去的水"，一旦出口的话是无法收回来的，因此往往会招致各种误解和祸端，谨言慎行则能保平安。舌在心上，为人处世需谨言慎行，不要随便发表议论，以免祸从口出。

第二次世界大战中宣传保密的海报——祸从口出。

恬是坚定的信心。"恬"字的偏旁为"忄"，形似竖立不倒的坚强的心。"恬"的本义是"安静"，又引申为"泰然"。人在任何境遇中都要保持泰然的心情，而保持泰然的心情，就必须有一颗坚定的心，一点坚定的信念。

日本的小泽征尔是世界著名的音乐指挥家。在成名以前，一次，他去欧洲参加指挥家大赛。在决赛时，他被安排在最后一个出场。台下坐满了观众，他们大多是来自世界各地的音乐大师。评委会交给他一张乐谱。小泽征尔全神贯注地挥动着指挥棒，以世界一流指挥家的风度，指挥着世界一流的乐队演奏具有国际水平的乐曲。演奏中，小泽征尔突然听到乐曲中出现了一处不和谐的地方。他以为是乐队演奏错了，就指挥乐队停

法拉第和他的实验室。

下来重奏一次。但是，他仍觉得不自然。在场的作曲家和评委都郑重声明乐谱没有问题。面对几百名国际音乐大师，小泽征尔考虑再三，坚信自己的判断是正确的。"不！一定是乐谱错了！"他的喊声刚落，评判台上的评委们立即站起来报以热烈的掌声，祝贺他大赛夺魁。原来，这是评委们精心设计的，目的是试探指挥家是否能够坚信自己的正确判断。他们认为只有具备这种素质的人，才是真正的世界一流的音乐指挥家。前面的参赛者虽然也发现了问题，但是在国际音乐大师面前，都放弃了自己的意见。只有小泽征尔相信自己，果敢地做出正确的判断，因而获得了这次大赛的桂冠。

恬是淡泊名利。"恬"字从心、从舌，甜省声，合起来的意思是把心思放在舌头上去感受甜美的滋味。一般人平时的心思早就跑到外面有意思或重要的事情上了，哪里还有心思把注意力放在舌头上？然而，什么事情会夺去我们的注意力，让我们终日忙忙碌碌，无法感受亲情的甜美、爱情的甜蜜、生活的美好？那当然就是名利了。因此，"恬"字所指的关键是"把一切事情都放下"，告诫人们放下名利，将目光放在重要的、切实的目标上，放在身边的细微事情上，感受生命本源的美好。

1857年，维多利亚女王正准备册封迈克尔·法拉第为爵士。不过，迈克尔·法拉第拒绝受封。同年，英国皇家学会会员选法拉第为会长，也遭到法拉第本人的谢绝。除了皇家研究所主席的邀请，他通常回避其他交际活动。而每周日，他总会去教堂。在那里，他与妻子相识相爱。1860年，法拉第再次拒绝担任皇家学会会长，在他眼里，"上帝把骄矜赐予谁，那就是上帝要谁死"。他担任时间最长的职位，是港务局科学顾问，负责维护水路安全和检查灯塔。从1836年被提名，他一直做到1865年，这也是他最后辞去的一个职位。他一生的信件有10%与这个职位有关。在一封来自圣赫勒拿岛的信里，犯人写道："当我读到您在科学上的发现，我深感遗憾，我过去的岁月浪费在太无聊的事情上。"1867年8月25日，法拉第在椅子上安然离世。在他的葬礼上，妻子莎拉宣读了他的遗言："我的一生，是用科学来侍奉我的上帝。"他的墓碑上，只写着他的出生年月和名字。

庄子认为，为"名"奔波，为"利"辛苦，丧失了自由与快乐，"心为形役"，实在得不偿失。我们何不学一学庄子，学一学法拉第，将名利看淡，如风一般自由、快乐呢？

"恬"与"天""填""甜"音相近。天，无比广阔，欲望如天是永远也无法填满的。与其穷尽一生去追逐如天的欲望，不如减少欲念，泰然面对生活的种种，得人生的大甜。

🌀 道意汉字 ☯

心怀千口人，舌尝苦和甜。
坐看风云月，舍去名利缰。
知足寻自在，生活乐逍遥。
恬淡风浪静，心平无波澜。

淡

如水般的清、静、平

清咸丰年间，热河新来了一位副都统名叫卜昌。这个人有点才气，但心高气傲，自以为了不起，不把别人放在眼里。一天，卜昌信步到了一个私塾，进了大门，不见有人出来迎接，心中不快，再走进去，见两个十多岁的孩子，带着一群七八岁的娃儿在读书。卜昌喝住孩子，问："就你们两个在？"两人答道："先生外出了，让我们两个带一下。"卜昌斜着眼睛问："你们也能教书？听着，我是新上任的都统卜昌，我倒要考考你们。"两个孩子谦逊地答道："请大人出题。"卜昌说："两火为炎，既然不是盐，为何加水变淡？"一个小孩略一思索，答道："二土为圭，既然不是龟，为何加卜变卦？"卜昌一听，暗吃一惊，心想对得工整，把我的姓也加进来，还拐着弯骂我是乌龟。卜昌指着另一个小孩说："你呢？"这个小孩不慌不忙，答道："两日为昌，既然不是娼，为何加口变唱？"卜昌本想耍耍威风，想不到反而被两个小孩骂了一顿，又不便发作，只好灰溜溜地走了。

淡（dàn），形声字。《说文·水部》："淡，薄味也。"

"淡"的本义为味道不浓厚，如"大味必淡""淡而无味""粗茶淡饭"。"淡"与"浓"相对，后引申为稀薄、浅淡，如"三杯两盏淡酒，怎敌他晚来风急""天高云淡，望断南飞雁""淡妆浓抹总相宜"等。"淡"又引申为营业不兴旺，如淡季、生意清淡。"淡"也指不热心，如冷淡、淡漠。"淡"还含不热衷名利之意，三国诸葛亮在《诫子书》中就写道："君子之行，静以修身，俭以养德，非淡泊无以明志，非宁静无以致远。"

道家主张虚淡、清淡、淡泊、淡定、淡然，向往逍遥、自在的生活。"淡"字是对道家的生活态度、生活方式的生动描述。

淡泊是如水般的清澈。"淡"字从水，水是清澈透明的，无欲无求。淡泊是恬淡寡欲。明朝薛瑄在《读书录》中写道："少欲则心静，心静则事简。"弘一大师在《格言别录》中

篆文

从水，炎声。从「水」，表明与水有关，「炎」是火上加火，强调炎热。「炎」旁有「水」，以水降火，以水化热，使热度降低。

273

● 字说格言

◆ 发纤浓于简古，寄至味于淡泊。
　　　　　　　　——（北宋）苏轼

◆ 凡文章先华丽而后平淡。
　　　　　　　　——（宋）吴可

◆ 惟淡可以从俭，惟俭可以养廉。
　　　　　　　　——（明）周顺昌

◆ 志由淡泊而高，节从甘辛而丧也。
　　　　　　　　——（明）洪应明

◆ 淡淡的幽香是最好闻的花味。
　　　　　　　　——（英国）华兹华斯

明代画家李在依据陶渊明的《归去来兮辞》而绘《临清流而赋诗图》，画中描绘诗人临溪而坐、凝思赋诗的情景。这是陶渊明淡泊名利的表现。

讲："涵容是待人第一法，恬淡是养心第一法。"淡泊，是理性成熟，低调处理人生事；恬淡，是以平和的心态去面对人生，以怡性怡情的胸襟去享受生活。得意时不骄奢淫逸，失意时不自卑放纵。有欲苦不足，无欲则无忧。人可以有欲望，但不能任其膨胀，只要过了界那就是累己累心。因此，淡泊的性情是用理智去思考自己所念所求，不为欲望所奴役。

274

陶渊明是中国最早的田园诗人，他不仅诗文非常有名，而且看淡功名富贵。有一年，陶渊明来到离家乡不远的彭泽当县令。这年冬天，一名上级官员来视察，一到彭泽县的地界，就派人叫县令来拜见他。陶渊明得知后，很不情愿，他的下属劝他说："参见这位官员要十分注意小节，衣服要穿得整齐，态度要谦恭，不然的话，他会在上司面前说你的坏话。"一向正直清高的陶渊明再也忍不住了，他长叹一声说："我宁肯饿死，也不能因为五斗米的官饷，向这样差劲的人折腰。"他马上写了一封辞职信，离开了只当了80多天的县令职位，从此再也没有做过官。从官场退隐后的陶渊明，在自己的家乡开荒种田，过起了自给自足的田园生活。在田园生活中，他找到了自己的归宿，写下了许多优美的田园诗歌。

淡定是如水般的沉静。淡定是冷静、镇定，《黄帝内经》称为"恬淡虚无"，现代人称为"淡定"。

"每临大事有静气。"这是晚清两代帝师翁同龢教导弟子时所言，他认为：自古以来贤圣之人，越是遇到惊天动地的大事、险事，越能心静如水，处变不惊。古往今来，凡成大事者必有静气。

　　历史上著名的淝水之战，东晋不足十万的兵力要抵御前秦百万虎狼之师，形势不可谓不凶险。但是，主帅谢安却在后方指挥所里不慌不忙地下着围棋。等到前线军报传来，他只随意地看了一眼，又继续下棋。旁边的人实在忍不住了，上前询问前方战况。此时，谢安才轻描淡写地说道："小儿辈已破敌。"

　　航天英雄杨利伟，在航天飞行的整个过程中心率始终在每分钟70次左右，绝对称得上心如止水。在飞船里戴着航空手套用手持操作棒按电脑键盘，难度之大不言而喻。尤其是在万众瞩目、全球媒体关注的情况下，要保证200多次各种各样的操作零失误，对于常人来说这简直是不可能完成的任务。但杨利伟做到了，并且完成得如平时练习一样镇定从容。

清代画家苏六朋所绘《东山报捷图》：取材于东晋淝水之战的故事。丞相谢安在东山松树下与客下棋，胸有成竹地等候捷报，远处山间一骑兵急驰前来报捷。

　　有些人之所以一遇大事就惊慌失措，很大程度是因为心里没底，

这是由120多条谚语画面组成的讽刺画《荷兰的谚语》，嘲讽那些不冷静思考的愚蠢行为，挖苦人们的愚笨与罪过，是1559年比利时法兰德斯的画家扬·布勒哲尔（1568—1625）的晚年杰作。

也就是没有驾驭大事的能力和本领。俗话说，手中有粮，心中不慌。淡定是一种心理素质，有时是因为艺高胆大，有时是因为不把得失看得太重，把胜败当作寻常事，自然也就淡定从容。

淡然是如水般的冷静。"淡"字，一半是水，一半是火，当一个人怒火从心中燃烧的时候，冷静之水就能将它熄灭。假如任由怒火燃烧，不但会伤害别人，也会伤害自己。

柏拉图年轻有为，取得了令人钦佩的成就。一次，朋友赠他一把精细的椅子，借以表达对他的肯定。但有一个人对柏拉图很不服气，有意跳到椅子上乱蹦乱跳，还煞有介事地发泄说："这把椅子代表着柏拉图心中的骄傲与虚荣，我要把它踩个稀巴烂！"

看到此人怪异而又无礼的行为，在场的人都吓了一跳。这时，只见柏拉图取出一块抹布，从容地把踩脏的椅子擦干净，随即礼貌地请那位朋友坐下，然后说："谢谢你帮我踩掉心中的虚荣，我也帮你擦去心中的嫉妒，你现在可以心平气和地坐下来和大家喝茶聊天了吗？"

从这件事可以看到柏拉图的修养、胸怀，他用平静如水的心境转化了一场冲突，也带来了一种和谐。

清淡是如水般的淡泊。淡是指盐少了。在日常生活中，如果汤或菜偏咸了，最简单的办法是往里面加水，使味道变淡。俗话说："淡多促人寿。"临床经验表明，高血压、动脉硬化的发病与过量摄入食盐有一定的关系。科学的饮食要注意清淡，"五味"不要太过，尤其是中老年人应多吃富有营养的清淡食品，如绿色的谷物、水果、蔬菜，荤素结合，以素为主。

"淡"的谐音字为"单"，淡泊的人，往往是比较单纯的人，什么都看得开，看得透，也就纯真、平淡。

☯ 道意汉字 ☯

淡是如水般冷静，似火一样热情。

淡定是力量，如巨岩拒浪，心定神清。

淡然是胸怀，洞悉而练达，狂风大浪心不惊。

淡泊是境界，兰秀深林，不以无人而不芳。

淡定是人生，留一半糊涂，留一半清醒。

致 矢志不移鞭策远

三国时诸葛亮临终前给儿子诸葛瞻写了一封家书，表达了对儿子的殷殷教诲与无限期望。那便是后来广为人知的《诫子书》："夫君子之行，静以修身，俭以养德。非淡泊无以明志，非宁静无以致远。"全文通过智慧理性、简练谨严的文字，将普天下为人父者的爱子之情表达得淋漓尽致，成为后世历代学子修身立志的名篇，而其中的"淡泊明志、宁静致远"也已成为传颂千年的佳句。

致（zhì），会意兼形声字。《说文·夊部》："致，送诣也。"

"致"的本义为送达、送到，如《汉书·武帝纪》："存问致赐。""面致"表示当面送给，当面交达；"致敬""致谢"中的"致"有表达、传致的意思，"三致志"指再三表达某种意愿。"致"做形容词时，可用来形容事物至善至美；

"致"又引申为导致、造成的意思。唐代李朝威《柳毅传》中说："唯恐道途显晦，不相通达，致负诚托。"其中，"致"即是因外力作用而导致某种结局的意思。"致残""致病"等词语中的"致"都是导致的意思。"致"还有引申转告、回报之意，如《史记·刺客列传》："荆轲遂见太子，言田光已死，致光之言。""致"也可引申为意态、情趣，如兴致、别致、情致等；"致"还表示细密，如细致、精致。

致	𦤶	𦤶
楷书	篆文	金文
脚（攵）讹写成『攵』（反文旁）。	省去了人，只留下脚（攵），进一步强调送到。	从人、从至，会人送达之意。

有"致"的成语极少："错落有致"形容事物的布局虽然参差不齐，却极有情趣，使人看了有好感；"闲情逸致"指悠闲的心情和安逸的兴致。

下面，我们主要从"致"字去看处世之道。

兴致是目标与行动的动力。"致"的左边是"至"，其既是声旁又是形旁。"至"是会意字，甲骨文字形为"𠙚"，像射来的箭落到地上，表示到达。"至"的本义为到，引申指完全达到。寓意是像箭一样，明确目标后，以快速行动去抵达。

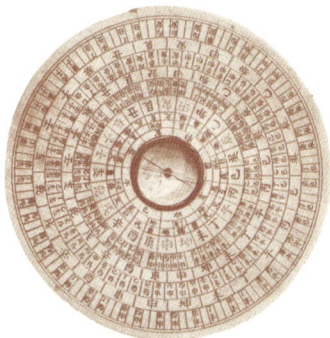

中国人在公元前1000多年就发明了罗盘，它能为航海者指明船只与磁北的相对方位，是航行远方的利器。它如实现目标的动力"兴致"。

● 字说格言

◆ 事父母能竭其力，事君能致其身。

——（春秋）卜商

◆ 致治在于任贤，兴国在于务农。

——（西晋）陈寿

◆ 读书之法，莫贵于循序而致精。

——（南宋）朱熹

◆ 推陈出新，饶有别致。

——（清）戴延年

人的目标和行动，与兴致密切相关。人只有有兴致才能以苦为乐，才能有行动的动力和源泉。一个人要想成长，一个民族、一个国家要想进步，都必须有自己的目标。失去了目标，就失去了前进的动力。

本田公司的创始人本田宗一郎，1906年出生于日本静冈县，1922年离开家乡来到东京，进入一家汽车修理厂当学徒。他非常勤奋，没多久就成为一名优秀的修理工。1928年，本田宗一郎开办了一家自己的汽车修理厂，经营得非常成功。但这并不是他所追求的目标。1934年，他关闭了汽车修理厂，同时成立东海精密机械公司，主要生产活塞环，并为丰田汽车供货。然而，这仍然不是本田宗一郎的最终目标。

本田宗一郎在年轻的时候，虽然一无所有，但有一个雄心勃勃的梦想，他给自己定下了一个目标，那就是要跻身世界最大汽车制造商的行列。开办汽车修理厂和生产活塞环，都只是为了实现这个远大目标所做的铺垫。因此，在1945年，他将蒸蒸日上的东海精密机械公司卖给了丰田公司，并于1946年创建了今天的本田技术研究所，开始研发、生产摩托车。现在，本田宗一郎的这一目标已经实现。在全球小轿车市场，本田的产销量和市场份额与日俱增，和通用、福特、丰田、戴姆勒－克莱斯勒共同跻身于全球最著名的汽车销售商之列。

一个人没有明确的目标，就像船没有罗盘一样，在茫茫大海中行驶却没有航线，只能随波逐流。而实现这一目标的动力则是兴致，兴致使人充满激情、充满乐趣。

精致在于反复的磨炼与鞭策。"致"字从攴（通"攵"），"攴"为敲打，会意鞭策、督促，以达到目的。《说文·攵部》："致，至也。""至""攴"为"致"，即为不断提醒、鞭策自己，通过一定的方式，尽量使事物完善、完美。"致"引申指精密、周密、细密，古文字作"緻"，从系，会意使计划、事物等精密，不能忽视细微之处。

唐宋八大家之一的曾巩，年轻时曾多次参加科举考试，但都没有考上。有一天，曾巩和兄弟们正在读书，外面有人递进一张字条。说是从外墙上边揭下来的。曾巩一看轻轻一笑，交给了弟弟曾晔。原来，字条上写的是一首诗："一年一度举场开，落杀曾家两秀才。有似檐间双燕子，一双飞去一双来。"这明显是嘲笑曾巩和曾晔多次应考不中的事情。曾巩来回踱着，思绪万千。他冷静地告诉弟弟："这张字条是鞭策我们的鞭子。"从此，每天雄鸡一叫，兄弟两人便起床读书，两年里

曾巩（1019—1083），字子固，南丰（今属江西）人，北宋文学家，死后追谥"文定"，世称"南丰先生"。

不出家门，孜孜不倦地攻读。功夫不负有心人，三年后，兄弟二人都考中。不久参加省城考试二人又都考中，成了科举史上少有的佳话。

在人生追求的路上，只有不断地鞭策自己，一路坚持，人生才能不断地升华。

吉林省公主岭市有一块清朝时期的"问心碑"，竖立于当时怀德县署所在地——现怀德镇政府大院内。这是当地第一任知县张云祥在清光绪三年（1877）为了鞭策自己，亲自立碑撰写的。正面碑眉刻有"克勤克俭"四个字，碑文上首刻着"问心"两个大字。正文是："问心无愧古人所难，余何敢以此自命？盖因数十年来遇事则返心自问，颇有所得。兹值堂成铭以自勉。"

张云祥的所作所为，与他在碑文中表达的为官执政理念同出一源。史载，张云祥为官廉洁勤政。怀德县原是清朝的封禁之地，张云祥到任后，组织本县官吏和民众垦荒造田，迅速缓解了老百姓吃饭穿衣的困难。他又根据怀德地处交通要冲，连年遭受战争摧残，土匪盗贼活动猖獗的情况，加强整顿吏治和法治。在此过程中，张云祥清正廉明，不仅克己奉公，带头捐献银钱，而且政务公开，公布各地捐钱数额，接受民众监督。"问心碑"面世后，不但时时事事鞭策着首任知县张云祥，也激励和鞭策着此后历任父母官。"问心于堂"作为"怀德八景"之首，一直流传至今。

雅致在于志趣与品格高尚。"致"的谐音为"志"，"淡泊以明志，宁静以致远"，心情平稳沉着，才能有所作为。雅致指不追求名利，生活简朴以表现自己高尚的情趣。故"致"也可作"志趣""雅致"解。"高人雅致"指品格高尚之人的优雅情趣。

东晋时期著名的文学家陶渊明，由于看不惯官场腐败，毅然辞去彭泽县令，回到家乡自耕自食。他喜欢种植菊花，爱好喝酒，同时喜欢弹琴。然而，他的琴既没有丝弦，也没有作为音阶标记的徽。

一日，太阳落山，夜幕降临，群星闪烁，陶渊明与朋友在庭院梧桐树下对坐。此时，他兴

元朝书画家赵孟頫的作品《陶渊明像传》（局部）：讲述陶渊明抚无弦琴之事，即"彭泽横琴"的典故。

致甚佳，抚摸着伴随他多年的无弦琴，对朋友说："今夜风清月朗，我为你弹奏一曲。"说完便用双手有节奏地按拍琴板，边弹边说："你听这《幽兰》虽没有声响，却如庭园的花草一样芬芳；这《绿水》还没有弹奏，却似屋后的小溪潺潺流过。"朋友大惑不解，见他弹琴好似装模作样而已，没有一点琴音，就说："先生弹琴堪称人间妙手，为何不拨弦弹奏一曲，以娱耳目？"陶渊明笑道："但识琴中趣，何劳弦上声。"意思是说，人只要心境平和就乐曲畅快，本性宁静就音声俱备。

事实上，陶渊明是在追求一种高雅的志趣，这符合他得其意忘其形的处世之道，琴在他眼中只是一种宣泄自己情感的工具。他并不在意琴究竟发声不发声，弹奏无弦琴只是适性任情，表达心曲而已。正因为有着不求名利、怡然自乐的雅致情趣，陶渊明写下了举世瞩目的田园诗篇，而后人也将"彭泽横琴"的典故传了下来，喻赞陶渊明的志趣高雅不俗。

"致"，形从"夂"，义同"至"。"夂"通"攴"，寓意持杖击打。因此，在"致"字上，我们可以看到为人处世的三重道理：目标必须坚定明确，行动尽可能至善至美，同时要自我鞭策、不断努力，如此方能抵达成功的彼岸。

🌀 道意汉字 🌀

向上动力是兴致，追求独特是别致，

精益求精是精致，文以载道是雅致，

心至手至能致知，如矢快捷增长知，

矢志不移长久识，鞭策激励以明志。

虚

虎卧山丘守静笃

清代书画家、文学家郑板桥有一副很出名的对联：

虚心竹有低头叶

傲骨梅无两面枝

这副对联的上联咏竹：竹，中空有节，它的叶子都是两两相对向下生长的，好像"个"字，形似"虚心低头"状。"低头、虚心"既描写竹的外在自然状态，又指人的内在精神品德，二者异质同构。下联赞梅：梅，不惧冰霜，迎风斗寒傲雪开，所以称梅有傲骨，而且梅还有一个特征，它的花都开在枝的阳面，一律朝上，从无阴面朝下（其他的花就不一定，如桃花就有朝下开的花，所以被斥为"轻薄"），因此说"无两面枝"。梅的这种形象特征与人们所赞扬的不向恶势力低头、表里如一的正直人格又是异质同构的。上联说的是治学要虚心，下联说的是做人要正直。郑板桥在艺术修为上诗书画三绝，在为人方面傲岸耿直。从他身上，后人不正是看到了竹的精神、梅的风格吗？

虚（xū），形声字。《说文·丘部》：“虚，大丘也。昆仑丘谓之昆仑虚。古者九夫为井，四井为邑，四邑为丘。丘谓之虚。”意思是：虚，大丘。昆仑丘也被称为昆仑虚。古代的行政区划法是，九夫为“井”，四井为“邑”，四邑为“丘”。

“虚”的本义为古人穴居的废窑包。“虍”为虎皮，“业”原为古时乐器架子上的大板，两者相合，表示内有支架，外蒙虎皮，中间为空的物体，故“虚”表示虚空、空隙，如“座无虚席”“乘虚而入”。“虚”字从虍、从业，可视为与虎打交道的职业，因其危险性大，难免心里怯懦，故“虚”有怯懦之意，如“心虚”。“虚”又引申指不足、不真实，如“虚张声势”。我们还把讨论大政方针称为“务虚”，把不实在的工作称为“虚工”。“虚”也常指衰弱，如中医的“血虚”“气虚”“阳虚”“阴虚”。我们也用“虚无”形容荒诞无稽，“心虚”指心里不踏实、缺乏自信，“虚构”指凭想象编造出来。

与“虚”相关的成语很多，例如：“避实就虚”指避开敌人的主力，攻击敌人的薄弱环节，或指谈论问题时回避要害；“乘虚而入”指趁着空隙或无人防范时进入；“做贼心虚”比喻做坏事的人疑神疑鬼，心神不宁；“浮名虚誉”指虚有的名声和不实在的称誉；“令不虚行”指制定的法令必须切实执行；“徒有虚名”指空有名望，有名无实；“虚怀若谷”指胸怀像山谷一样深广，形容十分谦虚，能容纳别人的意见；“子虚乌有”指假设的、不存在的、不真实的事情；“耳听是虚，眼见是实”指听到的不足信，亲眼看到的才真实可靠。此外，还有“虚位以待”“虚无缥缈”等。

篆文	金文
省去了人，只留下脚（夂），进一步强调送到。	由（虍）的变形，虎头，借代老虎）（两个“匕”，表示虎爪）、土（土，地域）组成。造字本义为虎豹横行了无人烟的地方。

道家认为"虚"是"道"的根本属性。老子认为有而言无，实而言虚，"道"无所不在，无形可见，天地之间既具"虚"又有"实"的属性，故要"致虚极，守静笃"，神情专注，心无旁骛，进入"物我两忘"的虚实澄明的境界，这是修身养性之大道。"虚"字告诉我们为人的态度和处世的境界。

处世应清虚自守，韬光养晦。"虚"字，从丘、虍声，上虍下丘，似虎卧深丘之状。虎卧荒丘，潜伏忍受，韬光养晦，可见"虚"是清虚自守、韬光养晦的处世智慧。道家认为："以其不争，故天下莫能与之争""虚则无为而无不为""莫为则虚"，表面上清净无为的人，实际上极富智慧。

东汉时期，贵人邓绥受到和帝宠爱，皇后阴氏十分嫉妒。但邓绥为人谦恭，性格温顺，对阴氏十分尊重。与阴氏同时觐见和帝，邓绥从不正坐；和帝每次提问，邓绥总是让阴氏先说，从不与阴氏抢话头；每当发现自己的服饰与阴氏相同或相近时，邓绥便立即换掉，绝不与阴氏抢风头。尽管如此，阴氏仍然与人一起施行巫蛊之术，企图置邓绥于死地。鉴于阴氏的专横、阴险，和帝幽禁了阴氏，并在邓绥称病辞让的情况下坚持将她立为皇后。这个故事，被后代史家公认为"不争之争"的典型范例。

清虚是一种内在的、收敛的力量。坚守住这种力量，对"张扬"的对方便会形成一种无形的威慑，使自我处于一种貌似被动而实际主动的地位。我们现在所讲的"韬光养晦"，实际上就是应用了道家的智慧。

做事应因地制宜，避实击虚。"虚"有虚弱、弱点之意。正所谓虚实相生，万事万物都有其强处，自然也有薄弱处，而这个薄弱处，就是我们解决问题的关键。

在兵法中，"虚"有重要意义。《孙子兵法》中认为："夫兵形象水，水之形，避高而趋下，兵之形，避实而击虚；

《戒饬宗族》故事画。邓太后是东汉和帝刘肇的皇后邓绥。她在和帝去世后长期摄政，因担心娘家人不守法令，便对邓氏一族严加管束。

水因地而制流，兵因敌而制胜。"意思是用兵遵循水流动的规律，水避开高处而向低处奔流，用兵即应避开敌人坚实之处而攻击其虚弱的地方。我们做事、攻克问题也如用兵——如果"避实而击虚"，攻其薄弱处，则事半功倍；如果"避虚而击实"，与其硬碰硬，就会加倍困难、事倍功半。

日本的古都奈良每到4月会有大量燕子飞来，在旅店筑巢栖息，繁衍后代，它给奈良平添了一道温馨怡人的自然景观。好客的店主人和服务员很乐意为小燕子提供营巢的方便。可是招人喜爱的小燕子却有个随便排泄的毛病，旅店的服务员尽管不停地擦洗，但燕子依然在旅店留下污渍。这使游客非常扫兴，服务员也开始抱怨了。要彻底清除小燕子的粪便污渍只有两个办法，一是增添员工，二是赶走小燕子。但这两个办法试过之后都行不通，旅店的经理们锁紧了眉头。久而久之，这件事成了奈良旅游业发展的一大难题，已经影响到整个景区的繁盛。有一天，奈良饭店的经理以小燕子的名义拟了一则奇特的告示："女士们、先生们：我们是刚从南方赶到这儿来陪伴你们过春天的小燕子，没有征得主人的同意，在这儿筑了窝。我们常常弄脏你们的玻璃和走廊，使你们不愉快，为此很过意不去，请女士、先生们多多原谅；也请你们不要埋怨服务员，他们是很辛苦的，只是擦不胜擦，这完全是我们的过错。请你们稍等一会儿，他们就来。——你们的朋友小燕子。"这则告示将游客们逗得前仰后合，他们的不快也在笑声中悄然散去。当他们再看到窗上、走廊里的点滴粪便污渍，就会自然而然地想起"小燕子"那亲昵风趣的话语，忍不住笑起来。

奈良饭店的经理正是抓住了旅游者的心理特征，巧妙地化解了他们的不满情绪。这正是解决事情的窍门与关键。如果经理不了解旅游者的心理，要么雇用员工花大力气日夜不休地清扫，要么赶走燕子，但这些方法显然都费力不讨好。因此，抓住事情的关键点，去拟定合适的对策，才是事半功倍的解决之道。

立身应有真才实学，切忌弄虚作假。"虚"有空泛、不真实之意。人们常说"虚有其表"，即是指空有好看的外表，实际上并没有与之相符的内在，也就是所谓的"有名无实"。空心的东西总是容易被折断，人也是一样，不管外表伪装得多么好，但若没有充实的内涵支持，很快就会原形毕露，在人生路上吃亏摔跤。

东汉时，有个有钱人想谋个一官半职。他拿出一笔数目可观的钱来打通关节，如愿以偿得到了一个在太守衙门里当属官的职位。他穿上官服，戴上官帽，趾高气扬地走来走去，心里非常得意。但这个有钱人得意了没几天，就遇到了难题：有一篇奏事的呈文必须由他写，然后交给太守审阅。他以前一直过着衣来伸手、饭来张口的懒汉生活，从没想过要去学习，什么都不会，这回要写呈文，令他犯难。邻居建议："我听说很多年前有个叫葛龚的人，他的奏事呈文写得很好，你就去照他

● 字说格言

◆ 良贾深藏若虚，君子盛德，容貌若愚。

——（春秋）老子

◆ 清虚以自守，卑弱以自持。

——（东汉）班固

◆ 皆存想虚致，未必有其实也。

——（东汉）王充

◆ 虚谈废务，浮文妨要。

——（东晋）王羲之

◆ 绝望之为虚妄，正与希望相同！

——鲁迅

写的抄一篇吧，用不着再费脑筋了。"这个人听了大喜过望，赶紧回去把古书翻了个遍，总算找到了葛龚写的文章。他不管三七二十一，一字不改地原封不动照抄下来。到最后，竟然忘了改呈奏者的名字，将"葛龚"二字也抄上了。第二天，他把呈文交给太守，太守看了，气得吹胡子瞪眼，一句话也说不出来，马上就把他罢免了。

弄虚作假是经不住时间考验的，终究会露出马脚。没有真本事，只靠装样子吓唬人，在别人还不了解真相的时候，确实能够蒙混一阵子，但是事情总有真相大白的一天。因此，做人最重要的是求"真"，虚有其表与不懂装懂，都很容易被识破。

求学应谦虚谨慎，不可骄傲自满。"虚"有"不自满"之意。老子在《道德经》中说："敦兮其若朴，旷兮其若谷。"这就是"虚怀若谷"。所谓"满招损，谦受益"，"谦虚使人进步，骄傲使人落后"。谦虚是一种美德。谦虚的人心量特别大，能包容各式各样的人，特别是一些有个性的人才，而不会闭目塞听。容人之量是在处理事情的时候，能把原有对人的成见、意见、不愉快、抱怨、不满意等悉数忘却，对待那些对自己不公、不恭而得罪自己的人怀有大的气量。《庄子·山木》说："人能虚己以游世，其孰能害之。"意思是：人如果能以虚己的态度待人处世，谁还能伤害他呢？相反地，世界上越是自傲自满的人，越是没有什么实学。所谓"夜郎自大""井蛙不足以语海"，都是形容既没有学问又不肯虚心求教的人。

宋代著名理学家杨时，从小聪明过人，7岁能赋诗，人称神童。他15岁时攻读经史，熙宁九年登进士榜。

有一次，杨时与他的学友游酢，因对某一问题有分歧，为了求得一个正确答案，他俩一起去向老师程颐请教。时值隆冬，天寒地冻，朔风凛凛，瑞雪霏霏，他们来到程颐家时，适逢老师坐在炉旁打坐养神。杨时与游酢二人不敢打扰老师，就恭恭敬敬侍立在门外等候老师。

明代仇英《程门立雪图》。

这时，远山如玉簇，树林如银妆，杨时的一只脚冻僵了，冷得发抖，但他依然侍立。良久，程颐从窗口发现侍立的杨、游二人，赶忙让他们进屋，当时外面的积雪已经一尺多厚了。后来，杨时学得程门理学的真谛，东南学者推杨时为"程学正宗"。这就是"程门立雪"典故的由来，这个典故也成为虚心谨慎、尊师重教的千古美谈。

生活应充实丰富，避免虚度年华。"虚"还有"无意义的"之意。《钢铁是怎样炼成的》中有段很有名的话："人最宝贵的是生命，生命对于人只有一次。人的一生应当这样度过：当他回首往事时，不会因虚度年华而悔恨，也不会因碌碌无为而羞耻。"生活越是丰富多彩，人们对生活的感受和体验也会越充实、深刻，生活情趣也更加丰富，而多彩的生活情趣又能令人感受到美好的生活。因此，要使生活变得有趣味、有意义，就要不断地充实它，不断地丰富它。

鲁迅12岁在绍兴城读私塾的时候，父亲正患重病，两个弟弟年纪尚幼。鲁迅不仅经常上当铺、跑药店，还得帮助母亲做家务。为免影响学业，他必须做好精确的时间安排。此后，鲁迅几乎每天都在挤时间。他说过："时间，就像海绵里的水，只要愿挤，总还是有的。"鲁迅读书的兴趣十分广泛，又喜欢写作，他对于民间艺术，特别是传说、绘画，也深切爱好。正因为他广泛涉猎，多方面学习，所以时间对他来说，实在非常重要。他一生多病，工作条件和生活环境都不好，但他每天都要工作到深夜才肯休息。在鲁迅的眼中，时间就如同生命。"美国人说，时间就是金钱。但我想：时间就是性命。倘若无端地空耗别人的时间，其实是无异于谋财害命的。"因此，鲁迅最讨厌那些"成天东家跑跑，西家坐坐，说长道短"的人，在他忙于工作的时候，如果有人来找他聊天或闲扯，即使是很要好的朋友，他也会毫不客气地对人家说："唉，你又来了，就没有别的事好做吗？"

鲁迅的成就很大部分得益于他的惜时。毛泽东评价鲁迅，说他是"中华民族新文化的方向"，他那些引导世人的大量著作，正是在一点点挤出的时间中写下的。

人生最可悲的事情，莫过于胸怀大志，却又虚度光阴；觉得自己不够聪明，但干事总爱拖延；觉得自己学历不够高，可又没利用业余时间继续充电；对自己不满意，但自我安慰今天好好玩，明天再努力。既然知道路远，那就该早点出发。

"虚"与"需"音相同。每个人的一生都在追求各种各样的事物，但哪些是自己本心真正的需求，哪些又是会成为负担的欲望？这需要我们让自己的心清净下来进入"虚"的境界中，即是让自己从纷扰的俗事中沉淀下来，让心灵放空。在快节奏的生活中，虚阔的心灵是一种重要的空间需求，只有留给自己一片空间仔细思考，才能摒弃不必要的烦恼与俗事，懂得生活的真趣。

"虚"加"口"为"嘘"，华而不实或心虚的人，总是虚张声势，吹嘘自己。

道意汉字

虚如虎卧丘，韬光而养晦。

清虚以自守，静笃生智慧。

求学有虚怀，实学为能师。

时光最宝贵，珍惜不浪费。

宁

心安丁旺自安宁

　　文学名著《瓦尔登湖》是美国作家梭罗独居瓦尔登湖畔的记录。梭罗写作此书时，为了求得心灵的宁静以专心写作，便在湖畔的小木屋旁开荒种地，春种秋收，自给自足。他崇尚自然，与自然为友，与湖水、森林和飞鸟对话，在林中观察动物和植物，在船上吹笛，在湖边钓鱼。晚上，他在小木屋中记下自己的观察和思考。他追求精神生活，注重灵魂的纯洁与独立，他骄傲地宣称："每个人都是自己王国的国王，与这个王国相比，沙皇帝国也不过是一个卑微小国，犹如冰天雪地中的小雪团。"

　　中国有个词叫"宁静致远"，指的是当人拥有平稳静谧的心态，不为杂念左右时，静思反省，自然会有深谋远虑和远见卓识。梭罗正是如此，他能远离尘嚣，甘于宁静，故能体会到自然的美，写下著名的《瓦尔登湖》。而这本书，又让多少人在阅读时随着梭罗追寻到心境的宁静、安然与自然的美呢？

宁（níng），象形字，繁体为"寧"。《说文·宁部》："宁，辨积物也。象形。凡宁之属皆从宁。"

古人称娶亲成家宁神度日为"安"，称衣食充足而娱乐养心为"宁"。"安"

篆文	金文	甲骨文
承续金文字形。	加心（心），强调心性安定。	由Ъ（装满美酒与琼浆的器皿）和丁组成。表示物质生活富足，精神生活愉悦。造字本义是安居乐业，丰衣足食，娱乐颐养。

是"宁"的基础，"宁"是"安"的高级境界。"宁"字常作形容词，为安宁、平静之义；作动词，为甘愿、愿意之义；作副词，为难道、岂敢之义。

● 字说格言

◆ 民为邦本，本固邦宁。

——（春秋）孔子

◆ 不当时命而大穷乎天下，则深根宁极而待，此存身之道也。

——（战国）庄子

◆ 非淡泊无以明志，非宁静无以致远。

——（三国）诸葛亮

◆ 交善人者道德成，存善心者家里宁，为善事者子孙兴。

——（明）方孝孺

◆ 内外同心，家室以宁。

——（清）纪昀

与"宁"相关的成语有很多：如"戒奢宁俭"指宁愿节俭，也要戒除奢侈；"礼奢宁俭"指礼义过多而繁杂，不如俭约些；"息事宁人"原指不生事，不骚扰百姓，后指调解纠纷，使事情平息下来，使人们平安相处；"宁为玉碎，不为瓦全"指宁做玉器被打碎，不做瓦器而保全，比喻宁愿为正义事业牺牲，不愿丧失气节，苟且偷生；"宁缺毋滥"指选拔人才或挑选事物，宁可少一些，也不要不顾质量贪多凑数；"宁为鸡口，不为牛后"指宁愿做小而洁的鸡嘴，而不愿做大而臭的牛肛门，比喻宁在局面小的地方自主，不愿在局面大的地方听人支配；"鸡犬不宁"形容被骚扰得厉害，连鸡狗都不得安宁；"食甘寝宁"指吃得香甜，睡得安稳，形容心绪宁静；"本固邦宁"指人民安居乐业则国家太平；"深根宁极"指深藏静处，也指根柢牢固等。

道家追求天人合一。所谓天人合一、物我两忘的境界，指的正是内心宁静平和，感觉到与世间万物存在合一的自然状态，修道者更需要拥有宁静的心境、超脱的人生。宁即是静，老子认为"万物生于静归于静"，不论是道家的炼心炼气，儒家的修身养性，还是佛家的"六根清净"，无不以炼静入手。心不能宁静便无所安定，心不能安定便无所守持，也就是说，人无法宁静就会没了主心骨，就会一事无成。

庄子认为，修身养性需"宁"："不当时命而大穷乎天下，则深根宁极而待，此存身之道也。"意思是当时遇不顺、命途多舛而穷困于天下，就固守根本、保有宁寂至极之性而静心等待，这就是保存自身的方法。"宁"字揭示了安宁的基础、核心以及条件。

丰衣足食是宁的基础。"宁"，本作"寍"，从宀、从心、从皿。"皿"代表盛食物酒水的器具，"宀"表示住在屋里。人有饭吃，有衣穿，有屋子住，心就安宁了。因此，丰衣足食是心灵安宁的基础。

1989年，北大博士王青松和当时在北大英语系任教的妻子辞去北大教职，退隐河北深山，和泥筑屋，开荒蓄水，植草种树，耕牧读书，全家风生土长，与大自然为友。他们过着原始人般的生活，无自来水、无电，更无电话和互联网，日用品全部自产，唯一外购物资是食盐；家有数百只黑山羊，三头黑猪，几十头黄牛，几匹骡、马、驴，放羊由8岁儿子负责；为保护环境，他们不用化肥、肥皂、洗衣粉等，而用草木灰当肥皂洗手。他们虽与凡尘相隔，但夫妻的心包藏宇宙，吞吐天下，他们享受人的独立和思想自由，更为外界所难得。

王青松与妻子在深山中过着自给自足的生活，他们虽然不富有，但是丰衣足食，身暖腹饱，并且远离尘嚣，没有俗世的烦恼。试问这样，心情怎么能不宁静呢？

成家立业是宁的条件。"宁"字从宀、从丁，"宀"即家，加"丁"，即家有男人、男丁的意思。所谓成家立业，成家还在立业前，"宁"字的意思便是一个男人，若要心境安宁，首要条件是成家立业。因为有一个妻子、有一个家，家中诸事交由妻子打理，他才可以一心一意在外面拼搏。男主外、女主内是中国社会上千年的模式。当然也有成家后的神仙眷侣，夫妻琴瑟和鸣，共同进步的，就像宋代的赵明诚、李清照夫妇。

中国传统年画《打春牛》：描绘立春打春牛的习俗，反映了农民对丰衣足食生活的憧憬。

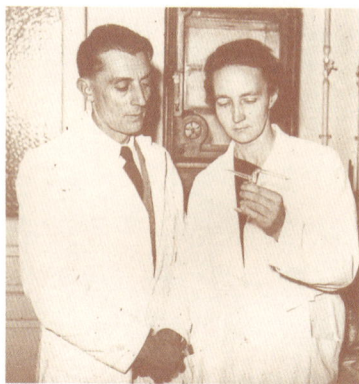

艾琳·居里和她的丈夫弗雷德里
克·约里奥在研究人工放射物质。

298

《居里夫人自传》中曾说：对于皮埃尔·居里来说，他的
未来就只有一条路。他把自己的生命献给了他的科学梦。他需
要一位与他一起去实现这同一个梦想的伴侣。

从居里夫人的自传中可以看到，她的丈夫是希望先成家后
立业的，而他们的科学事业也是在婚姻之后，两人因为无后顾
之忧，并且志趣相投、共同进步，最终发现了镭，获得了诺贝
尔奖。

后继有人是宁的保证。"宁"字从丁，"丁"即男丁。古
人认为"不孝有三，无后为大"，古人也讲究人丁兴旺，如果
没有后代，或者只有单丁相传，都会让人们感到焦虑。因此，
人要安宁，必须后继有人。

因为"后代"代表的是继承者。这个继承者，不仅是指
血脉的传承，更是家族文化的传承，有些时候也是一门手艺、
一种精神的传承。如果没有了继承人，那么先代累积下来的家
业、精神、技艺，便要全部消失了。

潍坊附近的村子有一门叫打绳子的手艺。这项打绳子的家
庭手工业，在该村已经有200年的历史，20世纪50年代，村里家
家户户都有打绳子的工具，很多人都会打绳子。据村里的老人

说，当时村里有130多户农民，其中100户从事打绳子的营生。到了晚上，不少农户全家出动，点着油灯打绳子到半夜，有人甚至为了节省灯油，干脆借着月光打绳子。但随着社会发展以及机械化的普及，手工打绳子已经逐步被人们遗忘。村里的老人说："打绳子这项老手艺，虽然逐渐被社会淘汰，但毕竟是从老一辈那里传下来的。绳子机械化生产并不意味着老手艺的消失，我希望有年轻人来继承这项老手艺，并传承下去。我已经把打绳子的工具留了下来，用来当作历史的见证。"

心灵安静是宁的核心。繁体字的"寧"，字中有"心"，强调宁静是心神安定。心境宁和并不单指心如止水，还指豁达。即做人要豁达，只有豁达了，做事情才不会畏首畏尾，才有可能达致心中所想。

杨绛是中国著名的作家、戏剧家、翻译家，也是著名学者钱锺书先生的夫人。她一生坎坷，经历过20世纪中国的战乱、动荡，老年时独女、丈夫又相继离世。她虽然悲痛，却始终不曾失去平静。她曾说："锺书逃走了，我也想逃走，但是逃到哪里去呢？我压根儿不能逃，得留在人世间，打扫现场，尽我应尽的责任。"送走女儿、丈夫后，杨绛独居北京，潜心整理丈夫的文稿并陆续发表；坚持写作，发表了《我们仨》《走在人生边上》等著作。她在《一百岁感言》里如是说："我今年一百岁，已经走到了人生的边缘，我无法确知自己还能往前走多远，寿命是不由自主的，但我很清楚我快'回家'了。我得洗净这一百年沾染的污秽'回家'。我没有'登泰山而小天下'之感，只在自己的小天地里过平静的生活。细想至此，我心静如水，我该平和地迎接每一天，准备'回家'。"

虽然与她相敬如宾的丈夫和出色可爱的女儿，早早便离开了这个世界，但在杨绛的文字中，却见不到怨天尤人的字眼，更多的是对生命的感恩，对世间美丽事物与感情的欣赏，她还将800万稿费捐给了母校清华大学。这足以见杨绛是内心多么平和的一个人。也正是因为这样，她在失去亲人而年迈独居，也即将离开尘世的年纪里，还能尽情享受生活，感受生命的美好。

凝神聚气是宁的方法。"宁"字通"凝"，只有凝神聚气，才能进入宁的境界。所谓凝神聚气，形容专心致志，注意力高度集中，不对外界外物过多关注，只观照自己的内心，追求自己的目标。

人的一生不可能一帆风顺，或多或少都会有人生低谷，即古人所说的"穷"。在"穷"之时，人要如何做？庄子言"深根宁极"，即深隐于世，宁神等待。"深隐"不是指逃避，而是在无人赏识、时运不通的时候，默默地努力准备，不焦躁、不绝望，等待转变的机会。

著名华人导演李安在美国硕士毕业后，因没能找到一份与电影有关的工作，不得不赋闲在家，靠仍在攻读博士学位的妻子林惠嘉微薄的薪水度日。为了缓解生活的压力，李安每天除了在家里大量阅读、大量看片、埋头写剧本以外，还包揽了所有家务。偶尔，李安也帮人家拍拍小片子、看看器材，做点剪辑助理、剧务之类的杂事。在这段日子里，李安仔细研究了好莱坞电影的剧本结构和制作方式，试图将中国文化和美国文化有机地结合起来，创造一些全新的作品。失业的6年，是李安当"家庭主夫"的6年，也是他韬光养晦的6年。之后，李安走出了人生的低谷，凭借电影《推手》斩获各种奖项，一步一步成为著名导演，并成为首位获得奥斯卡最佳导演奖的华人导演。

人生免不了低谷，诚如庄子所言，"深根宁极而待，此存身之道也"。说的就是即使在低谷，也要凝神聚气，努力让自己不受外物侵扰，才能心灵宁静。也只有心灵宁静了，才能做到把眼光只放在目标上，从而取得成功。很多人之所以失败，之所以半途而废，正是因为在向目标进发的过程中，不能凝神聚气，心境难以达到宁静的境界，容易被外物干扰，从而放弃了目标。

"宁"与"咛""凝""泞"同音。"咛"是"叮咛"，我们要时刻叮咛自己不要过分在意身外之物，才能心得宁静；"凝"是"凝神"，不管身处逆境或顺境，将神思凝聚在该做的事上，心得安静；"泞"是"泥泞"，人生总有起伏，在泥泞处安然自若，心得宁静。

道意汉字

人，心平则宁，心定神闲气又清。

家，有丁则宁，薪火相传无后忧。

国，家和则宁，安居乐业享太平。

世界，没有霸权则宁，

和平共处同寰宇。

静 一片丹心，一半不争心宁静

　　静者，默也。清朝末年，有个云游四方的道士，他知识渊博，能画一手好画，尤其酷爱猜谜。一天，他来到京城，都说京都人才济济，便想见识见识。于是，他精心画了一幅画，画上是一只黑毛狮子狗，它一身油黑发亮的皮毛，让人赞不绝口。道士来到闹市，把画悬挂在路旁，顿时招来许多看客。有人出钱要买这幅画。道士笑着说道："我这画不卖。这幅画内藏有一字，要是有谁猜中，本人将画赠送给他。"众人一听，不花一文钱，白得一幅好画，于是争相猜测起来。可是猜了半天，谁也没有猜中。这时，一位老者拨开众人，走上前将画摘下卷好，也不言语，夹起就走。众人看了愕然，道士也上前问道："老翁您还没猜呢，怎么就拿走我的画？"老人仍不吭声，还是往外走。众人也嚷开了："嘿，先别拿画，你说出谜底是什么。"老人如同聋了一般，还是不吭声，只顾往前走。道士看到这里，不禁哈哈大笑道："猜中了！"画面是一只黑犬，这个谜底，就是一个"默"字。默就是不说话，也即是静。

静（jìng），形声字，从青，从争。青，既是声旁也是形旁，是"清"的省略，表示纯净。《说文·青部》："静，审也。"

"静"的本义为明审、色彩分明，可以引申为形容词，表示内心安定的，没有杂念的，如静谧、禅静；作形容词，可以表示无噪音的，如静态、寂静。"静"还可以引申为副词，表示无杂念地，无噪音地，如静观、静坐。心静才能明理，水静方能鉴物。水止无波谓之静，心净脱尘谓之静，声停音息谓

小篆	金文
整齐并文字化。	上为青，「清」的省略，纯净。加下，即争，全力以赴，表示力图清心。造字本义：努力去除杂念，清心寡欲。

之静。由此，静还可引申为贞静，形容女子不轻佻。贞静是淑女的标准，包括言谈话语把握分寸，神态举止得体有度，内心自制自律，安分守己。可见，真正的静应当包括身静、心静、神静三个层面。

有"静"字的成语，大多表达宁静、恬静、幽静、镇静之意。如"沉声静气"，指声调低沉，态度平和；"淡泊明志，宁静致远"，指不追求名利，生活简朴，才能使志趣高洁，心情平稳沉着，专心致志，才可有所作为；"平心静气"，指心情平和，态度冷静；"树欲静而风不止"，指树要静止，风却不停地刮着，比喻事物的客观存在和发展不以人的意志为转移；"百动不如一静"，指多动不如静待有效；"风平浪静"，指没有风浪，比喻平静无事；"息迹静处"，指要想不见行迹，只有自己静止不动，引申为要想人不知，除非己莫为；"避嚣习静"，指躲开喧闹，安于清静；"静极思动"，

字说格言

◆ 动静屈伸，唯变所适。

—— （魏晋）王弼

◆ 处晦而观明，处静而观动。

—— （北宋）苏轼

◆ 静坐自无妄为，读书即是立德。

—— （清）申涵光

◆ 博学笃志，神闲气静。

—— （清）王永彬

◆ 静坐常思己过，闲谈莫论人非。

—— 《增广贤文》

304　指生活平静到了极点，就希望有所改变，亦指事物的静止状态达到极点，便会向动的方向转化。

清净无为是道家的一种哲学思想和治术，它主张心灵虚寂，坚守清静，复返自然，这也是道家最为重要的思想。道教经典《云笈七签》解释："专精积神不与物杂，谓之清。反神服气，安而不动，谓之静。"道家认为"清静"是道的根本，万物清静，则道自来居。静是一种人生姿态、思想境界和养生方式。在今天这个社会里，世事纷扰，干扰了人们内心的平静，其中一个突出的表现就是浮躁，人们只追求眼前的功利，因而出现了焦虑、烦躁、不安，静则是一方"清新剂"。

静是一片素心、一颗丹心。"静"字从青，青者，素净，丹成。素，是未染之衣；丹，是炉火纯青，丹鼎炼成。如此，

襄阳古隆中牌坊上的题刻：宁静致远。

"青"指质地朴素，心地纯净。"青"又是"清"的省略，也是"清"的谐音。"静"字有"清"，心不清，则达不到静；心静了，说明心清了，也就是心明辨是非。这样，不管遇到什么事情，也能镇定自若，从容不迫，运筹帷幄，发挥灵动性，故而说心静则灵。

纵观古今，人类在科学的探索、事业的攀登、人生的追求等方面，大凡取得成功的，无不在"静心"中孕育，在"静气"上汲取营养。诸葛亮的《诫子书》有这样一句名言："非淡泊无以明志，非宁静无以致远。"没有恬静寡欲的修养，就不会有明确的志向；没有宁静的心态，就无法达到远大的目标。诸葛亮告诉自己的孩子，人生要想成功，就必须学会一个"静"字。他之所以能赢得刘备"三顾茅庐"屈尊相请，就是他静心在卧龙岗上研习韬略的结果。他看历史，读当代，研古今，窥时政，测天象，这些都是和"静"字紧紧相连的。此外，平时处世、遇事，他镇定自若，处乱不惊，沉着冷静地应对一切，尤其是在司马懿大军压境的时候，临危不惧，泰然自若地坐在城楼上弹琴唱曲，一出"空城计"居然阻退了司马懿的十万军队。

静是少一点纷争，多一分忍让。"静"字从争，有争就不静，这不是一个完全的争，争只是一部分，其寓意是少一点争。人生有许多烦恼，皆因事不肯让人一分，结果是以牙还牙，你死我活，两败俱伤。

杨玢是宋朝的一个尚书，他家住宅宽敞，人丁兴旺。有一天，他正在家里读书，他的侄子跑进来说："不好了，我们家的旧宅被邻居侵占了一半，不能饶他！我们已写好状纸，非告他不可！"杨玢看后，提笔在状纸上写了四句话："四邻侵我我从伊，毕竟须思未有时。试上含光殿基望，秋风秋草正离离。"写罢，他对侄子说："在私利上要看透一些，遇事都要退一步，不要斤斤计较。"这起纷争终于平息。

在现实生活中，我们难免与他人发生磕磕碰碰，淡然地一笑而过，挥洒自如，心境会很平和，生活会更美好。

静是专心精进，宁静致远。"静"音通"精""进"。在"精"中是"倩"的省略，表示好看的、漂亮的。"静"有纯净的意思，"精"有美好的意思。人们认为，纯净的东西自然是美好的，故"静"和"精"两字不仅谐音，在意义上也有关联。静能成精，这不难理解，一个人内心平静，心无旁骛，便能专心一致，这是做好求精的前提。"静而后能安，安而后能虑，虑而后能得"，做任何事情，心不静就没有收获，没有收获何谈求精。

西汉的董仲舒年少时读书非常刻苦，经常是夜以继日地读书，他的书房紧靠着姹紫嫣红的花园，但他三年没有进过一次花园，甚至连一眼都没瞧过。后来他被征为博士，公开聚众讲学，弟子遍布四方。

一家媒体采访苏联著名科学家尤比契夫，摄影师给他拍照时，他开玩笑说："要照相不应该照脸，而应该照臀部。"这

张英打油诗石刻：一纸来书只为墙，让他三尺又何妨？长城万里今犹在，不见当年秦始皇。据《桐城县志》记载，清康熙年间，文华殿大学士兼礼部尚书张英的老家人，因院墙界线与邻居吴氏发生争执，张家人飞书张英请其撑腰，而张英就回了这首打油诗。后来张家主动让出三尺空地，吴家见状也退地三尺，两家之间便空出六尺，于是有了"六尺巷"的典故。

成语石刻画《卧薪尝胆》，表示静气之中蕴含惊人的力量。

句话虽然是开玩笑，但也很中肯，意思是说像他们那些学者所取得的成功，全在于屁股"坐得住"。其实，这种"坐得住"的态度正是我们大多数人缺乏的"静"的心态。一个人如果想要在某个方面有所建树，就必须耐得住寂寞，坐得住冷板凳。霍金为什么能够成为科学的巨人，是他天资聪慧吗？恐怕不尽然。"如果不是因为生病，我不会有今天的成就。"霍金的话向我们提示了他能够"站起来"的原因：专注而安静地"坐"着。

人生贵在坐得住，人生也难在坐得住。坐得住贵在坚守，因为只有坐得住，才能磨炼意志，才能凝聚力量，才能造就辉煌。摒弃浮华，坚持内心的操守，能经得起诱惑，坐得住板凳，这是几乎所有成功的人都具备的品质。因为不经历寂寞、逆境和默默无闻的考验，就无法磨炼自己的意志，无法最终到达成功的顶峰。

静是动静为常，动静相宜。静揭示了养生的大智慧。"静"字的左半部分为"青"字，青者为年轻活跃生长之物，呈动态，不静；"静"字的右半部分为"争"字，争者更不静了。静，实际不静，暗含动。"静"又与"惊"谐音，静虽看似波澜不惊，但历史上"卧薪尝胆"和"十年磨一剑"的静气，最后却达到了一鸣惊人的效果，这告诉我们，静也蕴含惊人的力量。静不是不动，而是伺机而动，静是为了更好地动。

该静的时候静，该动的时候动，动静相宜是一种大智慧。

道家有一句养生的八字真言，叫作"精静自然，恬淡虚无"。"动宜静"，是人在外面动的时候，在社会表现自己时，要注意内敛，不要锋芒太露。"静宜动"，是居安思危，防患于未然，注意方法和思想的积累、准备，以方法去应付各种突发事件，比如"知雄守雌"。从养生的角度看，身宜动，心宜静，动静结合，可达平衡。

《黄帝内经》说得好："志闲而少欲，心安而不惧，形劳而不倦。"这段话把志闲、心安、形劳，即动与静的关系，及其对人健康的影响说得再清楚不过了。如果只求静，则效果堪虞。国外有人做过试验，让一个身体健康的青年在床上静卧。20天后，他的心功能下降了70%，血压也降到危险的程度，肌肉极度衰退，犹如生了一场大病。

因此，养生保健求长寿，每个人对静与动应有一个相宜的处理，不能截然地只取其一。最好静中有动，动中有静，动静结合。不论年龄的大小，一生中若都能如此安排，则可安享高寿。

"静"与"清""净"的字形和发音都相近，意思也相近。"清"的本义为水无渣滓，明丽澄澈。把"静"中的"争"换成"水"，表示水无渣滓即为清。"净"字从水，表示用水彻底清洗。清心为"静"，无滓为"净"。

☯ 道意汉字 ☯

静是一种心态，心地素雅，一片丹心，
清心寡欲，有为不争。
静是一种睿智，用理性宽容化解纷争，
只有寡欲，才能清心，只有超脱，才能宁静。
静是养生之经，静以修身，动以健体。

进

飞鸟向前，超越陷阱

北宋仁宗年间，因为同情以范仲淹为首的变法派并为其张本，本来一意进取的欧阳修也突遭贬抑，到滁州（今安徽滁州）任知州。本来宋仁宗还比较倚重欧阳修，不少诏书及公文都由他起草。可是党争厉害，如果欧阳修这时进行争辩，结局会更糟；如果投靠保守派，固然会得到重用，但这又为人所不齿。欧阳修虽然满腹委屈，但颇具道家文化修养的他很快调适好了自己的心态，顺其自然，随遇而安。到滁州后，他深入基层，了解民意、州情及当地历史文化，并带领群众整修城垣，加强武备，还在历史文化遗迹上开辟了多处旅游景点，滁州的社会环境和政风为之一新。在此，他还写就《醉翁亭记》，抒发与民同乐的情怀，借此寓意当时的太平盛世，彰显圣上的文治武功。很快，文章传到了皇帝那里。宋仁宗想起欧阳修的种种优点，便召他回京任职。欧阳修运用道家的"水利万物而不争""以退为进"的处世智慧，成功地化解了仕途风险，在坚守人间正道的同时，实现了从容进退，并成为后世敬仰的好官。

进，会意字，繁体为"進"。《说文·辵部》："进，登也。"意思是说：进，前进登升。

"进"的本义指前进，如"勇者不得独进，怯者不得独退（《孙子兵法》）""进退维谷""与时俱进""齐头并进"。"进"与"出"相对，可引申指献出、提出、出仕、做官、推荐、举荐。如"进贤""进擢""进士""进爵"等，又如诸葛亮《出师表》之"至于斟酌损益，进尽忠言"，意思为至于对政事的斟酌情理，应有所兴革，毫不保留地进谏忠诚的建议。善于"进"，则吉祥如意，如"进德修业""进贤任能"；不善于"进"，则会陷入困境，如"进退两难""进退首尾""进退维谷""进退无门"。"进"是许多人的期盼，财富要"一日斗金"，观念要"与时俱进"，能力要"更进一步"。在常人看来，道家是恬退隐忍、消极放下，不如儒者积极进取，但实际上"进退"的辩证法在道家哲学中也是可堪回味的。道家常常是要求人用"以退为进""无为而治"的办法达到自己的目标。"进"字告诉我们要掌握方式、方法，学会上进、善进。

上进、善进要轻盈前行。繁体的"進"字，从"隹"，表示前进要像鸟一样轻捷、自在，放下负担，全心进取。

有一个年轻人，想成为一个大学问家。可是，多年过去了，年轻人仍然一事无成。于是，他求教于大师。大师说："我们登山吧，到山顶你就知道怎么做了。"那山上有许多晶莹的小石头，煞是迷人。一路上，年轻人一见到喜欢的石头，

篆文	金文	甲骨文
形体整体化、符号化，从辵，从隹。	左边增加了一个表示行动的符号"彳"，进一步表明前进的意思。	上部是"隹"（鸟），下部为"止"（脚）。鸟脚只能前进不能后退，能飞善走，故表示前进。

310

就装进袋子背着，很快，他就吃不消了。"大师，再背就别说到山顶了，恐怕连动也不能动了。"他疑惑地望着大师。大师微笑着说："该放下了，不放下，背着石头如何登山呢？"年轻人忽觉心中一亮。之后，他一心做学问，排除了来自外部的各种各样的诱惑，终于成为一名大学问家。

其实，在漫漫的人生路上，我们一直在前行，有的走得沉重，有的走得快捷，有的举步维艰，有的轻松愉快，差别就在于每个人所背负着的东西。每个人在前进的途中，所受到的诱惑很多，金钱美色、功名利禄等等。在前进的途中，好玩的东西、好看的东西很多，也具有诱惑力，如果把这些东西装进自己的背囊，东打一锤西打一锤，如此样样都会，但样样都不精，必然不堪重负，最后一事无成。假如我们为功名利禄所累，前进必然不轻盈。因此，只有舍弃一些身外之物，追求内心的快乐，才能像小鸟一样飞得高、飞得远。

上进、善进要超越陷阱。"阱"是在山野地面挖设的捕兽陷坑，"进"字寓意在前进的道路上充满陷阱。面对人生道路上的陷阱，我们应以怎样正确的态度应对呢？

311

1948年《水浒传》插图：《景阳冈武松打虎》。

● 字说格言

◆ 进不失廉, 退不失行。
——(春秋) 晏婴

◆ 既知退而知进兮, 亦能刚而能柔。
——(唐) 杨炯

◆ 进将有为, 退必自修。
——(明) 薛瑄

◆ 非新无以为进, 非旧无以为守。
——(清) 严复

◆ 谁有进取的意志, 谁就干得成。
——(法国) 罗曼·罗兰

第一是不要怕。陷阱意味着危险、困难, 我们要有"明知山有虎, 偏向虎山行"的气概, 鼓足干劲, 增强信心, 迎接挑战。

《水浒传》里的武松就是"明知山有虎, 偏向虎山行"的典型例子。武松得知山上老虎为患时, 就表示要把老虎打死。当时很多人都说武松必死无疑, 劝他不要上山。武松却偏向虎山行, 凭着自己的武功、胆识和才智, 真的把活生生的老虎打死了, 而自己却毫发无损。武松为大家解除了忧患, 得到了众人的尊重, 被称为"打虎英雄"。

其实, 在历史的发展中, "打虎英雄"不只武松一人, 诺贝尔就是化学界的"打虎英雄"。诺贝尔是瑞典炸药专家、诺贝尔奖的设立者。当时, 诺贝尔深知发明炸药很危险, 稍有差错, 自己会被炸得粉身碎骨。但他并没有就此而胆怯, 而是明知道危险还要继续钻研下去。在他的整个研究过程中, 有4个助手都被炸死了, 他弟弟的手也被炸没了, 曾经很多人都劝他放弃, 但是他没有。他选择了一个人少的地方继续研究, 在他的坚持下, 终于成功发明了炸药。诺贝尔因此被称为"炸药之父"。诺贝尔发明的炸药多应用于军事方面，为提高国家战斗力和综合国力、推动人类文明的发展做出了重要贡献。

第二是警惕、小心，避免掉进陷阱。在前进的道路上，人之所以会掉进陷阱，往往为表象所迷惑——陷阱上面往往铺满鲜花或杂草；另一方面，人们常常抵挡不了诱惑，就像钓鱼时的鱼饵一样，利用它让鱼儿上钩。在现实生活中，陷阱形形色色，但最大的陷阱是人的欲望。

有一位法师一辈子做好事、积功德，修行很深。但年纪大了，看到有两个小鬼想捉他。这时，法师打坐修行，心无杂念，一片光明。两个小鬼只看见一片光明，却找不到他，不禁叫苦，不知如何向阎王交差。怎么办呢？只见这个光里还有一丝黑影。原来，这位法师功德大，皇帝赐给他一个紫金钵盂和一件金镂袈裟。这位法师什么都无所谓，唯独喜欢这个紫金钵盂，连打坐也端在手上，万缘放下，只拿着钵盂。于是，两个小鬼就变成了老鼠，去咬这个钵盂。咔嚓一咬，法师起心动念，光明退散就现出身来，被小鬼趁机铐走。

一只孟加拉虎穿过茂密的草丛和荫蔽的树林，向一处水塘奔跑，此时，它正走向死亡。因为猎虎者已经放好一把弹射弓，只要老虎一碰到水边和弓连在一起的绳子，弓就会射出一支有毒的箭。范妮·帕克斯在印度东北的拉杰马哈尔山画出的这幅图景，犹如我们在人生旅途中会遇到的"美丽"陷阱。

这个故事说明：在人生旅途中，我们每一个人都会遇到一些陷阱，而这些陷阱中，最为可怕的一种是我们自己挖掘的。因为贪心、欲望，就看不到危险。欲望会扰乱我们的内心判断，摧毁我们恪守的原则，从而使我们掉入陷阱而不能自拔。

第三是陷入困境不要怕，敢于跨越，学会自救。

有一头驴，掉到了一个很深的废弃陷阱里。主人权衡再三，认为救它上来不划算，就走了。每天，人们都往陷阱里面倒垃圾，驴很生气：自己真倒霉，掉到了陷阱里，主人已经不要它了，每天还有那么多垃圾扔在它旁边，就连死也不让它死得舒服点。可是有一天，它的思维发生了转变，驴决定改变自己的人生态度。它每天都把垃圾踩到自己的脚下，并从垃圾中找些残羹来维持自己身体所需。终于有一天，垃圾成为它的垫脚石，驴重新回到了地面上。

314

这个故事说明：把困难当成垫脚石，才能走出困境。

上进、善进要进退有度。"进"字从"井"，这是指井然有序，进退有度。在人生的道路上，进退是一种常有的状态，"进难难进进难进，退难难退退难退"，有时要有迎难而上的勇气，有时又要审时度势，以退为进。有的人不审时势，一味求进，结果身败名裂。有的人进退有度，功名垂成。可见，有时行动上的退，是人格的进、道德的进、智慧的进。

退是一种积蓄生命的姿态，正如箭，要射得远，必须往后拉。以退为进，是生命的一种大智慧。退步并不是怯懦，而是坚韧和刚强。退是表象，蓄势待发才是本质。退本身是积蓄前进的力量，有时看似是退，其实是进。有一首禅诗说得好："手把青秧插满田，低头便见水中天。六根清净方为道，退步原来是向前。"老子说："功成身退，天之道也。"但是，人世容易，出世难。许多人由于陷入富贵名利之中，最终落得个鸡飞蛋打的下场。

在历史的舞台上，范蠡算是从政从商的成功典范。他帮助越王勾践灭了吴王夫差以后，被封为上将军。然而，辅佐勾践20余年的功臣范蠡却辞去官职，泛舟江湖，后来富甲一方，而与他同时期的文种却贪恋官位，最后为越王所杀。

"临渊羡鱼，不如退而结网"，人生中会有很多问题需要我们去解决，在适当的时机，明智地掩盖自己的锋芒，转个身，退一步，你会发现，你已积聚了更多的能量。退而修行，凡事少与人争，这样，偶尔的迂回也许会让我们发现别样的精彩。

生活是一门学问，其中最难掌握的恐怕就是进退之间的尺度，人生中的抉择往往是进退的抉择。只要我们细心品味，就会发现并不是在任何时候人生都要一往直前，在关键时刻以退为进，亦是人生一大智慧。

道意汉字

進字从辶从隹，如鸟轻捷高飞。

背负功名利禄，只会越走越累。

善进者踏实地，陷阱小心面对。

进是一种胆识，退是一种智慧。

退

遇山止步，功成身退

守弱之用

养神为要

316

　　公元前655年，晋国宫廷政变，太子申被杀，他的弟弟重耳被迫逃离晋国，经过18年的流亡，重耳来到楚国。

　　楚成王预见到，重耳有可能回国获得王位。他从楚、晋两国的长远关系考虑，对重耳热情接待。在一次宴会上，楚成王问重耳："公子如能返回晋国执政，将用什么来报答我呢？"

　　重耳说："如果托君王的福，我得以返回晋国获得王位，一定不忘君王的恩德，假如将来晋、楚两国发生冲突，我将退避三舍。"

　　第二年，前后流亡19年的重耳，终于在秦国的帮助下，回到晋国做了国君，史称晋文公。他一心一意治理国家，晋国逐渐强大起来。

　　后来，晋楚两国果然在中原交战。楚国将领子玉骄傲自负，率领楚军气势汹汹地向晋军扑来。晋文公下令晋军后退三次，每次30里（古时行军计程以30里为一舍），一共退了90里，以实现自己的诺言。

楚国子玉错误地认为，晋国撤退是害怕楚军，故轻敌冒进了90里，晋、楚两军在城濮会战，楚军大败。

晋国"退避三舍"一方面为了信守诺言，另一方面起到了麻痹楚军、诱敌深入、激发晋军士气的作用，以表面上的退换取了实际上的胜利。后来，人们用"退避三舍"这个典故表示主动退让、回避，以免冲突。

退（tuì），会意字。《说文·辵部》："退，却也。"

"退"字从彳、从日、从夂。"彳"为行走；"日"为太阳，是人们据以确定方向的自然物，自古以来被视为目的或既定方向的象征；"夂"的篆文是足的反写，意为朝后走、反方向行走。"退"的本义是与目的地或既定方向相背而行，即后退、退却之意，如"知难而退""不进则退""退化""退缩"。"退"与"进"相对，意为

小篆	金文	甲骨文
去掉了『止』，会后退之意。	将甲骨文写成，同时加『止』即脚，强调离开。	造字本义：餐毕下桌离席。为豆，食器；为止，脚，表示走开。

已经到达了某地而又不得不向后行走，也就是丧失原本已经属于自己的东西。因此，"退"又引申为退还的意思，如"临渊羡鱼，不如退而结网"，又如退款、退货、退赃等；对已经确定下来的事情予以撤销，也可用"退"来说明，如退婚等。

"退"是向相反的方向移动，距离原定的目标或目的地越来越远，故又引申为离开、离去。离开的对象可以是某一空间，如退场、退庭、退席等；也可以是某一种身份，即人失去原有的某种状态，如退伍、退役、退位、退休等。"退"还引申指减退、下降，如《梁书·江淹传》："淹少以文章显，晚节才思

● 字说格言

◆ 功成身不退，自古多愆尤。

——（唐）李白

◆ 父子和而家不退，兄弟和而家不分。

——（清）周希陶

◆ 世道之衰也，士大夫不知礼义为何物，注
  注知进而不知退，及其变也，或以退为进。

——（清）黄宗羲

◆ 学如逆水行舟，不进则退。

——《增广贤文》

微退，时人皆谓之才尽。"

有"退"字的成语，大多有退却、退让的意思。"进退可度"指前进后退动作均合乎法度；"进退维谷"指无论是进还是退，都是处在困境之中，形容进退两难；"乐退安贫"指乐于逊退，安于贫穷；"退如山移"指退却时像一座山在移动，比喻遇到变故，沉着镇静；"急流勇退"指在急流中勇敢地立即退却，旧时比喻仕途顺利的时候毅然退出官场，现在也比喻在复杂的斗争中及早抽身。

儒家和道家在"退"的问题上态度截然不同。儒家是精进的、积极的，主张入世，以济世救民兼济天下为己任；道家则主张出世，主张贵柔处下、弃智愚钝、恬淡无为、潜隐避世。道家的代表人物庄子，深刻认识到宦海沉浮，仕途险恶，功名利禄不能长久。因此，他拒绝相位之聘，绝尘富贵权势，唾弃功名，隐遁山林，到自然中去寻求"至人无己，神人无功，圣人无名"的精神归宿。如果说儒家也讲退的话，这种退仅为"身"退，而道家则是"心"退。老子在《道德经》中说："持而盈之，不如其已。揣而锐之，不可长保。金玉满堂，莫之能守。富贵而骄，自遗其咎。功成身退，天之道也。"老子

认为，功成身退是大自然的规律，由于大道循环不息，人应适应变化着的环境，选择自己所处的方位。同时，这也是一种保全之道。然而，要做到功成身退并不容易。对大多数人来说，进取容易退让难。有些人居功自傲，贪恋权位，陶醉于鲜花和掌声，却不知道年老体衰，智力下降，功力退化，不及时让贤，奖掖后进，结果往往不能善终。"退"其实是一个人的明智选择，体现了一个人的思想境界和宽阔胸怀，并非是消极的人生态度。因为一方面的"退"，其实是另一方面的"进"，如退隐官场选择从文，这是艺术人生的"进"。因此，聪明的人都懂得进退之道。"退"字辩证地揭示了进退之道。

以退为进，是一种智慧。"退"字从辵、从艮。"辵"为行走，代表行为；"艮"是八卦之一，代表山。"退"可理解为行走时遇到山，只能停止，不进而退。进和退要审时度势，从长远的战略眼光出发，不计较一城、一地之得失。迎难而上是可贵的，但知难而止更可贵，这是量力而行。如果明知不可行、行不通，却硬要往前冲，这是往枪口上撞，必然会碰得头破血流。唐代杨炯《祭汾阴公文》中有记："既知退而知进兮，亦能刚而能柔。"大意是：既能够向后退步，又能够向前进取；既能刚强，又能温和。为人处世，当能屈能伸，根据情况的不同，采取灵活的态度。处境险恶，情况不利时，决不能意气用事，执意冒进，而应暂时退身自保；情况有利时，则毅然行动，决不迟疑徘徊。需要英勇刚强时决不软弱退缩，需要温和谦恭时决不莽撞蛮横。

李连杰初到好莱坞时，几乎没有人看好他，好不容易有一家电影公司愿意请他出演，片酬却很低，只有50万美元。"没问题，我演。"李连杰答应得很痛快。这50万美元，还包括律师、经纪人、宣传公司等各项费用，再扣完税，所剩无几。但李连杰明白，在好莱坞，票房号召力才是检验演员实力的唯一标准，只要给他机会，再大的让步也值得。就这样，李连杰拍了他的第一部好莱坞影片《致命武器4》。虽然片中巨星云集，但在影片首映当晚，李连杰就获得7.5分，成为演员排行榜中的亚军。第二天，电影公司老板就亲自上门，毕恭毕敬地说："下一部片子请您演主角，如何？"当实力证明一切的时候，才能轮到李连杰说话，他的第四部好莱坞影片片酬就开到了1700万美元。李连杰以退为进，成功地敲开了好莱坞的大门。大丈夫能屈能伸，与其怨天尤人，不如尊重现实，必要时先退一步，迂回前进。

功成身退，是一种品格。退，有退隐之意。老子认为："功成身退，天之道也。"意思是一件事情做得圆满了，就要含藏收敛，这是自然规律。其实，除了职场上的功成身退，还有军事上的穷寇莫追、商场上的见好就收等。有道是"急流勇退谓之知机"，事物的发展本来就是在一定条件下正反两面相互转化的，否泰相参、祸福相倚，进退、荣辱、正反会互相转化，不明其理便会招致灾祸。

姜子牙帮助周武王打下江山之后，并不留恋都城的繁华和治国的权力，他知道那些不是他应该再继续留念的了，就立即到自己的封地齐国去了。张良是刘邦最重要的谋士，立了大

《范蠡浮海图》：描绘春秋末期范蠡助越国灭吴，功成身退后泛舟五湖隐世的传说。

功，打下江山之后，他淡泊名利，懂得谦退韬晦，没有在朝廷当官，只是要了一个小小的地方留城作为封地，自己在那里读书修炼，其乐陶陶。后来发现，凡是留念权贵、要大封地的人全都被刘邦杀了，而张良以功成身退保全了自己。大家都知道范蠡的故事，他知道勾践可以共患难而不可以共富贵，于是在勾践称霸之后，果断选择隐退，带着西施泛舟西湖，过上了自在快乐的生活。

姜子牙、张良、范蠡都是功成身退的典范。表面看，他们立了很大的功劳，得到的报偿却很少，其实他们得到的最多，他们得到了身心的自如，得到了一种"自由度"，可以做自己喜欢做的事情。尽管从世俗角度看，他们的事业舞台变小了，但是从他们的角度看，人生的舞台其实变得更大、更开阔、更精彩。

"为而不恃，功成而弗居。夫唯弗居，是以不去。"舍得舍得，有舍才有得，进退进退，有进必有退。一个人的自我修养，在不断追求前行时，也应该明白适时而退，即功成身退。

谦退以让，是一种涵养。退，小篆从"彳"，有行走之意。"彳"为双人，故退可视作人与人相处时的一种选择。《史记·乐书》中有："君子以谦退为礼，以损减为乐，乐其如此也。"宋朝叶适在《朝请大夫司农少卿高公墓志铭》中有记："始，公课郡最，入朝前后七迁得少卿，在廷中谦退甚，不敢与同列齿。"趋利避害，是人之常情，但是追逐利益的背后，却有很多风险祸患。因此，要懂得谨慎谦退，才是真正的君子。

晋悼公十三年，中军将智武子去世，按惯例应是中军佐范宣子升任其职。果然，晋悼公召见了范宣子，表达了打算任命他做中军将的意思。出乎晋悼公的意料，范宣子谢绝了他的好意。同时，范宣子还以荀偃比他年长、经验丰富为由，举荐荀偃担任中军将这一要职。晋悼公经过慎重考虑，答应了范宣子的请求。

第二天，在朝堂上，晋悼公亲自宣布，任命荀偃为中军将，并当众说明了范宣子主动让位的事情。对此，有些人对范宣子不理解，觉得他放弃唾手可得的荣耀是很傻的行为，但范宣子却说："在我看来，担任中军将不算什么荣耀，而能够在中军这个职位上更好地为国君分忧，使我们的国家更强大，才是最光荣的。我固然可以做中军将，但比起我来，荀偃更称职、更胜任，那我为什么就不能退后一步，让他去做呢？"得知事情的原委，荀偃更加自觉用心地全力做好国家的事务，并不时听取范宣子的意见。同时，由于范宣子开了先河，其他国人纷纷效仿，一时形成荐才重贤的风尚，范宣子也更为晋悼公所器重。

面对权位的诱惑，范宣子能果断拒绝晋悼公，让贤于更适合的人选，实在难能可贵。有时平心静气地想一想，"争"未必能显示出一个人的真本事，而"谦让"反倒会让他人更充分地认识一个人的能力，钦佩你的胸怀。

与人相处要保持低调、礼让，不积怨，让一让也无所谓。不要什么都跟人家争。有一些人很有才华，可就是爱抱怨、埋怨、评论、批评、争论、吵架，甚至骂人，逞口舌之利。其实，这样的人最后什么都得不到。

祢衡（173—198），字正平，汉末辞赋家，归曹操部下，因性格刚毅傲慢而不得重用。

三国的时候，有一个名士叫祢衡，其才华横溢，冠绝四海。可是他有一点不好——由于自己太有才华了，就瞧不起所有的人，动辄骂人，谁都骂，看见曹操也骂。因为他是名士，所以曹操也不愿意落个骂名，就把他送给刘表。见了刘表之后，祢衡又骂刘表，刘表也烦了，就把他送给一个大将叫黄祖。结果他照样连黄祖也骂，最后黄祖手下一个大将实在无法忍受他的无礼，遂将他杀害。

退身以让，不是懦弱的表现，而是有涵养的表现，是有更长时期战略的表现。以退为进，是一种人生策略。退，有时也是一种斗争的手段。有进有退是成功的必要条件。急流勇退更是一种勇敢。那种一往无前、有进无退的人只能称其为村夫莽汉，表面上英勇，实则成事不足，败事有余。在现实生活中，有时退一步，却能达到前进数步的目的，这就是策略、手段。

凡从"退"取义的字，皆有后退、减少之意。如"腿"是人走路的大腿，进退都是用大腿去实现；"褪"是衣服褪了色，变旧了；"煺"则是大势减弱了。

道意汉字

勇猛向上，刚健有为，
是品德的可贵。
功成身退，急流勇退，
是一种选择的智慧。
遇路则行，遇山则止，
宠辱不惊，不为己悲。
在人生的大舞台上，
进是奋发，退是明智，
适时而退更有为。

止

在向上中适度而止

陶渊明有一首诗叫《止酒》，行文特别有意思，每一句都有一个"止"字：

居止次城邑，逍遥自闲止。坐止高荫下，步止荜门里。

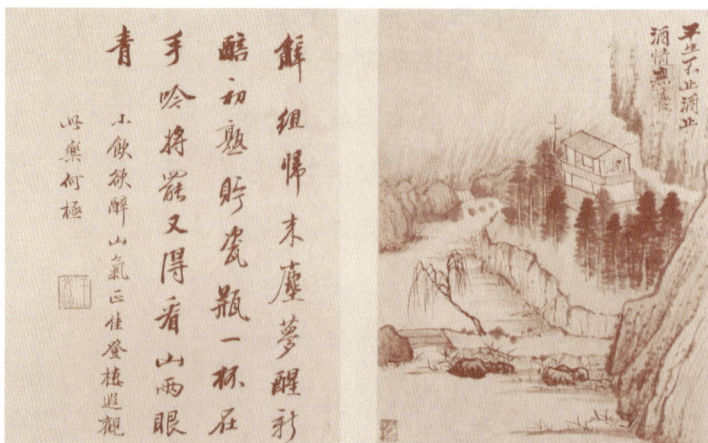

清初画家石涛所绘《陶渊明诗意图册》：右侧描述陶渊明诗歌《止酒·居止次城邑》的场景，左侧为王文治依石涛和陶渊明诗画题诗。

好味止园葵，大欢止稚子。平生不止酒，止酒情无喜。

暮止不安寝，晨止不能起。日日欲止之，营卫止不理。

徒知止不乐，未知止利己。始觉止为善，今朝真止矣。

从此一止去，将止扶桑涘。清颜止宿容，奚止千万祀。

此诗为渊明闲居时所作。止酒，停止饮酒，即戒酒。诗人可以辞官，可以守穷，但不可一日无酒，饮酒是他一生中最大的嗜好。因此对于渊明来说，停止饮酒将是十分痛苦的事情。但诗人却以幽默诙谐的语言，说明自己对酒的依恋和将要戒酒的打算。诗中每句用一"止"字，读来风趣盎然，具有民歌的情调。

止（zhǐ），象形字。《说文·止部》："止，下基也。象草木出有址，故以止为足。"

"止"的本义指人脚，如"当斩左止者，笞五百"。"止"又指停止、停息，如"官知止而神欲行"。"止"也引申指禁止、截止，如"止诈伪，莫如刑""理无专在，而学无止境也"。"止"还指容止、礼貌，如"人而无止，不死何俟"。

篆文	金文	甲骨文
承续金文字形。	字形变形较大，淡化脚掌形象，突出三趾又开的形状。	字形像一幅脚掌剪影，是脚趾头张开的脚掌形状，以三趾代五趾。

325

跟"止"有关的成语很多："戛然而止"指突然停止；"饮鸩止渴"比喻只图眼前，不顾后患；"心如止水"形容坚持信念，不受外界影响；"欲言又止"形容有难言的苦衷；"望梅止渴"比喻虚妄而不能实得；"浅尝辄止"比喻不肯下功夫深入钻研；"叹为观止"指赞叹观赏的对象精妙之极、完美之至；"高山仰止"比喻对高尚的品德的仰慕；"学无止境"指学业上是没有尽头的，应奋进不息；"令行禁止"形容法令或纪律严明；"抽薪止沸"比喻从根本上解决问题；"举止不凡"形容人的行为动作非同一般，与众不同；"规行矩止"指严格按照规矩办事，毫不苟且；"举止自若"形容临事镇定，举动不失常态；"射像止啼"比喻威名远震，使人畏服。

"止"字讲了做人做事的心态、分寸，对在滚滚红尘中不知止的人是一个启示。

心如止水，是一种安静平和的心态。"止"有静止不动的意思。《庄子》中说："人莫鉴于流水，而鉴于止水。唯止能止众止。"意思是说：人不能从流水中照到自己，而只有在静止的水中，才能照到自己。古人说得好：以止为静，借静观心。人要有大智慧、大境界，人的心性不要学习流水的波涛起伏，要学习静止的水的澄清。《大学》中说："知止而后有定，定而后能静，静而后能安，安而后能虑，虑而后能得。"意思是知道应要达到的境界，才能够使自己志向坚定，志向坚定才能够镇静不躁，镇静不躁才能够心安理得，心安理得才能够思虑周详，思虑周详才能够有所收获。为人处世也是一样，要做到心如止水，内心像平静的水一样，才能做到不为外物所扰，宠辱不惊。

● 字说格言

◆ 流丸止于瓯臾，流言止于知者。

——（战国）荀子

◆ 宜行则行，宜止则止。

——（唐）韩愈

◆ 生活的主要悲剧，就是停止斗争。

——（苏联）奥斯特洛夫斯基

◆ 偏见从来不轻松，除非它能因理智而终止。

——（英国）赫兹里特

唐太宗时期的卢承庆，为官清廉，做事认真，主要负责考察官员。当时，考察官员有级别标准，先大体分成上中下，然后每一级再分成上中下。有一个监督漕运的官员在运粮食的过程中，由于翻船，不少粮食掉进了河里。因此，卢承庆只给他评了个"中下级"，并对那个运粮官说："因为粮食丢失了那么多，所以只能给你'中下'这么一个

汉中留坝张良庙的《知止》石刻。

评价，没给你'下下'已经很照顾你的面子了。"可是，那位运粮官听后没有流露出半点不高兴的神情，一言不发地退下了。卢承庆纳闷了，认为给他这么低的评价，他都没生气，说明他认识到了自己的错误，起码有认错的表现，从这点上来讲，还是有责任心的，因此改了个"中中"。改成"中中"后，这个运粮官也没显得有什么高兴，依然没发表意见，既不说一句虚伪客套的感谢话，也没有激动的神色。卢承庆更纳闷了，心想，这个人可真绝啊，宠辱不惊，是升是降，他都能坦然面对。后来卢承庆通过调查得知，船翻了不是他管理不善，而是因为突然遇到大风，把粮船给吹翻了。卢承庆觉得冤枉人家了，于是又给那人的评定由"中中"改成了"中上"。那个运粮官得知卢承庆给他的评定改成"中上"了，依然是一副坦然面对的样子，并没有因此而特别高兴。通过这件事，那个运粮官给卢承庆留下了深刻的印象，卢承庆器重他高雅的气量，欣赏他宽宏的气度，在以后的吏部考核时，就特别注意提拔他。

明代道士王一清在《道德经释辞》中有言："心如明镜止水，物至则照，物去则空，事物之来，一切循乎自然，顺其理而

应之，以辅万物之自然。"因此，人要有"止"的心态，做到顺应自然，明镜止水。如果一个人的内心像一股流水那样波澜起伏而不能停止，那就永远达不到坦然从容、宠辱不惊的境界。

适可而止，是一种难得的人生智慧。"止"的字形像是脚掌剪影，下面的一横很宽，如人的脚掌，足够宽才能站得稳，才能在需要急刹车的时候真正止住自己的脚步，稳住自己的身形。人生在世，要想有所作为，必须懂得真理之道，进而有度，适度而止，凡事八分为缓，九分而止，如果一味追求完美，事事勉为其难，必然物极必反。进和止，都是人生的一种状态。很多人觉得前进才是积极的，却很少人能明白，人生不但要懂得前进，更要懂得止步，并且有时候懂得止步比起一味前进更重要。在人生中，知止有两个意义：

一是在恰当的时机变换方向，以更好地发展。随着个人认识的发展，有时候我们会发现当初做的决定可能并不明智，如果我们盲目地朝着原来既定的方向前行，很可能会一事无成。所以我们为目标奋斗时，应该留时间给自己止步，因为只有停下来思考，结合客观状况修订自己前进的方向，才更有利于自我发展。

东汉著名经学家马融想为《左氏春秋》作注，但他看到已经有贾逵、郑众二人作注了，便找来他们的注解阅读。仔细阅读之后，马融这才意识到自己不适合给《左氏春秋》作注，他这样评价："贾逵的注本精深而不广博，郑众的注本广博而不精深。既要做到精深而又广博，就凭我个人的水平，又怎能超过他们呢？"

马融（79—166），字季长，东汉时期著名经学家。

正因为马融看到了贾逵、郑众二人注解的"精"和"博"，所以他果断打消了为《左氏春秋》作注的念头，转而去写《三传异同说》，随后又为《孝经》《离骚》等书作注，因而成就斐然。

二是为了能走得更远。一个人在朝着目标前进的过程中，有时候会为了争抢名利等身外物而忘却初心，这个时候就要学会止步。只有学会不争、学会止，才能走回正轨，继续前行，否则将会迷失自己。

329

公元前597年的春天，楚庄王亲自率大军围攻郑国，打下了郑国都城；后来楚军又攻下邲地，其霸主地位也由此建立起来。楚军将士们欣喜若狂，大夫潘党向楚庄王提议："这一仗，我们楚军大获全胜，杀得晋军尸横遍野，威震中原各国诸侯。大王何不趁此机会，把晋军的尸体堆积起来，然后在尸体上筑起高台，用以宣扬楚国武功，扬我国威？"楚庄王听完后说："大夫所说的不太合适，不能这样做呀！"说着，拔剑在地上写了个"武"字，又道："你看，这个'武'字不就是'止'和'戈'两个字合起来的吗？周武王当年推翻了商王朝，建立起周王朝之后，曾经写过一篇《武》文和一首《颂》诗，昭上说讨伐的目的只是为了实现天下太平。我如今动用武力，初衷就是为了惩罚强暴，平息战争，安抚百姓。我如果堆尸筑台，那就是炫耀强暴，不得人心啊！"潘党听后连连称赞："大王真是仁德之君，果然高明，为臣深表敬佩！"于是，楚庄王率领楚军到黄河边上祭祀了河神，就班师回国了。

楚庄王虽然是用武力攻下了晋国与郑国，但是他懂得适时止步，明白动用武力只是一种手段，并不是战争的最终目的，因此明智地拒绝了大夫的建议。如果他采纳了大夫的建议，必定会不得人心而失去其已有的大国地位。

学无止境，是一种向上的境界。"止"字包含一个"上"

字，这表明在"向上"的过程中要适度而上。《大学》讲"止于至善"，就是说要在不懈努力中，以臻尽善尽美才停止。在追求名利上要适度而上，而在追求知识上则不能停下脚步。做一件事、学一样技能，如果只得到一点成绩就满足，那么人就会止步，也即走到了"止境"。要知道学无止境，如果容易对一点点所得感到满足，那么就会止步不前，这是很可怕的。

有人问爱因斯坦，说："您可谓物理学界空前绝后的人才了，何必还要孜孜不倦地学习？何不舒舒服服地休息呢？"爱因斯坦并没有立即回答，而是找来一支笔、一张纸，在纸上画上一个大圆和一个小圆，说："目前的情况下，在物理学这个领域里可能是我比你懂得略多一些。正如你所知的是这个小圆，我所知

晚年的爱因斯坦。

的是这个大圆。然而整个物理学的内容是无边无际的，对于小圆，它的周长小，即与未知领域的接触面小，他感受到自己的未知少；而大圆因为与外界接触的这一周长大，所以更感到自己的未知东西多，会更加努力去探索。"

只有懂得越多，才越明白知识是无穷无尽的这个道理。博学如爱因斯坦，在有生之年，都在孜孜不倦地探索物理学，何况是我们这些学识尚不及他万分之一的普通人呢？

不但学习是这样，做每一件事也应当如此。俗话说"没有最好，只有更好"，我们在做每一件事的时候，都应该问问自己，有没有办法将它做得更好？所谓精益求精，就是这个道理。

"止"与"智"字音相近，一个人做事懂得适可而止，才是明智的处世之道。止于至善的人生目标，是一个人智慧的选择。"止"与"志"字形相近，一个人能做到心如止水，才能不为外物所动，淡泊名利，实现自己的志向。

道意汉字

心如止水，平和心境。适可而止，人生智慧。
止于至善，追求极致。辞达则止，知止不耻。
高山仰止，景行行止。学而不已，求索不止。

慎

细心真意不遗憾

河南开封府的"清慎勤"题字。

《三国志》记载:"秉尝答司马文王问,因以为《家诫》曰:昔侍坐于先帝,时有三长吏俱见。临辞出,上曰:'为官长当清,当慎,当勤,修此三者,何患不治乎?'"后世多用这三字作为官箴,衙署公堂多书"清慎勤"三字做匾额。梁启超《新民说·论公德》:"近世官箴,最脍炙人口者三字,曰:清、慎、勤。"

慎（shèn），形声字。《说文·心部》："慎，谨也。"

"慎"的本义为小心在意，如审慎、慎察、慎重、慎独、慎行、慎言，又如"先帝知臣谨慎，故临崩寄臣以大事"。"慎"也表示千万、务必，如"多谢后世人，戒之慎勿忘"（《玉台新咏·古诗为焦仲卿妻作》）。有"慎"字的成语较少，如"慎终追远""慎防杜渐""敬小慎微""慎终如始"。"慎"是道家的处世原则、修养方法和精神境界。领会"慎"字在当下非常有意义，那么，如何做到"慎"呢？大致有如下的几个方面：

一是诚敬认真，真心为慎。"慎"字从心、从真，这是说心地真诚、认真，行动自然就慎言、慎行。《尔雅》说："慎，诚也。"心真，就是用赤诚的心去待人处世。

"布衣宰相"范纯仁，是北宋名臣范仲淹的儿子。他为人处世谦虚谨慎，生活中更是勤俭节约。

有一次，一位朋友远道而来，范纯仁很高兴，与朋友相谈甚欢。吃饭时，范纯仁也没有刻意准备，只让家人做些薄酒素菜端上来。后来，这位朋友四处说范纯仁为人太抠门，不值得深交。不久，又有朋友来访，范纯仁便置办丰盛的酒菜招待，结果朋友当面调侃说："酒菜如此丰盛，当官一定捞了不少好处吧？"这让范纯仁哭笑不得。

那时范纯仁在洛阳为官，与司马光是好朋友。一日，范纯仁来到司马光府中，司马光与范纯仁的待客之道相同，并没有刻意准备，只是粗茶淡饭，酒也只喝一两杯而已。

范纯仁感慨地说："像你这样用俭朴的方式招待朋友，我很

● 字说格言

◆ 慎在于畏小，智在于治大。

——（战国）尉缭

◆ 君子笃于义而薄于利，敏于事而慎于言。

——（西汉）陆贾

◆ 天下之事，成于慎而败于忽。

——（东汉）王充

◆ 慎重者，始若怯，终必勇；轻发者，始若勇，终必怯。

——（北宋）苏轼

◆ 行谨则能坚其志，言谨则能崇其德。

——（南宋）胡宏

喜欢，这样多好啊。"司马光不解其意，范纯仁就把自己的烦恼道出，最后叹气说："朋友贵在交心，不是在吃喝上，为人真诚坦率不是更好吗？"司马光深有同感地说："是呀，朋友相处就应像你我这般真诚坦率，没有功利心才好。"后来，范纯仁倡议成立"真率会"，崇尚节俭，杜绝铺张浪费，提倡真诚为人、坦率做事，一度成为美谈。

相反，心不真，言必假，言必悔。正如《菜根谭》所讲："不可乘喜而轻诺，不可因醉而生嗔，不可乘快而多事。"有的时候，因心不真、轻许诺，会让我们抱恨终身。如"一杯黄油与一座城"的故事：

夏哈提是印度一个只有4000人的小城，从17世纪初期到现在，这座小城一直为德赛夫人的后裔所有并负责掌管。据说，当年为换得这座城，德赛夫人仅付了一杯黄油。

那是1607年的一个晚上，当时这座城的所有者阿努西卡在油灯下与妻子下棋，双方下得难解难分，但局势正朝着有利于阿努西卡的方向发展。这时灯油耗尽，眼看就要熄灭，阿努西卡夫妻也就只能和棋了事。

阿努西卡不甘心，不假思索地说："不管是谁，如果能快点把灯油拿来，那么我就把这座城给他。"闻者有心，一位叫德赛的妇女急忙把自己的黄油拿来倒在灯盘里，油灯大放光芒，对弈继续进行。阿努西卡最终取得胜利，高兴之余，才想起刚才所许的诺言，他极为后悔，但是一言既出，驷马难追。为了自己名声，犹豫再三后，他不得不痛心地把夏哈提城交给了德赛夫人。

古人云："怒时之言多失礼，喜时之言多失信。"心不真，必然不慎重，后果也难以估量。

二是忠诚正直，直心为慎。"慎"字从心、从真，这就是忠诚正直。正直就是走正道，守公理，表面看这是不圆滑，其实也是一种审慎。《国语·周语》："慎，德之守也。"谨慎，就是道德的坚守。凡是靠歪门邪道谋取功名利禄的，其行为都是不慎的表现，因为这种行为一旦败露，将会前功尽弃，名誉扫地。在历史上，许多有阴谋的人，自以为行为缜密，天不知，地不知，结果无一不败露。正所谓："要想人不知，除非己莫为。"

李听是个官二代，其父李晟是唐朝名将，官至太尉。李听长大后，担任皇家卫戍部队羽林军的将军，负责管理皇家马匹。有一次，西域进贡了一匹名马，极其神骏，交由李听饲养和训练。太子李恒喜欢狩猎，对马非常痴迷，听说李听那儿有匹好马，便打发身边一个亲信，劝李听把马献给自己。没等那人把来意说完，李听就很干脆地拒绝了。

李恒心有不甘，决定亲自出马。他巡视了一番军营，见到了那匹传说中的名马，心动不已。太子屏退了侍卫们，悄声跟李听说："这匹马我很喜欢，能不能让我先骑用几天？"李听说："我的职责就是主管天子的亲军，战马是重要的军需，不可以随便出借。"他顿了一下，又说道："不过您要是禀明圣上，言明事委，想要多少匹马都是可以的。"太子听了很不高兴，悻悻而归。

没过几年，太子继位当了皇帝，就是唐穆宗。当时藩镇割据，叛乱四起，西北边陲更是风声鹤唳。穆宗想选择一个信得过的人担任太原主帅，宰相问皇帝可有中意的人选。穆宗说："羽林军的李听当年不给我名马，是个正直的人，他一定可以胜任。"于是，当天就下诏任命李听为河东节度使。李听果然不负重任，成为唐朝后期一位著名的将领，被封为凉国公。

这是一个正直为官、审慎处事的故事，假如李听曲意奉迎，见风使舵，未必会得到皇上的赏识。正直，看似顽固，实为审慎。

三是防微杜渐，细心为慎。"慎"字从心，这个"心"是细心、小心，即注重细微事端之意。古今凡有作为、铸大业者，无不始于慎微，成于慎微。韩非子说："千丈之堤，以蝼蚁之穴溃。"一个小小的漏洞，会导致长堤的崩溃。

理查三世和亨利准备最后决战，胜者将成为英国的王。开战的前一天晚上，理查派马夫准备好自己最喜欢的战马，马夫为马钉好三个掌后，发现没有钉子来钉第四个掌，马夫说："我需要点时间砸两个钉子。"理查说："我没有时间了。"结果马的第四个掌很不牢靠。两军交锋，理查冲锋陷阵，鞭策士兵迎战敌人。突然，一只马掌掉了，战马跌倒在地，理查也被掀翻在地。亨利的部队看到理查跌倒，士气大振，掩杀过来，理查的大军溃败。

这个缺少一个马掌钉导致输掉一场战争的故事，说明了慎微的重要性。一个马蹄铁上的钉子，本是初始条件十分微小的要素，后期演变却关系到一场战争的胜败。因此，一个明智的

江苏淮安府署军捕厅的鸣冤鼓，仪门上悬挂的这块匾额上书"恤刑慎罚"：恤，体恤的意思；慎，就是谨慎，提醒官员施刑惩罚一定要谨慎小心。

人一定要谨慎地防微杜渐，慎微，慎小。

慎微，要正确识"小"。"大节"与"小节"，从来都是相互统一、互为依存的。古人云"不矜细行，终累大德""道自微而生，祸自微而成"。一个人于小处不随便，坚持从小事做起，并在持之以恒的积累中日臻完善。

慎微，要管得住"小"。"小"表现在很多方面，比如个人的爱好是人的天性，或好琴棋书画，或好花鸟鱼虫，或好游山玩水。这样的"小事"管好了，可以锤炼操守品行。但如果杖权而为，恣行无忌，不加控制，便容易出问题。在历史上，越王好勇，一些人就拼命逞强；楚王好细腰，于是宫娥多饿死。从中可看出，权力者有所"好"，就有人怀着各种企图投其所好，结果往往为"好"所害。管住爱好，要好自为之，能克制，把握度，特别对投己所好者，要警惕防范，才能不为爱好所害。

慎微，要自纠"恶小"。"恶小"即小缺点、小错误。防止犯大错误，就要从自觉纠正小缺点、小错误做起。比如喝点小酒，打点小牌，洗个小澡，钓点小鱼，贪点小利等。对类似这样的小节，有些官员缺乏应有的重视、足够的警惕，认为区区小事，无伤大雅，不足挂齿。其实不然。错误不论大小都是错，倘若马虎草率，放纵细枝末节，往往会酿成大错。小问题变成大问题，这样的例子不胜枚举。

慎微，要勤为"善小"。勿以善小而不为。"小事"不小，小事连着大事，尤其是"群众利益无小事"。小事连着民心，解决好了百姓的小事，才能赢得民心，密切党群、干群关系。勤为善小，要怀有做小事之心。小事往往千头万绪，不显山露水，这就要有耐心、恒心、决心和细心，不怕麻烦，不为名利，不怕坐冷板凳，吃得了苦，受得了累。要有做小事之策，坚持深入实际、深入基层、深入群众，尤其要到最困难、群众意见最大、工作推不开的地方去，同干部群众一起，从一件件小事、实事做起，努力为民谋利，以做好小事为起点，为做大事打基础。

四是慎终如始，恒心为慎。"慎"字从心，这颗心是恒心。许多人一开始是谨慎的，不敢放纵自己，但要做到慎终如始，往往有点困难。老子在《道德经》中讲："其安易持，其未兆易谋，其脆易泮，其微易散。为之于未有，治之于未乱。合抱之木，生于毫末；九层之台，起于累土；千里之行，始于足下。民之从事，常于几成而败之。慎终如始，则无败事。"老子在这里强调，在做事的过程中，自始至终都要保持谨慎，做到善始善终。历史上，秦始皇、汉武帝、唐玄宗这些古代帝王，早年文治武功，造就了丰功伟绩，但到了人生的后期，无一不老年昏聩，犯下了严重的错误。

郭沫若在《甲申三百年祭》中讲到明末农民起义失败的教训时，强调了慎终如初的观点。李自成在最初发难的十几年间，身先士卒，连《明史》都称赞他"不好酒色，脱粟粗粝，与其下共甘苦"，以致"饥民从自成者数万"。3年间，李自成率军以摧枯拉朽之势，破洛阳、克襄阳、夺西安、入北京，推翻了明王朝。但令人遗憾的是，紫禁城的"新主人"只知"慎初"而忘却"慎终"，"进了北京以后，自成便进了皇宫。丞相牛金星所忙的是筹备登基大典，招揽门生，开科选举。将军刘宗敏所忙的是拷挟降官，搜刮赃款，严刑杀人。近在肘腋的关外大敌，他们全不在意"，"似乎都沉沦进过分的陶醉里去了"……"居安不思危"，把当初深入民心的作风忘得一干二净，又岂有不败之理？

在中国历史上，未能慎终如初的事例不胜枚举。所谓"一日得失看黄昏，一生成败看晚节"，很多时候，从功臣到罪人往往只有一步之遥，正因为慎初而未能慎终，才导致一失足成千古恨。

五是警惕"第一"，初心为慎。千里之行，始于足下。凡事开头难，开局良好，成功一半，在人生的道路上要把握好第一次。"慎始"早已成为古人修身养性的重要方式。《礼记·经解》："君子慎始，差若毫厘，谬以千里。"《左传》："慎始而敬终，终以不困。"荀子说："君子敬始而慎终，终始如一，是君子之道，礼仪之文也。"程颐说："万事皆有初，欲善终，当慎始。""一念之欲不能制，而祸流于滔天。"苏轼说："其始不立，其卒不成。"如此等等，说的就是初之不慎，后患无穷；既能慎始，必能全终。

古时一位官员坐轿进城，天刚下过大雨，一个穿了新鞋的轿夫怕把鞋弄脏了，开始时总是小心翼翼，择地而行。后来，一不小心踏进泥水里，把鞋弄脏了。此后，他便不再顾惜新鞋，迈开大步走了。这名官员悟出一个道理，说："倘一失足，将无所不至。"

这个故事告诉我们，人一旦"踩进泥水坑"，心里往往就放松了戒备。反正"鞋已经脏了"，一次是脏，两次也是脏，于是便有了惯性，从此"不复顾惜"了。罐子碎了第一次，就不怕再碎第二次。反复多次，必然千疮百孔，一堆瓦片。人的一念之差发生一次后，再次误入岐途就有可能轻车熟路了。第一次，有时候就像一根刺，长此以往，可能会麻木人的心智。抵挡住第一次，防微杜渐，守住第一道防线，防一念之差而误入歧途，防一时冲动而失去理智，防一步不稳而跌落泥坑，防一蚁之穴而毁掉长堤。要自觉做到环境再变，心灵不浮躁；诱惑再多，步子不乱套。当一些"投其所好者"和"可乘之机"纷至沓来时，切记要把住"慎初"关口；当不期而至的歪风浊浪迎面袭来之时，切记要"浪击身不斜，沙打眼不迷"；当自己刚刚萌发非分之想的念头时，切记要理智地思考，左掂右量，三思后行。

☯ 道意汉字 ☯

心在真前思后行，真在心后谨慎记。

人要成功贵在慎，诚敬认真心在真。

忠诚正直守公理，须以恒心为良友，

须以细心为兄弟，须以初心为第一。

终

丝丝元气，由始到终

　　唐朝有位司马承祯，在长安南边的终南山里住了几十年。唐玄宗知道了，要请他出来做官，但被他谢绝了。后来，唐玄宗替他盖了一座很讲究的房子，让他在里面抄写《道德经》。他完成任务后，打算仍然回终南山去，偏巧碰见了曾在终南山隐居、后来做了官的卢藏用。两人说了几句话，卢藏用抬起手来指着终南山，开玩笑说："这里面确实有无穷的乐趣呀！"原来卢藏用早年求官不成，便故意跑到终南山去隐居。终南山靠近长安，在那里隐居，容易让皇帝知道并请出来做官。不久，卢藏用果然达到目的。司马承祯想对他的这种行为讽刺一下，便应声说："不错，照我看来，那里确实是做官的'捷径'啊！"这就是"终南捷径"的典故，从这个故事中我们可以看到，名利是检验真假隐士的试金石。

终（zhōng），形声字，从糸，冬声。"冬"是"终"的本字。古代"冬"与"终"通用。《说文·糸部》："终，絿丝也。"意为将丝线缠紧。字形采用"糸"作形旁，采用"冬"作声旁。

"终"的本义为极点、终了、结束，如《广雅》："终，极也。"终，从糸（古同"丝"），是借蚕说事，"春蚕到死丝方尽"，蚕丝吐尽而命

隶书	篆文	甲骨文
将篆文的𢆶写成冬。	在「冬」边加上「糸」，另造「终」代替。造字本义：一个结绳记事主题的完成。	像绳子两端的绳结，表示结绳记事，从立春到入冬。当季节到了「冬」，就是四时到终。

终，这标志着一个生命过程的终结。终，从冬，一年历经了春夏秋冬，冬天是四季之末，代表季节的终点，但它又预示着春天的来临。从"终"字可以看出，"终"是前因后果的统一，体现了回环往复、无始无终、终即是始的自然法则。因此，有"终而复始""寿终正寝"的说法。终，又指终将、终于，如"革命终将成功"。终，还引申为终极、穷尽之义，如终场、终点、义终、永终。

"终"与"始"相对。冬季是一年最后一个季节，所以"终"是终了，例如：终局、年终、剧终；冬天来临，一年辛勤的劳作结束了，所以"终"是完成，例如：终业；冬天草木枯荣，很多生物的生命都结束了，所以"终"也是死亡，例如：终丧、寿终、善终、送终、命终、归终、终老、临终、终世等。成语中，"终"也常常与"始"相对应。如"终而复始"，意思是不断地循环往复；"始终不渝"，意思是自始至终，一直不变；"终始如一"，则是自始至终一个样子；"终始若一"，也是自始至终都不改变。

"善终""无疾而终"是人生到达终点的理想状态，而要达到这种状态并不容易，必须注意起点、过程和终点。

有始有终，才能成功。"终"是始终，表示从开始到结束。生命有始有终，始和终之间是一个漫长的过程，就像蚕结茧、变蛹、破茧、成蛾一样。正因为生命漫长，所以才需要一以贯之、从一而终、有始有终的精神。《诗经》有记："靡不有初，鲜克有终。"意思是说：做事、为人、做官、为政，没有不能好好开头的，却少见能有好好坚持到底的。这也提醒人们：只有坚持一以贯之，做到不忘初心，持之以恒，善始善终，有头有尾，全始全终，才能建功立业。现实生活中不缺一开始满腔热情的人，却鲜有坚持到底的人，两者的区别在于意志、毅力的不同。

战国时有一个叫乐羊的人，离家到别国去寻师求学，只留下妻子一个人在家里。一年后的一天，他的妻子正在家里织布，乐羊忽然兴冲冲地回到家里。妻子非常奇怪，就问："你只去了一年，学业就完成了吗？"乐羊答道："别说一年，就是三年也不能学好学成。我已经离家一年，很想念你，就拜别师父特地回来看望你。"妻子听了，十分生气，转身取了一把剪刀，把织机上的丝线剪断了。

乐羊看到妻子的行为，很诧异，连忙上前拾起已经织了一半的布说："你在干什么！好端端的一匹布，织这么多一定

木版古年画《五福临门》：第一福是"长寿"，第二福是"富贵"，第三福是"康宁"，第四福是"好德"，第五福是"善终"。

花了很长时间，你为什么要把它剪断呢？"妻子不慌不忙地解释："这布是一根丝一根丝织成的，现在把它从中间剪断，前面的功夫就算白费了。你在外边求学，若是中途就放弃，不是一样的道理吗？"

乐羊这才恍然大悟，明白妻子的用心。于是，他再次告别妻子，离家走了。这一去就是七年，直到学成后才回来。

这个故事告诉我们，做事情要有始有终，坚持到底。如果做事只做了一半就不再做了，结果只能半途而废，前功尽弃。

慎终如始，则无败事。"终"的本义为极点、终了、结束，与"始"相对。终，首先强调的是注重过程以善终。正如马拉松长跑，若参与者始终保持起跑时的状态，才是可敬的。《道德经》第六十四章："慎终如始，则无败事。"大意是：谨慎地做到最终，就像开始时一样，就不会有失败和差错。办任何事情，自始至终都应慎之又慎，这样才不会出现差错。大凡人们办事时，都容易虎头蛇尾，开始时认真、细致、谨慎、严肃，久后则是敷衍、马虎、粗心、草率，最后往往

● 字说格言

◆ 曲终人不见，江上数峰青。

——（唐）钱起

◆ 靡不有初，鲜克有终。

——《诗经》

◆ 慎始而敬终，终以不困。

——《左传》

◆ 君子以永终知敝。

——《周易》

◆ 知其要者，一言而终，不知其要，流散无穷。

——《黄帝内经》

鲁迅收藏的年画作品《三娘教子》：三娘王春娥教育儿子读书如同织布，一旦中断，将前功尽弃。

不能达到预期的目标或效果。故老子提出的"慎终如始"名言，就是告诫人们办事时要始终如一，这样才不至于把事情做得虎头蛇尾。

宋朝的程颢被学者们敬称为明道先生。他少年时爱好打猎，后来遇到周敦颐，为亲近师父，他说自己已经没有这个爱好了。

周敦颐说："你怎么把除去陋习说得这样轻松？你现在只不过是将打猎的爱好隐藏在了心里，使其没有萌发罢了。一旦萌动，就和从前一样。"

12年后，程颢偶然看见打猎的人，果然又萌动了打猎的心思。他这才相信周敦颐的话不错，因此深信：除去陋习，非下决心并长期警戒不可。修心须谨，要慎终如始，切忌头热尾寒。

宋监察御史程颢画像。程颢（1032—1085）早年受业于周敦颐，政治上追随司马光，反对王安石新政，一生从事讲学活动，是宋代理学的奠基人。

清代的周梦颜对此认为：戒杀放生，是为善去恶中极容易的事；断除打猎，又是戒杀放生中最粗浅的事。凭借明道先生（程颢）的贤德，又经12年之学道，仍致力于断尽杀心。因此，那些戒律精严的高僧、天神，实在都应当受到人们的礼敬。后来，程颢担任上元县的主簿，看见乡下很多人用胶竿捉鸟，就命令把胶竿全部折断，并且下令禁止捕鸟。此时，他的一片杀机，算是断尽除绝了。十年读书，才去掉一个"矜"字；十年读书，能去掉"状元"二字（意思是放下对功名的追求）吗？因此，修心须谨，要慎终如始。

终而复始，以致千里。"终"音通"踵"，始终接踵，踵是指人的后脚跟。我们常说接踵而至。一个生命状态的终止，其实是另一个生命状态的开始。冬天结束了，春天必然来临。太阳从西边下山了，明天早上又从东边升起，生命活动的生生死死，永不停息。世上的事物都是终而复始、循环往复的。《孙子兵法·势篇》："终而复始，日月是也。"《淮南子·说山训》："通于学者若车轴，转毂之中，不运于己，与之致千里，终而复始，转无穷之源。"

终而复始，日月是也；死而复生，四时是也。奇正相生，循环无端；涨跌相生，循环无穷。机遇孕育着挑战，挑战中孕育着机遇，这是千古验证了的定律！因此，我们为新的生命而欢呼，但不必为一个生命的终了而过分悲伤，不应陶醉于某一个阶段性的成果，而应当把它作一个新的起点。

38年，10部长篇小说——当第九届茅盾文学奖为几乎写了一辈子的李佩甫打开一盒甜蜜的糖果时，李佩甫并未表现出太多的兴奋。

"今天上午我和往常一样正在写东西，接到电话才知道获得了茅盾文学奖。高兴是有点高兴，但对一个写了38年几乎是一辈子的人而言，这是个安慰，但我肯定不是为了获奖才写作。这也是一种鼓励和鞭策。"他接着说，"写作已经化为我的生活方式，每一次创作的结束，又是一个新的开始。"

对创作了10部长篇小说、多部中篇和影视剧的李佩甫而言，每一次创作长篇小说，都是一次归零后的再次出发和开始，也是一次新生。"其实每个作家的写作都会面临如何做到'不重复'的困境。从结构形式、写作的语言风格，或对某一方面的认知，都会遇到不同的困难。"李佩甫坦言，"对于我来说，文本的创新是最大的一种考验，在认知的更新上，语言的自我重复上，仍然面临着各种挑战。作家的写作，尤其是写多了，常常会滑进旧有的写作方式中。"

花，凋零了，喻示着新的绽放；叶，飘落了，喻示着新的繁茂；蝉，不叫了，喻示着新的生机。大自然中一切的结束都喻示着新的开始。一棵小树在冒出土地后，迎来的是一片茂盛的生长期，接着长大变老，并渐渐失去生机，但在临死前，眼前总会有新的生命——一片茂盛的树木。刘禹锡有一句诗："沉舟侧畔千帆过，病树前头万木春。"生命的结束并不意味着一切都结束了，在死之后仍然会焕发一片新的生机。

如大自然中一切的结束都喻示新的开始一样，在经历了事情过程中的风雨后，即使失败了，但在风雨中得到了一种磨炼，在新的开始后，必定会迎来成功的机会。"宝剑锋从磨砺出，梅花香自苦寒来"，在人的一生中，同样存在着如同大自然一样的规律。

道意汉字

春蚕丝尽而命终，一年四季冬为终。
慎终如始是为恒，善始善终是为忠。
幼青壮老四形态，生命形态始接终。
日出东方落西隅，生生不息永不终。

养心为核

外

夕阳下的占卜

东汉末年，曹操掌权以后，委任荀攸为军师。此后，荀攸追随曹操，解白马之围，击败袁绍的大将颜良，东征打败了吕布。曹操对荀攸的多次出谋划策给予了高度评价。但荀攸为人低调，从不张扬、自夸，从不让人知道他筹划的军政大事。因此，曹操称赞他说："荀攸这个人，外表愚笨，内心却聪明，外表懦弱，内心却勇猛刚强，真是一个大智若愚的人。"

"外愚内智"是说外貌看似愚昧，而内心却充满智谋。

荀攸（157—214），字公达，颍川颍阳（今河南许昌）人。东汉曹操手下谋士，为人外愚内智。

外（wài），会意字。《说文·夕部》："外，远也。卜尚平旦，今夕卜，于事外矣。""夕"为日落的时刻，"卜"为占卜，古人占卜在早晨，晚上占卜则去郊外。另有一说，指古人于夜间占卜在外的安危。

篆文	金文	甲骨文
承续金文字形。	以D（夕，即月亮，借代星夜）代替甲骨文的卜（内），表示在星夜占卜。	字形由卜（卜，占问）和内（内，穴居）组成。

"外"本义指事外占卜，引申特指外卦，重卦的上三爻。如《易经·否卦》："（彖曰）内阴而外阳，内柔而外刚。""外"又引申指外面、外部，如"外结孙权，内修政理""外乡""外省""外地""外戚"；"外"还指疏远、排斥，如"内小人而外君子"。

有"外"字的成语很多："世外桃源"比喻不受外界影响的地方或理想中的美好地方；"置之度外"指不把个人的生死利害等放在心上；"外强中干"指外表强大，内实空虚；"驰名中外"形容名声传播得极远；"古今中外"泛指时间久远，空间广阔；"喜出望外"指所遇超过了所望，因而感到特别高兴；"秀外慧中"指外貌清秀，内心聪明；"九霄云外"形容极高极远之处；"内圣外王"指一方面具有圣人的才德，另一方面又能施行王道；"意在言外"指话语的真正用意没有明白说出来，细细体会才能知道。此外，还有"决胜于千里之外""逍遥法外""遁迹方外""吃里扒外""安内攘外"等。

"外"在道家思想体系中有重要的意义。道家讲究关注自身本性，要求有超然物外的心境，不理会外物的烦扰，听从内心的召唤。

超然物外，是一种自在的人生态度。"外"的金文从夕、从卜会意，原意指人在星夜的郊野占星问卜。"卜"就像一个倒

字说儒家

养心为核

● 字说格言

◆ 江流天地外，山色有无中。

——（唐）王维

◆ 充内形外之谓美。

——（北宋）张载

◆ 混迹尘中，高视物外。

——（明）陈继儒

◆ 扫除外物，直觅本来。

——（明）洪应明

◆ 例外恰恰证明了规章的合理性。

——（英国）拜伦

352

立的人，"外"的字形像人在屋外，仿佛不受拘束、自由自在；但人的身后是自己的屋子，是自己心灵的归处，人最终要回到身后那间屋子中去，不再受外界的评价、荣辱、赞毁所影响。人生活在一个现实的世界里，不能没有基本的物质条件，但人应该是物的主人，而不能为物所役。对于身外之物，要采取超然的态度，如金银财宝、功名利禄都能看得开，得失放得下，将世间的所有看得淡，心灵才能获得自在。

　　两个自觉过得不如意的年轻人，一起去拜会一位智者："师父，我们在一家公司上班。工作很努力，可常常在办公室被人欺负，太痛苦了。求您开示，我们是不是该辞掉工作？"智者闭着眼睛，隔了半天，才吐出5个字："不过一碗饭。"然后他挥挥手，示意年轻人退下。两个人若有所悟，欣然地退下了。回到公司的两个年轻人，一个递交了辞呈，返回家乡种田去了；另一个却没动，依然待在公司里。时光流转，岁月无情，转眼10年过去了。回家种田的那位年轻人，成了农业专家，他采用现代科学的方法经营管理，积极改良农牧业品种，已是名扬一方的大农业家了。另一个留在公司里的年轻人也不差，他韬光养晦，努力学习，渐渐受到公司的器重，已经成为经理，不日将升迁到更高的职位。有一天，两个年轻人想念智者的教导，于是去拜望智者。在门前两个人遇上了。农业专家说："上次智者说'不过一碗饭'这5个字，我一听就懂了，不过一碗饭嘛！何必待在公司受气？所以我辞职去开拓自己的事业去了。你当时为什么没有听他的话呢？"那位经理笑着说："我听了呀！师父说'不过一碗饭'，我想不过为了混碗饭吃嘛，老板说什么是什么，多受气，多受累，少赌气，少计较，不就行了吗？师父不就是这个意思吗？"两个人见了智者，智者已经老了，他仍然闭着眼睛，隔了半天，说出5个字："不过一念间。"然后挥挥手……

两个年轻人从智者那里得到的是同一句话，做出的选择却截然不同。然而在不同的选择下，他们又都找到了最适合自己的人生，这是因为各自听从内心的召唤。外物并不能决定我们的心，要找到属于自己的生活和答案，必须撇开外物，从心中去找。一个人悟道有三个阶段：勘破、放下、自在。的确，如果一个人可以放下，可以看开，那无论他身处什么环境，就都能得到自在了。

外圆内方，是一种做人处世的智慧。"外"的甲骨文䢺，由表示洞穴的阝和表示占卜的卜组成。洞穴，也就是内，是被四面围起来的，像一个方形的围栏，比喻内心固守的原则；卜

做人要像铜钱一样外圆内方。

就像一个倒立的人，而人又走出屋子，面对的是旷远无边的天地，既然旷远无边，那么便带有了可随情况变化的灵活变通与不计较得失的豁达。"外"字寓意我们做人应该外圆内方，内心严正，表面随和，即在内心固守原则的同时，又应该有变通的做法。

教育家黄炎培给儿子写的座右铭说："取象于钱，外圆内方。"意思是：做人要像铜钱的外形一样，圆中有方不忘原则，方外有圆灵活应变。方圆结合，才能在为人处世中游刃有余。

"方"为做人之本，"圆"为处世之道。"方"即方方正正，有棱有角，指一个人做人做事有自己的主张和原则，不被外人左右，是堂堂正正做人的脊梁。但人仅仅依靠"方"是不够的，还需要有"圆"的包裹。"圆"即机智圆通，融通老成，指一个人做人做事讲究技巧，既不超人前也不落人后，能够认清时务，进退自如。

刘备落难投靠曹操时，曹操很真诚地接待了刘备。刘备为防曹操谋害，就在后园种菜，亲自浇灌，以此迷惑曹操，使他放松对自己的戒备。一天，曹操派人请他去赴宴，刘备不知曹操用意，忐忑不安。酒到半酣，忽然阴云密布，骤雨将至。曹操突然问道："玄德久历四方，一定非常了解当世的英雄，请说说看。"刘备历数了袁术、袁绍、刘表、孙坚、刘璋、张鲁、张绣等人。不料，曹操鼓掌大笑道："这些碌碌无为之辈，何足挂齿！"刘备说："除了这些之外，我实在不知道了。"曹操说："凡是英雄，皆胸怀大志、腹有良策，有包藏宇宙之机，吞吐天地之气。"刘备说："那谁能担当此任呢？"曹操先用手指指刘备，又指指自己，说："当今天下英雄，只有你和我了。"刘备闻听此言，大吃一惊，手中所持的筷子不觉掉到地上。正巧这时外面雷声大作，刘备便从容俯下身去拾起筷子，说："一震之威，乃至于此。"曹操说："雷乃天地阴阳击搏之声，为何惊怕？"刘备说："圣人云'迅雷风烈必变'，怎能不怕呢？我从小害怕雷声，一听见雷声只恨无处躲藏。"自此曹操认为刘备胸无大志，必不能成气候，也就未把他放在心上。刘备巧妙地掩饰了自己的雄心壮志，从而也避免了一场劫难。

刘备在与曹操的对答中非常聪明，他用的就是方圆之术，在曹操的哈哈大笑之中，免去了曹操对他的怀疑，从而最后如

曹操煮酒论英雄，借此欲窥探刘备内心，刘备则巧借雷声掩惊惶，利用方圆之术蒙蔽曹操。

愿以偿逃出虎狼之地。一个人如果过分方正、有棱有角，必将碰得头破血流；但是一个人如果八面玲珑、圆滑透顶，总是想让别人吃亏，自己占便宜，也必将众叛亲离。只有方圆结合，才是明智的处世之道。

天外有天，是一种虚怀若谷的人生态度。"外"的字形像人在屋外，面对的是旷远无边的天地，也像是井底之蛙终于离开了那口井。"外"字告诫我们：要走出自己那间小屋子，跳出自己那口井，在外面纷繁的大世界中，明白个人的渺小，时刻保持谦逊。

一个人想要得到更好的发展，就不能满足现有成就，只有懂得"人外有人，天外有天"的道理，自己不断努力，才能提升自我。"欲穷千里目，更上一层楼"，想要看到更壮美的景象，就要不惧艰难，敢于攀登。

叶天士是清代著名医学家，他与另一位名医薛雪齐名。叶天士早年自恃医术高明，看不起薛雪。一次，叶天士的母亲病了，高热大汗，面赤口渴，脉象洪大。叶天士开了药方，但是服药后总不见效，他知道治疗母亲的病应该使用白虎汤，可总是担心母亲年岁已大，受不了这种攻伐力量过强的方剂。薛雪闻得此事后，笑道："老太太的病，本就该用白虎汤，药下对了，当然不会伤人，有什么可犹豫的呢？"叶天士闻言顿悟，便改用此方，果然很快就让母亲摆脱了病痛的折磨。于是，他亲自前往薛雪家中，拱手作揖，诚心请教，薛雪也十分感动，二人摒弃前嫌，成了至交密友。从此，叶天士明白了"人外有人，天外有天"的道理。于是，他寻访天下名医，虚心求教，终于成为了真正的江南第一名医。

俗语说得好："强中更有强中手，一山更比一山高。"只有虚心请教、努力学习，才能让自己变得更加优秀。

"外"与"多"字形相近，一个人要懂得取舍，有舍才有得，能舍弃一些身外之物，自然能获得更多的乐趣。

☯ 道意汉字 ☯

夕阳下的占卜，叩问在外的平安。
超然物外，方能获得人生的自在。
人生大世界，世界大舞台，
你方唱罢我登台，戏里戏外各精彩。

圆

内员外圈，智圆行方

成语"圆首方足"，是对人的形象描述。古人认为"天圆地方"，因此"头之圆也象天，足之方也象地"。以后即用"圆首方足"指人类。孙中山先生在《社会主义之演讲》中说："圆颅方趾，同为社会之人，生于富贵之家即能受教育，生于贫贱之家即不能受教育，此不平之甚也。"孙中山先生意在要建立一个平等的社会。

圆（yuán），形声字。《说文·口部》："圆，圜。全也。从口，员声。""员"是"圆"的本字。

"圆"的本义是指圆形，如"百工为方以矩，为圆以规"。"圆"引申为圆点、充备、无缺失，如"故能首尾圆合"。古人认为天圆地方，故说"戴圆履方"。由于圆形线条柔和，圆滑柔顺，故用"八面圆通"形容为人处世圆润，处处应付周全；用"花好月圆"指花儿正盛开，月亮正圆满；用"智圆行方"表示知识要广博周备，形式要方正不苟。由于圆则丰满，故有"珠圆玉润"之说。有"圆"字的成语很少，如"圆凿方枘"，比喻两者不相投合。

老子在《道德经》中说："曲则全，枉则直，洼则盈，敝则新，少则得，多则惑。"意思是说：受得住委屈，方能保全自己，经得起冤屈，事理才能得到伸直，低洼才能盈满，凋敝反得新生，少取反而多得，贪多反而痴迷。老子主张方与圆的统一，既要圆通，又要刚强，做人处事若能刚柔相济，方圆结合，自能融通无阻。中国古代铜钱的形状外圆内方，寓意"做事要方"，即做事要遵循一定的社会法则和规矩；"做人要圆"，即要圆通，随机应变。"圆"字非常生动、形象地体现了圆融之道，给我们如何为人处世以深刻的启示。

完美无缺，圆满之象。什么是圆？《说文·口部》："圆，圜。全也。"这就是说圆是浑圆无缺的。"圆"字的"口"，连接紧密，没有残缺，这就是圆的标志。在我们的现实生活中，处处离不开圆。我们的衣食住行，处处充满着圆。早晨起床刷牙时用的口壶是圆的，喝水的杯口是圆的，吃饭的碗是圆的，上班不论是踩自行车还是乘车也都离不开圆的轮子，圆可以说无处不在。圆的优点很多，如曲线完美、势能均衡、张力最大、摩擦最小等，圆心恒常，圆无暗角，圆不虚空。因此，人们追求圆满的生活、圆满的人生，即使是人们的精神生活，圆同样不可或缺。而要达到圆满圆通，必须无滞碍，不偏执，消融一切矛盾，和谐和解。

曹操就是一个深谙方圆之道的人。他曾骑马践踏青苗，违反了军规，后来割发代首，既保全了性命，也维护了军规。

篆文	甲骨文
造字本义：鼎口流畅的弧圈。	由圆口○和有脚的鼎 组成，表示鼎的圆口。

358

字 说 道 家

养心为核

"方"是做人之本，是堂堂正正做人的脊梁，但仅有"方"是不够的，还要有"圆"的包容。《红楼梦》里有一副对联："世事洞明皆学问，人情练达即文章。"说的就是方圆要统一。方让我们有原则，圆则让我们能变通，只有方圆结合方能获得圆满。

众生平等，圆融之本。圆是外形平滑、没有波折的几何图形，从圆心到圆周任何一点的距离都相等，代表着平等。在圆这个圈子里的每一员，都是平等的。由于圆具有均匀、对称、圆顺的特点，因此具有不偏不倚、公正、公平、客观的品质。也正由于平等，故而和谐。庄子在《齐物论》中说："天地与我并生，而万物与我为一。"既然万物为一，在面对形形色色、性质不同的事物时，就应消融它们的差别，将它们视之为无差别的"齐一"。这个观点用今天的话来说，就是万物平等，公平地看待周围的人和物。

在著名的美国《独立宣言》中，杰斐逊慨然高呼："人生而平等！"这个口号指出，我们每个人都是这个世界上独一无二的个体，每个人在人格和法律地位上都是平等的，每一个人都有自己的过人之处，因此没有必要向位高权重者低头，也不应该轻慢不如我们的人。认为自己处处不如人，是一种不自信、自卑的表现；认为自己处处高于别人，是一种自视过高的表现，也是一种幼稚的表现。

黄道浑仪上由圆圈组成的球体，演示着天空和宇宙星体的运行。

广宁玉雕：《花好月圆》。

　　人人都是平等的，因此在人与人的相处中，应该怀有尊重他人的意识，平等地对话，礼貌待人。这样，才能建成一个圆融的社会。

　　包容缺憾，圆通之策。 "圆"字，"员"在"口"内，这表明圆总有一定范围，圆是相对的，没有绝对的圆。天圆地方，共同构成了我们的生存空间。同时，"圆"字还告诉我们，员总是在圈内，凡事要约束自己，圈要包容员，"金无足赤，人无完人"，"月有阴晴圆缺，人有悲欢离合，此事古难全"。世间万物共同拥有的空间，只有相互包容，才能获得圆满。老子说："大成若缺。"圆满原在残缺中。缺，是对完美的期望，在淡淡的忧伤中，有一种寂寞的美。如篆刻，多在断处用心。断处见其胆、见其韵。印家有这样的话："与其叠，毋宁缺。"没有缺，就没有篆刻艺术。缺是一种引领，更是一种烘托，美不在缺本身，而是缺所提供的一个呼应圆满俱足的背景。

　　曾国藩有一个重要的人生态度——"求阙"（在古文中，"阙"与"缺"同义），他的书房名曰"求阙斋"。他认为，人生之美好，就在于花未全开月未圆的缺失之美。花未全开尚有艳极之时，月未全圆必有盈满之刻，人生有缺则意味无穷。而花，艳极则枯；月，满盈则食；运，盛极而衰。此乃常理。曾国藩的"求阙"艺术，成就了他一生的事业，也成就了他一生的幸福。

"求阙"，不是消极地安于现状，而恰恰相反，是一种在积极向上的人生态度中不苛责自己、不勉强自己，顺应事物客观规律的冷静的进取精神。有了这样一种生活态度，就懂得去享受缺憾之美，懂得用辩证的态度去看待生活、看待人生。譬如，有人在顺境的时候容易心盈意满，不思进取；有人则越是在顺境的时候，越是细察缺失，越是每日三省其身，越是居安思危。因为世界上的事情，总是祸福相依、顺逆相随、圆缺相关。顺境之时，很可能就潜伏着逆境甚至险境；一时的圆满，很可能就伴随着亏损。如果缺乏这种预见性和心理准备，一旦日后遇到变故、挫折、困难，精神就先垮了。"求阙"，并非放低工作标准、不求生活品质，而是一种高贵的、积极的心态准备，是解读各种生活困难、校正认识误差、调整困惑心理的一把"金钥匙"。作为人生追求，应宁求缺，不求全，宁取不足，不取有余。

361

智圆行方，圆通之道。"圆"字，"囗"内有"员"，员代表着人，这就是以人为本。圆是一种貌似糊涂的智慧，有沉静蕴慧的平和，许多先哲之所以智慧，正因为智圆。

● 字说格言

◆ 悬衡而知平，设规而知圆。
——（战国）韩非子

◆ 心欲小而志欲大，智欲圆而行欲方。
——（西汉）刘安

◆ 人有悲欢离合，月有阴晴圆缺，此事古难全。
——（北宋）苏轼

◆ 瓜无滚圆，人无十全。
——民谚

◆ 世间成事，不求其绝对圆满，留一分不足，可得无限美好。
——佚名

仲由（前542—前480），字子路，孔子得意门生之一，以政事见称，为人伉直鲁莽，好勇力，事亲至孝。

有一次，孔子的弟子子路去集市上买菜，看见一位摊主正在给一人称菜。称好后，买主付了钱。摊主将钱数了两遍，对买主说："我说得很清楚，每斤8铢。你买了4斤，应该付32铢，可你却只付了31铢。"买主斩钉截铁地说："明明是四乘八等于三十一，你却说四乘八等于三十二，这不是坑人吗？"摊主反驳："四乘八等于三十二，连3岁的小孩子都知道，你却说我耍赖，简直是胡搅蛮缠！"就这样，摊主和买家争得面红耳赤，越吵越激烈。

子路看不下去了，对买主道："四乘八明明等于三十二，就1铢钱的事，还是补上吧。"摊主发现为自己主持公道的是孔子的得意门生子路，连连道谢。可买主却不依不饶，竟将了子路一军："亏你还是孔子的学生，竟然连常识都弄错了！你要是不认错，我们就去找你的老师评理去！"子路火冒三丈："去就去。要是我说错了，我就将头上的帽子送给你。"买主也不甘示弱："如果我错了，我就将头砍下来给你！"

于是，子路、摊主和买主三人一同去找孔子。见到孔子后，子路将事情的来龙去脉说了一通，请老师主持公道。孔子沉思片刻，严肃地对子路说："买主说得对，四乘八等于三十一，你把帽子给他吧。"子路以为自己听错了，可碍于礼数，还是将帽子从头上摘下来，递给了买主。买主心花怒放，奚落了子路一番，大摇大摆地离开了。

子路很不服气，迫不及待地问孔子："先生，明明是四乘八等于三十二，可您刚才为何评判说是我错了呢？"孔子没有正面回答，反问道："你觉得对错重要还是那位买主的性命重要？"子路毫不犹豫地回答："当然是性命重要。"

孔子欣慰地说："这就是了。那位买主显然是神智有问题的人，因此才固执地认为四乘八等于三十一。如果我说他错了，弄不好会闹出人命来，为了区区1铢钱把事情闹大，值得吗？"子路恍然大悟。

与人交往时，的确需要坚持原则，分清是非对错，但在有些情况下，如果这种坚持无关紧要，却可能带来极端恶果，变通就显得尤为重要了。心宜方，行宜圆。

方和圆是对立的，但也是互补的。"方"是做人之本，"圆"是处世之道。方是方方正正，寓意做人做事要遵循守则；圆则是融通老成，进退自如。真正的"方圆"之人是方圆的结合体，有勇猛斗士的武力，也有沉静蕴慧的平和，前进时干练、迅速，退避时泰然、沉稳。

其实，人生是一个圆，从起点到终点，是一个圆圈。有的人走了一辈子，也没有走出命运画出的圆圈，平凡、平淡，当然，这可能是一种宿命。但也要知道，圆上的每一个点也可以成为腾飞的切线，有时超越常规，可能会做出不凡的业绩来。

🜊 道意汉字 ☯

圆美无缺，这是圆之象。平等和谐，这是圆之善。
没有规矩，不成方圆，这是圆之范。
清平盛世，处世宜方。天下昏暗，处世宜圆。
诗善人宜宽，诗恶人宜严。
一个以自我为圆心，以欲望为半径的人，
呈现的是一个贪得无厌的圆。
一个以民心为圆心，以民主为半径的社会，
呈现的是开放之圆、进步之圆、文明之圆。

内

内省、内视方能内行

　　有人问智者："一个人最害怕什么？"智者反问："你觉得呢？""是孤独吗？""不是。"智者回答。"那是误解吗？""也不对。""绝望？"智者摇摇头。这个迷茫的人一连猜了十几个答案，都被智者否定了。他只好问："那到底是什么呢？"智者说："就是你自己的内心啊。"迷茫的人不解地问："为什么？"智者笑了笑，"其实你刚刚说的孤独、误解、绝望等，都是你自己内心世界的影子，是你自己给自己的感觉罢了。你对自己说'这些真可怕，我承受不住了'，那你就真的会害怕了。但是你如果告诉自己'没什么好怕的，只要我积极面对，就能战胜一切'，那自然没有什么能难倒你。一个人若连自己都不怕，还会怕什么？因此，使你害怕的不是那些想法，而是产生这些想法的你的内心。"

　　也许我们无法改变自己的人生，但我们可以改变自己的人生观；或许我们无法改变所处的环境，但我们至少可以调整自己的心态——内心强大，才是真正的强大。

内（nèi），会意字。《说文·入部》："内，入也。从门，自外而入也。"即"内"为"入"的意思，从门口自外而入。

"内"从字形就可以看出，本义为进入，是"纳"字的初文，指纳入，如"百姓内粟千石，拜爵一级"。"内"又指在范围里面，如"四海之内皆兄弟"。因为古代男主外、女主内，所以"内"由房内之意引申指与女子相关的东西，如"内舍""内房""内寝"。"内"又特指女色、妻子或妻子一方的亲属，如"齐侯好内，多内宠""内人""内弟""惧内"等。

含"内"的成语有很多："外宽内忌"指外表上看似宽宏，内心却多忌苛；"色厉内荏"指表面强硬而内心虚弱；"反听内视"指既能反省自己的言行，也能听取别人的意见；"外宽内明"指外表宽宏而内心明察；"外刚内柔"指外表刚强而内在柔弱；"包举宇内"指并吞天下，占有一切；"海内无双"指四海之内独一无二；"安内攘外"原就药的疗效而言，后多指安定内部，排除外患；"内峻外和"指内心严厉而外貌和蔼；"内外夹攻"指从里、外两方面配合同时进攻；"直内方外"形容内心正直、做事方正；"内顾之忧"旧时形容没有妻子，身在外又要顾虑家事，现形容有内部的忧虑；"铭感五内"比喻内心非常感激；"四海之内皆兄弟"指世界各国的人民都像兄弟一样；"海内存知己，天涯若比邻"指四海之内有知己朋友，即使远在天边，也感觉像邻居一样近。

宇宙包罗万象，万事万物都按照自己的规律运行着。人要得到更好的发展，就需要内修外治。道家极其重视内视之法，即通过内视，进入虚静境界，起到收敛心神、排除杂念、内察身心、修生养性的作用。"内"字告诉我们如何提高内在的素

篆文	甲骨文
人向上穿透，成为之后各字体的稳定形式。	用有锋的楔形符号人刺入，表示进入内里之意。

元代画家刘贯道的《梦蝶图》（局部），取材于"庄周梦蝶"的典故。

质，让自己的内心真正地强大。

内行，源于埋头苦干。"内"字从门、从人，人在方框里只露出一点头，寓意埋头苦干，全副身心地投入，达到物我两忘的境界。《庄子·齐物论》云："昔者庄周梦为胡蝶，栩栩然胡蝶也。自喻适志与！不知周也。俄然觉，则蘧蘧然周也。不知周之梦为胡蝶与？胡蝶之梦为周与？"这就是一种物我不分，亦即物我两忘的境界。道家认为，这是一种理想的境界。在这种境界中，人能体悟到人生真谛、万物之道，也能创造出许多珍贵的价值。古往今来，用有限的人生创造出不朽的艺术、理论的人，往往都曾经进入过这种境界中。

著名作家路遥生前说过："写作就是燃烧自己。"为创作《平凡的世界》，他花4年时间阅读了100多部长篇小说及各类书籍，翻阅了10年间全国主要报纸，多次重返陕北故乡。创作期间，他把自己"关"起来如牛马般劳作。得知作品获茅盾文学奖时他说："很高兴，但当初只想着写，能不能获奖确实没想过。"

无论从事哪行哪业，只有潜下心来，埋头苦干，方能"旷然与变化为体而无不通也"。科研领域中有人想方设法找技巧，以求在学术评价或各种奖项中"捷足先登"；官场中有人总是热衷于"干几个大项目"，或刚做出点成绩就要搞得"地球人都知道"……结果，莫不因太刻意于眼前名利而不能正常发挥创造力，也不可能成为行家里手。

　　曹雪芹"披阅十载"写作《红楼梦》，李时珍历经27个寒暑写成《本草纲目》，他们何尝想过出名？盯着名利干事，则难免急功近利，以致动作走样，欲速而不达；盯着责任干事，则会专心致志于事业，以止于至善的精神为社会奉献"良心制作"。只有低下头，最后才能抬起头。有什么样的人生态度，就有什么样的工作状态。不刻意而高，无功名而治。

　　内省，才能使人保持清醒。"内"字的"人"在一方开口的方框内，说明了人应该反听内视，善于听取他人意见，时刻反省自己。俗话说："旁观者清，当局者迷。"每个人的眼界都是有限的，认识也是有局限的。个人的眼界和认知就像一道门、一扇窗，如果不把头伸出门外、窗外，看看外界的客观情况，听听别人的意见，就容易变成井底之蛙，"内"也就成了"囚"，非外物枷锁束缚，而是自己把自己囚禁在井底了。因

● 字说格言

　◆ 见贤思齐焉，见不贤而内自省也。
　　　　　　　　　　　——（春秋）孔子

　◆ 天下之祸，不由于外，皆兴于内。
　　　　　　　　　　　——（东汉）傅燮

　◆ 海内存知己，天涯若比邻。
　　　　　　　　　　　——（唐）王勃

　◆ 天下光宅，海内雍熙。
　　　　　　　　　　　——（唐）武则天

　◆ 我们应该注重内心，而不应该只看外貌。
　　　　　　　　　　　——（古希腊）伊索

　◆ 统治者必须具备外柔内刚的气质。
　　　　　　　　　　　——（英国）爱略特

　◆ 夫耳内和声，而口出美言。
　　　　　　　　　　　——《国语》

此，需要时刻反省自己、检讨自己，才能改掉自身的不足。

汉文帝刘恒是汉高祖刘邦的儿子，在位23年，开创了历史上的"文景之治"。文帝十三年（前167），有一名叫淳于意的太仓令有罪，被押运到京师治罪。当时的刑罚很严酷，有墨、劓、剕、宫四种。淳于意有一个小女儿，名叫缇萦，不忍其父受刑，上书文帝，要求免除其父的刑罚，自愿为官婢，以赎父罪。文帝深受感动，下诏废除肉刑。他在诏书中说：现在虽有多种肉刑，但并没有能阻挡坏事。这是什么原因呢？莫非是我的德行不够，没有给大家明确的教导？我感到很惭愧，应该给那些愿意改恶从善的人机会才是。

汉文帝在别人的犯罪行为中反省自己的责任，这就是反听内视。他的除肉刑诏，废除了那些惨无人道的刑罚，是人类社会走向文明的一个里程碑。

内视，听从内心的召唤。"内"字中有"人"，头在外，而足在内。人的头要在外，看看世界，拓宽眼界，广泛听取意见；而足要在内，站稳自己的目标，做最本真的自己。

人最重要的是做真实的自己。每个人都应该有自己最适合的生活方式和自己最想追求的目标。有人说："每个人出生都是独一无二的、原创的，但渐渐很多人都成了盗版。"在这个

1941年《女子二十四孝彩图》，
缇萦上书赎亲。

纷杂的社会，很多人为了"适应社会"而抛弃了自我和个性，成了社会模板下的统一产物。我们应该坚守特别的自己，走自己特别的人生之路，才能散发独特的魅力。印度宝莱坞的经典电影《三个傻瓜》说的就是这样一个故事。

主人公旺度热爱工程，他考入了印度最好的工程学院，但学院的教育制度力图把学生打造成学习机器。旺度坚守自己的观点，把知识融入实践，最终获得了古板教授的肯定，成为一个发明家。他的朋友乔热爱野生动物摄影，却被父亲强行拉进了工程学院，成绩次次垫底，精神十分苦闷。在旺度的鼓励下，他真诚地对父亲说："我天生就热爱摄影，爱那些野生动物，那才是我想走的路。也许成为工程师可以赚很多钱，但那又怎样呢？我将会是一个糟糕并且不快乐的工程师。"听从自己内心的乔，终于得到父亲的谅解和支持，成了优秀而快乐的摄影师。

坚守自我，是对自己的正确认识与定位后确定的发展方向，不让自己迷失在复杂的、有众多诱惑的外部环境中，敢于走自己的路。

"内"与"纳"字形相近，"内"是告诫人们善于接纳，有容人之心；"内"与"馁"字音相似，"内"是勇敢听从内心渴望，追求内心目标，遇挫不馁；"内"与"呐"字形相近，告诉我们要听从内心的诉求、自我的呐喊，不要人云亦云，随波逐流，要勇于做真正的、独特的自己。

🌓 道意汉字 🌓

谦虚低调是内敛，躬身自问是内省。
听从本心是内视，惭愧后悔是内疚。
精通敬业是内行，心智敏行是内慧。

方 万人出点主意有良方

　　《列子》中有一个"方寸之地"的故事：龙叔是个心
灵剔透的聪明人，他觉察到自己与世人格格不入，但想不明
白问题出在哪里，后来听说文挚学问博深，洞明世事，故而
向文挚当面请教。文挚很熟悉龙叔的人品，对他分外敬重，
说："很高兴能为先生效劳，只是不知道先生症状如何，请
先生见告才行。"龙叔说："我的病有些奇怪，例如人们很
看重的事情，我却毫无兴趣。我曾意外得到一件宝物，但
我却不为此高兴得忘乎所以，后来又丢了一件很珍贵的物
件，我仍然泰然处之，不以为意。您是否觉得我这个人很愚
蠢？"文挚摇摇头说："哪里，哪里，先生还有其他症状
吗？"龙叔叹口气说："我把生与死的大事都看成一回事，
利害得失难以让我动心，荣华富贵对我毫无诱惑力。因此，
连妻子和奴仆都用奇怪的目光来看我，问题够严重吧？"文

挚站起来说："我来看看您的心吧。"文挚注目看了一会儿，兴奋地说："阁下一寸见方的心脏已经空灵了，简直是掌握了长生不死的诀窍，可喜可贺呀，哪有什么病，您这种人简直就是神仙，怎么会生病呢？"龙叔听了文挚的话，感觉很有道理，从此更加淡泊名利了。古文中，常将"心"说成"方寸"。这个典故讲的是"心"的故事，其实是要告诉人们学会正确处世。

方（fāng），象形字。《说文·方部》："方，併船也。象两舟省、总头形。"意为"方"是并行的两船。

"方"泛指并行、并列，后引申的意义较多：有指方形，与"圆"相对，如"没有规矩，不成方圆"；有指方位和方向，如"东方，西方，南方，北方""有朋自远方来，不亦乐乎""事在四方，要在中央""四面八方"；有指时间，表示刚刚之意，如"方兴未艾""来日方长""如梦方醒"；有指人的行为的正直，如"品行方正"；有指方法、途径、心绪等，如"千方百计""教导有方""方法""方寸"；还作名词用，表示药方，如"偏方""验方"等。

与"方"字相关的成语不少，只是平常用得较少，较为生疏，我们经常用的有："方便之门"指给予便利；"方寸已乱"指心绪很乱；"方底圆盖"指两不相合；"方驾齐驱"指并驾齐驱；"方领矩步"指儒生的服饰和容态；"方面大耳"指富贵之相；"方头不律"指不合时宜；"方正不降"指为人正直，不逢迎谄媚等。

"方"字告诉我们为人处世的真谛。

方向比努力更重要。 "方"指方向、方位。船只航行必须

金文

金文承续了甲骨文的字形。

甲骨文

像起土出粪的大锸形。

有确定的方位和方向。如果迷失了方向，那么或者原地打转，或者离原定的目标越来越远。

有一位著名的美国科学家，曾进行了这样一项十分有趣的试验：他在两个玻璃瓶里各放进了5只苍蝇和5只蜜蜂，然后将玻璃瓶的底部对着有光源的一方，而将开口朝向暗的一方。几个小时之后，科学家发现，那5只蜜蜂全部都撞死了，而5只苍蝇早就在玻璃瓶开口处找到了出路。一向勤劳、聪明的蜜蜂为什么找不到出口呢？经研究发现，蜜蜂通过经验认定有光源的地方才是出口，它们不停地重复这种合乎逻辑的行为。它们每次朝光源飞的时候都用尽了全部力量，被撞后爬起来继续撞向同一个地方，直至死亡。而那些苍蝇呢，全然不顾亮光的吸引，四下乱飞，结果误打误撞碰上了好运气。

其实，生活中类似蜜蜂和苍蝇的事例真是太多了。许多人选定一个方向后为之坚持不懈地努力，结果却事与愿违，可他们却不愿放弃，而这事实上错误的方向让他们的一生都活在失败中；也有些人在意识到失败后，赶紧仔细分析，调整努力的方向，不断尝试，最终更快地找到出路，获得成功。一个人在选择自己努力的方向时，一定要对现实与自身有正确的认识，否则会前功尽弃。有一位诺贝尔奖获得者在谈到他成功的经验时说："从容思考，从速实行，方向永远比努力更重要。"有

● 字说格言

◆ 理国要道，在于公平正直。

——（唐）房玄龄

◆ 处治世宜方，处乱世当圆，处叔季之世当方圆并用。

——（明）洪应明

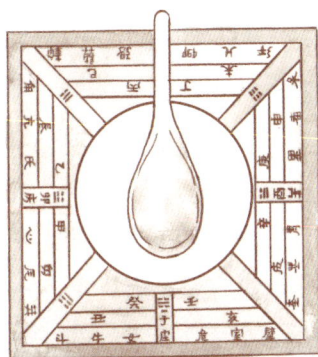

世界上最早的"指南针"——司南示意图。司南是中国春秋战国时期发明的一种指示南北方向的指南器，由青铜地盘与磁勺组成。地盘内圆面外方，中心圆面下凹，圆外盘面分层次铸有十天干、十二地支、四卦，标示24个方位。磁勺置于地盘中心圆内，静止时，因地磁作用，勺尾指向南方。

一句俗话叫："不撞南墙不回头。"其实，这是愚蠢的做法。

方法比勤奋更重要。方，通常指方法。"方"字从万、从点，意思是万人一起出谋划策，集思广益，就没有解决不了的难题。方法总比困难多，"三个臭皮匠，顶个诸葛亮"。方法是我们走向成功的工具。方向对了，方法对了，才能达到目标。正如渡河要借助舟楫、砍柴要用利斧一样，不仅要苦干，还要巧干。方法不对，有时就是盲干，后果不堪设想。正如灭火要用水，而不能加油一样。方法就是捷径，方法就是智慧，方法就是成功。

有两只蚂蚁想到墙的另一边寻找食物。一只蚂蚁来到墙根处就毫不犹豫地向上爬，可是当它爬到一大半时，由于过度劳累和疲倦而跌落下来。它并没有气馁，跌下来之后，又迅速地调整一下自己，重新向上爬。另一只蚂蚁观察了一下四周环境，决定绕过墙角到对面觅食。很快，绕过墙角的蚂蚁找到了食物，而另一只蚂蚁忍受着饥饿，仍在一次次的跌落后再重新向上爬。

其实，很多时候，方法比勤奋更重要。第一只蚂蚁毫不气馁的毅力值得我们学习，但是在不断努力和不断失败后，是否该停下来思索一番，寻找一个更好的解决问题的方法？面对失败，我们需要从失败中汲取教训，改进思维方式，调整努力的方向。如果一味地蛮干，不仅白费力气，还会贻误时机，给自己造成不可弥补的损失。

阿基米德说："给我一个支点，我可以撬动整个地球。"这个支点就是一个恰当的工具，就是我们解决问题的方法。如果没有合适的方法，纵然勤奋做事，不辞劳苦，也只能是事倍功半，白白浪费精力和资源，不会获得什么好结果。

方正比圆融更重要。方形的四边是平直的，平直的物件显得端庄和稳重。因此，方可以指人的行为和品性正直、方正、无邪。方正的人其心坦荡，宁在直中取，不向曲中求，因而也心安理得，稳健而平静。

西汉人尹翁归因能力强、作风正、考核成绩优良而多次被上级提拔，后来做了东海太守，独立执掌一方。东海郡治安混乱，不法者长期得不到治理，尹翁归到任后不动声色，潜心观察，没用多久，郡中的官吏百姓是好是坏，他都一清二楚。郯县有个大土豪奸邪狡猾，做了许多违法乱纪的事，郡中百姓深受其苦，以前的几任太守都曾想逮捕他，可他每次都通过行贿朝中大臣而逃脱制

司马光是品行方正的历史名人之一，这从其死后谥号"文正"可见一斑。

裁。尹翁归查清了他的罪状，派人将其抓捕归案，宣判后直接在街市上斩首，全郡为之轰动，那些违法者都被震惊慑服，再没人敢触犯法令，东海郡由此大治。

不久，朝廷又派尹翁归为右扶风郡守。右扶风是西汉三辅之一，与京兆尹、左冯翊同管京城附近辖地，这里因为在天子脚下，许多豪门大户都与京中大吏过从甚密，所以积案多多，很难治理。尹翁归依然沿用东海郡的经验，先做明察暗访，一

旦案发，顺藤摸瓜。他还给下属做培训，教他们根据踪迹类推的办法，同时选拔了一批"廉平疾奸"的官员，建立了一支强大的执法队伍。

因此，尹翁归得罪的人不少，一些人想尽办法要抓住他的错误，搞倒他，可惜他们费尽心机，都没得逞。这是因为尹翁归一身正气，在他面前所有的潜规则、老规矩都失效，可谓百毒不侵。

这个故事说明：方正是圆融的前提。方方正正，有棱有角，是做人做事的原则，且只有在方正的前提下才有讲"圆"的意义和价值。

内方外圆比方正更重要。中国古代的铜钱，形状内方外圆，寓意非常深刻，"取象于钱，外圆内方"就是我们为人处世的追求。人最珍贵的品格是正直、方正，正则品端，直则人

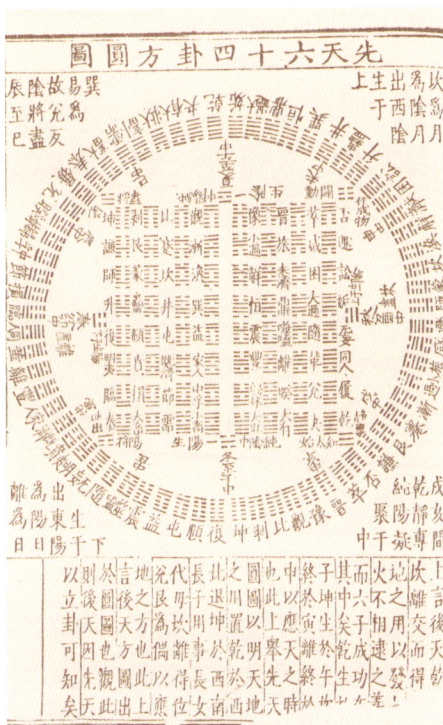

《先天六十四卦方圆图》。道家说宇宙为"天圆地方"，而讲修为则强调方圆相济，外圆内方。

立。《菜根谭》说："处治世宜方，处乱世当圆，处叔季之世当方圆并用。"意思是说：生活在太平盛世，为人处世应当严正刚直；生活在动荡不安的时代，为人处世应该圆滑老练；生活在末世将乱的时代，为人处世应当方圆并用。其实，是选择方，还是圆，不但要看环境，还要看与什么人相处。

为人处世，不外三种方法。一是方，如一代谏臣魏徵。魏徵是幸运的，因为有一个开明的唐太宗，否则，早已死无葬身之地。包拯也是个方正之人，为官为人，不讲一分私情，是严正的典范。据说包拯不笑，当时流传一句话："包老笑，黄河清。"包公一笑，比黄河变清还难得。因此，方是可敬的，但往往不可爱。有时我们评价一个人：优点是直，缺点是太直。这既包含着表扬，也有批评的意味。方有刚有棱，容易折断，也易伤害他人和自己。方，应是在大是大非、原则问题上坚持正直和方正，即"吕端大事不糊涂"。同时，也要看与何人相处。与虚伪之人、邪恶之人相处，方只能是悲剧。"曲如钩，封公侯，直如弦，死道边""忠忠直直，终日乞食"，这是人性的悲哀，社会的悲哀。二是圆，就是处事老练圆滑，八面玲珑，如和珅之流，看见权贵就逢迎，看见倒霉的人就幸灾乐祸。这种人无正气、无骨气、无原则，是可怕之人；这种人总想让别人吃亏，自己占便宜，当面一套，背后一套，口蜜腹剑，久而久之，人们必然会对他们处处设防，难以与之成为知己。三就是方外有圆，圆中有方，外圆而内方。方，方方正正，有角有棱，即做人处事有自己的主张和原则，不被别人左右。圆，处世圆滑，通融老成，即做人处事讲究艺术，讲究技巧，该前则前，该后则后，能认清时务，进退自如。

人生最高的处世境界是方圆相济，是刚与柔、强与弱、进与退的结合。圆为和谐、变通、灵活，体现了柔韧、谦和的一面；方则为有个性、爽快、讲原则，体现了刚直、刚强的一面。刚而能柔，这是用刚的方法；柔而能刚，这是用柔的方法；强而能弱，这是用强的方法；弱而能强，这是用弱的方法。这些方法应因人、因事灵活运用。我们在日常生活中，要正确运用"方圆"之理，认真处理好个人与他人、个人与工作、个人与家庭、个人与社会的各种关系，做到方圆并用，刚柔相济，强弱融合，进退自如，即原则性与灵活性的高度统一，这样才能体现出自己的智慧和修养，才能无往而不胜。

《资治通鉴》记载，魏王攻陷了一座城池，于是大宴群臣。宴席之上，魏王问文武百官："你们说我是明君，还是昏君？"大多数的官员纷纷说："大王当然是一代明君了。"正当魏王飘飘然时，问到任座，正直的任座却说："大王是昏君。"魏王问："何以见得？"任座说："大王您获得了胜利，攻下了城池，没有按顺序分给您的弟弟，而是分给了您的儿子，可见您是昏君。"魏王大怒，下令将任座赶出去听候发落。接着问下一个臣子，这位大臣说："大王是明君。"魏王心中暗喜，忙问："何以见得？"这位大臣说："有古言说，明君手下多是些直臣，现在大王手下有像任座这样的直臣，可见大王是明君！"听罢，魏王大悟，赶快把任座重新请进来赴宴。

在这个故事中共有三种人。第一种是那些趋炎附势的大臣，他们说魏王是明君，完全是出于保全自己与升官发财的私心，是圆滑。第二种是任座这类刚正不阿之人，敢于不畏权势，直言进谏，非常了不起。但是这种人却因为刚正有余，圆润不足，触犯了魏王的君王威信和颜面，所以不但没起到作用，反而被赶了出去。最后一种人便是救回任座的大臣，显而易见，他所具有的不仅是刚正，而且是大智慧。他在解释中婉转地告诉魏王明君应该如何做，起到了一箭双雕的作用，不仅纠正了魏王的错误行为，也解救了任座。这个故事告诉我们的正是外圆内方的处世之道。

道意汉字

方是做人之本，圆是处事之术。

方是目标，圆是路径；

方是原则，圆是变通。

方以不变应万变，圆以万变应不变；

方是做人的脊梁，圆是处世的策略。

方而不圆无人味，圆而无方无人格。

立志如山是方，行道如水是圆。

不如山不能坚定，不如水不能曲达。

刚

如山的稳重，如刀的锋利

　　孔子说："我没有看见刚强的人。"有人回答："申枨应该是一个刚强的人。"申枨是春秋时鲁国人，精通六艺，孔门七十二贤之一。申枨年轻时，喜欢和人辩论，不肯轻易让步。即使面对长辈或师兄，申枨也毫不隐藏，摆出一副强硬姿态。于是，孔子说："申枨个人欲望多，怎么能刚强？"后人便用"无欲则刚"来形容不被自己想要得到的某种利益诱惑，才能称得上是真正的刚义。

　　刚（gāng），会意兼形声字。《说文·刀部》："刚，彊断也。从刀，冈声。"刚，强力折断。字形采用"刀"作形旁，"冈"是声旁。

　　"刚"的本义指猎兽、追凶或杀敌时，强悍坚定，勇敢无畏，显示出的大丈夫气概。现本义消失，引申为形容词，指勇敢的、不屈不挠的，如"刚毅""阳刚"；再比喻引申为形容词，指坚硬的、没弹性的，如"刚硬""刚玉"；后引申为副词，意为正、才，如"刚才""刚巧"。

篆文	篆文	甲骨文
承续金文字形。	在甲骨文字形的基础上再加两把『刀』，把甲骨文的『矢』写成『山』。	由网（网，猎捕工具）、刂（刀，猎具或兵器）、矢（矢，猎具或兵器）组合而成，表示手持刀箭和捕网，行猎或作战。

与"刚"相关的成语很多，如："刚正不阿"表示刚直方正而不逢迎附和；"沉潜刚克"表示深沉不露，内蕴刚强；"刚柔相济"表示刚强的和柔和的互相调剂；"刚中柔外"指人外柔而内刚的性格，也指外表和善、内藏杀机的策略；"刚愎自用"表示十分固执自信，不考虑别人的意见；"血气方刚"形容年轻人精力正旺盛；"以柔克刚"指用柔和的办法去制服刚强的；"茹柔吐刚"表示吃下软的、吐出硬的，比喻怕强欺软；"金刚怒目"形容面目威猛可畏；"百炼成钢"比喻人经过多次磨炼而成为有用之才。

刚是相对于柔而言的一种状态。道家认为，刚与柔在具有内在对立性的同时，也具有相互依存、相互转化、相辅相成的一面。在"刚"与"柔"这对辩证范畴中，既蕴含用弱守柔、谦下不争、海纳百川等多重"柔"的意蕴，亦涵盖以柔弱为刚强、以刚济柔等多重"刚"的追求。

"刚"是恰如其分的平衡。今"刚"字中，"冈""刂"并列，指如山般坚实、稳健，似刀一样坚硬、锐利。"冈"对"刂"，寓意互不服输，力量相当，不多不少，恰到好处。"刚"字启示我们，处事要刚柔并济，当刚则刚，当柔则柔，才能游刃有余，恰如其分。

老子在《道德经》中说"柔弱胜刚强""弱之胜强，柔之胜刚"。老子认为,"柔弱"是万物具有生命力的表现,也是真正有力量的象征。但老子也并不完全抹杀"刚强"的哲学意义。如果我们深入思考,就会发现老子要突出的是事物转化的必然性。他并非一味要人"守柔""不争",而是认为"天下之至柔,驰骋天下之至坚",即柔弱可以战胜刚强。这是深刻的辩证法的智慧。他所说的"柔弱胜刚强",其核心的字应该是"胜"字,这才是"无为而无不为"的境界。

老子还说:"坚强者死之徒,柔弱者生之徒……坚强处下,柔弱处上。""天下莫柔弱于水,而攻坚强者莫之能胜,以其无以易之。"老子由此而又领悟到为人处世应当"守其雌"。这种以柔克刚的立身之道,被后人采用,并用于管理之中。

隋末著名大将尉迟敬德刚降唐时,因一起投降的原刘武周的将领纷纷反叛,也遭人怀疑,被李世民部下囚禁,主张杀

● 字说格言

◆ 柔弱胜刚强。
—— (春秋) 老子

◆ 弱之胜强,柔之胜刚。
—— (春秋) 老子

◆ 刚毅木讷,近仁。
—— (春秋) 孔子

◆ 其为气也,至大至刚,以直养而无害,则塞于天地之间。
—— (战国) 孟子

◆ 海纳百川,有容乃大;壁立千仞,无欲则刚。
—— (清) 林则徐

◆ 柔则茹之,刚则吐之。
——《诗经》

掉他以绝后患。但李世民对他信任如故。一番推心置腹的动情沟通，李世民动之以情，晓之以理，耿直的尉迟敬德从此甘愿为李世民肝脑涂地、南征北战，立下汗马功劳。

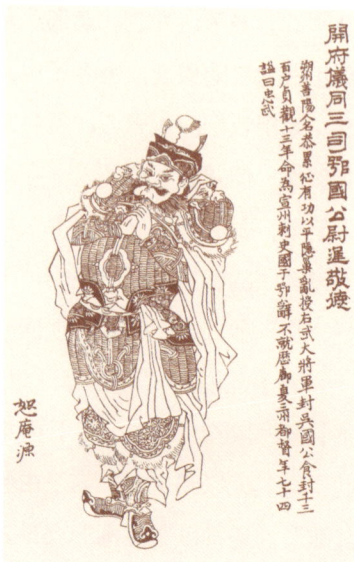

開府儀同三司鄂國公尉遲敬德

湖北襄阳名恭崇景，幼有以平陳景乱後于武大将軍封吴國公食封十三百户貞觀十三年命為宣州刺史�于郢祧，不就唐朝臺雨御贊年卒年十四諡曰忠武

唐朝著名武将尉迟敬德，因耿直忠义而被后人敬为门神。

《道德经》第六十八章说："善为士者不武，善战者不怒，善胜敌者不与……"这里的"不武""不怒""不与"，强调了对刚强、暴力的警惕和慎重，而恰恰是这种不逞勇武、不施暴力的竞争与管理之道，使管理者能达至"善战""善胜"的最高境界。这启示我们，刚性的制度使下属被迫服从，而柔性的文化使众人心悦诚服。

"刚"是沉稳庄重的品格。今"刚"为形声字，从刀，冈声。"冈"为山脊、山梁，沉稳而庄重，以示端直不屈、秉性沉稳的品格。"刚"字启示我们，为人要有冈之沉稳庄重，做到含而不露，温和隐忍。

清净无为是道家的处世方式，其目的依然是自保和前进。老子说"知其雄，守其雌，为天下溪""知其白，守其黑，为天下式""知其荣，守其辱，为天下谷"。意思是说：深知雄性的刚强，却宁愿处于雌性的柔弱地位，甘愿做天下的溪涧；深知白昼的光明灿烂，却宁愿处于黑夜阴暗的地位，甘愿做天下的工具；深知荣宠的显耀，却宁愿处于卑下的位置，甘愿做天下的溪谷。这就是一种"才美不外露"的沉稳，一种"不争天下先"的隐忍。

战国时期，赵国的蔺相如几次出色地完成了外交任务，被提拔为上卿（相当于丞相），地位在有名的老将军廉颇之上。廉颇因此很不服气，扬言说：如果见到蔺相如，定要侮辱他一番。蔺相如知道后，就避而不见，如果在路上遇见廉颇，也悄悄地掉转车子躲开。蔺相如手下的人埋怨他不该这样胆小。蔺相如说："秦王那样厉害，我尚不怕，难道会怕廉将军吗？秦国之所以不敢来侵犯我们，是因为我们文臣、武将团结一心，如果我和廉将军不和，只能对秦国有利。我们要考虑国家利益，不能计较个人恩怨啊！"这番话传到廉颇耳里，他感到非常惭愧，于是脱掉上衣，光着身子，背着荆条，去向蔺相如赔礼道歉。从此，他们结为至交好友。这就是"负荆请罪"的故事。

老子认为，表面上的示弱不是真的懦弱，只是为了明哲保身，才隐忍不发。所谓"守柔曰强"，"守柔"不是教人放任自然、消极抵抗，而是教人以守愚之为智、处弱之为强，以淡然释怀、藏拙韬晦为人生战争的利器。

中华民族是个极具忍耐力、坚韧力的民族，沉稳隐忍是自古以来的美德。事实上，除了道家的守柔，儒家的内圣、佛家的慈悲也都是沉稳隐忍的表现。退一步海阔天空，有所忍才能有所成，有所不为才能有所为，内圣才能外王，守柔才能刚强，慈悲才能超度。

"刚"是刚毅坚韧的德行。"刚"繁体字为"剛"，从刀、从网，网亦声。"刀"为利器，是用来切、割、斩、削、

将相和：廉颇向蔺相
如负荆请罪。

刻的工具。"网""刀"
为"刚",可以理解为以
刀割网,以此来强调刀的
锋利、坚硬,体现了一种
刚毅坚韧、当仁不让的德
行。"刚"字启示我们,
为人要有像刀一样锋利、
坚硬的刚毅性格。

古人推崇具有"刚"
之品行者,如孔子就曾表
扬他的学生子路"刚毅木

清代黄慎的书画《苏武牧羊图轴》。

讷,近仁"。刚毅就是不屈服于物欲,木讷就是朴直、厚道,
因此接近仁。儒家传统更注重培养男子的"阳刚之气",这种
阳刚之气,就是孟子所说的"浩然之气"。在孟子看来,浩然
之气是极为伟大、极富刚强的,用正确的方法去培养它,必将
充塞于天地之间。同时,它又是与正义、大道相辅相成的,它
们相互助益。

汉朝时,苏武被选中为使臣出使匈奴,谁知一进匈奴地
就被关了起来。过了些日子,匈奴王对苏武说,只要他同意做
匈奴的驸马爷,不再回汉宫,就给他自由。苏武表示至死不叛
国。匈奴王勃然大怒,便叫苏武到冰天雪地的北海去牧羊。匈
奴王给了苏武100只羊,每只羊的脖子上都挂着一个牌子,牌子
上记着羊的重量。每隔4天,便有人来称重点数。羊的重量减轻
或数量减少,苏武都得挨板子。苏武住在猩猩所居的山洞里,
白天和猩猩们一块儿放羊,小猩猩们为他摘野果、捉野兔充
饥;夜晚,苏武便和猩猩们睡在一起,互相取暖。一晃十几年
过去了,苏武不但没饿死冻死,而且活得很健壮。不久,汉武
帝派兵打败了匈奴王,匈奴王重新与汉朝和好。苏武也回到了
久别的故乡。

苏武作为使者，在被匈奴扣押的19年中，面对威逼利诱和北海恶劣的自然环境，始终怀抱代表出使的旌节，坚贞不屈，表现出大义凛然的爱国情怀和崇高的民族气节。他因不辱使命而流芳百世，而"苏武牧羊"的故事也千古流传。

林则徐任两广总督查禁鸦片时期，曾在自己的府衙写了一副对联："海纳百川，有容乃大；壁立千仞，无欲则刚。"上联谆谆告诫自己，要广泛听取各种不同意见，才能把事情办好，立于不败之地；下联砥砺自己，当官必须坚决杜绝私欲，才能像大山那样刚正不阿，挺立世间。

林则徐提倡的这种精神令人钦敬，为后人之鉴。中国传统文化强调"见义勇为""杀身成仁"，即要有为了坚持正义敢于牺牲个人一切的精神。而刚直不阿的品德，则是这种精神的体现，也是古今贤人在道德修养方面所追求的目标。

"刚"与"钢"，音形相近，含义相连。"百炼成钢"，也作"百炼成刚"。其中，"刚"通"钢"，比喻人经过多次磨炼而成为有用之才。不同的是，"刚"多用于形容人，以表不屈不挠，反义词为"柔"；"钢"多用于形容物，以表质硬坚韧，反义词为"软"。

道意汉字

刚是如山稳，又刀般坚硬。

刚至极生柔，柔至极为刚。

知雄而守雌，柔弱胜刚强。

刚柔相补充，不屈又不挠。

柔

矛刚木柔为一体

  道家贵柔。西汉刘向《说苑·敬慎》有一则故事特别有代表性：春秋时期的著名思想家老子向老师常枞请教，常枞张开嘴给老子看了看，问道："我的舌头还在吗？"老子说："还在。"常枞又问："我的牙齿还在吗？"老子说："不在了。"常枞又问老子："你知道原因是什么吗？"老子回答："那舌头之所以存在，难道不是因为它是柔软的吗？牙齿之所以不存在，难道不是因为它的刚硬吗？"常枞说："对啊！是这样的。这就是天地之道，我还有什么可以再告诉你的呢？"这就是齿亡舌存、柔弱胜刚强的故事。

  柔（róu），形声兼会意字。《说文·木部》："柔，木曲直也。从木，矛声。"

  "柔"的本义为木质柔软，能曲能直，常用于指软而有弹性、温顺，如"柔情似水""柔肠百结""柔肠寸断""刚柔相济""优柔寡断""柔情绰态""立地之道，曰柔与刚"。李清照在《点绛唇》中写道："寂寞深闺，柔肠一寸愁千缕。"柔，用于形容人的个性时，主要指性格温和，不易动怒，不暴躁。柔，更多地用于夸奖女人，如这个女人很温柔，是贤淑的妇人。《史记·乐书》用"柔"去赞美音乐，"其声和以柔"，声音和谐要依赖于柔。一个和善的人，声色必然柔。

篆文

从木，从矛。矛，为古代的兵器，其柄以柔韧之木制成，柔软，能曲能直，故用以会木质柔软之意。

《道德经》说："人之生也柔弱，其死也坚强。草木之生也柔脆，其死也枯槁。故坚强者死之徒，柔弱者生之徒。"又云："天下之至柔，驰骋天下之至坚。"老子的"柔弱"观围绕着一个中心：万物需以柔渗刚，以柔化刚，才能制胜成功，始终充满生机。作为个体，每个人总希望能强大起来，这是由柔弱而至强大；但坚强如转为刚愎，或变为逞强，则祸根

● 字说格言

◆ 天下之至柔，驰骋天下之至坚。
　　　　　　　　——（春秋）老子

◆ 君子于仁也柔，于义也刚。
　　　　　　　　——（西汉）扬雄

◆ 何意百炼钢，化为绕指柔。
　　　　　　　　——（西晋）刘琨

◆ 谦柔卑退者，德之余；强暴奸诈者，祸之始。
　　　　　　　　——（北宋）林逋

◆ 太柔则靡，太刚则折；刚自柔出，柔能克刚。
　　　　　　　　——（清）曾国藩

已伏，与"死之徒"相去不远。需要强调的是，老子所说的柔弱，绝不是要人们软弱无能，而是处世立身行事要柔顺天道，顺应事物发展规律，以"天下之至柔，驰骋天下之至坚"。"柔"字告诉我们一些为人处世的真谛。

柔是坚韧不拔，以柔胜刚。"柔"字上矛、下木，"矛"同"茅"，木的材质如同茅草一样柔韧，可以弯曲而不断。老子说："上善若水，水善利万物而不争，此乃谦下之德也；江海之所以能为百谷王者，以其善下之，故能为百谷王。天下莫柔弱于水，而攻坚强者莫之能胜，此乃柔德；故柔之胜刚，弱之胜强坚。因其无有，故能入于无之间，由此可知不言之教、无为之益也。"世界上最柔的东西莫过于水，然而它却能穿透最坚硬的东西，没有什么能超过它，如滴水穿石，这就是"柔德"所在。因此说弱能胜强，柔可克刚。牙齿坚硬却易损，不如柔软的舌头，正如有的时候，力谏难成，软语置腹却让人欣然接纳，再坚强不屈却也难敌温和礼遇。

明崇祯初年，洪承畴屡立战功，率军13万与皇太极决战。但松山一战溃败被俘。皇太极派人劝降，洪承畴破口大骂，一心向明。可是，他却没能抵挡住皇太极的披貂礼遇和一句"先生冷吗"的问候，最终俯首称臣。皇太极说"将军只是各为其主"等言辞，更是令他泪流满面。威逼

1636年皇太极在沈阳称帝，建国号为清。

没有让洪承畴屈服，可是赐座供茶的尊敬却能让他感激涕零。

自然界的许多现象都说明了太刚易损的道理。从物理的角度看，刚性越大，物体就越脆弱，抗打击能力越低。钻石的确是最硬的，但又有谁注意到，钻石甚至比玻璃更易碎呢？而硬

度极差的铝，柔韧性极好，甚至可以用锤子把它砸得像纸一样薄，但仍然不能把它砸为两半。今天，我们在企业管理中采取柔性管理，这种管理以"人性化"为标志，强调灵活与弹性，注重平等与尊重，从而提高了竞争优势。

柔是曲直相宜，能屈能伸。 "柔"字上矛、下木，会曲而不折之意。有时，当处于不利的形势时，应暂避锋芒，韬光养晦，等待时机。

清朝皇太极驾崩后，多尔衮对孝庄母子步步进逼，孝庄只得隐忍退让以求全。她不断封赐给多尔衮高官厚禄，加封号，"叔父摄政王""皇叔摄政王"乃至"皇父摄政王"，希望能使多尔衮放弃废帝自立之念。最后，还以太后之尊下嫁他。遇元旦或庆贺大礼，多尔衮与皇帝一起，接受文武百官的跪拜，这才最大限度地满足了多尔衮觊觎皇位的野心，化解了孝庄母子的危机。

10世纪的欧洲，有两个小国交战，康拉特三世将巴伐利亚公爵逼回城内，并把全城包围起来，决定一举战胜仇敌。当时欧洲的骑士有一种风度，不伤害女人。康拉特三世就对城内喊话，说城里的女人可以撤出城去。女人们就问可不可以带一些需要的东西，康拉特三世就想人都放了还差点东西吗？再说女人那么柔弱能带多少东西？就同意了。过了不久城门打开，惊人的一幕出现了，女人们纷纷走出来，并且全部抱着自己的孩子背着自己的丈夫，有的还用工具拖拉自己的父母，就连巴伐利亚公爵也坐在他妻子的肩上。虽然这早已超过了女人们能承受的负荷，但是为了她们所爱的人，她们爆发出了惊人的力量。康拉特三世本来杀人不眨眼，但是看到这一幕，也被感动了，最终宣布撤兵。一场可怕的仇杀，竟然被这些坚韧柔弱的女人化解了，这就是柔的力量。

柔是刚柔相济，相互配合。 "柔"字上矛、下木，刚柔融为一体，柔中有刚，刚中有柔。《周易》认为，刚不必善，柔

1955 年 4 月，周恩来在万隆会议上提出的"求同存异"方针，是中国外交"外柔内刚"的体现。

不必恶。刚若不与柔相配合，则为猛，为莽，为强暴；柔若不与刚相配合，则为懦弱，为无断，为邪佞。只有刚柔相济，相互配合，才能无过。"柔"字正体现了这一点：柔中有刚。柔的外表是软弱的，但其内在坚强无比。

地中海有个小国叫马其顿，这个国家盛产的"豆腐石头"总被人们津津乐道。这种神奇的矿物质刚开采出来时像豆腐一样柔软，能轻易塑造成形，而一经晾晒，便会变成坚硬无比的石头。正是这种能软能硬的"豆腐石头"，让马其顿筑起固若金汤甚至顶住战争炮火的石头城，使这个地中海小岛国得以存续至今。

"豆腐石头"通过"豆腐"与"石头"的转变，向我们展示了"柔与刚"的奥妙之处，启示着人们去寻找一种刚柔并济的智慧。所谓"柔"，意味着圆融温顺，能接纳，善包容；所谓"刚"，则代表着坚硬倔强，不妥协，不投降。它们看似矛盾的对立体，却因人们的需要而被统一在同一个范畴，那便是智慧。随着场合与对象的不同，采取不同的柔与刚态度处世方为智者。而很多时候，在同一情境下我们也需要将柔与刚融会贯通，以达目的。

　　在原则问题上以"刚"的态度坚决不妥协，在外交技巧上以"柔"的方式化解矛盾，周恩来总理的"求同存异"方针便是对"外柔内刚"的极佳诠释。人们需要"柔"，正如"豆腐石头"需要一定的软度才能塑造成形；人们也需要"刚"，正如"豆腐石头"需要有极大的硬度才能保持形态。有时，不同情境下我们面临着柔与刚的不同选择；有时，同一情境下我们需要有融合柔与刚二者的智慧。世界上不存在永远绝对的事物，柔与刚也不例外，它们相生相克，彼此互补，善用它们便是至高的智慧。

　　"柔"字与不同的偏旁组合，形成不同的字义。"柔"加"扌"为"揉"，有掺和糅合之意。"柔"加"足"旁是"蹂"，如蹂躏，这是欺侮软弱者。

道意汉字

矛刚木柔为一体，能曲能直能相济。
柔能制刚弱胜强，绵里藏针柔有刚。
意志刚强品德高，外柔内刚乃高招。

济

如水品格，同舟共济

东汉时期，有个叫费长房的人见一老翁在街上卖药。老翁医术很高明，药到病除。费长房看了以后很是仰慕，就想拜师，于是尾随老翁，见他竟然跳进一家酒店墙上挂的葫芦内，大吃一惊，心想这老翁绝不是等闲之辈，这更坚定了他拜师的决心。随后，他便在酒店挂葫芦处备好一桌上等的酒席，恭候老翁。不多时，老翁从葫芦内跳出来，费长房立即磕头跪拜。老翁见费长房诚心求学，便收他为徒，将医术传授于他。后来费长房成为一代名医，救人无数，深受世人爱戴。为了纪念老翁，费长房行医时总将葫芦背在身上。这便是"悬壶济世"的传说。

济（jì），形声字。《说文·水部》："济，水。出常山房子赞皇山，东入泜。从水，齐声。"

"济"的本义指济水，源于今河南省，流经山东省入渤海。"济"又有"众多"之义，如"人才济济"形容有才能的人很多，"济济一堂"形容很多有才能的人聚集于一处。"济"作动词用，为渡过水流之义，表示渡河，如"直挂云帆济沧海""同舟共济"。"济"还表示救助，如接济、济贫、济世、扶危济困。又如杜甫《蜀相》："三顾频烦天下计，两朝开济老臣心。"这是对诸葛亮鞠躬尽瘁，死而后已的赞叹。"济"还有成功、成就之义，如"必有忍，其乃有济；有容，德乃大""以共济世业""若事之不济，此乃天也"。

篆文	金文
承续金文字形。	是水，表示渡河，为齐，表示相等、统一，意即众人在同一船上喊着号子，以统一节奏发劲，整齐划桨，强渡激流。

393

与"济"相关的成语有很多，例如："扶危济困"指扶助有危难的人，救济困苦的人；"济世救人"指拯救时世，救济人民；"匡时济世"指挽救动荡的局势，使其转危为安；"济寒赈贫"指救助寒苦，赈济贫穷；"济河焚舟"形容断绝退路，拼死一战；"济苦怜贫"指救济爱惜穷苦的人；"济人利物"指帮助别人，有利大众；"济弱锄强"指扶助弱小，铲除

● 字说格言

◆ 夫吴人与越人相恶也，当其同舟而济，遇风，其相救也如左右手。
——（春秋）孙子

◆ 忧国忘家，捐躯济难。
——（西晋）陈寿

◆ 以之事国，则同心而共济。
——（北宋）欧阳修

强暴；"济胜之具"指腰腿轻健，具有游览名山胜景的身体条件；"济时行道"指拯救时世，推行王道仁政；"济世安邦"指拯救时世，安定国家；"济世安人"指拯救时世，安定民生。

"济"繁体为"濟"，可以说在众多的简化汉字中，"济"字是简化较好的一个，既化繁为简，又赋予了思想、文化内涵，使这个字的内涵丰富起来。"济"在道家文化中有着重要的意义，它蕴含着修身的哲理。

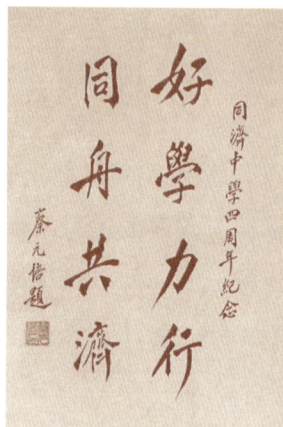

蔡元培题字：好学力行，同舟共济。

济是如水的品格，不争无尤。"济"字从水，其中的"水"是道家的水，而道家的水是大善之物。老子在《道德经》中说："上善若水……居善地，心善渊，与善仁，言善信，政善治，事善能，动善时。夫唯不争，故无尤。"这段话的意思是：最高的善像水那样……上善的人居住要像水那样安于卑下，心态要像水那样深沉，交友要像水那样相亲，言语要像水那样真诚，为政要像水那样有条有理，办事要像水那样无所不能，行为要像水那样伺机而动。正因为像水那样与万物无争，所以才没有烦恼。老子在这里讲了"水"的七种品格。"济"从水，水具有流动性、超平性、包容性、隐忍性，具有谦卑、喜平、柔和等特性，因此是一种大善、大德，是"济世""济人"的根源。

有位皇帝决定要奖赏臣子每人一只羊。但那些羊有大有小，有肥有瘦，要怎样分配呢？皇帝把这个"难题"抛给了手下的臣子。第二天早朝时，百官们各抒己见，向皇帝提出了很多分羊的办法。正当百官争论得面红耳赤时，宰相默默地来到羊圈，把其中一只最瘦、最小的羊牵走了。宰相的举动感染了百官，大家在互相谦让中，很快就把羊分了下去。

可见，只要懂谦让，就不会有纷争，自然也就没有烦恼了。老子曾言："天之道，不争而善胜。"范蠡便是"不争而善胜"的极好范例。

越国战胜吴国后，身为功臣的范蠡不争高位，及时身退。离越之际，他给文种写了一封信，说飞鸟已散，良弓将藏，狡兔已死，良犬将烹，越王为人，可共患难，不可共富贵，劝他及时离开。然而，文种不听范蠡之劝。后来勾践赐文种一剑，说："子教寡人伐吴七术，寡人用其三而败吴，其四在子，子为我从先王试之。"意思是你曾经教给我讨伐吴国的七个办法，我用其中的三个，就将吴国灭了，那剩下的四个，你替我到先王面前尝试一下吧！于是文种伏剑而死。反观不争的范蠡，避过了杀身之祸。范蠡隐于陶地后，致力经商。与投机奸商不同的是，范蠡不与人争利，主张逐十一之利，薄利多销，出不抬价，进不压价，最终成为古代经商者之典范。"不争"，成就了范蠡。

可见修身要如济水，不争而无尤，不争而善胜。正如林则徐所撰对联之言："海纳百川，有容乃大；壁立千仞，无欲则刚。"人若能做到虚怀若谷，便能够汇集百河而成为汪洋；人如能做到无欲无争，便能如峭壁一般屹立云霄。

济是众人齐心，众志成城。"济"字左边为"水"，右边为"齐"。齐，表示步调一致，节奏相同，齐头并进，是齐备、整齐。济，意即众人在同一船上喊着号子，以统一节奏发劲，整齐划桨，强渡激流。所谓"同舟共济"。既然同舟，命运相系，唯有众人一心，方可破浪。俗话说"人心齐，泰山移"，特别是在危难之际，心齐、协作，是克服危难的法宝。

唐朝的时候，郭子仪和李光弼都在朔方节度使安思顺手下当副将，两人曾经发生过矛盾，故见面很少说话。后来范阳节度使安禄山起兵叛乱，朝廷提拔郭子仪为朔方节度使，令郭子仪带兵征讨安禄山，这样一来郭子仪就成了李光弼的上级。

李光弼怕郭子仪借势整他，连累全家，就硬着头皮去赔礼："过去是我做得不好，太不对了，请您大人不记小人过，您怎么处罚我都行，只要您放过我的家人就可以了……"

郭子仪赶紧从座上下来抱住他说："您说哪去了，我怎是那种小肚鸡肠的人？再说我也有不对的地方，不能都怪你……现在，国家正处在动乱之机，我们更应该紧密团结，共同对敌才对啊。"从此两人解除了前嫌，共同平定了安史之乱。

济是虚怀若谷，省身克己。济，渡河也。人生在世，有如渡河，生活如河流，时而平静，时而惊涛骇浪，而人在渡过生活的河流时，应该虚怀若谷、省身克己，只有这样，才不会在生活中翻船。

虚心，就是要把自己放低，懂得欣赏他人。京剧大师梅兰芳就是这样一个人，他不仅在京剧艺术上有很深的造诣，而且待人谦虚有礼。

有一次，梅兰芳在演出京剧《杀惜》时，听到有个老年观众说"不好"。演出完毕，梅兰芳来不及卸妆更衣就用专车把这位老人接到家中，恭恭敬敬地说："说我不好的人，是我的老师。先生说我不好，必有高见，定请赐教。"老人指出："阎惜姣上楼和下楼的台步，按梨园规定，应是上七下八，博

郭子仪像。

士为何八上八下？"梅兰芳恍然大悟，连声称谢。以后梅兰芳经常请这位老先生观看他演戏，请他指正，称他"老师"。

虚心，使梅兰芳成为一代大师。

京剧演员梅兰芳下乡演出，并在后台与前来看戏的老人交谈。

"济"与"忌""寂"等字音相近。"忌"是省身克己，许多有才能的人往往容易恃才傲物，但要成事，不能只靠一人，而要靠人才济济一堂，每个人就要学会懂得顾忌，更好地克己，知可为与不可为，不至于好心做了坏事。"济"也是"寂"，不论是济世还是修身，都需要人有耐得住寂寞的心，在纷繁的世事中保持平静、保持初心，不被利益诱惑，也不被幻象纷扰。只有如此，才能真正做到道家所说的"上善若水"的境界。

道意汉字

济水何汤汤，人渡于其上。

心要怀良善，不争也不抢。

众人若一心，同舟克难关。

以谦为舟楫，一同到波岸。

去

厚土来遮盖

私心去杂念

刘伯温一生辞官隐居数次。他曾任职元朝椽史，但一年后便因与同僚发生意见分歧而被迫辞职。不久，他得以补升江浙儒学副提举，行省考试官。可是其间因为几次上书弹劾御史失职数事，被御史大臣重重阻挠，他激愤之下再次辞职。这次辞职后，刘伯温先隐居江苏丹徒，后又寓住浙江临安，每天纵酒西湖，以抒发心中忧愤。1348年，农民起义爆发，元朝统治者为了镇压起义，便任命刘伯温为江浙行省元帅府都事。这一次，他先后担任江浙行省枢密院判、行省郎中，但朝中当权者排挤汉人，使他无法施展学识与抱负。失望至极，刘伯温逃归青田隐居，潜心著述。他将自己的思想和对社会、人生的见解进行了一番总结，创作了著名的《郁离子》一书。

身在官场的刘伯温，一旦发现无法施展抱负时，便果断地放下过往种种牵挂，决然离开，寻求真正属于自己的那片天地。

去（qù），会意兼形声字。《说文·去部》："去，人相违也。从大，凵声。凡去之属皆从去。"意思是"去"为两人相背而行。

"去"的本义是离开，如"扬长而去""拂袖而去""去世"。"去"也表示去掉，如"去粗取精""去伪存真"。"去"由离开的时间，引申指过去的，如"譬如朝露，去日苦多""去年今日"。"离去"就是离开此地前往彼地，故引申指前往，如"共道牡丹时，相随买花去"。"去"还指趋向、收藏，如"掘野鼠去草实而食之"。

与"去"相关的成语有很多："去粗取精"指去除杂质，留取精华；"去伪存真"指除掉虚假的，留下真实的；"去食存信"比喻宁可失去粮食而饿死，也要坚持信义；"去邪归正"指去掉邪恶，归于正道；"迁善去恶"犹言向善而去除邪恶；"遗形去貌"指舍弃一切外在形式；"除残去秽"指清除

篆文	金文	甲骨文
把『大』形变作『土』形。	字形承续甲骨文。	上面是『人』（或作『大』），下面是『凵』形，表示人要离开洞口而去。

● 字说格言

◆ 是以圣人为腹不为目，故去彼取此。
——（春秋）老子

◆ 清水出芙蓉，天然去雕饰。
——（唐）李白

◆ 过去的一切都是智慧的镜子。
——（英国）克·罗塞蒂

◆ 人心中有些弦最好别去拨动。
——（英国）狄更斯

河南开封包公祠的"铁面无私"匾额。

社会上的残暴、腐朽势力;"遗名去利"指丢弃名位和利益;"来鸿去燕"比喻行踪漂泊不定的人;"予齿去角"指动物天生有牙齿就没有角,比喻事物无十全十美;"浮来暂去"比喻来去无定;"以肉去蚁"指用肉驱赶蚂蚁,蚂蚁越多,比喻行为和目的自相矛盾,只能得到相反的结果;"人去楼空"指人已离去,楼中空空,比喻故地重游时睹物思人的感慨;"人来客去"指礼节性的应酬往来,也指来往客人很多;"一去不复返"指一去就不再回来了,比喻事情已成为过去,再不能重回;"去住无门"比喻人进退两难的境地;"以火去蛾"指用火驱赶飞蛾,飞蛾越多,比喻行为和目的自相矛盾,只能得到相反的结果;"汤去三面"比喻普施仁德。

道家强调顺其自然,认为应舍弃多余的、过度的东西。老子曰:"是以圣人去甚,去奢,去泰。"意思是:因此,圣明之人总是为了遵循常道、顺乎自然,摒弃那些过度的、夸大的、极端的行为。如此则可以畅万物之情而适万物之性,进而实现天下大治。"去"字告诉我们,在精神、工作、生活中应该舍弃什么东西。

去除私心,方能得到心灵的高贵。"去"字从土、从厶。"土"为土地,"厶"同"私",指私心。"去"字用厚厚的土地把私压在地下,就是把私心埋掉了,可以说是私心入土。有私心这是人的本性,"私"的程度可以反映出一个人品德的高低。第一种是有点私心的人,大多是普通人,这种人只要不做违法、违反公德的事,是允许的;第二种是公私兼顾的人,这种人利人利己，应当提倡；第三种是大公无私的人，即圣人；第四种是损公肥私的人；第五种是损人不利己的人，是最愚蠢的人。在当今社会最值得提倡的是利人利己的人，也就是"我为人人，人人为我"，就像一个"去"字，有点私心，但私心是深藏在"土"里，不能过分、不能太多。

有一名精明的荷兰花卉商人，从非洲引进了一种名贵的花卉，并培育在自己的花圃里。这名商人把这种名贵的花卉视如珍宝，许多亲友向他索要种子，他一粒也不给。他计划培植三年之后，再出售赚钱。

第一年春天，花开了，万紫千红，就像缕缕明媚的阳光。可是，第二年的春天，不但花朵变小了，而且有一点点杂色。第三年的春天，花朵变得更小了，花色更不如前，当然，也没有卖到好价钱。

这是为什么？这名商人去请教植物学家，植物学家实地考察后说："你的花越开越差，是因为周围只有这一种花，其他花圃种植的是郁金香、玫瑰、金盏菊之类的花，它们随风飘到你的花圃，导致你的花染上了其他花种的花粉，所以一年不如一年。唯一的办法，就是让邻居也种上你的这种花。"

这位商人听从植物学家的教导，把花种送给了周围的邻居。次年春天的时候，商人和邻居的花圃几乎成了名贵之花的海洋，花色典雅，流光溢彩，雍容华贵。这些花一上市，便被抢购一空。

这个故事告诉我们，只有心灵无私、慷慨的人，才能在互利之中得到利益。要想拥有一片高贵的花海，就必须学会与人分享，美丽要共同培植，快乐要与人分享。

去繁就简，有舍才有得。"去"又有舍弃之意。道家追求逍遥物外的心态，讲究从俗世俗事中飘然离去。"去"在道家中便有潇洒超脱、轻盈离开的意义。"去"的甲骨文 ✿ 像人丢弃了手

段祺瑞楷书格言：世人终日忙，无非名利场。或许，我们
只有在一定程度上远离了名利场，才能更好地认清生命、生活、
疾病以及健康的真正含义。

402 中的重物。当人手中拿着许多东西时，前进的速度就会被拖慢，
人也会倍感疲累。

所谓"有舍才有得"。人生在世，难免被名利束缚，从
而产生劳累、是非、矛盾、负担。倒不如任凭事物自由存在、
平等发展，内化为自然无为的人生境界。为了达到这种人生境
界，庄子提出了"无己、无名、无功"的主张。金钱、名利生
不能带来，死不能带走，我们要把名利看轻些，珍惜生命中值
得我们珍惜的东西。

生活需要去除累赘才能轻松过下去，做事情也是如此。如
果太关注旁枝末节，或把事情搞得太复杂，不懂得去繁就简，
事情就难以完成，最后自然会造成俗事缠身的局面。

一位青年大学毕业后树立了许多目标，可是几年下来依然一
事无成。他满怀烦恼地去找智者。智者微笑着听完青年的倾诉，
对他说："来，你先帮我烧一壶开水！"青年看见墙角放着一把
极大的水壶，旁边是一个小火灶，却发现没柴，于是便从外面拾
了一些枯枝回来，再装满一壶水，放在灶台上烧了起来。可是，
由于壶太大，那捆柴烧尽了，水还没开。他又跑出去找柴，等他

回来，水已凉得差不多了。这次他没有急于点火，而是将柴准备充分了才点。智者问他："如果没有足够的柴，你该怎样把水烧开？"青年摇摇头。智者说："如果把壶里的水倒掉一些呢？"青年若有所思地点了点头。智者接着说："你一开始树立了太多的目标，就像这个大壶装的水太多一样，而你又没有足够多的柴火，要想把水烧开，你要么倒出一些水，要么先去准备柴火！"青年大悟。回去后，他把计划中所列的目标划掉了许多，只留下最适合当下自己的几个，同时利用业余时间学习各种知识，几年后，他的目标基本上都实现了。

去掉懦弱，勇于担当方能成功。"去"字从土，"土"很重要，且在"凵"上，"去"的甲骨文 $\hat{\pi}$ 又像是人始终拿着一袋重物，故"土"在这里相当于社会责任、单位责任、家庭责任。人身上总有各种各样的责任，只有肩负得起责任，才能成为真正的"人"；若一碰到重任便生怯，心有去意，那么这个人永远都是个长不大的、没有担当的人。

维克多·弗兰克曾说过："每个人都被生命询问，而他只有用自己的生命才能回答此问题；只有以'负责'来答复生命。因此，'能够负责'是人类存在的最重要的本质。"

一个11岁的美国男孩在踢足球时，不小心将邻居家的玻璃打碎，邻居愤怒不已，向他索赔12.5美元。这12.5美元在当时可谓是天文数字，足够买下125只生蛋的母鸡了。男孩把闯祸的事告诉了父亲，并且非常懊悔。见儿子意识到错误难过的样子，父亲拿出了12.5美元，说："这笔钱是我借给你的，一年后要分毫不差地还给我。"男孩赔了邻居的钱之后，便开始艰苦地打工。终于，经过半年的努力，他把钱分毫不差地还给了父亲。这个男孩就是后来的美国总统罗纳德·里根。他回忆说："通过自己的劳动来承担过失，使我懂得了到底什么是责任。"

　　"去"和"取"音相近，意相反，但又紧密联系。只要抛去负重、抛弃一些不必要的负担，人生就能取得更多的成就、更大的快乐和更真实的幸福。

　　凡从"去"取义的字，皆有离开之义。如"却"是除却，"劫"是以强力强行夺去，"怯"是"心""去"了，因此胆怯。

道意汉字

一层厚土，掩埋了私心，
去掉了私心，方显人格的高尚。
政以得贤为本，治以去秽为上。
私欲招烦恼，心出轻装走得远。

累

用丝丝的勤奋累积出天才

　　顾炎武是明末清初的著名思想家。他从小受祖父影响，不但喜欢读书，还养成了很好的读书习惯。看书的时候，有一点读书心得就记下来，以后发现错误就随时修改。如果发现自己的心得跟古人的议论有重复就删掉。长时间的积累再加上从调查访问中得到的材料，他编撰出一本涉及政治、经济、史地、文艺等内容的书——《日知录》。这本书被公认为极具学术价值。顾炎武认为，知识是日积月累的结果，也正因他日积月累的践行，《日知录》才得以面世。

清代顾炎武所著《日知录》。

累（lěi），会意字，古称纍、絫。《说文·系部》："纍，大索也。"《说文·厽部》："絫，增也。"

"累"的本义为绳索，也表示积聚，如"危如累卵"；又如：累苏积块。意思是：重叠的土块和堆积的柴草。形容居住的地方很简陋。又引申为众多的，如"硕果累累"；又引申为多次地，如"累教不改"。由结绳记事之义，又扩大引申为用绳索纵横捆绑，如"两释累囚"；又递进引申为牵连，如"累及无辜"。

与"累"相关的成语有很多："长年累月"形容经过了很多年月；"日积月累"指长时间不断地积累；"穷年累月"形容接连不断，历时久远；"铢积寸累"形容一点一滴地积累，也形容事物完成的不容易；"累累如珠"形容一个紧接一个，就像一串珠子；"累土聚沙"比喻积累收聚；"累足成步"比喻不断积累，便能成功；"家累千金"指家中极富财产；"事危累卵"指事情危险得像堆起来的蛋一样，形容局势极端危险；"胁肩累足"形容恐惧的样子；"连篇累牍"形容篇幅过多，文辞冗长。

老子在《道德经》中说："合抱之木，生于毫末；九层之台，起于累土。"这就是凡事从小事着手，从大事着眼，锲而不舍地努力，必定能够积少成多。俗话说，"罗马不是一天建起来的"，所有的成就都始于一点一滴的积累，聚沙成塔、集腋成裘是千古不变的真理。中华民族是一个非常注重积累和传承的民族，善于把文化中历时、普适、有价值的东西一代一代传下去，不断积累、不断传承，这就是我们五千年的文明能够源远流长的根本所在。

积累从细处开始。"累"字从系。系，量词，丝的二分

篆文

从系，从厽，会堆叠积聚之意。

篆文

由畾（畾，表示雷声连续）、系（系，表示织物由细丝积累而成）组成，从系，从畾，会连缀丝拧成的绳索之意。

● 字说格言

- ◆ 九层之台，起于累土；千里之行，始于足下。

  ——（春秋）老子

- ◆ 大国累百器，小国累十器。

  ——（战国）墨子

- ◆ 不积跬步，无以至千里；不积小流，无以成江海。

  ——（战国）荀子

- ◆ 家累千金，坐不垂堂。

  ——（西汉）司马相如

- ◆ 累足成步，著备成德。

  ——（北宋）张君房

- ◆ 你若对自己诚实，日积月累，就无法对别人不忠了。

  ——（英国）莎士比亚

之一，表示微小。丝线虽然细小，但是如果很多丝线累积在一起，就能扭成一条坚韧的粗绳。同样，大事都是由小事逐渐发展演变而来的，"累"字启示我们要从细做起，谨小慎微。

老子曾说："天下难事必作于易，天下大事必作于细。"可见小是大的基础，大业成就于小事的积累之中。当细节积累到一定程度，就会产生质变，质变常常是在不知不觉中发生的，这个不知不觉就是量的积累。

台湾首富王永庆小时候家境贫困，15岁小学毕业后，他到一家米店做学徒。第二年，他用向父亲借来的200元做本金开了一家小米店。当时，嘉义已经有30多家米店，竞争激烈，如何打开销路成了一个重要的问题。王永庆决定在每一粒米上做文章。当时大米加工技术落后，出售的大米里混杂着米糠、沙砾、小石等。王永庆多了一个心眼，每次卖米前都把米中的杂物拣干净，这一额外服务深受顾客欢迎。此外，王永庆卖米多是送米上门，他在一个本子上详细记录了顾客家有多少人、一个月吃多少米、何时发薪等。算算顾客的米该吃完了，就送米上门；等到顾客发薪的日子，再上门收取米款。他给顾客送米时，还帮人家将米倒进米缸里。如果米缸里还有米，他就将旧米倒出来，将米缸刷干净，然后将新米倒进去，将旧米放在上层。这样，米就不至于因放太久而变质。王永庆卖米以其细致、踏实的

"长期积累，偶然得之"八个大字，深刻地概括了生活积累与机会之间的辩证关系。

服务，一下子传遍嘉义，生意红红火火。从这家小米店起步，王永庆最终成为台湾商业界的"龙头"。

同样是卖米，为什么王永庆能将生意做到这种规模呢？关键在于他注重细节，精益求精。细节往往因其"小"而容易被人忽视、掉以轻心；因其"细"，也常常使人感到烦琐，不屑一顾。但这些小事和细节，往往是事物发展的关键和突破口，关系着事情的成败。

疲累源于主次不分。《说文解字》："累，缀得理也。"意思是：累，连缀而有条理。"累"字启示我们：做事要注重规律，循序渐进；要有条有理，有本有末；要提纲挈领，忙而不乱。有些人每天总是很忙，事无巨细，虽然一切亲力亲为，十分辛苦，却还总是顾此失彼，手忙脚乱。这种"累"是被一条条的丝线所缠住，不能分清主次、急缓，不能做自己能力所及的事情。

两个毕业生同时应聘英特尔公司的部门经理助理。二人实力相当，面试官难以取舍。这时，总裁秘书提了一个问题：

"假如你已进入公司担任经理助理，每天上班的第一件事会做什么？"第一个人答："我会等待经理来给我分配任务，绝不会做自己的私事。"第二个人答："上班第一件事是收电子邮件和信件，了解今天有哪些工作要完成，再根据轻重缓急，把工作一项项列出来，按照时间顺序排一个表……"结果很快就出来了：第二个人被录用，第一个人被淘汰。

总裁秘书提的这个问题主要是为了考察应聘者做事是否有条理。第一个人误解了出题用意，他的回答使考官觉得他过于被动，没有主见，做事需别人安排指派，这样的人有什么条理性可言？做事是否有条理，是判断一个人做事严谨程度的标尺。若缺乏条理，没有工作秩序，一味埋头苦干，只会浪费大量时间，把工作弄得一团糟。可以说，条理性对工作效率有着举足轻重的作用。《尚书》也说："若网在纲，有条而不紊。"意思是：做事要像拴在大绳上的网一样，有条理而不乱。

一位商界名家曾将"做事没有条理"列为许多公司失败的一个重要原因。现代企业中的很多领导人，喜欢把一切事揽在身上，事必躬亲，使自己整天忙忙碌碌，被大小事务搞得焦头烂额。其实一个聪明的领导人，应该注重条理，懂得放权，能正确地利用部属的力量，发挥团队协作精神，这样既使团队发展壮大，又减轻了管理者的负担。

心累皆因欲望过多。《说文解字》："累，一曰大索也。"意思是，累的另一种说法是粗绳索。累是劳累、疲倦。人为什么会产生累的感觉，是因为被各种事务、欲望像绳索一样捆住身体与心灵。

累的本质是一种失衡的表现，这往往是由于心力大于行动力，而结果又不如设想，就会产生累的感觉。比如承担了超出自己能力范围的责任，或者心中有太多欲望并为此疲于奔命。这一切实质皆是贪、嗔、痴，心为业田所系缚不得自在而累。法国作家莫泊桑的著名短篇小说《项链》就讲述了这么一个故事：

玛蒂尔德是一位漂亮的女子，她的丈夫是一个普通的小职员。她虽然地位低下，却迷恋豪华的贵族生活，为了出席一次盛大的晚会，她用丈夫积攒下的400法郎做了一件礼服，还从好友那里借来一串美丽的项链。在那次晚会上，玛蒂尔德以超群的风姿出尽了风头，她的虚荣心也由此得到充分的满足。但舞会结束后，她竟然把借来的项链弄丢了，只好借钱买了一条一样的项链赔偿。从此，夫妇俩度过了10年节衣缩食的生活。在这艰难的积攒过程中，玛蒂尔德的手变得粗糙了，容颜也衰老了。后来，她偶然得知自己丢失的那条项链不过是一条价格低廉的人造钻石项链，而她赔偿的却是一挂真钻石项链。就这样玛蒂尔德白白辛苦了10年。

正是由于虚荣心和追求享乐的思想，玛蒂尔德断送了10年的青春。她当初的虚荣哪里是一条项链，而是一根缠身的铁索。如果她当时不是产生了超出自己生活水平的欲望而借来钻石项链，就不会陷入这种困境之中。

"累"和"垒"，字音相同，含义相连。"垒"指的是古代军中作防守用的墙壁，只有日积月累、积少成多，才能垒起坚固的墙壁。"累"也作"缧"，缧是绳索，有缠绕、拘禁、捆绑的意思，而过多的负担是人身上的"缧"，像绳索一样将人捆住，让人窒息，无法享受人生的真正乐趣。

☯ 道意汉字 ☯

知识之树果实累累，
这是每天辛勤劳动所形就，
一个人长年累月奔跑在追梦路上，
理想会变为现实。
心境淡静闲适，自然活得洒脱无累。

平

不偏不倚心气顺

平反冤假错案，历来都是体现法律公平公正的重要举措。历史上有一则冤案的平反，却是由一组对联引发的。

明代巡按御史韩正雍到江西巡视，在南昌察看死囚牢房时，天下起了大雪。他边走边想，触景生情，吟出一上联：

水上冻冰，冰积雪，雪上加霜。

吟罢，久不能对。这时，只听见囚房中有人对道：

空中腾雾，雾成云，云开见日。

韩巡按觉得此句颇为工整，且话中有话，值得探究。顺着声音望去，只见一囚犯跪在地上流泪，便上前询问。囚犯说："大人说的冰、雪、霜，三者交加，实为死囚处境，听后顿觉伤心。"韩巡按又问："莫非你有冤情？"原来，这个人因上告府官贪赃而被诬为谋反，判了死刑。韩巡按问明原因后迅速查证，为他平反，并严惩了贪官。一副对联，引出一则冤案的平反，一时传为佳话。

平（píng），会意字。《说文·亏部》："平，语平舒也，从亏，从八。八，分也。"

"平"的本义为乐声平缓。《诗经》："神之听之，终和且平。"用心去听，声音既和谐又平实，这就是所谓的心平气和。心情平和就不会有大的起伏，既不亢奋也不低沉，因此"平"进一步引申可表示平坦、不倾斜之义，如平原、平地。"平"字用

篆文	金文
造字本义为号音稳定悠长，没有起伏变化，表示警情安定。	从亏，即于，表示乐声婉转；从八，表示平分，会乐声平缓之意。

两线平行、两点平均表达均等，有平分、平衡、平等等。相关的成语，如宋代李朴《中秋》诗："平分秋色一轮满，长伴云衢千里明。"其中，"平分秋色"比喻双方各得一半或不分上下。"平起平坐"比喻地位或权力相等；"平心静气"指心情平和，态度冷静；"平地青云"指突然升到了很高的地位；"平地风波"比喻突然发生意外事故；"平易近人"形容态度和蔼可亲，使人愿意亲近。

412

● 字说格言

◆ 物不得其平则鸣。

——（唐）韩愈

◆ 平而后清，清而后明。

——（北宋）司马光

◆ 至巧出于至平。

——（清）彭士望

◆ 平安是福，平和得福，平静有福，平顺聚福，平淡见福，平衡满福，平稳保福，平生幸福。

——佚名

◆ 人平不语，水平不流。

——禅语

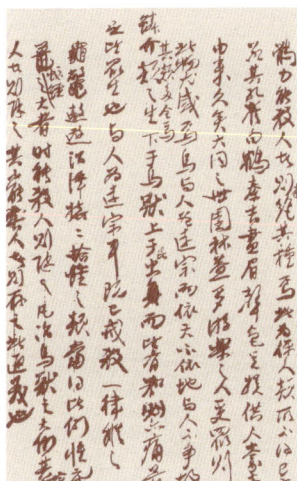

康有为《大同书》手稿，这是康有为在戊戌变法失败后所写，书中批判了封建专制主义和纲常名教，宣传自由、平等、博爱，提倡人人平等，天下为公的思想。

"平"是道家看待世界的一种方法。《庄子·列御寇》里提到，庄子要死的时候，弟子准备厚葬他。庄子说："我以天地为棺椁，日月星辰为葬品，还有什么比这更好的！"弟子曰："吾恐乌鸢之食夫子也。"庄子曰："在上为乌鸢食，在下为蝼蚁食，夺彼与此，何其偏也！"以不平平，其平也不平；以不徵徵，其徵也不徵。庄子在这里提出的是公正、平等的原则问题：人们追求公平，然而如果以不公平的方式去实现它，那么这样的公平即使实现了，其实也是不公平的。对庄子来说，要讲公平，就要彻底，既要在人之间讲公平，也要在动物之间讲公平。这其中，还藏着一个平等地看待一切事物的观念，即"齐物论"。"平"字告诉我们，公平是人类追求的共同价值观，平和、平静是我们修养心性的办法。

社会平等是人类的价值追求和理想境界。"平"字以"丨"均分上下左右，不偏不倚，没有高低起伏、大小多少、是非好坏之别。推而广之，"平"首先是一种理想的社会境界——四方无战争，百姓多富足，天下太平。

一个平等的社会，最优先的是生命权的平等。任何人生下来都应享有生存的平等权利。

2009年初，苹果公司总裁乔布斯被查出患肝硬化晚期。医生告诉他，必须马上进行肝移植，才能挽救他的生命。按照美国法律，器官移植要在各州进行登记并轮候，乔布斯决定在等待时间最短的田纳西州登记，按序他被排在最后一个。于是，有人找到院长，希望让乔布斯插个队。院长杜尔斯先生听了，两手一摊，无奈地耸耸肩，说道："我哪有特权让乔布斯插队？如果让乔布斯先移植了，其他病人怎么办？一切生命都是平等的啊。"那些排在乔布斯前面的病人，有的是普通职员，有的是家庭主妇，有的是失业者。6个星期后，乔布斯终于等来了手术。可是，由于等待时间太长，癌细胞已经转移。这次移植只延长了乔布斯2年多的生命。《乔布斯传》的作者艾萨克森说："生命没有高低贵贱的区别，任何生命都是平等的。平等不是口号，平等不是作秀，平等更不是交换，它是生活中最生动具体的体现。它如明月般皎洁，散发着圣洁的光芒，它使我们看到了人性的光辉，直抵我们内心的柔软。"

"平"是人格的平等，即得到尊重的平等权利，应当把人当人看待，不蓄意或恶意地侮辱和压制任何人。不管是达官贵

1789年的法国《人权宣言》，宣称"人人生而自由，权利平等"。

人，还是凡夫俗子，其人格都是平等的。

"平"是获得基本自由权利的平等，包括经营自己生活的自由，拥有正当财产的自由，选择宗教信仰的自由，发表言论和表达意见的自由，相信所有人都有一种基本的善念和正义感。总之，尊重人们合理的自我选择的权利。

"平"是政治、法律的平等，包括政治参与、监督的权利平等，遵守法律和接受法律处罚的平等。

"平"是实质性的机会平等，如得到物质资源、福利、财富乃至声望的机会。

"平"是精神和文化能力的平等，即希望人们追求真善美，趣味优雅达到某种境界。

平等是人类的共同价值之一，当下社会情况下，要达到这一目标还有很长的路要走。如发展机会、享受成果、表达意愿和参与权利的平等还存在许多体制和政策性的完善空间。要消除这些不平等的障碍，必须打破垄断，造就国企与民企的公平竞争；必须削弱官权，减少乃至消除特权，还权于民，让社会各个阶层参与到社会事务的监督和治理之中；必须变身份社会为能力社会，为勤奋和智慧的人创造成功的通道。当然，"平"也包含在规则之前的公平。

中和平衡是处世的准则和技巧。"平"表示稳稳当当、平平安安，不偏颇、不过激、不倾斜、四平八稳、平衡适中、不亏不过，其精髓就是"致中和"，这是处世的最高境界。平衡绝不是无原则的折中、调和，而是一种智慧，一种为人处世应该慎重选择的角度，巧妙地找到一种解决问题的最佳方法和途径。平衡以中为度，不即不离，中和为福，偏激为灾。平衡是宇宙间的普遍现象，失去平衡，过分偏重一方面，忽视另一方面，矛盾就会激化，状态就会不稳定。我们要达到生活的平衡，要适度调节内心的冲动，把握好生活中的"度"，凡事适度为佳，防止走极端，获取一些东西时，也要适当放弃一些东西，这样才能达到平衡的状态。历史上有许多运用平衡术处理矛盾的范例，值得我们借鉴。

北宋时，掌握护卫京城重任的马军副都指挥使张旻，遵照圣旨训练士兵。但他对士兵太过严厉残酷，激起士兵哗变。兵变平息后，皇上召集大臣商议处理后事。一方主张马上撤换张旻以平息众怒，另一方则主张把所有参与哗变的士兵抓起来。宰相王旦对以上两种意见都不赞成，他说："如果处罚张旻，那么将帅以后还怎么服众？但如果马上就逮捕谋划哗变

王旦（957—1017），字子明，北宋名相，死后被谥为"文正公"。

的人，那么整个京城都会震惊。现在如果提拔任用张旻，并解除他的兵权，那么反叛他的人们自当安心啊。"皇上赞叹说："王旦善于处理大事，不愧是当宰相的奇才啊。"

心气平和是快乐人生的源泉。"平"字描述的是气（｜）穿过阻碍（一）向四周（丷）自由发散，气体顺畅发散而不壅塞，平和安详，从容自在，不愠不火，温和而平正，这就是所谓的"心平气和"。心平气和是养生之道，快乐之源。平和，无论对一个人的生理健康还是心理健康来说，都是很有益处的。中医把人的七情——喜、怒、忧、思、悲、恐、惊，作为导致内伤的原因。《黄帝内经》里认为怒伤肝，喜伤心，思伤脾，悲伤肺，恐伤肾，不正常的情绪会影响身体的健康，在日常生活中保持心平气和才能身心健康。但是，生理平和往往与心态平和相联系。当今社会，让人心理失衡的事情太多了，要想心里不起一点波澜的确有点难。要做到心态平和，就要善于找到人生的坐标。日本著名社会活动家池田大作说过："当你将要迷失自我时，找到一个能确定自己位置的坐标轴是很重要的。"这就是说，应该把人生的坐标定在工作、事业和奉献

上，若是天天想与那些工作干得比自己好、事业成就比自己大、对国家贡献比自己多的人比较的话，就会迷失自我，只有不在职务、地位、待遇上比高低，心态才会平和。

美国心理学会提出了心理平和的10条要诀，抄录如下，以供借鉴：对自己不苛求，对亲人期望不要过高，不要处处与别人争斗，暂离困境，适当让步，对人表示善意，向人倾诉烦恼，帮助别人做事，积极娱乐，知足常乐。

"平"加"心"为"怦"，怦然心动，即心怦怦地跳动，是一种激动的心情。"平"加"言"为"评"，即评论，寓意评论他人要客观公正，心平气和。"平"加"禾"为"秤"：这杆秤，立在地上，上边压着相等的重量；这杆秤，如同人，人心不平，就会失去平衡；这杆秤，表诚信，表明要买卖公平，童叟无欺；这杆秤，是人们的心，人们心中都有一杆秤，是非功过，自有评说。"平"加"扌"为"抨"，即为抨击，是用手或手执工具攻击他人，路见不平，拔刀相助。

道意汉字

平等是理想社会的追求，

平和是为人处世的技巧。

平衡是自然和谐的法则，

平和是健康快乐的源泉。

平如一把伞，为弱者遮风挡雨。

平如一杆秤，功过是非任评说。

平如一把刀，大刀阔斧去邪恶。

平是一颗心，心如止水气自闲。

和

丰衣足食是和谐之基

　　如何与人和平相处，需要技巧和智慧。古时有个秀才，读书非常勤奋，有空就爱看书。可周围几个青年人就不同了，他们常聚在一起玩，还常常闯进秀才家，拉他出去玩，搅得秀才家成天不得安宁。秀才烦透了，又不好意思公开赶他们走。后来，他终于想到了一个主意，在自己的屋门两旁，贴上了一副对联：

　　古月门中市，言青山上山。

　　那几个青年人看见了这副对联，一琢磨，咱们成了不受欢迎的人，就不好意思再去打搅了。原来，这副对联也是字谜，上联为"胡闹"，下联为"请出"。秀才通过自己的才智，巧妙地拒绝了别人，又不伤他人的面子，可谓"和为贵"的处世典范。

和（hé），形声字。繁体为"龢"，左边的"龠"字形，看上去就像一排竹管合并而成的笙或箫之类的乐器，吹奏起来声音和谐、协调，悦耳动听，右边的"禾"为读音。《说文·龠部》："龢，调也。从龠，禾声。读与和同。"又《说文·口部》："和，相应也。"

篆文	金文	甲骨文
对甲骨文、金文作了简化、省作从口、禾声。	金文与甲骨文大体相同。	甲骨文从龠（口吹排箫）、禾声。

"和"指音乐和谐，本义为声音相应，和谐地跟着唱或伴奏。悦耳的音乐，必然是多种乐器相互配合，音调高低缓急，长短刚柔，清浊大小，这就叫

● 字说格言

◆ 身体常使小劳，则可百达和畅。
　　　　　　　——（唐）孙思邈

◆ 心平气和者，百福自集。
　　　　　　　——（明）洪应明

◆ 美的真谛应该是和谐。
　　　　　　　——冰心

◆ 亲善产生幸福，文明带来和谐。
　　　　　　　——（法国）雨果

◆ 对和谐之美的追求是人类的本能。
　　　　　　　——（德国）马克思

◆ 兄弟不和者败，侮师慢客者败。
　　　　　　　——《治家格言》

◆ 一笑解千愁，一和解百怨。
　　　　　　　——民谚

◆ 家和万事兴，泥土变成金。
　　　　　　　——民谚

"和"。"和"字引申指和谐、协调、掺和、和顺、平和、和睦、太平等意。"和"字经常被人用于赞赏、赞美，如"和蔼可亲"，谓态度谦温和气，容易接近。"和"是一种珍贵的东西，如"和璧隋珠"，比喻极为名贵的珍宝。"和"是一种处事方式，如"和风细雨"，比喻做事和缓的方式，不粗暴；"和光同尘"，是一种处事态度，不露锋芒，与世无争。"和而不同"，是君子之风，既保持独立的个性，又和谐共处，取长补短。"和"是处理人际关系的润滑剂，如"和气致祥"，指和蔼之气可以招来吉祥；"和衷共济"，表示同心协力，克服困难。"和"是人们的追求，如"时和岁丰""和睦互勉""政通人和"等。

道家有一套完整的"和"的思想。《道德经》说："道生一，一生二，二生三，三生万物。万物负阴而抱阳，冲气以为和。"又云："有无相生，难易相成，长短相形，高下相倾，音声相和，前后相随。""和"是天地的法则，也是做人的准则。道家讲"和"，从最高范围的"道"开始，"道"贯通天地人，人与世界上的一切事物都是"道"化生的结果，"道"是天地万物的本源。道家关注的"和"是由宇宙和谐推演而来。以人为主体，主要体现在：人与自然界的和谐——"天和"，人与人的和谐——"人和"，人自身的和谐——"心和"，人与社会的和谐——"世和"。道家的和谐思想包罗着宇宙间万事万物的和谐，具有广阔的和谐视域。

今天，我们处在利益矛盾突显、思想多元的时代，如何

陶行知楷书"和为贵"横幅。

促进人的身心和谐、
人与人之间的和谐、
人与自然的和谐成为
一个新问题。成功之
道，在德不在术，以
道不以谋。和气方能
生财，圆融才能处
事。"和"可以使我

《丰衣足食》木刻图。

们不树敌或少树敌，让人无后顾之忧，能做事，做成事。"和"
字揭示了"和"的基础、内涵，也包含着丰富的人生哲学。

五谷丰登、丰衣足食是和谐之基。"和"字由
"禾""口"组成。"禾"为麻、黍、稷、麦、豆等五谷的总
称；"口"为进食的器官和发声的主要器官。五谷为生存之
本，只有五谷丰登，丰衣足食，人人有饭吃，天下才有了和谐
基础保障。中外古今的历史表明，凡是贫穷落后，粮食歉收的
年岁，老百姓食不果腹，必然出现掠夺和战争。

民国年间，河北发生大旱，田里颗粒无收，农民四处逃
荒。这天，京城几位大官到乡下视察，见乡村毫无生气，忍不
住长叹："真是天时不如地利，地利不如人和呀！"一位外出
讨饭的农民听到这番话，悲愤地说道："几位大人，'和'字
乃'禾'与'口'，这便是说人有田种，有饭吃，才是和。可
我们现在连讨饭都讨不到，哪里谈得上人和啊！"几位官员面
面相觑，无话可说。

可见，和谐是建立在一定的物质基础之上的，只有发展生
产力，让老百姓过上富足的生活，才能再谈社会的和谐。要让
社会和谐，一定要把发展作为第一要务，先有蛋糕，然后才有
分蛋糕的问题，这是和谐的基础和前提。

共生共荣是人与自然和谐之道。"禾"代表自然界，

"口"代表着人。《周易·中孚》："鸣鹤在阴，其子和之：我有好爵，吾与尔靡之。"这是说，一只鹤鸟在树荫下鸣叫，它的好伙伴声声应和：我有好酒，想与你一起享用。在声音上，这是鸟类之间的相互唱和；在画面上，这是一幅生态和谐的美好图景，让人陶醉于大自然的美妙之中。长期以来，我们漠视自然规律，以"人类中心主义"作为处世准则，掠夺自然，破坏自然，最后又遭受了自然的惩罚。如在开发食物中，反季节蔬菜、无土栽培蔬菜、转基因食品等，不但食之无味，而且食之有害，会危及人们的生命健康。在发展生产中，不是顺应自然，而是去改变自然，围海造田、开山造田、挖草造田，结果导致了生态的大破坏，沙尘暴越来越严重。在和自然生物的相处中，滥杀滥伐，导致物种的大幅度减少，有些还被灭绝。安全的食品、清洁的水源、清新的空气，成为当代人稀缺的资源，这可以说是一种悲哀。人与自然万物只有共生共荣，才能达到和谐的境界。

《狼图腾》是一部以狼为叙事主体的史诗般的小说，给我们展示了在宽广、辽阔、深沉、静谧的蒙古大草原上，蒙古游牧民族对狼的崇拜，演绎了自然生态环境保护的重要价值。从蒙古草原的食物链上，我们看到了蒙古狼对环境的价值。狼是捕杀大批黄羊、旱獭、老鼠的杀手，从而保护了草原上最珍贵的草资源。狼以动物的腐尸为食物，既清洁了草原，又预防了病菌的传播。草原有草，才能抵御风沙、大旱；草原有草，才有牛羊的食物，才有人的生存啊！《狼图腾》中讲述的草原退化、沙化及沙尘暴的来袭，揭示的正是只有尊重自然规律，坚持生态平衡，才是人与自然的和谐相处之道。

平和、均衡是人体和谐之策。老子强调，万物负阴而抱阳。对于个人，阴阳和谐则无疾，内外和谐则无恙。同时，强调个性的外在表现与内心活动一致，提出人要有自知之明，

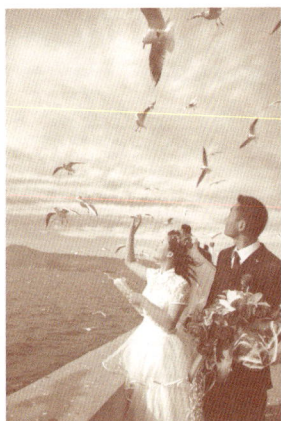

昆明翠湖畔，红嘴鸥与游人和谐相处。

不要过分贪婪外物，要珍爱个体生命。一个人要想延年益寿，必须气血调和，阴阳平和。"和"是人体健康的标准。传统医学把健康的人称为"平人"。"平人"是指气血调和的健康人。中医理论认为，阴阳平衡、五脏调和是人体健康的标志。在诊断方法上，以平静的呼吸、平稳的脉搏和脉象作为判别病症的依据。在治疗上，以调和为主要手段，虚则补之，实则泻之，以使人体获得平衡，恢复健康。

清代养生家李庆远，相传活过百岁。李氏深明修身养性之道。在漫长的一生中，他遵循修身养性的四字箴言——慈、俭、和、静。他认为君臣和则国家兴旺，父子和则家庭安乐，兄弟和则手足提携，夫妇和则家庭静好，朋友和则互相维护。

"和"音通"合"，同声同气，有共同的信仰、目标、志向，必然情投意合。在当代社会，和谐之道，既要有竞争，也要有合作。

道意汉字

吃饱穿暖，是和谐之基。

同声同气，是和谐之象。

心平气和，是和谐之策。

夫妻和睦，家庭和气，

邻里和顺，社会和谐。

庸

广用之用是为大用

庄子与弟子走到一座山脚下，见一株大树枝繁叶茂，耸立在大溪旁，特别显眼。庄子忍不住问伐木者："请问师傅，如此好的木材，怎么没人砍伐，以至于有千年之寿呢？"伐木者不屑一顾地说："这树是一种不中用的木材。用来做舟船，则沉于水；用来做棺材，则很快腐烂；用来做器具，则容易毁坏；用来做门窗，则脂液不干；用来做柱子，则易受虫蚀。此乃不成材之木。不材之木，无所可用，故能有如此之寿。"听了此话，庄子对弟子说："此树因不材而得以终其天年，岂不是无用之用，无为而于己有为？"弟子恍然大悟，点头不已。庄子又说："树无用，不求有为而免遭斧斤；白额之牛，亢鼻之猪，痔疮之人，巫师认为是不祥之物，故祭河神才不会把它们投进河里；残废之人，征兵不会征到他，故能终其天年。形体残废，尚且可以养身保命，何况德才残废者呢？树不成材，方可免祸；人不成才，亦可保身也。"庄子愈说愈兴奋，总结性地说："山木，自寇也；膏火，自煎也。桂可食，故伐之；漆可用，故割之。人皆知有用之用，却不知无用之用也。"

《庄子》中有这么一句话："唯达者知通为一，为是不用而寓诸庸。庸也者，用也；用也者，通也；通也者，得也。适得而几矣。因是已，已而不知其然，谓之道。""庸"也是用，无用之用，唯有领悟了道的人才知道——万物本为一体。

篆文	金文	甲骨文
承续金文字形。	以『庚、用』会意。	由 中（像俯卧的『人』）、⿰（用，即『桶』）组成，表示用桶俯卧打水。

庸（yōng），会意字。《说文·用部》："庸，用也。从用，从庚。"用，既是声旁也是形旁，是"桶"的本字。

"庸"的本义为使用，如"毋庸讳言"。《尚书·大禹谟》："无稽之言勿听，弗询之谋勿庸。"荒诞无聊的话就别听，没有经过仔细思考的谋略就不要采用。"庸"是"镛"的初文，而镛钟是日常使用之物，遂引申指经常、平常，常用作自谦辞，如"庸虚"，言身无所能，胸无所有。"庸"常与表否定的副词"无""勿""弗"连用，表示没有必要、无须。"庸"充当名词时，指劳动力，通"佣"。如朱骏声《说文通训定声》："庸，事可施行谓之用，行而有继谓之庸。""庸"引申指劳役。"庸"也引申为平凡、不高明的意思，如"庸庸碌碌"指平凡无奇，"庸言庸行"指平平常常的言行。平庸、庸才、庸医、庸俗、庸碌、昏庸、庸言，都是对人品行的评价。"庸"还有功劳、功勋的意思，如"功庸"指功劳、功绩。

含有"庸"的成语，大多表示有用、平常等意。"砭庸针俗", "砭"是古代治病用的石针，指救治凡庸鄙陋; "附庸风雅"，指缺乏文化修养的人为装点门面结交文人，参加文化活动; "靖言庸违"，指言语巧饰而行动乖违; "樗栎庸材"，指不成材的树木，比喻平庸无用的人; "毋庸讳言"，没有什么不可以直说的，指可以坦率地说; "毋庸置疑"，指事实明显或理由充足，没有什么可以怀疑的; "庸人自扰"，指本来没事，自己找麻烦; "庸医杀人"，指医术低劣的医生误用药物而害人性命; "昏庸无道"，指糊涂平庸，凶狠残暴，不讲道义，多用来指糊涂无能且残暴凶狠的帝王。此外，还有"毋庸置辩""毋庸赘述""庸耳俗目""庸言庸行""庸庸碌碌""庸中佼佼"等。

"庸"字告诉我们为人处世的心态、哲学和原则。

庸是广采众长，集思广益。"庸"字从广、从用。"广""用"为"庸"，指广采众长。人类社会的发展，是一个不断积累的过程，后人总是在前人的基础上不断进步，做科学研究，搞艺术创作，都需要广泛吸取已有的先进工艺和方法，推陈出新，从而形成自己的创造。

清代著名医学家叶天士，12岁时随父亲学医，父亲去世后，家贫难为生计，便开始走江湖、行医应诊，同时拜父亲的门人朱某为师，继续学习。他聪颖过人，闻言即解、一点就

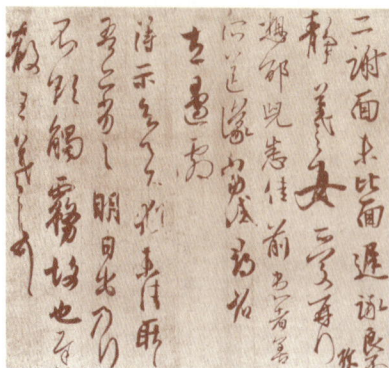

王羲之自幼师从多位书法名家，广采众长，备精诸体，自成一家。图为其代表作品《二谢帖》《得示帖》。

通，加上勤奋好学、虚心求教，见解往往超过朱先生。叶天士熟读《内经》《难经》等古籍，对历代名家之书也旁搜博采。他不仅读书孜孜不倦，而且谦逊向贤；不仅博览群书，而且虚怀若谷，善学他人长处。他信守"三人行必有我师"的古训，只要比自己高明的医生，他都愿意行弟子礼拜之为师；一听到某位医生有专长，就欣然而往，必待学成后始归。从12岁到18岁，他先后拜过师的名医就有17人，其中包括周扬俊、王子接等著名医家，无怪后人称其"师门深广"。由于广采众长，他在医术上突飞猛进，不到30岁就医名远播。

从另一个角度看，庸为广用，普通人、平常人亦有过人之处，也都能发挥独到的作用。"人不可貌相，海水不可斗量"，每个人都有着他人不可替代的位置，这是对个性的尊重，也是生命的独特意义。

赵国有个学者名公孙龙，许多人慕名而来拜他为师。一天，有个衣衫褴褛的人，走上前对他说："请您收我做徒弟吧！"公孙龙打量了那人一番，冷冷地问道："你有何本领？"那人回答："我有一把洪亮的声音。"公孙龙问弟子道："你们当中有没有声音洪亮的？"弟子回答："没有。"于是，公孙龙收那人做徒弟。其他弟子窃窃私语，还暗暗嘲笑道："声音洪亮有什么用？"过了几天，公孙龙有事要到燕国去。他们来到一条大河前，可是却见不到岸边有渡船，只有一艘停泊在远远的对岸。公孙龙让新弟子施展其技。新弟子大喊一声。不久，那艘渡船就划过来，载他们渡过河去。

有一句箴言说得好：人才只不过是用在对的地方，庸才大都是放错了地方。许多人看起来很平凡，但往往都有一项专长，只是潜质未被发现或激发出来。因此，做一个不平庸的人，要有伯乐的发现，也要有勇于表现的自信和努力。

庸是对陈旧的更新。《说文解字》："庸，用也。从用，从庚。庚，更事也。""庚"是"庸"的义符，甲骨文𧆞，从辛，口下，寓意下排、出路。"庚"的本义为变更、更新、出路。"庸"的本义为用，喻义则为继之以用。这就是在"用"的基础上不断推陈出新，突破原有思维的限制。

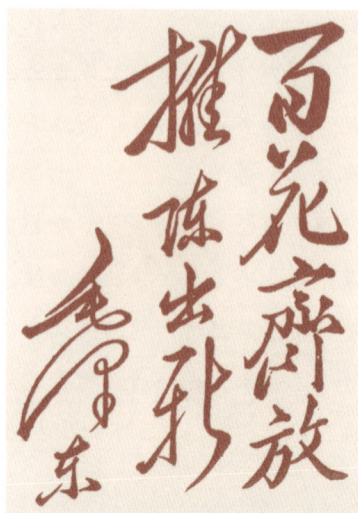

毛泽东主席为中国戏曲研究院成立题词：百花齐放，推陈出新。

428

　　当年韩信刚投奔刘邦时，刘邦让他管理粮仓，韩信提出了"推陈出新"的管理理念，即把粮仓开设前后两个门，把新粮从前门运送进去，把旧粮从后门运出来。这样可以防止粮食在蜀中炎热潮湿的环境下腐败变质，从而使蜀中粮仓不再有变质浪费的现象，这无疑是仓储管理史上的一大创举。

　　韩信"推陈出新"的做法，是在原有管理理念的基础上提出的，新的理念代替了旧的理念，大大提高了粮食的使用率，更新了"用"这一概念。而如果不适时更新陈旧的观念，所"用"就会带来不利影响。

　　楚军攻打宋国以援救郑国。宋襄公准备迎战，大司马公孙固劝阻说："上天遗弃商朝已经很久了，君王要振兴它，就是不可原谅的了。"襄公不听，他领兵和楚军在泓水地方交战。宋军已经排好队列，楚军还未全部渡河。公孙固说："他们人多，我们人少，趁他们尚未全部渡河，请下令攻击他们。"襄公说："不行。"待楚军全部渡过河，尚未排好队列，公孙固

● 字说格言

◆ 善学者，师逸而功倍，又从而庸之。

——（西汉）戴圣

◆ 君子德行，其道中庸。

——（明）洪应明

◆ 莫嫌举世无知己，未有庸人不忌才。

——（清）查慎行

◆ 造化常为庸人设计。

——鲁迅

◆ 无声无息地了却一生是平庸的。

——（古希腊）荷马

◆ 无稽之言勿听，弗询之谋勿庸。

——《尚书》

429

又将上述意见报告襄公。襄公说："还不行。"襄公等到楚军排好了阵势，然后才攻击他们。结果，宋军大败。宋襄公腿部受伤，侍卫官也全部被歼灭。

宋襄公墨守成规，不会随机应变，使所"用"变得被动，终以败兵收场。可见，"庸"所体现出来的意义，不仅指导我们要"用"，更要"用"得有新意。

庸是对平和的追求。"庸"字采用"用、庚"会意。这里的"用"可以分有用与无用，人们常常以"有用"或"无用"来严格区分一件事物的性质、功能和价值。然而，所谓"人皆知有用之用，而不知无用之用也"，科学的思维不是单就"有用"或是"无用"的相对性来进行思考，更为重要的思维是洞悉自我思维的内容与其真实的用意。天生万物，必有其才用，必有其器用，但我们不能只拘泥在有用无用之间，无肯专为，正如老子思想中的"见素抱朴"，不执著于一种器用之内。庄子言："为是不用而寓诸庸。""为是不用",是说我们不要去劳神费力、自作聪明;"而寓诸庸",是说寄心于平常之中,平常心为道。我们要善于顺其自然,顺应环境,才能水到渠成。如果能善用天时、地利、人和,做到"为是不用而寓诸庸",那么在做事情时就能应对自如了。这是很好的立身处世的原则,也即平常心是道。

惠子对庄子说:"魏王送我大葫芦种子,我将它培植起来后,结出的果实有五石容积。用大葫芦去盛水浆,可是它的坚固程度承受不了水的压力。把它剖开做瓢,却因太大而没有适于容纳它的地方。这个葫芦不是不大呀,我因为它大却没有什么用处而砸烂了它。"庄子说:"先生实在是不善于使用大东西啊!宋国有一善于调制不皲手药物的人家,世世代代以漂洗丝絮为职业。有个游客听说了这件事,愿意用百金的高价收买他的药方。这人全家聚集在一起商量:'我们世世代代在河水里漂洗丝絮,所得不过数金,如今一下子就可卖得百金。还是把药方卖给他吧。'游客得到药方,来游说吴王。正巧越国发难,吴王派他统率部队,冬天跟越军在水上交战,结果大败越军,吴王划割土地封赏他。能使手不皲裂的药方,有的人用它来获得封赏,有的人却只能靠它在水中漂洗丝絮,使用方法不同则有不同的所获所得。如今你有五石容积的大葫芦,不考虑用它来制成腰舟而浮游于江湖之上,却担忧葫芦太大无处可容?看来先生你还是心窍不通啊!"

430

人们看待万物,常常抱持成见:要求物要有用,以合于我用;要求人要成器,以合乎世用。物无用的,掊之;人不器的,鄙夷之。然而,这个世界并不单纯为人们所构筑,天下万物在大道运行下顺性生长,不待人与之。人们应以"万物一体"的角度去看待事物,而不应只以人的价值观去衡量万物。器物的有用无用,是人的讲法,是人的偏知偏见(偏狭的是非分别心），我们只要消除了成心，不需刻求器为我用，则天下万物就能顺性生长。因此，当我们不执着于万物的有用与无用之时，我们的心境就能够平和，就不会汲汲于名利，就不会争逐于成器的道路上，心灵就会有得到自由与放松。

"庸"音同"拥"，要用双手去创造、发挥才能，于无用之中获得有用；"庸"又与"用"音相近，保持事物的和谐才能发挥其大用。

道意汉字

庸是天地心，万物各具用。

人心能守庸，无为亦有用。

成事莫守旧，物牲随新行。

守心勿懈怠，惰则变平庸。

养性为标

宠

家中养龙来尊崇

　　魏徵作为唐代的一代名臣，其直言坦率、敢于谏诤的精神，历来都被大臣推崇和仿效。唐太宗对他的直言劝谏十分欣赏，委以重任。作为政治家，魏徵始终保持头脑的清醒。他给唐太宗写下劝诫书《谏十思疏》，唐太宗读后大为赞叹，深为魏徵的直言精神所感动，对他抱以信任和尊重。魏徵和唐太宗曾有过关于"忠臣"与"良臣"的谈话。魏徵说他只希望做良臣而不做忠臣。唐太宗不解，问道："忠臣和良臣有何不同？"魏徵回答："古代尧和舜的臣子稷、契、皋陶，就是良臣；夏桀的臣子关龙逢、殷纣的臣子比干就是忠臣。良臣本身享有美名，君主获得光辉的声誉，子孙相传，国运无穷。忠臣本身遭难被杀，君主落得个昏庸残暴的罪名，国亡家灭，只不过取得个空名罢了。这就是良臣和忠臣的区别。"唐太宗听后大加赞赏。君臣二人就这样默契合作长达17年。由此，唐太宗终能成为一代英杰之君，魏徵的慷慨之志也得到了实现。

唐太宗在太极宫中的凌烟阁内存放了画家阎立本为功臣所作的画像。享受这一殊荣的只有长孙无忌、杜如晦、魏徵、房玄龄等24人。魏徵去世后，唐太宗常到凌烟阁去看他的画像。有一次唐太宗还情不自禁地作了一首诗："劲条逢霜摧美质，台星失位夭良臣。唯当掩泣云台上，空对余形无复人。"以此表达了自己的无限哀思和怀念。

宠（chǒng），会意字。《说文·宀部》："宠，尊居也。""宠"的本义为尊崇。

与"宠"有关的词语，大多与爱有关，但这种爱往往是一种溺爱。如矜宠、眷宠、殊宠、宠任、富宠、华宠、宠恣、宠溺、盛宠、争宠、逸宠、宠娇、宠惜、亲宠、宠幸、贵宠、恩宠、尊宠、崇宠、宠擢、邀宠、擅宠等。现在许多人的家中都养有宠物，如猫狗之类。

篆文	金文	甲骨文
承续金文字形。『宀』为覆盖，表示给予，完全包围。	将甲骨文的⋗写成⋗。字形是一条龙盘踞在屋字内。『龙』是中华民族的图腾，是吉祥喜庆的象征，同时也代表着威严权力。	由⋀（房屋）和⋗（张着大口的巨蟒）组合而成，表示拳蟒的房屋。本义是把蛇养在家中。古人称蛇为小龙，视为与龙同类的崇拜对象，认为家中养一条大蛇，可以带来吉祥平安和福气。

成语中，"怙恩恃宠"是指凭借别人所给予的恩泽和宠幸而横行霸道、骄横妄为；"侈恩席宠"意思是张扬恩遇凭恃宠幸；"哗众取宠"表示以浮夸的言行博取众人的好感、夸奖或拥护；"鬻宠擅权"指凭借宠幸以卖弄权势。

《道德经》中有言："宠辱若惊，贵大患若身。何谓宠辱若惊？宠为下，得之若惊，失之若惊，是谓宠辱若惊。"意思是：得宠和受辱都好像受到惊吓一般，重视大的福祸就如同重视身体一样。什么叫宠辱若惊呢？得宠是卑下的，获得它时很惊恐，失去它时也很惊恐，这就叫宠辱若惊。老子讲"宠辱若惊"，实际上是要告诫人们"宠辱不惊"。这是因为宠和辱都是外在的，只意味着人对所得到的态度而已，有时得到的东西也未必是你心里真正想要的东西，况且"宠"是一种上对下的关系，是地位上者对自己给予的青睐，是一种施舍。说到底，得宠是一种施予的关系，实际上是一种不平等的关系。

人为什么会"受宠若惊"呢？老子认为是"贵大患若身"。这是因为人是情感动物，对荣辱这种情感体验十分敏感：当我们得宠的时候内心是喜悦的，但这种喜悦是短暂的，因为人有患得患失的弱点，得到宠爱并不会令我们永远快乐；同样，当我们受到别人的冷眼、辱骂、轻视的时候，我们也会表现出不安、惊恐。人类自身的弱点，决定了人无论得到宠爱，还是受到屈辱，都会忧心忡忡，惶惶不可终日。

得宠就惊喜，受辱就惊惧，把心中的忧虑看得与自身的生死存亡同等重要。世间常人普遍会存在这种弱点，老子分析了产生这种弱点的原因，那就是世间常人还在念念不忘其自身利益，为自身利益患得患失。产生这种态度的原因，是把身外之物看得太重，而把人的真实内心所愿看得太轻。老子表明了自己的态度：人应该宠辱不惊，将一时的得失视为身外之物。

● 字说格言

◆ 不傲才以骄人，不以宠而作威。

——（三国）诸葛亮

◆ 养稊稗者伤禾稼，惠奸宄者贼良民。

——（东汉）王符

◆ 临之以患难而能不变，邀之以宠利而能不回。

——（北宋）苏轼

◆ 宠子未有不骄，骄子未有不败。

——（清）吴楚材

一般人对于身外的宠辱荣患十分看重，甚至许多人重视身外的宠辱远远超过自身的生命。老子从"贵身"的角度出发，认为生命远远贵于名利荣宠，一切声色货利之事，皆应无动于衷，然后才可以受天下之重寄，而为万民所托。"宠"包含着宠人和受宠两个方面，"宠"字包含着宠的"度"和"法"。

着道士装的雍正帝，他十分尊崇道教，常参加道教活动，还经常服用道人所炼丹药，这其实也是一种对道教的"宠"。

宠幸，源于过度的爱。"宠"字从宀、从龙，意为视若珍宝。古人认为龙无所不能、无所不通，对它的尊崇不容任何人质疑和侵犯。"宀""龙"为"宠"，音通"崇"，意为给予对方十足的尊崇。把"龙"放在家中悉心照料，可以看得出主人对其的溺爱。宠，多指一种上对下的爱。

历史上的众多美女中，杨贵妃虽然生前尽享唐明皇的专情宠爱，但是她的结局也很凄凉。其悲剧的原因，首先是唐明皇过度的宠爱以及杨氏一家都恃宠而骄。白居易在《长恨歌》中写道："承欢侍宴无闲暇，春从春游夜专夜。后宫佳丽三千人，三千宠爱在一身……姊妹弟兄皆列士，可怜光彩生门户。遂令天下父母心，不重生男重生女。"杨家一时荣耀无比。到马嵬兵变时，杨国忠被杀，杨贵妃被赐死，一家人落得个可悲的下场。

其实，受宠者是可怜的人，其命运掌握在别人的手里。杨贵妃是值得同情的，错就错在唐明皇的过度宠幸，不但宠她一个人，还宠其一家，引起众多官员、佳丽的妒忌，埋下了仇恨的种子。因此，受宠时勿得意，失宠也不必太在乎，一切顺乎本心最可贵。

得失坦然，方能宠辱不惊。"宠"字从龙。龙的特点是：能大能小，能升能隐；大则兴云吐雾，小则隐介藏形；升则飞腾于宇宙之间，隐则潜伏于波涛之内。因此，面对宠爱，特别是过度的宠溺，要像龙一样，能隐能潜。宠辱不惊，就是指受宠或受辱都不应太放在心上，不以得失而动心。

隋末，唐国公李渊在太原起兵反隋。幽州涿县人卢赤松听说后，立刻弃县迎接，成为李渊的僚属，拜为行台兵部郎中。因卢赤松呈献河东通路有功，李渊建唐后，封卢赤松为范阳郡公。卢赤松的儿子卢承庆，长得相貌堂堂，又博学多才。卢赤松去世后，卢承庆便继承了爵位。

李世民即位后，卢承庆被任为秦州参军。有一次，他上朝奏报河西军情，说得头头是道，李世民不觉暗自赞叹，于是提升他为考功员外郎，后又升至户部侍郎。又一次，李世民向他询问历朝历代户籍的事。卢承庆引经据典，从夏商、北周，一直说到隋朝，说得非常具体详细。李世民对他大加赞赏，不久又委任他兼任检校兵部侍郎，掌管五品官的选用。得到唐太宗的信任，卢承庆又历任雍州别驾、尚书左丞。虽然不断得到提拔，地位越来越高，但他都很从容，并没有因为升迁而沾沾自喜。

唐太宗驾崩后，唐高宗李治继位。由于权相褚遂良诬告，卢承庆被贬为益州大都督府长史。永徽年间，褚遂良又指控他在雍州任上失职，使其被贬为简州司马。一年后，他又转任洪州长史。卢承庆对褚遂良的弹劾很淡定，他认为：作为一个官员，主要是为国尽忠，官职是升是降并不影响自己为国效忠。

由于卢承庆为官清廉，做事认真，讲求实际，很快又被提拔为汝州刺史，不久高宗又召他回京任光禄卿，后被授予高一级的宰相衔同中书门下三品。出任宰相还不足一年，因卢承庆对度支事务处理不当，在财政工作上出现重大失误，高宗下诏将他免职以示惩罚，后又考虑其才干起用为润州刺史。卢承庆后又迁雍州长史，授银青光禄大夫，被任为刑部尚书。告老退休后，高宗授他金紫光禄大夫衔。在卢承庆的一生中，经历了几次大起大落，他都坦然面对。

卢承庆死后，朝庭追赠其为幽州都督，谥号为"定"。临终时，他告诫儿子说："死是必然的道理，就像每天有早上和晚上一样。我死后，用平时穿的衣服入殓，望日、朔日也不要用牲口祭奠我。不要用占卜的方式选择下葬的日子，陪葬的器物就是陶器漆器，棺木就用一般的木头。坟墓的高度能够辨认出就可以了，墓碑上写上任职和生卒年月就可以了，不要写那些虚浮夸耀的言辞。"

庄子说："不为轩冕肆志，不为穷约趋俗，其乐彼与此同，故无忧而已矣。"意思是说：不追求官爵的人，不因为高官厚禄而喜不自禁，不因为穷困贫乏而随波逐流、趋炎媚俗，荣辱面前一样达观，也就没有什么忧愁。只有对钱财、名利、生死看得淡泊的人，才能超脱、洒脱。卢承庆不仅清廉，而且是个对宠辱看得非常淡的人。因此，无论是被拔擢，还是被贬罚，他始终如一，恬淡自处。

恃宠必然骄。"宠"字从宀，"宀"在这里指屋宇，也可以指家，家里养了一条龙。"龙"是能腾云驾雾的动物，是家里的宝贝，是天之骄子，由于得到主人的宠爱，很容易滋长骄纵、蛮横的性格。因此，宠爱必须适度，过分宠爱的后果是害人害己。《左传》中记录了这样一段话："夫宠而不骄，骄而能降，降而不憾，憾而能眕者，鲜矣！"意思是：受到宠爱而不骄傲，骄傲而能放下身段，放下身段而不感到有遗憾，心中有憾而能克制，那可就很稀有了！"宠"的程度一旦到了极端，就容易过分。过分的喜爱会令人产生骄纵的情绪。父母教育孩子，若过分宠溺，使其习惯了特殊关照，娇生惯养，自立

《斜封除官》图，讲述唐中宗时，安乐公主、长宁公主及韦后、上官婉儿等依势用事，卖官鬻爵，将任职文书斜封着，盖住姓名、官职，而只留出给中书省签署发布的位置来。

能力就会很差。

　　凡是恃宠而骄者，必然失宠而亡。唐中宗李显生有8个女儿，第七女名李裹儿，姿性聪慧，容貌美艳，中宗与韦氏对她十分宠爱，自幼听其所欲，无不允许，因此她从小就养成了骄横任性的脾气。武则天看见李裹儿，也格外欣赏她的秀外慧中，遂封为安乐公主。武则天死后，唐中宗复位，安乐公主也渐渐地恃宠而骄，权倾天下。

　　安乐公主与中宗的另一个女儿长宁公主竞相大兴土木，广建宅第，并在奢侈豪华的装修等方面互相攀比，不仅在建筑规模上完全模仿皇宫，甚至精巧程度也超过了皇宫。中宗在金城坊赐宅给安乐公主，穷极壮丽，国库为之空虚。长安有一个昆明池，是西汉武帝时开凿的，安乐公主嫁出宫去，心中常记挂昆明池畔的风景，便仗着中宗宠爱，请求把昆明池赏给她，划到驸马府园地中去，但因朝廷官员反对而遭到拒绝。安乐公主心中十分不甘，于是自行强夺民田，开凿了一个大池，取名为定昆池，隐隐有超过昆明池的意思。

不仅如此，安乐公主开府置官，势倾朝野。她把国家官爵分别标定价格，县长若干，刺史若干，公开兜售，价款缴足，不管是屠夫酒肆之徒，还是为他人当奴婢的人，只要纳钱30万，便由公主立降墨敕授官。一时所授官职竟有五六千人。安乐公主常常自写诏书，拿进宫去，一手掩住诏书上的文字，一手捉住中宗的手在诏书上署名。中宗爱女心切，竟然也不看到底写些什么，就签名了事。因此，宰相以下的官员多出其门。常有土豪劣绅，通过安乐公主的门路，做了高官。

安乐公主自幼养在武则天身旁，很羡慕武则天独断朝纲的做法，便异想天开要做皇太女。后来，她与母韦氏联合起来，毒死中宗，并准备除去相王李旦。谁知，李旦的第三子李隆基先一步动手，带领羽林军夜入玄武门，肃清宫掖，尽杀韦姓诸人。新帝李旦即位后，贬韦皇后为庶民、安乐公主死后被贬为悖逆庶人。安乐公主李裹儿恃宠而骄的一生，至此画上一个句号。

可见，恃宠而骄的结果是多么悲惨。

🌀 道意汉字 ☯

龙居屋宇受宠爱，万方照料是加害。

飞龙在天龙本性，历经磨难是真爱。

功名利禄如浮云，个人得失坦然待。

古来得宠多骄纵，宠辱不惊能免灾。

辱

寸心淡定，忍辱负重

"汉初三杰"之一的韩信，小时候由于父母双亡，常常衣食无着，贫困潦倒。即便如此，他仍然像武士一样，身上总佩着一柄宝剑。淮阴城里的一班少年看了很不顺眼，常讥笑他。

一天，他们在街上相遇，这班少年想要捉弄一下韩信。其中，有个屠夫的儿子特别刻薄，冲着韩

清代画家改琦（1773—1828）所绘的《胯下之辱》。

信说："你身上总带着剑，像是有两下子，但我知道你是个胆小鬼。你敢跟我拼一下吗？不敢，就从我的裤裆下钻过去！"

说着，屠夫的儿子撑开两腿，在大街上来了个骑马蹲。韩信盯着他看了一会儿，趴下去，从他的裤裆底下爬了过去。少年们见了，一个个笑歪了嘴，给韩信起了个外号叫"胯夫"，认为他是个无用的懦夫。

可就是这个"胯夫"韩信，在楚汉战争中被刘邦拜为大将，立下赫赫战功。韩信不逞一时之勇，而是忍辱负重，终得成就大业。

后来，"胯下之辱"这一典故，便用来形容有才能的人在未显达时被人鄙视、嘲笑，遭到羞辱。

辱（rǔ），会意字。《说文·辰部》："辱，耻也，从寸在辰下。失耕时，于封疆上戮之也。辰者，农之时也。"字形采用"寸"作边旁，表示动手劳作。"辰"代表农历三月，是农耕时令。"寸"在"辰"下，意思是有人错过农耕时机，人们就在封土上羞辱他。

"辰"本为贝壳类生物，先民以之制为农具，有耕耨之意。"辰"还指辰时，即早上7点到9点。"寸"为手。"辱"字从辰、从寸，意思为手持农具，辰时到田间劳作。由于农具比较粗糙，长时间握着它会在手上留下痕迹，这是"手"长期受到农具"侵犯"而留下的后果，被称作"辱"。后引申为对人身和人格的侵犯，有侮辱之意，如"忿恚尉，令辱之，以激怒其众"。"寸"是分寸和尺度，与人交往、说话、办事要把握尺度，过了头就会对他人造成伤害；英雄最怕无用武之地，若被置于与他自身的能力极不相称的位置上，他就会觉得十分委屈，认为所

金文

甲骨文

在「辰」下加「寸」，持锄头下地，艰辛劳作。造字本义：

表示以手除去农田害虫。

● 字说格言

◆ 仓廪实则知礼节，衣食足则知荣辱。

——（春秋）管仲

◆ 廉士不辱名，信士不惰行。

——（西汉）刘向

◆ 性清者荣，性浊者辱。

——（西晋）左芬

◆ 身可辱，而志不可夺。

——（唐）王勃

◆ 浮生六十度春秋，无辱无荣尽自由。

——（南宋）杨公远

444

处的环境埋没了自己。故"辱"也有埋没、委屈之意。如韩愈《杂说》："千里马常有，而伯乐不常有。故虽有名马，祇辱于奴隶人之手，骈死于槽枥之间，不以千里称也。"攻击或揭露他人的短处、弱点，都会使人感到沮丧、恼怒和被侮辱。故"辱"还有压下去、挫败之意。如《银雀山汉墓竹简·孙膑兵法》："往者弗送，来者弗止，或击其迂，或辱其锐。""辱"还是一个谦辞，表示承蒙之意。如"辱游"是对朋友的自称谦辞；"辱子"是在外人面前谦称自己的儿子，和"犬子"相近；"辱临"是对他人来临的敬辞，有屈尊枉驾之意。"辱"还可以作使动词，意为"使……受辱、侮辱"。如《史记·廉颇蔺相如列传》："我见相如，必辱之。"又如《孟子·梁惠王上》："及寡人之身，东败于齐，长子死焉；西丧地于秦七百里；南辱于楚。寡人耻之。"

与"辱"相关的词组，往往与耻有关，且多为负面。如：辱骂、辱没、辱命、辱玷、辱台等。成语中，"辱国殃民"意思是使国家受辱，人民遭殃；"辱身败名"是指自身受辱，名声败坏；"忍辱偷生"形容忍受屈辱，苟且活命；"屈节辱命"表示失去了节操，辱没了使命；"榆次之辱"用以指无故受辱之典；"进荣退辱"意思是以仕途的晋升为光荣、降职为耻辱；"肆言詈辱"表示毫无畏惧地侮辱谩骂等。

道家主张"忍辱负重""宠辱不惊"。老子认为："上德若谷，大白若辱。"即上德之人，有最深厚之德，却又好似虚谷一般。其心如太虚，德量如天地，心德广大无边，如大山空谷一般，无所不容，无所不纳。肚大能容天下能容之事，德宽能纳宇宙能纳之物；心如大海，能纳百川千江，能容污秽浊流；心地纯如净土，心虚如苍穹，宽阔无际，故上德齐天。而"大白若辱"，"辱"者，黑色。《素问·气交变大论》曰："黑气乃辱。"意思是：凡有大德之人，是最纯净洁白之人，却能包容一切污秽浊流，能忍受一切污辱。身处浊而不被污流所染，性明皎然似日月当空，无一点云遮雾绕。与人不择贵贱，接物不较得失，处世不争高强，居卑下而安于自乐。此等高真大德、高尚洁白之人，深明白与黑本为一体，故知白而守黑，虽处高贵之位，却似在污浊之地，自谦处下而不自彰显。《菜根谭》有一副对联："宠辱不惊，闲看庭前花开花落；去留无意，漫随天外云卷云舒。"这是以一种超然的心态看待苦乐年华，以平常的心境面对荣辱得失，洒脱不羁，襟怀坦荡。包羞忍辱，其实是一种博大的情怀，也是一种处世的智慧。"辱"字教会我们以什么样的态度去对待得失。

面对侮辱，需要内省和勇气。"辱"字从辰，"辰"可视为"唇"的省字，为嘴唇。"辱"是用手扇人的嘴唇，即为打耳光、掌嘴；也表示用"口"对人造成伤害。若口手并用地

梁启超书法：忍辱精进负荷众生。这8个字表达了他一生政治活动的出发点和归宿，可谓其人格精神的真实写照。

对他人不敬，便令人感到耻辱。因此，侮辱往往发生于口舌之间。如果对侮辱视若无睹，从中汲取不到内省的动力，就会背负压力而不能自立。

牛顿小时候读书不用心，把心思都用到做手工方面，因此在老师、同学的心目中，他是一个笨孩子，学习成绩也不好。13岁那年，小牛顿带了一架小风车到学校去。同学们都围拢来看，"哟！这风车做得还怪灵巧呢！"牛顿自己也笑嘻嘻地说："我的风车做得怎么样？造得巧吧！"正在一帮小家伙眨巴着眼睛羡慕牛顿的时候，一个同学怪声怪气地说："你这个小风车外形造得还不错，可它为什么会转动啊？你懂这原理吗？"

"你懂这原理吗？"这几个字像一阵刺骨的冷风吹在牛顿的脸上，不知是发冷，还是发疼，他尴尬得很，话也说不上来。那位同学看牛顿脸红了，劲头更足了："哼！说不出来吧，可怜！自己做的东西自己都讲不出原理，这说明什么？说明你不过和木匠一样！"

牛顿被他这番话羞得无地自容，他哭丧着脸，走开了。

这时，原来围在牛顿身边的一群小同学也一个个对他挖苦嘲讽起来。"木匠！木匠！连原理都讲不出来，还在这里显摆。"说着，有的同学就动手打他的风车，别的同学也跟上去，七手八脚把牛顿的小风车打了个稀巴烂。

牛顿心里很难过，眼泪一滴滴地流了下来。事情过后，牛顿细想："这些同学为什么侮辱我呀？还不是我自己不争气？后悔呀，后悔！自己为什么不下决心把功课学好呢？"他下定决心：一定要把功课学好。

小牛顿自从立志勤学后，好像变了个人似的，上课认真听老师讲课，下课认真复习功课，有空时也不忘他的小手工。不多久，他的学习成绩就赶上来了，成为班里的优秀生。

多年以后，牛顿并不因自己巨大的成就而回避这件带有耻

壁画《五丈原之战》：诸葛亮派人送女人的头巾侮辱坚守不战的司马懿，企图借此激他出战，但司马懿冷静以待，始终按兵不动。

辱性的往事，他说："要是那时候没有小朋友们的侮辱虐待，恐怕我一辈子就是一个不懂原理的木匠了。"

面对侮辱，需要冷静和智慧。"辱"字从寸，"寸"是分寸和尺度，不要乱了方寸，要以淡定的心面对他人的侮辱，如果能够处理得当，反而能够赢得更多的尊重。真正勇敢的人，能够从容地忍受难堪的侮辱，不以身外的荣辱介怀，用避祸韬晦的态度避免无谓的横祸。

2013年，在一场西甲足球比赛中，巴萨队客场对阵比利亚雷亚尔队。巴萨队后卫阿尔维斯在比赛中表现相当出色，全场比赛他102次传球，4次威胁传球，让对手踢进2个乌龙球，堪称巴萨获胜头号功臣。

也许正是阿尔维斯表现太出色了，引起比利亚雷亚尔队球迷的不满。第76分钟时，巴萨队获得右侧角球机会，阿尔维斯主罚，正当他准备开角球时，看台上的一个球迷朝他狠狠扔下一根香蕉。

众所周知，足球场上朝着球员扔香蕉，有种族歧视的意味。在种族主义者看来，黑人、有色人种是猴子，而猴子爱吃香蕉，因此扔香蕉属于种族主义者的行为。对此，一般人会怒不可遏。2011年7月，在俄超的安郅队效力的罗伯特·卡洛斯就被球迷扔香蕉侮辱。当时，卡洛斯把香蕉扔到场外，摘下队长袖标，直接离场。

此时，全场所有人的视线似乎都聚焦在那根香蕉上，有人甚至担心阿尔维斯会像卡洛斯一样罢赛。然而，出人意料的是，只见阿尔维斯弯下腰，捡起香蕉，若无其事地剥开皮，将香蕉塞进嘴里大口吃了下去，接着专注地开出角球，丝毫不受其影响。身旁的助理裁判、场上的球迷全都看呆了！随即有不少球迷站起来为阿尔维斯热烈鼓掌。

全世界媒体对这位巴萨后卫的举动感到惊讶，同时也充满赞誉。BBC名嘴莱因克尔说："阿尔维斯对种族歧视理智的回击，这是彻底地鄙视那些种族歧视者，他们是小丑！"

面对扔过来侮辱自己的香蕉，阿尔维斯没有愤怒、没有回击，而是吃下了它，这种对待侮辱超然的态度，不仅奚落了侮辱者，更让自己获得了尊重。看来，面对侮辱，有一种更有力的回击方法——我不屑理你。

面对侮辱，需要宽厚和忍耐。"辱"字从辰，"辰"是辰时，旭日东升，寓意要有阳光的心态，坦然面对侮辱，用宽厚包容的态度去对待它。杜牧在《题乌江亭》中这样写道："胜败兵家事不期，包羞忍辱是男儿。"

抗战时期，西南联大常务委员杨振声举荐小学毕业的沈从文到西南联大任教。当时的西南联大，"海龟"云集，群星璀璨。因此，沈从文进入联大遭到很多人的反对和讥笑，从而有了一些传闻。公开瞧不起沈从文的是毕业于日本早稻田大学的刘文典，在讨论沈从文晋升教授职称的会议上，他怒不可遏，说："陈寅恪才是真正的教授，他该拿400块钱，我该拿40块钱，朱自清该拿4

沈从文（1902—1988），现代著名作家、历史文物研究家，与诗人徐志摩、散文家周作人、杂文家鲁迅齐名。

块钱，沈从文4毛钱都不值！"随后又起身离席："沈从文做我的学生都不合格，他要做教授，我岂不成了太上教授？"

有一次警报拉响，人们纷纷跑进防空洞，沈从文碰巧从刘文典身边擦身而过。刘文典面露不悦之色，说："我跑是为了保存国粹，学生跑是为了保留下一代的希望，可是该死的你，干吗跑啊？"然后，刘文典又对同行的学生说："我刘某人是替庄子（刘文典因研究庄子著名）跑警报，他替谁跑？炸死了也没什么！"一旁的沈从文听得一清二楚。

沈从文似乎并不计较别人的反对和耻笑，没有辩解反驳、自卑消沉，只是认认真真地教书，安安心心地写作，一次次尴尬境遇反而促成了沈从文一次次自身的提升。他活到86岁，一生创作了80多部作品，著作等身。他的作品风格独特，被誉为"中国乡土文学之父"。20世纪60年代，曾有学生问沈从文："当年刘文典骂您，您好像一点都没有生气。"沈从文笑道："我干吗要生气？他那时水平就是比我高。"学生又问："如果他现在骂您，您会反击吗？"沈从文还是笑道："我用得着反击吗？他现在的水平不一定比我高。"

人的一生难免遭遇别人的白眼、不屑甚至欺辱，但这也可能是命运给予我们的另一种鞭策，只要你不自弃，终有一天会有出头之日。

☯ 道意汉字 ☯

太阳东升泛红光，荣辱起落好平常。

是非皆由口中出，嘴唇刻薄最伤人。

是宠是辱平常事，寸心淡定要坦然。

为求快乐好心情，忍辱柔和是良方。

惊

心怀敬畏方能不惊不怖

养性为标

450

战国时，魏国有一个叫更羸的神射手。有一天，更羸跟魏王到郊外打猎。一只大雁从远处慢慢地飞来，边飞边鸣。更羸仔细看了看，指着大雁对魏王说："大王，我不用箭，只要拉一下弓，这只大雁就能掉下来。"

"是吗？"魏王将信将疑地问，"你有这样的本事？"更羸说："请让我试一下。"只见他左手拿弓，右手拉弦，随着嘣的一声响，那只大雁直往上飞，拍了两下翅膀，忽然从半空直掉下来。

"啊！"魏王看了，大吃一惊，"真有这本事！"更羸笑笑说："不是我本事大，是因为我知道，这是一只受过箭伤的鸟。"魏王更加奇怪了，问："你怎么知道的？"

更羸说："它飞得慢，叫的声音很悲惨。飞得慢是因为它受过箭伤，伤口没有愈合，还在作痛；叫得悲惨是因为它离开同伴，孤单失群，得不到帮助。它一听到弦响，心里很害怕，就拼命往高处飞。它一使劲伤口又裂开了，就掉下来了。"

后来，人们便用"惊弓之鸟"形容受过惊吓的人碰到一点动静就非常害怕。

惊（jīng），形声字，繁体为"驚"，从马，敬声。《说文·马部》："惊，马骇也。"本义为马因警觉危险，举足不前。

繁体字"驚"，由"苟""攴"和"马"组成。"苟"为轻率、草率；"攴"表示以手执杖或执鞭敲打。马不能随便役使，否则容易受到惊吓，轻率以鞭抽马，其结果只能使马受惊狂奔而不受控制。

楷书	隶文	篆文
惊	驚	驚
另造「忄」形、「京」声的形声字。	将篆文驚的四足写成「灬」。	表示马受刺激高度警觉。

451

简化字"惊"，从心，京声。"惊"从心，说明与心理活动有关；"京"的本义为高筑的土堆，人站在上面心里会感到害怕。"惊"是内心对某种事物的畏惧、害怕，故从"心"。

"惊"表示骒马受惊吓而跳跃或狂奔，故引申义为惊动、震惊。唐代王维《鸟鸣涧》："月出惊山鸟。"意思是晚上月亮出来，明亮的月光照到林子里，惊动了山中的鸟儿。

由"惊"组成的词语，大多与恐惧有关，如惊恐、惊扰、惊慌、惊立、惊异、惊目、惊愕、惊讶、惊叫、惊呼、惊悼、惊虑、惊怜、虚惊、惊魄等。成语中，"匕鬯不惊"形容军纪严明，所到之处百姓安居，宗庙祭祀照常进行；"不鸣则已，一鸣惊人"比喻平时没有突出的表现，一下子做出惊人的举动；"打草惊蛇"指打草惊动草里的蛇，比喻惩罚了甲而使乙有所警觉，后多比喻做法不谨慎，反使对方有所戒备。此外，还有"惊心动魄""惊诧不已""胆战心惊""惊天动

清代《钦定书经图说》之《慄慄深渊图》，描述成汤伐桀，也不知道有没有得罪天地，惊恐畏惧，像要落到深渊里一样，这正是内心对未知事物的一种恐惧和害怕。

地"等。

在道家看来，处变不惊、宠辱不惊更是从外化到内化的重要处世之道。道家教人"致虚极，守静笃"，只有处变不惊、虚静自守、厚积薄发，才能实现以静制动、后发制人、以虚应实、以退为进、以屈求伸的良好效果；道家主张"宠辱不惊"，认为生命远远贵于名利荣宠，一切声色货利之事，皆应无动于衷，然后才可以受天下之重寄，而为万民所托。

惊恐源自内心的恐惧和害怕。"惊"，形旁为"忄"，从心。惊，反映的是从内在心理到外在感知的一种感受，是内心对某种事物的畏惧、害怕。庄子的人生价值观是"外化内不化"。"外化"是指对于外在的社会环境要通达顺应，否则将无法在社会中安身立命；"内不化"则是不要受变化万千的外部世界的影响，内心有所坚持，否则容易被纷繁复杂的社会左右而丧失自我。现代社会千变万化，有太多事情不是我们能够左右的，人人都会在这个世界上遭遇危险，人人都有可能穷困，人人都会在一些突然而来的变故中遭遇挑战，进而引发内心的恐惧和害怕。

2012年，李安执导的电影《少年派的奇幻漂流》热映，上映4天便赢得了过亿票房。影片上映前3天，有记者采访李安，探求了他和这部电影背后的故事。原来，这是一部半自传体电影，既是少年派如何在绝境下寻求生存的故事，又是李安本人如何寻找勇气，让自己在逆境中坚强活下去的故事。

1954年10月，李安出生在台湾屏东。父亲给他起名"李安"，但很少人知道，这位"安"公子曾经也有非常不安的时候——直到30岁前，他都极度怕水！怕到什么程度呢？洗脸时，毛巾要拧得干干的；洗澡只能淋浴，而且每次不能超过5分钟，时间长了会晕眩。为了治疗恐水症，养金鱼、敷面膜、找心理医生治疗、请算命先生编瞎话恐吓……李安用尽了各种招数，但他的恐水症却更加严重，甚至连碗都不敢洗。

直到有一次，朋友李岗的一席话，让李安的态度发生了180°大转弯，他决定改变自己，战胜恐水症。李岗说："有时，人要勉强下自己。你总要敢于面对某些东西，甚至明知不可为而为之，其实，它们并不是你想象的那么可怕……"李岗的话让李安醍醐灌顶。他决定尝试一把："我想学潜水！"

抱定了决心的李安打开电脑，预订了一月后的马来西亚西巴丹岛的潜水课程。学习潜水期间，他一度在池子里吐得上气不接下气。在这种身心饱受摧残的状态下，李安的神智反而出奇的清醒，1米，2米，3米，耳朵里传来汩汩的水声，李安仿佛进入了一个神秘的异度空间。水在他眼里，也不再是能吞噬生命的怪物，而像是母亲的双手在温柔抚摸着他……

第一次透过潜水镜看着水中世界，竟是这样的流光溢彩、如梦如幻！没有语言，没有听觉，唯有眼睛和心灵静静地感受海底世界的美妙和不可思议。那一刻，纠缠在他身上多年的关于水的梦魇就此退去，取而代之的，是他对大自然的敬畏和关

● 字说格言

◆ 一生复能几，倏如流电惊。

——（东晋）陶渊明

◆ 笔落惊风雨，诗成泣鬼神。

——（唐）杜甫

◆ 可怜荒垄穷泉骨，曾有惊天动地文。

——（唐）白居易

◆ 浩歌惊世俗，狂语任天真。

——（南宋）陆游

◆ 明月别枝惊鹊，清风半夜鸣蝉。

——（南宋）辛弃疾

◆ 寤寐不惊忘嗜欲，何须采药炼金丹。

——（清）严慎修

454

于人性的永恒思索。

就这样，李安从一个恐水症患者，变成了热爱潜水的人。几年时间，他潜遍了巴厘岛、红海、大堡礁、关岛，还有印尼的蓝礁海峡。每当事业出现瓶颈，或是人生有了新困惑，李安都会选择潜入海底寻找答案。

心存敬畏方能不惊不怖。"惊"音通"敬"，繁体为"驚"，从"敬"，取敬畏之意。古人云："畏则不敢肆而德以成，无畏则从其所欲而及于祸。"人一旦没有敬畏之心，往往会变得肆无忌惮、为所欲为，想说什么就说什么，想干什么就干什么，甚至无法无天，最终吞下自酿的苦果。《菜根谭》里说："自天子以至于庶人，未有无所畏惧而不亡者也。上畏天，下畏民，畏言官于一时，畏史官于后世。""敬"就是尊重，"畏"就是害怕，表现在内心就是不存邪念，表现在外就是持身端庄严肃有威仪。

一次，一个记者问作家史铁生："你对你的病是什么态度？"没想到在轮椅上待了多年，每隔几天就要去医院做透析的史铁生回答："敬重。"

敬重病痛，敬重挫折，敬重敌人，这样的人是有福的。史铁生说："面对困境先要对它说'是'，接纳它，然后试着跟它周旋，输了也是赢。"正是由于这种信心的支撑，人类才得以在地球生存和繁衍，创造了辉煌的文明。身体可以出现问题，心灵却不能残缺。敬重病痛，史铁生获得了罕见的澄明通透的心境，开始他独特的人生思考，写出大量优秀的文学作品。史铁生的"敬重"比"敬畏"更谨慎，没有丝毫马虎、放松，否则就要被病痛打败。从史铁生的人生经历可以看到：敬重病痛的人，永远是人生竞技场上的胜利者。

心志淡定方能处变不惊。"惊"字从京，"京"本义为高筑的土堆，在甲骨文和金文中，其形都像是高山；"惊"字从马，马容易受到惊吓。故"惊"又指位居高处、危险等不可知的境地时，感到害怕。古语有云："泰山崩于前而色不变，麋鹿兴于左而目不瞬。"因此，做到处变不惊，很重要的就是要具备"乱云飞渡自从容"的定力。它看似属于静态之范畴，实则是超然之气的内聚，是综合素质的外化。

史铁生（1951—2010），中国作家、散文家，自称"职业是生病，业余在写作"，虽然身体残疾，却完成了许多身体正常的人都做不到的事。

《三国演义》第四十六回插图：《用奇谋孔明借箭》。诸葛亮草船借箭，体现了其淡定从容、处变不惊的风度和用兵如神的风采。

　　空城计、草船借箭，是诸葛亮的定力；新亭迎桓、淝水之战，是谢安的定力；四渡赤水、保卫延安，是毛泽东的定力。正是因为有了"坐漏船之中、伏烧屋之下"的从容不迫和处变不惊，所以才凸显战将挥洒自如、用兵如神的风采。只有内心有定力，才能做到不惊。苏轼在《留侯论》中说："天下有大勇者，卒然临之而不惊，无故加之而不怒。"雨果则在自己的传记中提到："信仰是克服惊慌的光明，是可以救护全体船员的小艇。"

　　在人生道路上，在执行计划的过程中，总会遇到突发的状况和一时难以解决的困难。这是对一个人的素质的严峻考验。有的人镇定从容，处变不惊，可以找到应对的妥善办法，从而克服困难，到达胜利的彼岸；有的人则惊慌失措，悲观失望，无所作为，结果只能是陷入困境而无法自拔。

重臣将帅都应该有这种处变不惊的风度，这样才能稳定人心。淝水之战的胜利，东晋的内部团结和部署指挥得当自然是根本原因，但谢安的镇定自若，对于安定人心、提高信心也起了重要作用。苻坚的失败，则是由于开始骄傲轻敌，等到洛涧战斗失败后，又惊慌失措，风声鹤唳，草木皆兵，最终在数量上占绝对优势的前提下，却被打败了。

不仅重臣将帅如此，一般人也应这样。遇到意外事变和严重困难时，如果能保持镇定，总可以找出克服困难、摆脱困境的办法；如果惊慌失措，丧失信心，就会一筹莫展，自行崩溃。洪应明在《菜根谭》说："无事，常如有事时提防，才可以弭意外之变；有事，常如无事时镇定，方可以消局中之危。"意思是：没有重大事变时，要有提防的准备，这样才能防止意外事变的发生。意外事变发生以后，要像无事那样镇定，才能冷静地分析和处理问题，消除意外事变带来的危险。在人的一生中，很难避免意外情况、意外事变的发生，处变不惊是我们应有的修养和气度。

在人生的道路上，常常潜伏着一些危险、挫折和厄运。当我们躲无可躲、避无可避之时，只有沉着、冷静、勇敢面对，才可以让自己清醒地做出决断，才可以险中求胜。面对特殊事件、紧急情况，我们需要始终保持一种处变不惊、临危不乱的心态，才能走稳自己的人生之路。

457

🌀 道意汉字 🌀

心有所惧敬天地，身居高位存敬畏。

心怀坦荡无惊怖，处变不惊心淡定。

人生识得惊与敬，天下大道任驰骋。

度 心有度量行有规

　　狄仁杰是唐朝历史上以宽容大度闻名的大臣。有一次，女皇武则天派宰相张光辅到汝南去讨伐造反的李贞。由于老百姓起义反李贞，李贞很快就被打败，全家自杀。可是，李贞的党羽有2000多人，都被张光辅判了死刑。当时狄仁杰在豫州做刺史，听到了这件事，连忙写了一封奏章给武则天，说那2000多名李贞的党羽，不过是被李贞威胁，根本就不是存心造反，如果把他们统统杀死，实在是冤枉，也未免太残忍了，因此请求宽免。武则天听了狄仁杰的话，便把这2000多人免去死罪，改罚到边境去服役。张光辅心里很恨狄仁杰，一到京城后，马上向武则天进谗言，说狄仁杰的坏话。武则天误信张光辅的话，就把狄仁杰贬到复州去做刺史。但是，狄仁杰毕竟是个有才能的人，不久，武则天醒悟过来，又升狄仁杰到京城来做大官。有一天，武则天对狄仁杰说："你在外面做官，成绩很好，因为有人讲你的坏话，我一时未察，所以才把你贬到复州去，你想知道讲你坏话的那个人吗？"狄仁杰答道："如果我有过失，应该把它改掉，要是没有过失，我的心已经很安乐了，何必要知道说我坏话的人呢？"这个故事说明了狄仁杰的大度、气度和风度。

度（dù），形声字。《说文·又部》："度，法制也。"段玉裁《说文解字注》："周制：寸、尺、咫、寻、常、仞，皆以人之体为法。"

459

篆文

从庶，从又（手）。以手臂测量长短。古时多

"度"的本义是计算长短的器具或单位，如"度量衡"。"度"引申为揣测、忖度。"度"是依照计算的标准所划分的单位，如表示天气冷暖或空气干湿状况，为温度、湿度；衡量事物达到一定水平的，为知名度、高度。由于"度"需途经"手"所规定的标准，因此又表示法度、制度。"度"也指次、回，如"物换星移几度秋"。"度"还指跨过，如度日如年，欢度佳节等。

含有"度"的成语很多。"进退可度"指前进后退动作均合法度；"详情度理"指依据情由推测事理论断；"宽宏大

● 字说格言

◆ 由来大度士，不受流俗侵。
——（唐）唐彦谦

◆ 以己之心度人之心，未尝不同，则道之不远于人者可见。
——（南宋）朱熹

◆ 彬彬有礼的风度，主要是自我克制的表现。
——（美国）爱默生

◆ 制度不执行，比没制度危害更大。
——（英国）培根

达·芬奇手稿：平衡设计图（约 1506—1508 年）。

度"形容度量大，能容人；"不可揆度"指无法推测；"称德度功"指对被任用的人，既要考虑到他的品德，也要考虑到他的功劳；"金针度人"指把高超的技艺传授给别人；"穿荆度棘"指穿越荆棘丛生处，喻多经艰难路途；"询谋咨度"指咨询谋议，商量研究；"度长絜大"指比量长短大小；"审几度势"指省察事机，揣度形势；"昼度夜思"指日夜思量。此外，还有度己以绳、弃之度外、长才广度、度德量力、普度众生等。

度，与我们的日常生活息息相关。温度的冷暖、食品的软硬、人际的亲疏、工作的劳逸都有一个"度"的问题，处理得好事事顺遂，处理不好则会处处碰壁。"度"字揭示了为人处世的境界和艺术。

适度是一门平衡的艺术。"度"字从又，"又"有手，意指行为、方法要讲分寸，恰到好处。世间万事万物讲求"度"，最好的度就是达到平衡的状况，不偏不倚，不多不少，阴阳平衡。道家认为，万事有阴阳，而阴阳和谐共处及平衡统一的状态就是所谓的"理想状态"。老子认为，最高境界是高明的人随时注意把持阴阳的和谐、平衡和统一。在现实生活中，最重要的是防止过犹不及。正如做饭一样，火候不够会变成夹生饭，火力太猛则会烧糊。因此，要控制好度，在阴阳失衡的情况下做一些补偏救弊的事情，以调节失衡状态。

有一道有趣的化学题：A.100%；B.90%；C.70%；D.50%。老师在黑板上写完后，转身问同学们："这是酒精浓度数值，酒精多少浓度时，杀菌效果最好？"很多人选择的是A。其实，正确的答案是C。酒精之所以能够有效杀灭细菌，是因为它能渗入细菌体内，使组成细菌的蛋白质凝固失活。如果浓度过高，蛋白质凝固作用加强，会在细菌表面形成一层保护膜，反而阻止酒精继续渗入，细菌内部的细胞就不能被彻底杀死了。反之，浓度太低，蛋白质凝固作用不强，也不能杀灭细菌。因此，用70%—75%浓度的酒精进行杀菌消毒是最合适的。

这个事例告诉我们一个道理，凡事得把握好一个"度"，同时也要有一个"量"。因为"度"是原则，是客观存在的道理；"量"是做事的方法和手段。度与量的统一是正确的处事方式。

世间万物皆有度，要明白过犹不及。凡事适可而止、量力而行。处理事情、待人接物要把握一个度，关心别人、帮助别人、指责别人都要恰到好处。恰到好处是最难做到的，难就难在这个"度"上。列宁说过一句话：真理往前一小步就是谬误。再好的

1553年1月，查理五世撤离梅茨，法军救治被遗弃的伤兵，被誉为"梅茨风度"。

事情，过分了就会向坏的方向转化。再美味可口的佳肴，一旦吃多了，也会难受。

风度是一种宽阔的胸怀。"度"字从广，"广"为大，广阔无边。俗话说"大人不计小人过"，有时对善意或无意的过失，应当采取宽容的态度。

有一次，秃顶将军鲍尔斯到军营和士兵们共同进餐。席间，大家推杯换盏，餐厅里弥漫着热烈的气氛。就在大家喝酒正兴时，意外的事情发生了：一位士兵夹菜时不小心将菜汤洒落在鲍尔斯的秃顶上，油花在"不毛之地"自由滚动。众人目睹此景，惊骇不已，大厅的热闹气氛一下子像跌入冰窟窿里，鸦雀无声，大家面面相觑。那位士兵吓得面如土色，目瞪口呆，不知所措，僵硬在那里。只见鲍尔斯将军面含微笑地站起来，拍了拍那位士兵的肩膀，幽默风趣地说："年轻人，你认为用这种办法能治好我的秃头吗？"将军话音一落，全场紧张的气氛顿时轻松下来。将军继续说："年轻人，快坐下来。今天秃头让它继续亮着，不进行治疗。我们目前的活动主题是大家继续喝酒吃菜，来吧，我们共同干杯！"经过将军这样一说，热闹的气氛再次活跃起来，大家纷纷举杯，豪爽畅饮。

士兵的失误，非但没有招来暴风骤雨，反而被将军巧妙化解。将军的宽容大度，不禁使人肃然起敬，人们在聚餐中也领略到了什么才是真正的将军风度。

风度是一种修养，是一种品德。风度以宽广的胸怀、善良的情怀、挚爱的关怀去容纳人、感化人，这样，风度才能抵达高尚的境界。

法度是处世的一个底线。"度"必须途经"手"所规定的标准，因此，"度"又表示法度、制度。《字汇·广部》："度，法也，则也。"一个社会正常有序地运行，必须有社会成员共同遵守的规章和法则，必须遵守一定的道德规范，否则，就会陷入一片混乱之中。法度就是一条我们不能逾越的底线。

公元前399年，古希腊哲学家苏格拉底被人诬陷为渎神、腐化和误导青年而被雅典众多法官判为死罪。临刑前，他的朋友克力同借探望之机告诉他可以很容易地从监狱中逃走，并认为遵守这样不公正的审判是迂腐的。苏格拉底却反问："越狱就是正当的吗？被不公正地指控并被判决有罪的人逃避法律的制裁就是正当的吗？人有没有一种服从任何法律的义务？"尽管克力同竭力相劝，苏格拉底最终还是服从了这个不公正的判决。他是基于两个理由而选择服从的：第一，如果人人都以判决不公为由而拒绝服从判决，那么制定的规则岂会还有人遵守？法律判决的公正性固然重要，但是维护社会秩序同样重要。第二，如果一个人自愿生活在一个国家，并且享受这个国家的法律给予的权利，这不等于是与国家之间有了一个契约吗？在这种情况下，不服从法律就是毁约，是十分不道德的。14年之后，雅典人发现他们对苏格拉底的审判是错误的，原来诬陷苏格拉底的人，或被判处死刑，或被驱逐出境。

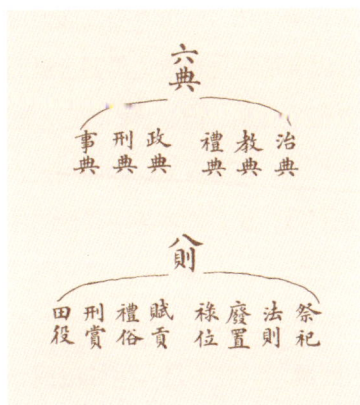

清代内府石印本《钦定书经图说》之《有典有则图》：六典，谓古代六方面的治国之法；八则以治都鄙（古代王侯子弟公卿大夫的采邑，谓之都鄙）。

也许，苏格拉底的故事在今天看来，会让人觉得有点"盲从"法律的意味，但是其用自己的生命捍卫法律的尊严，无疑彰显了一种"公民服从法律而不论法律是什么"的决心。他以身作则，是希望人们能够明白，在行使法律保障的权利的同时，必须履行法律制定的义务。

进退有度是一种智慧。"度"是一把尺度，有限度、限量之意。由于人欲望的无止境，很多人容易成为欲望的奴隶而无休止地索取。特别是在现代社会，面对多种多样的诱惑，更要讲究节制和限度。无论是在官场、商场还是艺术领域，都有一个如何对待进退的问题。西汉戴圣的《礼记》有云："进退有度，左右有局。"意思是前进后退都要有规律、有标准。其主要有三层含义：一是该进则进，二是当退则退，三是以退为进。在前两点上，范蠡是个非常好的例子。

范蠡在越国危难之时，陪伴勾践入吴为奴，又施展计谋让西施媚惑夫差，帮助勾践成就了霸业。中兴越国后，携美归隐，泛舟于太湖。此后，范蠡充分发挥其经商才能，19年间3次家财万贯，又3次散尽家财，后人尊称为"陶朱公"。李白曾评价范蠡说："终与安社稷，功成去五湖。"

除了该进则进，当退则退，我们做事还要懂得以退为进。有时候学会后退一步，并不真的意味着倒退，而是为以后的前进做更好的准备。

进，势如破竹；退，海阔天空。客观世界复杂多变，一味硬冲硬打，未必是最好的办法。人生世事如棋，一个人需要懂得进退的道理：需要勇猛前进的时候，就无所顾忌地进；需要全身而退的时候，就不要执着留恋。虽然很难做到，但是我们可以不断地朝着这个方向去努力，总会有所裨益。审时度势，因地制宜，该进则进，当退则退，以达到进退有度，正是道家给予我们的做人哲学。

"度"与"肚""渡"等音形相近，含义相连。"度"是要有"宰相肚里能撑船"的容人度量；"度"是人生如渡河，在摸索前进中，需保持一颗善良大度的心。

道意汉字

适度懂平衡，法度是规矩。

气度有胸怀，限度防极端。

大喜易失言，大怒必失礼。

大乐易失察，大惧必失节。

大惊易失态，大哀必伤心。

大醉易失德，大话必失信。

大欲易失命，大察必无友。

勇

用心用力为大勇

　　北宋时期，王安石与诗友游褒禅山，持着火炬走进了一个深深的山洞。开始洞里比较平坦，洞景也很平常；愈往里深入愈坎坷曲折，行走艰难起来，景色也逐渐奇巧；几经险厄，到达了人迹稀少的深邃之处，那瑰丽雄伟的景致，便更加令人动魄了。王安石不由得感慨："真可谓入之愈深，其进愈难，而其见愈奇也！"于是，他从中悟出了一个道理：道路平坦而近的地方，到的人很多，景致却十分一般；艰险而深远的地方，到的人逐渐少了，景色却奇巧起来；而世界上不为人知的大好景色，往往就在那艰难险阻、人迹罕至和深邃遥远之处。从洞里出来，王安石余兴未尽，打一字谜让诸友试猜，其云："通力合作，飞舟可逐。"谜底正是"勇"字。

勇（yǒng），会意兼形声字。《说文·力部》："勇，气也。从力，甬声。"

"勇"的本义为有勇气、有力量，表示果敢、胆大、勇敢之义。《墨子》："勇，志之所以敢也。"有勇，重要的不只是单纯的力量，还要有敢为人先、敢于迎难而上的决心，这也是其古字"愚"亦从心的原因。"勇"是有力量，狭路相逢勇者胜。"勇"是不推诿，如"勇于改过"。含"勇"的成语大多形容勇敢，如："大智大勇"指非凡的才智和勇气；"奋勇当先"指鼓起

篆文

从力，从甬。「甬」为乐钟，「甬」在「力」上，示意有勇气之人力大无穷，能将古钟举起来，表示心气十足，力量充实。「甬」还可视作「涌」的省字，意为涌现、汹涌，勇即为力量不断地涌出，具有勇气、勇力等意。

467

勇气，赶在最前面；"激流勇进"形容在险境中积极进取，不退缩；"见义勇为"指看到正义的事，就勇敢地去做；"勇往直前"指勇敢地一直向前进；"智勇双全"指又有智谋，又很勇敢。

仅仅懂得蛮力是匹夫之勇，用心、用智才是真正的勇敢。苏轼曰："大勇若怯，大智如愚。"很勇敢的人看外表好像很胆怯的样子，才智很高的人表面上看好像愚笨。勇敢却依然冷静而不冒进，智慧却不锋芒毕露、咄咄逼人，二者运用巧妙，可以远祸，保全自己，亦可成大器，创大业，这是中国人生哲学中最高深的层面。在今天，我们应该从多个角度看待"勇"。

"勇"是不露锋芒，隐藏锐气，适可而止。从历史上看，一切不顾客观条件逞强、逞能，总想事事争先的人，没有不吃亏的。因此，人们不可小看这"愚""怯"二字。似愚却智，似怯却勇，是老子"枉则直""屈以求伸"之道的活用。君不见，"飞鸟之挚也，俯其首；猛兽之攫也，匿其爪"。这些虽拟象不同，却包含着"大勇若怯""大智如愚"之理。

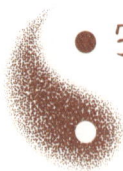

● 字说格言

◆ 知耻近乎勇。

——（春秋）孔子

◆ 大勇若怯，大智如愚。

——（北宋）苏轼

◆ 大仁之极，而大勇生焉。

——（清）谭嗣同

◆ 勇敢是人类美德的高峰。

——（俄国）普希金

◆ 命运喜欢光顾勇敢的人。

——（古罗马）维吉尔

◆ 你若失去了财产——你只失去了一点儿；你
若失去了荣誉——你就丢掉了许多；你若
失去了勇敢——你就把一切都失掉了！

——（德国）歌德

◆ 勇敢源于信心，信心产生力量。

——佚名

　　19世纪德国"铁血宰相"俾斯麦，是一位有名的决斗家。有一次，俾斯麦因与科学家维磋言语不和而向他提出决斗。收到邀请的维磋既吃惊又为难，身为科学家的他，并不擅长决斗。决斗那天，俾斯麦大方地让维磋优先选择决斗武器。令人惊讶的是，维磋拿出两条事先准备好的腊肠，并解释道："因为我是个科学家，所以选择腊肠作为决斗武器。这条腊肠十分可口，却灌满了致命的细菌。"他接着对俾斯麦说："来吧，请选择你的'武器'，我们一起吃吧！"俾斯麦看着这两条腊肠，愕然半晌，生气地转身离去，有生以来第一次红着脸退出了决斗场。

　　作为军人，俾斯麦不打无准备之仗，或许他不屑于以腊肠对决，但无论如何，维磋运用自己的聪明智慧化险为夷。如果维磋逞一时之勇，上决斗场彼此开枪射击，无异于蒙着脸面对死亡，倒不如以腊肠对决，或许还有险胜的机会。

《道德经》第七十三章："勇于敢则杀，勇于不敢则活。"意思是：一个人无所顾忌，则充满凶险，有所顾忌，则稳妥灵活。事实上，古往今来，成大事者，都是既勇敢又勇于"不敢"的。

"勇"是一种胆识和机智的智力。"勇"字的上半部为"甬"，形如倒挂的钟形，本义为乐钟；下半部为"力"。"甬"在"力"上，表示有勇之人力大无穷，能把乐钟抱起来，举过头顶；也表示将乐钟举起来，还需要胆识和机智。从这个意义上看，勇是一种智慧。《三国演义》里的关羽、张飞、黄忠等，都可以称为神勇之人。但仅仅有武力，只不过是"匹夫之勇"。真正的勇敢是"大智大勇"，有一个美国女孩玛丽的真实故事，正是这种勇敢的体现。

有一天，玛丽打开门时，发现一个持刀男子凶狠地站在门前。不好，遇到劫匪了！这一念头骤然跃进玛丽的脑海，但

明代仇英所绘《列女传》之《荀灌娘救父》，讲述晋朝的襄阳太守荀崧被反贼杜曾围困，13岁的荀灌娘女扮男装，突围搬兵救父的故事。

她迅速冷静下来，微笑着说："朋友，你真会开玩笑，你是来推销菜刀的吧？我喜欢，我要一把。"接着，便让男子进屋，对他说："你很像我以前一位热心的邻居，见到你我真的很高兴。你要咖啡，还是茶？"刚才还满脸杀气的男子竟有些拘谨起来，结巴地说："谢谢！"片刻，玛丽买下了那把菜刀，男子拿着钱迟疑了一下，便走了。在他转身离去的一刹那，男子对玛丽说："小姐，你将改变我的一生。"玛丽的勇敢，通过自己的沉着、冷静和智慧，不仅救了自己，也挽救了别人。

470

在现实生活中，有些人把鲁莽当作勇，如：有的人不会游泳，却跳进江河中救人，非但救不了人，还把自己的生命搭上；有的人不会科学施救，看到有人掉到沼气池，不先把毒气吹走就跳进去救人，也可能断送自己的生命。因此，"勇"必须与"智"结合，这叫作"智勇双全"。

"勇"是敢于否定自己，敢于认错的自省力。"勇"字从力，意为勇于正视自己，勇于改正过错，勇于反省。从这个意义上看，勇是一种境界和胸怀。人往往缺乏自知之明，特别是中国人，很爱面子，死不认错。敢于否定自己真的需要勇气，经济学家薛暮桥就是这方面的勇者。薛暮桥是中国计划经济的缔造者，也是计划经济的最早批判者。他在《中国社会主义经济问题研究》中指出，"过去20多年我国社会主义建设多次受挫折，是因为违背社会主义客观经济规律"，并提出了经济体制改革的方案。正是因为他有勇于否定自己的精神，所以才提出了以市场为导向的改革方略。

邓小平题词：发展才是硬道理。

马寅初（1882—1982），
著名经济学家和教育家。

1978年10月邓小平在访问新加坡之时，谦虚地代表中国共产党和政府承认并改正了两个错误。一是改变保守自闭，对外开放，引进外资；二是接受建议，不再搞革命输出，从而大大改善了对外关系。一个伟人面向全世界认错，试想一下，需要多少胆识？但也正是这一点考验出一个人的品格与能力。纵观历史，名人喜功、贪功的多，自责、担责的少。像邓小平这样大功不自喜，大德不掩错，堪称是真伟人。领袖一念，国家十年，伟人多一点谦虚，国家就少一些失误，多一分复兴的机会。

"勇"是在大是大非面前，旗帜鲜明，敢讲真话，坚持真理，顽强不屈，大义凛然。马寅初就是这样的勇士。20世纪50年代马寅初写了《人口论》，受到了批判，但他没有屈服，而是公开发表《附带声明》，文章仅有500字，却是对政治讨伐的勇敢回答。他说："在论战很激烈的时候，有几位朋友力劝退却，认一个错了事，不然的话，不免影响我的政治地位。他们的劝告，出于诚挚的友爱，使我感激不尽，但我不能实行。我认为这不是一个政治问题，而是一个纯粹的学术问题。学术问题贵乎争辩，愈辩愈明，不宜一遇袭击，就抱'明哲保身，退避三舍'的念头。相反，应知难而进，决不向困难低头。我认为在研究工作中事前要有准备，没有把握，不要乱写文章。

既写之后，要勇于更正错误，但要坚持真理，即使于个人私利甚至于自己宝贵的性命有所不利，亦应承担一切后果。"马寅初的思想是一座山，人格也是一座山，他是置真理于生命之上的勇者。

"勇"音通"用"，有勇有用，无勇无用。养兵千日，用兵一时。如果到了用兵之时，将士无勇，那才是真正的无用。在当今时代，我们要倡导尚武精神，不但当兵的要勇敢，作为一个普通的老百姓，也要敢于见义勇为。而作为知识分子，要"铁肩担道义"，为捍卫真理和正义而生。勇敢是一个人的优秀品质，更是一个国家和民族的希望。

"勇"字加"水"为"湧"（同"涌"），表示水奔涌而出，难以压制。"勇"字加"足"为"踴"（同"踊"），即踊跃，跃跃欲试，勇敢十足。

道意汉字

担道义，闯难关；智勇全，意志坚。

力量之勇是壮士的骄傲，

求真之勇是勇士的光芒。

有勇无谋是鲁莽，

智勇双全是大勇。

肯定别人，是一种胸怀；

否定自己，源于求真的信念。

勇敢是一个人的优秀品质，

更是一个国家和民族的力量。

敢

融胆识与智慧于一体

在战争最激烈的阶段，我们常常看到"敢死队"冲到最前线，从而险中取胜。建"敢死队"的办法，最早可以追溯到春秋战国时代。当时吴越争霸，吴国多次取胜。于是，越王勾践组建了300人的"敢死队"，其在身体上涂抹黑色的颜料，一齐走到吴军面前，高呼谢罪，然后持刀自尽。吴王阖闾大惊，令人前往查看究竟，这时埋伏在后面的越国军队一跃而上，一箭射中了阖闾。吴国军队赶紧上来把阖闾救了回去。但阖闾受此惊吓，回去之后伤病交加，不治而亡。越王所组织的"敢死队"，杀身成仁，上阵杀敌不惜命之辈。俗话说"两军相遇勇者胜"，打胜仗必须要有勇敢之士。

1941 年，南洋回乡救国敢死队胸章。

敢（gǎn），会意字。《说文·攴部》："敢，进取也。"

"敢"的本义是勇敢，有胆量。因此，"敢"多是褒义词，洋溢对人的力量的赞美，由此引申指有胆量做某事。如"敢作敢为"形容做事无所畏惧；"敢作敢当"是敢于放手行

楷书	篆文	金文	甲骨文
敢	𣌾	(金文字形)	(甲骨文字形)

甲骨文：字形像手（ㄨ）持猎叉（ㄚ），迎击野猪（ㄓ）的样子。野猪是一种十分凶残和莽撞的野兽，牙利皮坚，刀枪难入，故「敢」字以在野猪之前举起猎叉来，会意勇敢，有胆量。

金文：将甲骨文的ㄓ（野猪）变形为ㄓ，并以ㄩ（陷阱）代替ㄚ（猎叉）。

篆文：字形变形较大，由ㄇㄨ（爪，抓）、古（古，是对金文字形中野猪蹄落陷阱形状的误写）和ㄋ（又，手）组成，表示胆魄非凡，持械斗兽。

楷书：从攴。「攴」是手持兵器或工具，指鞭策和敦促，寓意只有鞭策才能保持进取之心。

事，敢于承担责任的意思；"勇猛果敢"形容处事勇敢决断；"不敢旁骛"形容全力做一件事，不敢分心到别的事里面去；"见义敢为"指看到正义的事，就勇敢地去做；"敢勇当先"比喻勇于承担重任，领头去干；"正色敢言"指态度严肃，敢于直言；"敢怒而不敢言"指慑于威胁，胸中愤怒不敢吐露。"敢"又引申为侵犯、冒犯之义，后作谦辞，表示自己的行为冒昧，如"敢问""敢烦"。"敢"也作猜测、设想之义，如"敢情""敢是"等。

勇敢是一种可贵的品质，但有一定的前提条件。勇敢须以仁善为基础，否则会变成残暴；勇敢须以智慧为手段，否则会变成鲁莽。"敢"字告诉我们什么才是真正的勇敢。

敢是担当的气魄。"敢"的篆文字义是指徒手持械迎击野兽。面对野兽时，需要有勇气，这种勇气来自于责任和担当。这种责任既是民族大义、家国情怀，也包括对弱者的同情与呵护。正是因为有了这种责任、担当，所以才不会胆怯，不会临阵逃跑。《荀子》中有"天下有中，敢直其身；先王有道，敢

行其意"之说，意思是说天下的中正之道、古代圣王的正道，去挺身捍卫、去执行贯彻，都需要胆量和气魄。因为执行正道，并不是一件容易的事情，它需要执行者有直面困难和承担责任的勇气。

1975年"文化大革命"期间，随着周恩来病情的加重，实际是邓小平主持党中央和国务院的日常工作。邓小平受命于危难之际，他顶住来自"四人帮"的压力，努力克服他们的顽固阻挠，以充满睿智的领导才能和势如破竹的魄力，很快扭转了局势。在他的领导下，各方面的整顿工作大刀阔斧地开展起来，并且迅速收到显著的效果。毛泽东支持邓小平开展整顿工作，但不能容忍邓小平全面否定"文化大革命"。当他意识到全面整顿已显现出"同文化大革命唱反调"的趋势时，他对邓小平的不满加剧了。毛泽东指示中央政治局专门开会讨论"文化大革命"问题，要求由邓小平主持做一个肯定"文化大革

● 字说格言

◆ 开敢谏之路，纳逆己之言。
——（西晋）傅玄

◆ 夫君子之不骄，虽暗室不敢自慢。
（北宋）王安石

◆ 在人矮檐下，怎敢不低头？
——（明）施耐庵

◆ 敢为常语谈何易，百炼工纯始自然。
——（清）张问陶

◆ 敢作敢为是男人的一种高贵气质。
——（古罗马）佩特罗尼乌斯

◆ 我必须承认，幸运喜欢照顾勇敢的人。
——（英国）达尔文

"敢言当世事不负案头书"印，清代王睿章刻。

命"的决议。邓小平回答："我是桃花源中人，'不知有汉，无论魏晋'，由我主持写这个决议不适宜。"实际是在委婉拒绝毛泽东的提议。邓小平这种完全不让步的态度，使得毛泽东下决心进行"批邓"。此后，邓小平被停止了大部分工作，再次"靠边站"。在个人进退的关键时刻，邓小平拒绝做肯定"文化大革命"的决议，体现了他坚持实事求是、不因个人利益而动摇的担当。

敢是临危不乱的冷静。"敢"的古字似持械狩猎野兽。在面对野兽时，"敢"不但要求不胆怯，还要有与野兽周旋的冷静。《吕氏春秋》："勇则能决断。"《史记》中又有："贵贱在于骨法，忧喜在于容色，成败在于决断。"一个人处事要勇敢决断，临危不乱，做事才能成功。

清朝的康熙皇帝少年登基，亲政后，大力整顿朝政，奖励生产，惩办贪污，使新建立的清王朝渐渐强盛起来。当时，南明政权虽然已经灭亡，但是南方有三个藩王却令康熙皇帝十分担心。他们本来是投降清朝的明军将领，一个是引清兵进关的吴三桂，一个叫尚可喜，还有一个叫耿仲明。因为他们帮助清朝消灭南明有功，所以封吴三桂为平西王，驻防云南、贵州；尚可喜为平南王，驻防广东；耿仲明为靖南王，驻防福建，并称"三藩"。当时耿、尚两藩在吴三桂之后起事，在台湾的郑氏也挑战朝廷。更严重的是，杨起隆在京师联络八旗奴仆数千人起事，蒙古察哈尔部布尔尼亲王也举兵称叛，西北的王辅臣在总督莫洛的激变下也揭旗而起。局势急剧恶化，康熙皇帝经受着"极限考验"。最糟糕的是统治阵营内部也出现混乱。索额图等主张仿效汉文帝故事，先杀了主张撤藩的人。汉官中的动摇分子偷偷地遣家眷回原籍，做好"另仕新朝"的准备。满官中有人主张应即速"搬家"，撤离京师回辽东。康熙皇帝临危不乱，他每天要听取前线奏报，确定对敌方略，平均每天处理军报高达三四百件之多，还每天出游景山射猎不止。8年的平叛战争使康熙皇帝较早成为一个成熟的政治家，也成为清朝较有作为的君王之一。

敢是一种稳妥灵活的智慧。"敢"字从攴，"攴"是指工具，也指策略。勇敢就是不怕危险，不怕困难，有勇气，有胆量。一个人该勇敢的时候，就要毫不畏惧，挺身而出，在所不辞。但勇于不敢更是一种勇敢，勇敢不是鲁莽，不是蛮干，而是深谋远虑，出奇制胜。苏轼认为"大勇若怯"，最勇敢的人，做事沉着冷静，外表看上去却好像很胆怯。可见，真正勇敢的人，是有胆有识的人，是有智慧的人，该勇敢时决不优柔寡断，该不敢时决不草率冒失。

有一次，子路问孔子："谁比较适合带兵打仗？"孔子回答："我更适合带兵打仗。"子路听了有些疑惑，因为他是孔子弟子中最勇敢果断、勇于承担责任的人，而孔子却不认为他更适合带兵打仗，所以就反问道："我不是很勇敢吗？"孔子听了，就回答他说："可我不仅勇敢，还勇于不敢呀！"

勇敢是一种值得肯定和赞扬的精神。然而，有时候"不敢"也不失为一种勇敢，而且是一种富有智慧的勇敢。事实上，古往今来，成大事者，都是既勇敢又勇于不敢的人。

敢是一种高超的技艺。"敢"字从攴，"攴"是指工具和方法。"敢"并不等于鲁莽，而是以"能"为依傍的。俗话说

熊俠豈哥當以身用止毀重倍
章嬪溪家天子稽隆卑頻使
英風謀擇人扰殺東有羽林
人未免彷長積東琰里識封
我又立翔因此川言其身
丙戌蒼慕之和馮咫

清代画家金廷标所绘《婕妤挡熊图》。此画取材于汉刘向《列女传》，
讲述汉元帝观看斗兽，熊从兽圈跳出，左右侍从皆惊走，唯妃子冯婕妤临危
不惧，以身挡熊的历史故事。

"艺高胆大"，真正勇敢的人，都是有才华、智慧的人。

　　《水浒传》里的武松回家探望哥哥，途中路过景阳冈。在冈下酒店喝了很多酒，踉跄着向冈上走去。太阳快落山时，武松来到一破庙前，见庙门贴了一张官府告示，武松读后，方知山上真有虎，若要回去住店，怕店家笑话，又继续向前走。由于酒力发作，便找了一块大青石，仰身躺下，刚要入睡，忽听一阵狂风呼啸，一只斑斓猛虎朝武松扑了过来，武松急忙一闪身，躲在老虎背后。老虎一纵身，武松又躲了过去。老虎急了，大吼一声，用尾巴向武松打来，武松又急忙跳开，并趁猛虎转身的一瞬间，举起哨棒，运足力气，朝虎头猛打下去。只听"咔嚓"一声，哨棒打在树枝上。老虎兽性大发，又向武松扑过来，武松扔掉半截棒，顺势骑在虎背上，左手揪住老虎头上的皮，右手猛击虎头，没多久就把老虎打得眼、嘴、鼻、耳到处流血，趴在地上不能动弹。武松怕老虎装死，举起半截哨棒又打了一阵，见那老虎确实没气了，才住手。

　　这就是"武松打虎"的故事。武松打虎，依靠的不仅是有胆量，更重要的是武松的机智。武松抓住了老虎与人搏斗"一扑、二抓、三扫"这一特点，避实击虚，制伏了它。

　　"敢"与"干"字音相近，干大事的人，在关键时刻，一定是敢想敢做、敢于担当的人。"敢"加"目"为"瞰"，

皮影戏：武松打虎。从故事内容到表现形式，都体现了一种高超的技艺。

479

唯有敢登上高峰的人，才能鸟瞰天下。"敢"加"心"为
"憨"，内心勇敢的人，多带着几分憨气，也可以说，憨人因
内心勇敢向前，反而能成一番大事。

❧ 道意汉字 ☙

敢是力量和勇气的象征，敢源于责任和胆识。
敢只凭力量，无异于鸡蛋碰岩石，
敢必须与智慧结合，才是明智的选择。
勇往直前是勇敢，心存敬畏守底线，
自警自省度时势，深谋远虑保本色。

强

如弓的刚柔方显强大

"强项令"是中国历史上的一个著名故事：东汉时期，光武帝刘秀派为人正直的董宣任洛阳县令。刘秀的姐姐湖阳公主专横跋扈，她所豢养的一批爪牙肆意霸占土地，欺压良民。一次，她的管家杀了人，董宣带人追捕，凶手却躲进了湖阳公主的府中。董宣带领手下守候在门口，终于等到凶手随公主外出的机会，把凶手提拿归案。湖阳公主认为一

古代绘画：光武帝奖"强项令"董宣。

个小小的县令竟敢和她作对，让她当众丢面子，便怒气冲冲地到光武帝那里告状。光武帝命人将董宣抓来，施以鞭罚。董宣不依不饶，毫不畏惧。他昂着头对皇帝大喊道："陛下包庇无视国法的人，那么国家的法律岂不是一纸空文？陛下的江山何以永存？陛下如果让我死，我自杀好了！"说完，便一头撞向柱子，顿时血流满面。光武帝没想到董宣这样刚直，但为了顾全皇家的面子、平息姐姐的怒气，只好命令董宣给湖阳公主磕头赔不是。董宣不肯，卫士把董宣的头强往地上按，董宣却用手死死撑住地，倔强地挺起脖子，死也不低头。光武帝毫无办法，感叹地说："董宣的脖子长得太硬了。"于是，封了董宣一个特殊的封号——"强项令"。后来，"强项令"被用于形容不畏权威、坚持正义、不屈不挠的人。

482

强（qiáng），形声字。《说文·虫部》："强，蚚也。"蚚是米中的小黑虫。

"强"字从弓、从弘、从虫，表现的是一种力量，能够挽弓射雕，强壮有力。用作名词，也指硬弓，如"挽弓当挽强，用箭当用长"；引申指盛大，力量大，如"弱固不可以敌强"。"强"又引申为不屈服、不示弱，如"能法之士，必强毅而劲直"；又用作动词，指加强、变强义，如"强本而节用，则天下不能贫""天行健，君子以自强不息"；又引申为超过义，如"毛先生以三寸之舌，强于百万之师"。

篆文	金文
意为呼啸声震撼人的大型爬行动物。 弘（弘）表示声音大，虫（虫）表示爬行动物，	意为武力鼎盛，疆域广大。 弓（弓）代表武力，畺（畺）表示疆界，

"强"字的成语和短语有许多："强本节用"指加强农业，节约开支；"强干弱枝"比喻加强中央的力量，削弱地方的势力；"强将手下无弱兵"比喻能干的人手下没有弱者；

"强龙不压地头蛇"比喻虽为强大者，但也不压抑打击盘踞在当地的恶势力；"强中更有强中手"比喻技艺谋略无止境；"强词夺理"指本来无理硬说成有理；"博闻强记"指见闻广博，记忆力强；"强颜欢笑"指勉强地、无奈地做出愉快的样子。一个国家实力雄厚、富足昌盛为"强国"；一个人体魄魁梧为"强壮"；一个将领英勇善战、足智多谋为"强将"；但如果不顾他人的意愿而坚持去做事就是"强人所难"；表面强大而无实力则是"外强中干"。

"守弱曰强"是道家辩证法思想的一个突出特点。在诸多的矛盾对立项的列举中，老子特别重视"柔""弱""贱"的一方。"弱也者，道之用也。""兵强则灭，木强则折。""天下之至柔，驰骋于天下之至坚。"教导统治者要谦虚谨慎。"圣人无心，以百姓之心为心。"不是争强好胜，而是"守雌""贵柔""知足"，这样才能保持本真，持久而有韧性。这一套思想衍生出一系列处世的哲学方法，如"不为天下先""后发制人""哀兵必胜""忍胯下之辱""君子报仇，十年不晚"等。"强"字揭示了强的表现、内涵和途径，给我们以启示。

强，是适当示弱，不必逞强，此为长久之道。"强"字从弓，一张弓要把箭射出去，必须有柔性，柔性越大，箭射得越远。正是从弓的特性出发，老子看到了柔弱胜刚强的道理，主张富不奢淫，贵不骄纵，只有"虚其心"，低调为人，不争虚妄之名于人先，才能"实其腹"而获得恒久不去之成就。

明初，由于长期战乱，民生凋敝，国库空虚。朱元璋定都金陵，欲扩外城，难以成事。江南首富沈万三恃其富实，愿与国家对半而筑，承担工程的一半。他们同时开工，沈万三比朱元璋早三天完成。朱元璋斟酒慰劳他说："古代白衣天子，号曰素封（无官无爵而有资财的人），您就是啊。"但口头不似心头，朱元璋心中实则不悦。沈万三得罪朱元璋的原因，据孔迩云的《蕉馆纪谈》说，是由于沈万三有田靠近湖边，就修了一道石岸用来保护自己的田地不受淹。太祖讨厌他太富，就单独对他的田地抽税，每亩九斗十三升。想杀他，一时没有理由。恰好沈万三用茅山石铺苏州街的街心，朱元璋就说他谋反，准备杀了他，后来在马皇后的劝解下，才放弃杀他的念头，而是查抄了他的家产没收入官，判他到云南充军，连女婿也受到株连。

沈万三为皇帝出了力，反惹祸事上身，太可悲了。一个商人，无论多么富有，怎么可以与皇帝比富斗富呢？天子富有四海，而沈万三富过天子，又爱逞强，朱元璋自然会生猜忌之心了。沈万三太不懂得《道德经》的智慧了，只能在历史上留下一个悲剧的身影。

强，是武力鼎盛，疆域广大，综合实力的强大。"强"的异体字为"彊"，从弓、从畺。在古代，"弓"代表着军事力量，"畺"是地域的广大。"彊"表示将弓发射到两个"田"

● 字说格言

◆ 宽柔以教，不报无道，南方之强也，君子居之。

——（西汉）戴圣

◆ 挽弓当挽强，用箭当用长。

——（唐）杜甫

◆ 眼前多少难甘事，自古男儿当自强。

——（唐）李咸用

◆ 自强为天行之健，志刚为大君之德。

——（清）康有为

◆ 强将手下无弱兵。

——民谚

界之外，是正常射程的两倍，故引申表示强壮、强健。"强"的繁体字为"強"，从弘、从虫，"弘"是声音弘大，实力强则声音大，具有话语权。

江南第一富豪——沈万三画像。

"强"字指出了一个国家富强的基础要素，即军力强大和国域辽阔，而在当代，主要是指综合实力的增强。衡量一个国家是否富强，主要标准首先是经济实力，目前在世界上经济实力的排名依次为美国、中国、日本、德国、英国、法国。第二是军事实力，美国是当今的军事强国，其军费相当于其他前十名军事强国军费总和的132%。第三是科技实力和文化实力。GDP只是衡量国家强弱的一个指标，并不是唯一指标。一个国家的国民素质、教育水平和环境状态，以及它的世界影响力、科技水平、是否是国际规则和标准的制定者、在国际事务中的话语权和扮演的角色如何等，都是衡量一个国家综合实力的重要指标。

强，是刚柔相济，软硬兼施，是一种高明的处事方式。"强"字可以看成"刚硬"的"弓背"，绑上"柔软"的"弓弦"。我们都知道，良弓必须有韧性，才具有弹力。刚强很重要，但过于刚则容易折。俗话说，"一山不容二虎"，"两强相争必有一伤"。强要刚中有柔，柔中有刚，一味地刚，其结果往往不是强。"刚"是只要选定一个目标，就要咬牙做下去，坚忍不拔，不达目的誓不罢休。不论遇到什么样的挫折、失败、打击、耻辱，都"打脱牙和血吞"，默默忍受，埋头苦干。"柔"则体现于在"刚"没有效用的时候，不妨采用"柔"的手段，否则会适得其反。有时候，柔也可克刚，可见"柔"也是一种强硬的手段。这就是所谓的"刚柔相济"。

印度民间流传着一个故事：从前有一个国王准备袭击另一敌对国家。在王宫中，他的占星家被敌人收买。占星家称，如果军队两个月内出征，肯定要惨遭失败。他造谣的目的是为了拖延时间，让敌国做好准备。军队的将领都劝国王不要在两个月以内出征，以免白白送死。国王听了占星家的话十分恼火，又有许多大将来劝说，如果硬下命令，让将士出征，势必影响士气。经过一番思考，他想出一个主意。他把占星家和众将领都召到跟前，然后对占星家说："大师啊，我的将领都相信你的话。那么你是否知道你什么时候死呢？""我将在31年以后死去。"占星家很快答道。晚上，国王派亲兵把占星家杀死。随后，国王召集全体将士说："占星家曾预言他31年之后才死，但他昨天晚上死了，因此我们有理由说，他的预言是错误的。我们不能相信他的话而丧失了取胜的大好机会。现在我命令你们马上做好战斗的准备。"士兵们听了国王的话，个个都愿出征。结果，士兵们以闪电般的速度，直捣敌军营垒，取得完胜。

强，胜人者力，胜己者强。弯弓射箭要有一种力，如果只有蛮劲只能算匹夫之力，射箭水平算不得上乘；更重要的是要战胜人性的弱点，如不受外界的干扰，气定如神。战胜别人，首先要战胜自己。一个有很强自制力的人，才算真正的强大。

曾国藩对此有精辟的看法，他在给弟弟的一封家书中说，强毅与刚愎不同。古人说自己战胜自己就叫作强，比如强制自己改正缺点、强制自己宽恕别人、强制自己做善事，都是自己战胜自己的意思。如不习惯早起，就强制自己天没亮就起床；不习惯庄敬，就强制自己端坐肃立；不习惯劳苦，就强制自己与士卒同甘共苦，强制自己勤劳不倦。这就是强。不习惯用心专一，就要强制自己持之以恒，守志不移。这就是毅。不这样做而急于以势争人，就只是刚愎自用而已。两者看起来有些相似，但发展下去就会相去越来越远，如同天地之间的差别，不

清华大学校训石：自强不息，厚德载物。

可不细察，不可不谨慎。战胜自己，关键是要自省、自警、自律、自制、自我超越。战胜别人容易，战胜自己的弱点以及一些缺点，更需要强大的心理素质，如意志、毅力、理性。

凡以"强"取义的字，皆与强硬等意有关。"强"加"牛"为"犟"，我们说一个人脾气很犟，十头牛也拉不回，就是指这个人很固执。"强"加"钅"为"镪"，指坚硬的白银。"强"加"衤"为"襁"，如襁褓，是指背负婴儿的被、毯和背巾。

487

道意汉字

强中有畺，地大物博是强大的前提。
强中有弓，武力鼎盛是强大的保证。
强如弓，有张有弛，刚柔相济，
以刚克柔，以柔胜刚。

势 执力而为顺势行

历史上有一个"因势利导"的故事：战国时，齐人孙膑和魏人庞涓都师从鬼谷子学习兵法。后来庞涓做了魏国的大将，妒忌孙膑的才能高于自己，便砍断了他的双腿，还在他脸上刺字涂墨。再后来，孙膑做了齐国的军师，辅助大将田忌率兵五万攻魏救韩。田忌照孙膑所说，挥师对魏都大梁发动进攻，逼庞涓从韩国退兵。不出所料，庞涓闻讯忙从韩国撤军。此时齐军已进入魏国。孙膑又对田忌说："魏国的军队向来以勇猛凶悍著称，他们根本不会把我们齐国的军队放在眼中。会用兵的人，要因势利导，也就是说要顺着对方思想发展的趋势，加以引导，引诱他们中计。"于是，孙膑把吃饭的灶造得越来越少，制造出齐军大量逃亡的假象。庞涓果然中计，留下步兵，只带精锐部队追击。孙膑在马陵做了埋伏，并在一棵树上写了"庞涓死于此树之下"8个大字。庞涓到了马陵，想点火看树上的字时，齐军万箭齐发，魏军伤亡惨重，庞涓也身中六箭而亡。

势（shì），会意字。《说文·力部》："势，盛力权也。从力，埶声。"

"势"字上"执"下"力"，即手中掌握权力、势力，随时可以实施武力拘捕，由此形成强大威慑力，如"今夫飞蓬遇飘风而行千里，乘风之势也"。事物在力的推动下沿着某种趋势运行，这是一种不可逆转的力，即形势、趋势等。《孙子·势篇》："激水之疾，至于漂石者，势也。""执""力"为"势"，说明手中掌握着权力，执行还要有力，这样才会有气势、有威势，如"天子者，势位至尊"。"势"也成为雄性力量的象征，指睾丸，如《古今医鉴·脏气各殊论》："男子肾气外行，上为须，下为势，如女子、宦人无势。""势"还指样子，如"装腔作势""架势""姿势""手势"等。

与"势"有关的成语很多："抱法处势"比喻把法和势结合起来，用势来保证法的推行；"道高益安，势高益危"指道德越高尚，为人处世好，就越安全，权势越大，更容易滥用权力，刚愎自用，就越危险；"趋炎附势"指奉承和依附有权有势的人；"狗仗人势"比喻坏人依靠某种势力欺侮人；"兵无常势"指用兵作战没有一成不变的方式，根据敌情采取灵活对策。此外，还有"大势已去""审时度势""势如水火""势如脱兔""势如破竹""势成骑虎"等。

"势"与道家思想有着重要关联。老子认为天地万物都是由道化生，而且天地万物的运动变化也遵循道的规律。《道德经》说："人法地，地法天，天法道，道法自然。"意思是人以地的法则运行，地以天的法则运行，天以道的法则运行，道以自然为法则运行。可见，道的最根本规律就是自然，即自然而然、本然。这个规律、自然、本然，都是"势"的不同表现形式。"理"与"势"也是传统哲学中的重要范畴，"理"

篆文

由𡘾（执，"执"的变形，拘捕）和𠠎（力，强力）组成，造字本义指强力押解犯人。

489

● 字说格言

◆ 不逆命,何羡寿? 不矜贵,何羡名? 不要势,何羡位? 不贪富,何羡货?
——(战国)列子

◆ 处颠者危,势丰者亏。
——(东汉)王充

◆ 守道而忘势,行义而忘利,修德而忘名。
——(北宋)苏轼

◆ 成败极知无定势,是非元自要涂观。
——(南宋)陆游

◆ 见势不趋,见威不惕。
——(明)冯梦龙

◆ 才不宜露,势不宜恃,享不宜过。
——(明)姚舜牧

指发展的规律,是"道"运行的规则;"势"指具体的推动力量。一方面,合理必然成势。"理当然而然,则成乎势矣"。另一方面,顺势自然合理。"只在势之必然处见理","势既然而不得不然,则即此为理矣"。我们做事要顺应大势,"世界潮流,浩浩荡荡,顺者则昌,逆者则亡",善于借势则会得到事半功倍的效果。"势"字揭示了如何做事、做成事的哲理。

权势、威势以执行力为基础。"势"字为上"执"下"力",就是说力要执行才会显示出势的大小,执行力度大显示出的势也大,执行力度小则气势亦弱,不执行就显不出势,就无势。反之,有了足够大的势,就拥有了足够大的执行力。"执"在"力"上,表明领导者只要执掌着权力,出力的活可以安排其他的人干。

明思宗朱由检（1611—1644）是明朝最后一任皇帝，自登基的第二年（1629）改年号为"崇祯"，故后世称其为崇祯帝。他有志拯救国家，从明熹宗手上接过千疮百孔的大明王朝后，勤俭自律、清心寡欲、励精图治，可惜的是他没有得力的执行团队。崇祯帝说："朕御极之初，撤还内镇，举天下大事悉以委大小臣工，比者多营私图，罔恤民艰，廉谨者又迂疏无通。己巳之冬，京城被攻，宗社震惊，此士大夫负国家也。"崇祯期间，内阁辅臣走马灯似的换了50个，换了14个兵部尚书，一直未形成一个稳定的内阁，所杀大臣不计其数，仅总督就有7人，巡抚11人。崇祯十七年（1644）明王朝面临灭顶之灾，正月，崇祯帝召见阁臣时悲叹道："吾非亡国之君，汝皆亡国之臣。吾待士亦不薄，今日至此，群臣何无一人相从？"三月十七日，北京在李自成猛攻下眼见守不住了，他召集文武百官商议，君臣相对而泣，束手无策。崇祯帝愤而用手指在桌案上写下"文臣个个可杀"。十九日凌晨，天将曙明，崇祯帝偕御笔太监王承恩离开紫禁城，登上皇家禁苑煤山，在一株老槐树下自缢身亡，时年34岁。死时衣上以血指书，临终遗诏这样写道："朕自登极十七年，逆贼直逼京师，虽朕薄德匪躬，

崇祯皇帝自缢图：当李自成率农民军攻入北京，崇祯皇帝自知大势已去，故在煤山（今景山）自缢而亡。

上干天咎，然皆诸臣之误朕也。朕死，无面目见祖宗于地下，故自去冠冕，以发覆面，任贼分裂朕尸，勿伤百姓一人。"

倘或没有执行力，任何正确的方针政策、任何英明的战略部署、任何周密的工作计划，都只能是空中楼阁。倘或没有执行力，再理想的目标、再辉煌的前景、再宏伟的蓝图，都只能成为水中月、镜中花，不会最终成为现实。一般来说，执行力=执行意愿+执行能力。提高执行力要塑造共同的价值观，强调"认真第一、聪明第二""制度第一、能力第二"，要培养合作执行的精神，以"补台为荣、拆台为耻"，形成有序执行的行为规范，执行前以"决心第一、成败第二"，执行中以"制度第一、完善第二"，执行后以"胜利第一、理由第二"。

顺势借势，则可事半功倍。简体的"势"字上"执"下"力"，力貌似无形，但发力者总有使力的轨迹：水东流，力自西往东；鸟冲天，力自下而上；人劈柴，力由上而下。"执""力"成"势"：执水之力行舟，可以日行千里；执风之力飞翔，可以直上云霄；执人之力做事，则要顺势、借势。

武汉大禹神话园之"受命治水"雕塑，讲述禹思老父亲鲧治水失败的原因，认为应以"疏"为主，天帝十分欣赏，特授禹治水全权，派应龙辅佐，并将"息壤"一并赐禹。

这正契合了道家"天人合一"的核心思想——"顺势而为，乘风而行，顺水而流"。道家认为，万事万物都是顺势而生，做人做事亦要顺势而为。山川焕绮，林木叠翠，是自然之势；暑往寒来，春秋代序，是节令之势；分久必合，兴亡盛衰，是历史之势；贫贱富贵，幽居腾达，是命运之势。

《吕氏春秋》中有个比喻：让一群大力士奋力地拉

扯牛尾，即使把牛尾拉断，把力气用尽，也不能让牛跟着走，这是逆势而行的缘故；而让一个小孩子牵引着牛鼻环，牛就会乖乖地跟着他走，这是顺势而为的缘故。大禹治水的传说，更能说明道家中"顺势成，逆势败"的道理。

传说尧在位之时，洪水为害，百姓苦不堪言。尧命鲧去治水，鲧用共工氏修筑堤防的办法，逐年加高加厚堤防，却没有疏导河道。鲧逆"水往低走"的势，年年筑堤，堤防一度高达"三仞"（古代长度单位，周制八尺，汉制七尺），却没有明显的成效。尽管鲧努力了9年，最终却"功用不成，水害不息"。他治水失败后被杀于羽山。舜帝继位以后，任用鲧的儿子禹治水。禹总结父亲的治水经验，改鲧"围堵障"为"疏顺导滞"，顺应水自高向低流的自然趋势，顺地形把壅塞的川流疏通，把洪水引入疏通的河道、洼地或湖泊，然后合通四海，从而平息了水患。

当代高新科技日新月异，飞速发展，给我们带来了机遇和挑战。音像制品的发展，从卡带、光盘到MP3，再到云数据，载体不断革新。优秀的企业就要顺应这一发展趋势，及时地调整方向、结构和产品；否则，就会失败。正如新媒体的发展给传统媒体带来的冲击一样，传统媒体只有顺应大势，走融合发展的道路，才能有前景。

势是执掌权力、运用权势的艺术。繁体的"勢"字从执，"执"通"艺"。要想使"力"烘托出气势来，确实需要一种"执力"的艺术，这正是"势"中之"执"的意义所在。用得好，利国利民，势越大越有利；用不好，误国误民，势越大害越深。

古人云："善用威者不轻怒，善用恩者不妄施。"讲的其实就是使用权力的艺术。善于运用威德的人不会轻易发怒。轻易发怒，正暴露出自己涵养不足，没有自信，别人反而没有畏

明代刘俊绘《汉殿论功图》，描绘汉高祖刘邦初立汉朝，在殿上规定朝仪，对众臣论功封赏的场景。

惧心，不会尊重恭敬，想要树立威信，却反招来轻视。不怒自威，以德服人，才是善用其威。善于运用恩威的人不会随便施与。施恩于人要根据情况，要恰到好处。在真正需要的时候，即使一杯水，也会让人永远感恩。正如《了凡四训》中所说："惠不在大，赴人之急可也。"

西汉初年，刘邦平定天下后论功行赏，他认为萧何功劳最大，就封萧何为侯，食邑八千户。为此，一些大臣提出异议，说："我们披坚执锐出生入死，多的打过一百多场仗，少的也打过几十场，攻打城池，占领地盘，大大小小都立过战功。萧何从没领过兵打过仗，仅靠舞文弄墨、口发议论，就位居我们之上，这是为什么？"刘邦听后问："你们这些人懂得打猎吗？"大家说："知道一些。"刘邦又问："知道猎狗吗？"大家回答："知道。"刘邦说："打猎的时候，追杀野兽的是猎狗，而发现野兽并指点猎狗追杀野兽的是人。你们这些人只不过是因为能猎取野兽而有功的猎狗。至于萧何，他却是既能发现猎物又能指点猎狗的猎人。再有，你们这些人只是单身一人跟随我，而萧何可是率全家数十人追随我的，你们说他的这些功劳我能忘记吗？"这一番话，说得诸大臣哑口无言。可见，刘邦能当皇帝，在于其高远的见识和高超的艺术。他还说过："若论带兵打仗我不如韩信，若论运筹帷幄我不如张良，若论镇抚百姓我不如萧何。但我能夺取江山，道理只有一个，那就是我敢用、善用比我优秀的人才。"

有人说，当领导没什么了不起的，谁都能当。其实，管人的工作最难做，光靠读几本书而没有经验和智慧，当上了领导也坐不住。权力与能力是联系在一起的，一个人要有权势，必须拥有协调的艺术、用人的艺术以及语言表达的艺术等。

"势"与"视""适"同音。视，就是用眼睛去观察，用心去体会，只有这样，才能找出事物的"势"，掌握事物的本性与发展规律。掌握了世界万事万物的"势"，还要适应它、顺应它。顺自然万物大势而为，是道家教会我们的大智慧。

道意汉字

权势以执行力为基础，
威势靠人格魅力去塑造。
势如水，顺则行逆则退；
势如风，顺则助逆则碍。
万物有势，顺其自然祸患少；
万事有势，顺势而为上云霄。

让

良言美行是为上

　　歌德是德国历史上伟大的诗人，他的许多诗歌在当时就广为传颂，但也有人对他和他的作品怀有成见。一天，他在魏玛公园里散步，迎面遇见一位对他的作品提过尖锐的、带有挖苦性批评的人。两人在小道上面对面地停住，那位批评家蛮横地喊道："我从来也不给蠢货让路。"歌德则说："而我正相反！"说着满面笑容地让在一旁。那位批评家走过去以后更加气急败坏了，可他半天也没有说出一句话。歌德对那位寻衅污辱他的批评家，不仅表现出豁达的情操和高雅的风度，而且不卑不亢，巧妙回击，令人称绝。

　　让（ràng），形声字，繁体字为"讓"。《说文·言部》："讓，相责让。从言，襄声。"

　　"让"的本义为责备，又引申为不争、退让、谦让、礼让、禅让之意。跟"让"有关的成语和短语很多："寸步不让"形容丝毫不肯让步、妥协；"当仁不让"形容遇到应该做的事就积极主动去做，不推让；"让逸竞劳"形容安逸之事互相谦让，劳苦之事互相争抢；"廉泉让水"比喻为官廉洁，后也比喻风土习俗淳美；"推贤让能"形容举荐贤人，让位于能者；"让枣推梨"比喻兄弟友爱；"桃羞杏让"形容女子比花还要艳丽动人；"让礼一寸，得礼一尺"比喻以礼相让，事虽微而获益必大；"泰山不让土壤"比喻人度量大，能包容不同的事物。

篆文

由𧮫（言，为言辞，许诺）、𧮫（襄，为帮助、助理）组成，表示许诺退位，协助对方获得。

"让"是道家重要的处世态度。老子在《道德经》第六十七章里，提出了为人处世的三条基本准则，即"慈""俭"和"不敢为天下先"。"慈"，就是善待万物；"俭"，指勤俭节约，也就是说应该永远保持质朴的本性；"不敢为天下先"，即保持谦让，其中也含有不敢为私利而争先的意思。在《道德经》第七章里，老子这样说："天长地久。天地所以能长且久者，以其不自生，故能长生。是以圣人后其身而身先，外其身而身存。"谦让，置后，把自身的名利放在他人的后面，反而会获得人们的爱戴和尊崇，处在别人的前面；把自己的利害置之度外，反而得以趋利避害，趋安避危，自身得以保全。天地之所以能长久地存在，正是因为它不以自己的生长而生长，即"不自生"。作为个体的人，自然也应该遵循"天之道"，在名利和私欲面前谦虚退让，从而获得"身先"和"身存"，真正体现个体存在的价值。

让，体现了一个人的胸怀、气量，既能获得敬佩和赞赏，又能获得回旋的余地和机会，更能获得良朋和挚友。这是因为人格和品格产生的巨大魅力。古语说："以谦接物者强，以善自卫者良。"让，对于我们今天处理好人际关系、建设和谐社会仍然具有现实意义，仍然是我们所要奉行的处世准则。

● 字说格言

> ◆ 辞让之心，礼之端也。
>
> ——（战国）孟子
>
> ◆ 一家仁，一国兴仁；一家让，一国兴让。
>
> ——（西汉）戴圣
>
> ◆ 见利争让，闻义争为，有不善争改。
>
> ——（隋）王通
>
> ◆ 好事须相让，恶事莫相推。
>
> ——（唐）王梵志
>
> ◆ 临事让人一步，自有余地；临财放宽一分，自有余味。
>
> ——（明）高攀龙
>
> ◆ 处世让一步为高，待人宽一分是福。
>
> ——（明）洪应明
>
> ◆ 终身让人道，曾不失寸步。
>
> ——（清）曾国藩

善良大方是"让"的基础。"让"字从上，"上"音通"善"，表明谦让、礼让的人，都是以善良、慷慨、大方作为基础的。一个凡事只想到自己的人决不会谦让，一定会寸利必争。

1953年5月29日人类首次登上珠穆朗玛峰，在这一震惊世界的事件的背后，有一个谦让的故事，当时有一张照片记录了这一事件：尼泊尔向导丹增·诺尔盖站在峰顶手举一块冰，上面插着随风飘舞的旗帜。而给诺尔盖拍这张照片的，是新西兰登山家埃德蒙·希拉里。希拉里把"登顶珠峰第一人"的荣誉拱手让给了他的向导丹增。据说，他们在距离珠峰顶还差1米的地方停了下来，希拉里对向导说："这是你的土地，你先上吧。"年轻的向导不明白希拉里话中的深意，只是按照他的手势向前迈了几步。丹增·诺尔盖没有意识到，希拉里让他先走

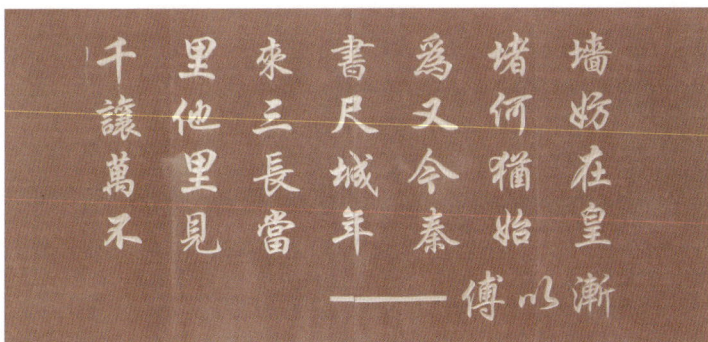

墙垛
为堵
书又
来三长城
里他里万
千让万不见当年秦始皇

为堵墙垛好在
书又何犹在
来三尺长城
里他里万不见当年秦始皇
千让万不见
——傅以渐

清朝开国状元傅以渐的一首脍炙人口的"让墙诗"，主要弘扬仁义、倡导谦让的美德。

的那几步路把他带入了登山史册，让他成为人类历史上第一个登顶珠穆朗玛峰的人。

希拉里让生活在这片土地上的人得到了本该属于他自己的荣誉，他的这一"让"，体现了他善良的品质和宽广的胸怀，令人敬佩。

好言相待是"让"的表现。让，繁体字"讓"，从言、从襄。"言"为语言、言辞；"襄"意为包裹、包容（异物）。"言"与"襄"联合起来表示"包容性言论""充分考虑了对方意见的言论""妥协性言论"，简而言之，即为"和言""好言""善言"，以语言相互沟通的意思。再从简体字来看，"让"为左言、右上。"上"为上级、尊长，为尊者，为上者，应该亲和待人，谦虚接物，胸襟开阔，包容宽大。"言""上"为"让"，表明与人相处，文明的语言为上；有了过失，致歉的语言为上；面对荣誉，谦虚的语言为上；产生争执，忍让的语言为上。"言"在"上"前，表明"让"是以言为先，以言为本。忍让就在一句话，当彼此有口角或有纠纷发生时，往往"让"到了，纷争也就停止了。"上"，古与"尚"通，表示崇尚，"言"在"上"前也强调了要懂得互相尊重，用文明、尊敬的语言与人交流，以获得彼此的信任与欣赏。

越是伟大的人物，往往越是礼貌待人。毛泽东是20世纪影响重大的伟大人物之一，他从小养成了对长辈有礼貌的美德，后来当了国家主席，仍然能以礼待人。1959年，毛主席回韶山，曾专门邀请亲友的老辈吃饭。毛主席给老人敬酒，老人说："主席敬酒，岂敢岂敢！"毛主席回答："敬老尊贤，应当应当！"

大仲马是法国著名作家，一位很有名的剧院经理来拜访大仲马。一见面，经理连帽子也没脱下，就冒火地问这位剧作家为什么把最新的剧本卖给一家小剧院的经理。大仲马承认有这么回事。这位经理于是出了一个远远高于对手的价格，想把剧本买回来。大仲马笑了笑说："其实你的那位同行用了一个很简单的方法，就以很低的价格把剧本买走了。""那是怎么回事？""因为他以与我交往为荣，并且一见面就脱下帽子，向我问好。"由此可见，礼貌用语是多么重要。

包容成全是"让"的核心。"让"的繁体字为"讓"，从言、从襄，表示用语言或行动帮助他人，与人方便，不争执，以别人为先，如让步、禅让、礼让、谦让等。一个谦让之

杨柳青木版年画《礼让祥和》，讲述孔融让梨的辞让美德。

人，处处受人欢迎，其高尚的德行风范，也能深入人心，流传千古。

"让"有大小，却无高低。年幼的孔融将大梨辞让给兄长，自己却拿那只最小的，辞让的美德成为千古美谈。这是小让，相信只要能控制自我意识，人人都应该能做到。再说春秋时的鲍叔牙，齐桓公欲任用他为相，但他坚决辞让，说自己的才能不及管仲，并举荐管仲为相。他的辞让，不仅让管仲免去了牢狱之灾，更让齐桓公得到良才辅佐，得以逐鹿中原，成就霸业。这是大让，鲍叔牙把万人争夺的职位拱手相让，胸怀是何等宽广！

其实，"让"不止是一种大胸怀，更是一种大智慧。汉代公孙弘豁达大度的退让智慧，一直广为后人称颂。

汉代公孙弘年轻时家贫，后来贵为丞相，但生活依然十分俭朴，吃饭只有一个荤菜，睡觉只盖普通棉被。为此，大臣汲黯向汉武帝参了一本，批评公孙弘使诈，目的是为了骗取俭朴清廉的美名。汉武帝便问公孙弘此事是否属实，公孙弘回答："汲黯说得一点没错。满朝大臣中，他与我交情最好，也最了解我。今天他当着众人的面指责我，正是切中了我的要害。我位列三公而只盖棉被，生活水准和普通百姓一样，确实是故意装得清廉以沽名钓誉。如果不是汲黯忠心耿耿，陛下怎会听到对我的这种批评呢？"汉武帝听了公孙弘的这番话，反倒觉得他为人谦让，就更加尊重他了。

面对汲黯的指责和汉武帝的质问，无论公孙弘如何辩解，旁观者都会先入为主地认为他是在继续"使诈"，而承认沽名钓誉至少表明自己"当下没有使诈"。以如此豁达的退让心态去包容他人，是一种通透的人生观，一种对人生的大彻大悟，更是智者的风范。

向上迈进是"让"的收获。"让"繁体字写作"讓"，其

田忌赛马，明刻本《新列国志》。战国时期，齐国将军田忌和齐威王赛马，田忌依孙膑之计赢了齐威王，是以"让"而成功的典范。

502

中的"襄"在古代有冲上或高举之意，我们也可这样去解读，"让"本身是一种向上的行为，适时适度地以退为进，能够收获更多。简体字的"让"，也可理解为是"言"字旁加一个上等人的"上"——谁在言语上谦让，谁就是上等人。古谚有云："你敬我一尺，我敬你一丈。"谦让能够让原本相距遥远的心靠得很近，谦让能够给人以阳光般的温暖，谦让更能够让人收获以退为进的喜悦。

钢铁大王卡内基在修筑宾夕法尼亚铁路时，为了争得铁轨的独家生意，他把自己新建的炼钢厂以宾夕法尼亚铁路公司董事长汤姆生的名字命名。这一招果然奏效，不费一分钱，汤姆生就宣布无条件地购买卡内基工厂生产的铁轨。从此，卡内基的事业很快就兴旺起来。卡内基之所以能够顺利地争得铁轨生意，靠的是主动让名，这里面实际上就是一种退让的智慧。让出自己的名声，得到的却是更大的利益。

有时候，适时的"让"不是完全的消极，反而是积极的进取。与人相处，斤斤计较争执不休，互相排挤诋毁，又能成就什么？倒不如退一步，寻求更大的成功。林语堂在《风声鹤唳》中也说道："不争，乃大争；不争，则天下人与之不争。"的确，"争"不如"让"，让是迈向成功的另一途径。退避三舍、田忌赛马，不都是因"让"而成功的典范吗？他们智慧地一"让"，却让出了思考的时间，让出了令对手露出马脚的机会，迎来了成功的曙光。

礼让为德，但不该让时，却须当仁不让。东晋康帝时之王述，为征虏将军，进都督扬州，后又迁为散骑常侍、尚书令。但王述每受职时从不虚让，如果有推辞，则一定是不接受。在他接受职务时，其子王坦之认为父亲应当辞让一下。王述却说，既能胜任，为什么又要让呢？当有能力去承担责任的时候，的确要勇于承担，此是"受不虚让"。遇到该做的事，就必须勇往直前，决不退让，这需要敢于担当，具大心量与大气魄者方能为之。此时若一再退让，意志不坚，或犹豫不决，畏惧胆怯，反而错失良机！

礼让、谦让，是人生所必学，终生行让，不与人争，是我们修身养德的崇高显现；而当仁不让，则是行义、勇气与魄力的体现，也是人生所必行。明乎此，把握好人生的方向，成就一番事业，将不远矣！

"让（讓）"、"嚷"、"攘"，音形相近，但"让"不是叫嚷，轻言细语、和颜悦色，这才是化干戈为玉帛的良器；"让"更不是攘夺，与人方便、成人之美才是让的终极目标。

道意汉字

让以言为上，好言气自清。

遇事多礼让，和谐又相亲。

谦让成人美，得理又得心。

终生行让道，不争亦为进。

拙

如山厚实又质朴

　　拙，是笨、不灵巧的意思。曾国藩是中国历史上很有影响力的人物之一，不过他的天赋并不高，年少时很用功学习，但常常一篇文章读很多遍都背不下来，直到很晚了还在读诵。有一天，家里来了一个小偷，小偷蹲在屋檐下，本想等他睡觉之后偷点东西。可是等来等去，就是不见他睡觉，而是在翻来覆去地读同一篇文章。小偷听得熟了，实在忍不住，跳出来说："像你这种笨人，还读什么书？"然后几乎一字不差地将那篇文章背了一遍，扬长而去！那个小偷虽然聪明，但是也只能成为贼。而曾国藩这块笨石头，在经过不断地磨砺之后，却成为中国近代政治家、战略家、理学家，成为湘军的创立者和统帅，成为毛泽东一生都钦佩的人。

拙（zhuō），形声字。《说文·手部》："拙，不巧也。"意思是说：拙，行动不灵活。

"拙"的本义为手脚迟钝，不敏捷，易出差错，如拙于言辞、笨拙、手拙、勤能补拙；后引申为质朴无华、自谦之词等，古人谦称自己的作品为拙著、拙作、拙笔，称谓自己的见解为拙见、拙纳，谦称自己的妻子为拙荆。

含"拙"的成语有："笨嘴拙舌"形容没有口才，不善言辞；"藏巧于拙"指有才能而不显示出来；"大巧若拙"指真正聪明的人不显露自己，从表面看好像笨拙；"将勤补拙"指以勤奋弥补笨拙；"弄巧成拙"指本想要弄聪明，结果做了蠢事；"兵闻拙速"指用兵打仗当求速胜而不计战法的巧拙；"辞巧理拙"指文辞虽然浮华，但不能阐明道理。

"抱朴守拙"是道家思想的精华。"抱朴"一词，语自《道德经》："见素抱朴，少私寡欲。"魏晋时的炼丹家葛洪自号"抱朴子"，所著的《抱朴子》一书极具老庄哲学思想。一个涉世浅显的人，他沾染不良的习惯也较少；随着一个人阅历的加深，那城府也随着加深。因此，君子与其处世圆滑，不如保持朴实的个性；与其事事小心谨慎、委曲求全，倒不如豁达一些，才不会丧失纯真的本性。麝因有香身先死，橡树因有胶遭砍伐，虎豹因皮有彩纹被猎杀，因此老子主张："大直若屈，大巧若拙，大辩若讷。"真正的智者是善于守拙的。无论社会如何动荡、环境如何恶劣、众人是否昏醉，真正的智者都能保持清醒，不贪求，不弄巧，不做伪，守一个"拙"字，成为令人敬仰的人。拙，表面看来是愚笨，其实是实诚、执着、坚韧、勤奋，最后获得成功。那么，"拙"字究竟告诉了我们什么样的道理呢？

拙是如山的厚实。拙，有一个"出"字，字形是两"山"相叠，意为具有山的品德。《处世悬镜》说："巧伪似虹霓，

篆文

从手，表示与手的动作有关；从出（出是「𡲢」的省略），表示漏洞、破绽。

● 字说格言

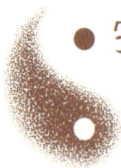

易聚易散；拙诚似厚土，地久天长。"意思是：乖巧虚伪的人像彩虹一样，升起来快，消失得也快；笨拙老实的人就像厚实的大地一样，永远存在。山的品德巍峨、耸立、缄默不语，外表似是笨拙，却心怀远大。山的灵魂，不仅在于它的博大、坚韧、丰富和深沉，还在于它的朴实无华，没有丝毫的浮躁与虚华，只将自己置于沉静与卑微的地位。山，性格稳重，志存高远，有其高、深、博、大之质。它执着挺拔，内含正直，风格简朴；拔地而起，直视苍穹，有青松磐石般风格；经年累月，历经沧桑，成就无言谦卑气质。山，厚德载物，心胸宽大，经受着严寒酷暑，狂风暴雨，雷电交加，与冰雪为侣，与河流做伴，养育着参天大树，名花小草，鸟兽昆虫，孕育了人生的悲与欢、苦与乐。山是孤独的，但它并不寂寞，因为它拥有一个博大而精深、丰润而宽厚的内心世界。

　　曾国藩曾说："我的秉性本来就是愚鲁拙笨，除了比较勤奋一点，再没有别的长处了。"但他用兵打仗，坚持一个"拙"字，屡败屡战，决不气馁，不断地积蓄力量，一步一个脚印地前进，与同时代的左宗棠、李鸿章相比，虽然在韬略之智方面略逊一筹，却依然能建立了无人能及的功绩。吴承恩与猴为伴，风餐露宿，看猴写猴；李时珍跋山涉水，几十年如一日寻觅草药，分辨药性；徐霞客攀陡岩，下深涧，奔波劳苦直到晚年……在他们的身上，或多或少可以看到"笨"的影子、"实"的踪迹，但是他们也创造了不俗的业绩。可见，决定事情成败的不是智商，而是坚忍不拔、遇挫弥坚、心怀远大的精神和心胸宽广、自强不息的个性。

拙是乐于付出。拙，有一个"出"字，意为付出。美国基辛格说："付出的多了，虽然没有回报或者少量的回报，表面是吃亏了，但是却积累了宝贵的经验，那就是真正的回报，用经济是无法衡量的。"道家认为，吃亏就是占便宜。付出是得到的前提。凡历史上功勋卓著者，都是对人类、对社会做出巨大贡献的人。

507

大禹治水是中国著名的治水传说。三皇五帝时期，黄河泛滥，大禹率领民众，与自然洪灾斗争，为了治理洪水，他长

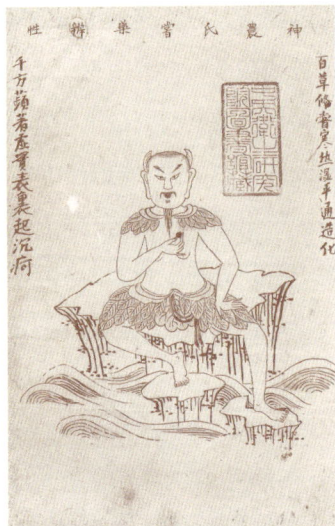

《神农尝草图》。传说神农牛头人身，且有一个透明的肚子，五脏六腑皆可见。他为了辨别药性以治病救人，誓要尝遍世间草，并为此付出自己的生命。

年在外与民众一起奋战，置个人利益于不顾，"三过家门而不入"。大禹治水13年，耗尽心血与体力，终于完成了治水的大业。神农氏本是五氏之一，被人们推为部落首领，因为他的部落居住在炎热的南方，称炎族，所以大家就称他为炎帝。有一次他见鸟儿衔种，由此发明了五谷农业，因为这些卓越的贡献，所以大家又称他为神农。为了解除大众的病痛，他亲尝百草多次中毒，最后因尝断肠草而逝世。人们为了纪念他的恩德和功绩，奉他为药王神，并建药王庙四时祭祀。中国的川、鄂、陕交界，传说是神农尝百草的地方，称为神农架山区。诸葛亮的"鞠躬尽瘁，死而后已"，李商隐的"春蚕到死丝方尽，蜡炬成灰泪始干"，龚自珍的"落红本是无情物，化作春泥更护花"，这些名句都是"拙"精神之真实生动的写照。

拙是质朴无华。拙，由"手""出"组成，可理解为离开了手的加工，如一棵树离开手的砍伐和雕刻、一个人离开手的打扮，显示出天然、自然的本色，即所谓"天然去雕饰"，是一种自然的美。俗话说"玉不琢不成器"，玉器的价值很大程度体现在雕刻上。但是很多人误以为，玉石雕刻一定要雍容富贵、精雕细琢、可以创新，方能突显玉石的尊贵、端庄和王者之气。其实不然，雕刻在玉石上的图案只是一种外在的人工装饰，而一件玉雕作品真正的灵魂则在玉石本身。只有雕刻的图案足够彰显玉石的天然魅力，使之与玉石浑然天成，才称得上是件完美的艺术品。若一味追求技艺的灵巧与高深，而把复杂的图案雕刻在本就十分完美的玉石上，无疑是舍本逐末，画蛇添足。李白诗曰："清水出芙蓉，天然去雕饰。"

中国历史上有许多选人、用人的故事，其中著名的一个，就是关于选人要用质朴的人。王岩叟是北宋大臣，原担任龙图阁待制、知开封府，后任命为签书枢密院事。有一次，宋哲宗问他："治国之道，应该以何者为先？"王岩叟回答："在于上下之情相通，没有壅塞的弊病。上下之情所以能相通，在于挑选仁人加以重用。仁人之心，对上不忍欺罔君王，对下不忍欺骗百姓；君上有仁德的心意，他们加以贯彻执行，使它们到达百姓的身上，百姓有困难和苦痛，他们会向上报告使情况传达到朝廷，不把自己一个人的方便作为用心所在。"宋哲宗说："怎么知道谁是仁人，并把他提拔起来呢？"王岩叟回答："巧言令色者，少有仁；质朴而倔强者，近于仁。"宋哲宗点头赞许。

王岩叟以历史上罕见的"三元榜首"出仕，一生才华横溢、刚直不阿，在用人治事方面推崇"质朴而倔强者"。

拙是茁壮成长。"拙"与"茁"同音，天真无邪地生活，方能茁壮成长。我们要让孩子茁壮成长，必须"放养"教育，尊重天性。对孩子进行"放养"教育，绝不仅仅是为了放逐天性，而是为了开发智力和智慧。相应的教育方法应该是：提供一个宽松的环境和多种选择的可能性，鼓励孩子自主地去探索和发现事物之间的联系，并帮助孩子有意识地强化感受到的经验，从那些看似非常简单的经验中产生丰富的认识。

近日，英国一群小学生对大黄蜂的觅食行为进行实验观察，并在英国皇家学会主办的《生物学通讯》上发表了研究论文。在这些小学生的眼里，科学实验充满了乐趣，就像是玩一场游戏。诚如该校校长所言，"让学生们丢下书本，花大把时间观察大黄蜂，最终就产生了这样的成果"。有识之士早就提出，要给孩子"松绑"，按时下的说法就是要把孩子从小天地的"圈养"中解放出来，以"放养"之方来培养孩子。高尔基就是被"放养"出来的一个天文学家，他生于一个木匠的家庭，由于父母早亡，幼年时曾寄居在外祖父家里。他只上过两年小学，曾当过鞋匠、面包师、码头工人，但酷爱读书，勤奋自学。后来，他结识了进步知识分子，参加他们的集会，阅读革命著作，这成了高尔基真正的"大学"。鲁迅又何以不是被"放养"出来的呢？他在《朝花夕拾·小引》上写道："我有一时，曾经屡次忆起儿时在故乡所吃的蔬果：菱角、罗汉豆、茭白、香瓜。凡这些，都是极其鲜美可口的；都曾是使我思乡的蛊惑。后来，我在久别之后尝到了，也不过如此；唯独在记忆上，还有旧日的意味留存。他们也许要哄骗我一生，使我时时反顾。"这段文字吐露的是怀旧情结，但也从一个侧面折射了鲁迅孩提时曾经无拘无束的生活。细细读一读他的《从百草园到三味书屋》《社戏》等文章，就不难感受到少年鲁迅的玩性及其对追求有趣味、自由生活的渴望。如今，无论是家长还是学校都怕孩子输在起跑线上，于是孩子们只能被"圈养"而失却其天性的发展。60多年前，教育家陶行知先生就说过："我们要解放小孩子的空间，让他们去接触大自然中的花草、树木、青山、绿水、日月、星辰，以及大社会中之士、农、工、商，三教九流，自由地对宇宙发问，与万物为友，并且向中外古今三百六十行学习。"

拙是大智若愚。自古以来，聪明和愚蠢是一对矛盾，然而，辩证地看，两者又是互相依存，不可分离的。苏东坡才华横溢，一生却多灾多难，经历了官场的大起大落。三国时期的才子杨修，思维敏捷，才华过人，却有一个最大的毛病——恃才傲物，不懂得寡言保身的道理，结果招来祸患，被曹操斩首。

《韩非子》记载了一则故事：纣王做长夜之饮，结果神魂颠倒，昼夜不分。于是，他询问左右的侍从，现在何月何日？结果无人知道。纣王就派人去问箕子。箕子私下对家里人说："以天下之尊，居然不知月日，天下可危险极了；举国上下都忘了月日，我若独自清醒，我也危险极了。"于是，他对来者说："我醉得厉害，人也迷糊了，什么日子我也记不起来了。"箕子以"糊涂"求自保，避免招来杀身之祸。

　　人生在世不必太聪明，更不可逞聪明，不仅要藏拙，更要养拙。朝云为苏轼生下第四子，做满月时，苏轼曾作《洗儿戏作》诗："人皆养子望聪明，我被聪明误一生。唯愿孩儿愚且鲁，无灾无难到公卿。"苏轼曾说自己"平生文字为吾累"，他因为诗文而名满天下，也因为诗文而无端惹出"乌台诗案"，身陷囹圄，几至殒命，所以诗人才会发出儿子不必有世智辩聪的喟叹。多少人恓恓惶惶奔走仕途，熙熙攘攘竞逐名利，尔虞我诈，机关用尽，迷失本真，倒不如牧童安于拙愚。当今浮夸的社会，实在需要一些拙守分际、朴质踏实的智者。

511

　　"拙""绌""础"，三字字形相近。守拙的人，和那些自视聪明的人比起来，不善言辞，静默无闻，似乎相形见绌；然而，正是这一股大巧若拙、始终如一的气概，奠定了成功的基础，成就了非凡的事业。

🍃 道意汉字 🍃

拙如山之厚实，厚德载物，厚道守信。

拙是乐于付出，勤能补拙，天道酬勤。

拙是朴实无华，文以拙进，道以拙成。

拙是大智若愚，难得糊涂，抱朴守一。